[美]叶凯蒂 著·杨可 译

上海·爱

SHANGHAI LOVE
Courtesans, Intellectuals,
& Entertainment Culture, 1850—1910

名妓、知识分子和娱乐文化
1850—1910

生活·讀書·新知 三联书店

Simplified Chinese Copyright © 2014 by SDX Joint Publishing Company.
All Rights Reserved.
本作品中文简体版权由生活·读书·新知三联书店所有。
未经许可，不得翻印。

Copyright © 2006 University of Washington Press

图书在版编目（CIP）数据

上海·爱：名妓、知识分子和娱乐文化：1850～1910／（美）叶凯蒂著；杨可译．—2版．—北京：生活·读书·新知三联书店，2014.11（2018.9重印）
ISBN 978-7-108-05146-2

Ⅰ.①上…　Ⅱ.①叶…　②杨…　Ⅲ.①休闲娱乐-服务业-史料-上海市-1850～1910　Ⅳ.①F719.5

中国版本图书馆CIP数据核字（2014）第229665号

特邀编辑	吴　彬
责任编辑	王　竞
装帧设计	朴　实
责任印制	卢　岳
出版发行	生活·讀書·新知三联书店
	（北京市东城区美术馆东街22号 100010）
网　址	www.sdxjpc.com
图　字	01-2010-5607
经　销	新华书店
印　刷	北京隆昌伟业印刷有限公司
版　次	2012年11月北京第1版
	2014年11月北京第2版
	2018年9月北京第3次印刷
开　本	635毫米×965毫米　1/16　印张27
字　数	270千字
印　数	10,001-15,000册
定　价	48.00元

（印装查询：01064002715；邮购查询：01084010542）

献
给
R

目录

致谢 001

导言 003

1 秀摩登：19世纪末上海名妓的时尚、家具和举止 023

2 上海·爱：新的游戏规则 099

3 海上游戏场：重演《红楼梦》 140

4 形象打造者：洋场才子和上海的娱乐出版业 183

5 城市的大众之花和媒体明星 226

6 晚清绣像小说中上海名妓的形象 254

7 上海指南：城市身份形成过程中的娱乐业 312

8 结束语 352

注释 359

参考书目 398

致谢

许多人为本书的完成提供了大力帮助。一切都缘起于1988年,当时我在中国做富布莱特访问学者,定期与吴晓铃教授见面。有一次吴教授听到我对晚清青楼文化感兴趣,就拿出来许多他的私人藏书。他笑着告诉我,他可比郑振铎教授下手早,这些书五十年代初在东安市场的二手书店都找得到。多年以后,当我开始着手进行这方面的研究并系统地搜集相关著述时才发现,这是极其珍贵、特别的一批藏书,有许多在任何大图书馆都找不到。在此我向已故的吴晓铃教授致以我最深挚的谢意。还有一些学者也非常慷慨地跟我分享了他们的材料,包括普林斯顿大学的罗南熙(Nancy Norton Tomasko)和海德堡大学中国研究中心的瓦格纳(Lothar Wagner),十分感谢他们惠允我使用其收藏的上海城市指南书。巴黎的狄瑞景(Régine Thiriez)为我提供了她珍藏的上海名妓的照片,还指点我如何进行照片分析。海德堡大学的克林格(Ingeborg Klinger)帮我翻拍了相关照片。上海图书馆、上海档案馆、哈佛燕京图书馆、哥伦比亚大学东亚图书馆、伦敦大学亚非学院和海德堡大学中国研究中心的工作人员都非常友好地为我的研究提供了帮助。

同时,感谢海德堡大学近代中国公共空间结构与发展研究小组的成员,本书原稿许多章节都经过了他们的讨论。他们的批评帮我理清了思路。还要感谢阅读全部手稿并提出评论意见的米特勒（Barbara Mittler）、在最后成书阶段帮我整理手稿的金兰中（Nanny Kim）和库恩勒（Holger Kühnle），还有孙敏学（Michael Schön）也阅读、评论和校订了城市指南那一章。

很感激最后为本书提供了重要帮助的李欧梵和安克强，他们耐心地阅读了我的全部手稿，给出了详细、深刻的批评意见，还纠正了很多错误。也要感谢为华盛顿大学出版社做匿名评审的四位学者充满鼓励的丰富评论和建议，以及为本书校订所做的工作。

本书中的许多章节都由会议论文发展而来。在此我也向巴黎的巴斯蒂（Bastid-Bruguière）表示感谢，她邀请我参加了1995年度在法国加尔希（Garchy）举行的20世纪初中国文人文化中的西方思想研讨会。感谢白光华（Charles Le Blanc）教授邀请我参加蒙特利尔的欧美学者交流活动、贺麦晓（Micheal Hockx）邀请我参加莱顿举行的"20世纪中国文学界"研讨会，以及上海社科院邀请我参加城市研究研讨会，我也因此得以与熊月之教授、罗苏文教授以及其他学者进行深入的讨论。加州大学伯克利分校、圣巴巴拉分校、牛津大学、伦敦大学亚非学院和哈佛大学邀请我就我的研究发表演讲，非常感谢他们。

本书的完成离不开各个基金会的慷慨支持。感谢蒋经国国际学术交流基金会为我的研究提供了两年的资助，还有德国研究基金会的"戏剧性"（Theatricality）研究计划也支持了我三年的研究。"戏剧性"研究小组中的德国马堡大学的莫尼卡（Monica Übelhör）教授、柏林自由大学的费雪（Erika Fischer-Lichte）教授与我的激烈讨论引发了我的思考，在此一并表示感谢。

最后，我深深地感谢鲁道夫·瓦格纳（Rudolf Wagner），这些年来，他总是第一个倾听我的所有想法，第一个阅读全部章节，并给予我爱和批评。

导　言

上海赛马盛事每年分春秋两季进行，1899年春赛期间，《游戏报》有这么一则报道：

> 昨日为赛马第二日，游人较第一日为盛，而各校书尤无不靓妆艳服驰骋于洋场十里间，足以游目骋怀，洵足乐也。
> 计是日林黛玉蓝缎珠边衫，坐四轮黑马车，马夫灰色绉纱短襖黑边草帽。陆兰芬湖色珠边衫，坐黑皮篷，马夫竹布号衣黑背心草帽。金小宝白地黑蝶花衣，坐黄色红轮马车，马夫湖色绸号衣黑边草帽。张书玉蓝珠边衫，坐黑皮篷马车，同坐者为顾厪，穿月白珠边衣，马夫各戴黑线凉帽穿鸭蛋色号衣。[1]

这则报道详细地描写了前来看赛马的海上名妓，她们乘着宝马香车，在服饰和车骑上争奇斗艳，竞相展示时髦与豪奢，连她们的马夫也穿戴整齐，加入到了"秀场"之中。在19世纪末的上海，林黛玉、陆兰芬、金小宝和张书玉是第一流的名妓，她们的名字就是风尚和声望的象征。作为时尚风向标和公众人物，制造轰动就是她们的职责。

从很多方面来看，上面这个场景都非同一般。首先，上海的名妓可以十分高调地在租界招摇，再者，有关她们新发展起来的娱乐业以及她们在公共场所的一系列活动，居然报道于那时刚刚兴起的娱乐小报上，报道的口气就好像她们是上海的头面人物和主要风景。即使从大的历史层面来看，她们出现在公众前的姿态也的确令人惊讶。在大清帝国的其他任何地方，甚至帝都北京，女性几乎完全不准参与公共娱乐活动，妓女也不例外。所有女性都被排斥在公共空间之外。相比之下，这些光天化日之下乘马车参加时尚盛会的上海名妓就更不寻常了。

那么，为什么这些上海名妓可以随心所欲地展示她们的新行头？这需要什么社会条件？作为在公众场合抛头露面的女性，她们不但没有招来轻视，反而取代了后宫佳丽成为时尚先锋，这一切是怎么做到的？以前在其他城市里，妓女对女性时尚和社会行为也产生过重大影响，例如唐代的长安（618—907）、明代的南京（1368—1644）、文艺复兴时期的威尼斯（1420—1600）、幕府时期的江户（1603—1867）以及第二帝国时期的巴黎（1852—1870）。但是，妓女在其他地方所具有的重大影响力，并不能解释为何当时上海名妓的曝光率如此之高，对大众品位的影响力如此之大，甚至震撼了城里的达官贵人。

自1870年代开始，上海的报纸作为一种新的大众传播媒介慢慢从租界发展起来，晚清的名妓们也借报纸之力，树立了第一代"现代职业妇女"的形象，率先摆出了都会女性的姿态。她们的这些行为，从很多方面影响了后来民国时代上海市民的生活方式和生活习惯。

本研究的目标是进一步阐释19世纪晚期上海租界内的娱乐文化，正如上述场景所体现的，这是一种商业驱动的新兴文化；它在巨大的时代变迁中所发挥的作用也是本研究考察的内容。我们要研究的三位主角便是城市、名妓和作为新阶级出现的城市知识分子，后者大多数都是中国的第一代记者。租界提供了市民文化、制度和法律环境，以及发展新的城市娱乐所需的经济基础。上海名妓则是一支最大胆的力量，推动着传统文化和社会价值观念的变革。她们把西方的物质器具引入到奢侈、休闲和欢愉的世界中来，这些新玩意儿使她们的生活方式不复从前的低贱，反倒令人艳羡；她们对公共领域的谋求也有助于我们勾勒上海城市文化的轮廓。紧随其后的是文人群体，他们大多来自周边富庶的江南地区，在上海变成了第一代城市知识分子，重新定义了自己的社会地位。他们供职于发达的新闻出版业与教育业，是摩登时代的"形象制造者"（image maker）。上海城市文化在很大程度上都与"形象"和"形象制造"有关，对当时的人来说，上海的新事物让人既惊且喜。为了调和这种矛盾，在对这座城市的叙述中人们找到了一个相应的符号，那就是租界独特的产物——上海名妓。

理解这种新型娱乐文化的方式之一，是研究这座城市和它所孕育出的名妓之间的共生和象征关系。然而，这样我们不就把聚焦点放在所谓的"边缘现象"和"边缘群体"上了吗？按照通常的理解，她们对近代中国大转型的影响是微乎其微的。对近代中国在政治、社会和价值观上发生的巨大转变，到目前为止，大部分的相关研究还只是建立在分析官方文件或是探讨政治、经济与文化精英行为的基础上。这种研究方法是否站得住脚是个观点问题，就我看来，由于中国近代特殊的历史现实，这种方法得出的结果是否正确，还没得到充分的印证与肯定。

首先，我们必须承认这里存在着结构不平衡，才使得被王韬（1828—1897）称为"海上一隅"的边缘地区变成了这个巨大帝国现代化进程的发动机。第二，来自全国乃至全世界的旅人都寓居在这里，由于上海道路交通委员会（后来的工部局）董事只是由外国商会成员兼任，不发薪、任期短，他们对德治和垄断专制都没什么兴趣，于是多元文化的边缘人社区开始逐渐融合，形成了一种混合的生活方式。第三，现代出版业发展迅猛，报纸、杂志等新兴媒体很快在全国都建立了发行渠道，因此新的生活方式、价值观念、思维模式可以向外辐射出去。最后，在新兴的市民文化环境中出现了一个令人目眩神迷的边缘世界，它以妓女为核心，提供假装游戏、角色扮演等等选择。这些因素合在一起，吸引了越来越多的旅人过客，同时，不需要借助什么鸿篇伟论或计划，上海书刊报纸上就会用各种惊人的报道和图片将这种"摩登"散布到全国各地。在这样的社会条件下，"边缘"似乎并不是一个不好的称呼。上海的娱乐文化处于触手可及的、开放的公共空间中，一种现代而独特的都市感从底层发育起来，超越了那些政治家和革命者的宏论。

实际上，很多混乱而真实的现代化过程，恰恰可能就是在这里突生出来的——所以本研究关注上海租界中的城市娱乐文化，以及它对社会变革、文化变革的影响。可以说，上海娱乐这一概念及其内容是全新的、城市性的、现代性的、世界性的，从世界范围来看，可以与巴黎这样的城市中心的发展相勾连，阿兰·科宾（Alain Corbin）曾经在其巴黎研究中称"休闲娱乐的到来"就在1850年。[2]

从1860年代到1910年代这五十年间，上海租界在中国向现代社会转型的过程中逐渐占据关键的地理位置，扮演核心角色；它的商业活动、城市发展和生活方式都被后世所借鉴。虽然未必是全盘照搬，但这个模板始终在起作用，甚至在反对者身上也难免留下印记。研究娱乐文化会遇到多方面的挑战，其中最主要的便是主题的问题。一般来说，在考察都市文化时，无论从经济还是文化的角度，娱乐都很少成为关注对象。比起对政治家、改革家以及著名将士的研究来说，以娱乐作为学术研究的主题难免会令人担心是不是太没分量了。这种顾虑反映出人们对娱乐业从业者道德状况的忧虑。此外，在那些用来理解现实的各种学术话语和框架中，也很难给娱乐找到一个恰当的位置——它难以明确归类，在各种话语之间游荡。

从19世纪的官方文件中可以看出，娱乐业在经济上完全不重要，它既不涉及商品贸易，也不牵扯工业生产或者资本流动。上海租界的外国领事没有为娱乐设立单独的类别，虽然他们的季度报告细到每件进港出港的青花瓷器都要登记在案，但从来没提起过上海经济中这么重要的一个支脉。话说回来，即使是像伦敦、纽约、巴黎这些最古老的金融和工业中心今天也离不开娱乐业，得靠它广迎宾客，提升城市魅力。如今这几个城市中娱乐业都是最重要的税收来源，并且整个国家都以旅游娱乐业作为主要的收入来源。城市规划者和管理者也不得不接受这个令人头大的事实，并据此重新安排了工作重心。但是，据我所知，在城市史研究中，尤其是中国的城市史研究中，娱乐业还没有得到相应的承认。一个绝佳的例子是施坚雅所编纂的《中华帝国晚期的城市》，这部里程碑式的作品引领着中国的城市研究，而"娱乐"这个字眼根本没列入索引。[3]

关于上海的研究有很多视角，对应着各不相同的假设：上海可以是改革的发动机，是了解现代中国的关键所在，也可以是帝国主义孤立的桥头堡，是工人运动之城，或是中国民族主义的发源地。[4] 此外，有些学者从行政管理、贸易、商业等角度来观察上海，把上海看成一个移民社会，或者把它当作在洋人到来之前就红火了几百年的商贸中心。[5] 最近，有些学术著作开始关注上海普通人的日常生活。[6] 这些研究的确在诸多方面推进了我们对上海历史和结构的理解，但令人吃惊的是，上海作为19世纪晚期中国最重要的娱乐中心的地位一直被忽视。事实上，上海城市形象的关键正是娱乐业，是它让各路金融巨子、往来客商慕名而来。

近年来这种情况有了一些可喜的改观。最近大量有关上海妓女的研究得以出版，这些内容翔实的作品当然也绕不开对娱乐业的讨论。以西方语言出版的有安克强（Christian Henriot）的《上海妓女：19—20世纪中国的卖淫与性》（*Belles de Shanghai*，1997），该书饶有趣味的主题和学术价值吸引了众多关注，其英译本 *Prostitution and Sexuality in Shanghai* 也于2001年问世。[7] 贺萧（Gail Hershatter）出版了其作品《危险的愉悦》（*Dangerous Pleasure*），王德威（David Der-wei Wang）的《被压抑的现代性：晚清小说新论》（*Fin-de-Siècle Splendor*）中，专门用了一章来讨论晚清小说中上海青楼的内容。

史学家安克强的老师阿兰·科宾著有《供租用的女人：1850年后法国的娼妓业和性》（*Women for Hire: Prostitution and Sexuality in France after 1850*）。安克强继承了伟大的史学传统，以史学家的视角来处理上海妓女问题，他以严谨的文献材料，对19世纪晚期到20世纪中期上海妓业管理相关的各种制度、权威和机构作了精妙的分析。比如，他细致地讨论了上海名妓从老城厢搬往租界的历史背景。这一搬迁始于1863年，主要都是在小刀会起事期间（1853—1855）。后来，那些为躲避太平天国之乱（1850—1864）而从江南各镇逃来的名妓们也加入了她们的行列。安克强画出了青楼的地区分布图，考察了这些女子的年纪、地域背景、入行时间和脱离此业的时间。他所采用的材料既有公开出版的文献，也有法租界警方的原始数据，后者在"野鸡"方面的资料尤其丰富。

安克强主要的观点是：上海妓业的发展反映了性行为的重大变化——以前只是精英阶层的男性才享有包养名妓的特权，而现在变成了大众化的市场。自上海开埠以来直到第一次世界大战结束，狎妓行为"性"的含义和商品化的特征越来越浓。安克强主要采用了法租界警方的档案材料，希望给读者提供一个客观的说法。（对于那些道德上令人尴尬的研究主题，这不失为一个好办法，科宾对巴黎卖淫业的研究就是一个成功的例子。）[8] 此外，在安克强的分析中，我们也隐约可以感到，作者也试图从文化上来理解狎妓行为。[9]

对安先生大致的思路我很赞同，也从中受到了很多启发，但我自己的研究使我坚信，尽管新的都市妓业代替了旧式的名妓陪侍，在这个看似线性的过程中，上海租界还是有一些与众不同的独特经历。在长达二十余年的时间里，风头最劲的上海名妓，在空间、仪式、功能和社会意义上冲破了为传统妓女所框定的圈子，重新界定了她们与客人之间的关系，为自己积聚能量。作为强大、自信、面向公众的女艺人，她们真可谓"公众女性"。她们不断创造、捕捉这个繁华都会的精髓，最终成了它最骄傲的代表。

19世纪最后十年，当新的城市知识分子已经变得相当世故和尖刻的时候，他们描写这座城市及其名妓时才开始表现其纸醉金迷的一面。风月场的社会现实并没有变化，这里反映的不过是知识分子们态度的转变。翻阅1920年代的中文文献，例如《晶报》等小报，可以看到实际上青楼文化在"一战"之后仍然很流行。之所以有人说这种文化消失了，大概是因为1917年之后，在新文化运动的背景下它不再被视为真正的娱乐，而变成了落后的传统。我的研究关注1870—1900年这一重要时间段里上海最一流的名妓。上海会聚了中国所有新鲜时髦的东西，仿佛一切皆有可能。

贺萧的《危险的愉悦》考察的历史时段与安克强相似。她从女性主义的视角着手，对娼妓业作了细致的梳理和生动丰富的探讨。她将几位最红的名妓的生平传记一一连缀起来,替她们发出声音。贺萧的此项研究大大有助于我们理解名妓私人生活和职业生涯的复杂互动关系,也增进了我们对她们与上海的关系的认识。当我们翻阅青楼的历史画卷时,这本书提供了一个新的视角。我受贺萧这本书的启发,开始追问一个问题:这些女子如何看待自己?又如何评价她们对于中国现代性的贡献?

在其他方面,我的研究路径与贺萧大不相同。贺萧关注的核心是将她们放在更广阔的背景中,讲述她们作为性工作者受到社会压迫和经济剥削的生活与劳动。她主要是从权力与控制的视角来处理这一主题的。从更广泛的时代背景来说,当时中国正在向现代国家迈进,民国政府几度试图规范和控制娼妓业。"在动荡不定的、事实上已经殖民化了的上海",贺萧写道,社会上层人士更痛切地感受到"中国半殖民地状况之不稳定"。[10]因此,在娼妓问题上的大辩论,与中国(男性)精英对于主权脆弱的焦虑之情和界定中国现代性的努力是密不可分的。[11]

我处理权力与控制问题的方式更为开放一些。聚焦于娱乐业和娱乐文化使我们更容易看到某些娱乐文化及其背后的人物是怎样影响社会变迁的。在这个剧本里,权力与控制并不是事先设定的。比如,对上海的娱乐文化及其改变社会的能量而言,中国政府并不是一个重要的角色,当然这种情况后来在民国时期有了一定的变化。因此,分析必须限制在特定的时间范围之内。我特别要指出的是,贺萧所说的"男性的焦虑"有特定的时间性,在20世纪中国民族主义兴起之前没有这个。当然,在它形成之前有个雏形,就是1870年代以来新到上海的文人身份认同的焦虑。这种焦虑感与主权和民族地位关系不大,倒是跟租界毫不掩饰的商品精神联系更深。我的分析展现了这些男子描述狎妓和城市的方式是如何变化的,从中可以看出他们的自我认知和心态的变迁。

王德威在他的《被压抑的现代性:晚清小说中新论》中也谈到了我在本书中讨论的几本小说。这些书20世纪初在上海出版,以上海名妓为主人公。王德威的论述从一种"五四"作家和文学史作家中流行的说法展开:直到1920年代一批小说家以新白话文写作之后,中国文学中的现代性才开始出现。由于这个广为人知的说法,王德威书中所讨论的晚清小说中的现代感也就变成了"被压抑的现代性"了。晚清名妓小说中的现代性,体现在她们对于爱情王国的重新定义,以及她们对情与色的超越与反讽。这些小说常描写性事和欲望,初看上去给人的印象颇为颓废,但这正是掩饰在"狭邪"(waywardness)的面具之下的新行为规范。"狭邪"这个词来自鲁迅(1881—1936),中国小说史早期最著名的作家。王德威认为,与明显以西方小说为样板的"五四"小说不同,晚清小说独特的现代性基本上产生于中国内部的文化进程。不能用线性的发展模式来理解现代性。现代性并非先产生于某一处,然后其他地方接着发生"后起现代性"(belated moderns)。在王德威看来,"在任何特定历史节点,现代性的到来都是各种新的可能性激烈竞争的结果。"[12] 没错,19世纪的现代性在不同的地方有不同的形态,但我还是发现,有很多甚至是压倒多数的材料表明,这些小说的作者从很多方面来看都非常全球化。他们的小说在杂志、报纸等西式媒体上连载,而且这些作者大部分都是这些媒体机构的记者。他们搬到上海去就是因为它是中国的"西方",他们在小说中也出现了真正现代的虚拟主角——作为大城市和大都会的上海。他们是当时世界时尚的一部分。时尚是多变的,但它有一些核心特征,各个都会城市对它加以吸收和改造,只是有一些时差而已。说到小说主要的人物——上海名妓,情况也是一样,其形象与人们对传统名妓的理解大相径庭,倒是积极地吸收了许多世界性的时尚元素和奇思妙想。通过上海的名妓们,西方现代的玩意儿不知不觉地成了天堂的室内装饰的一部分。她们没有高唱现代化的调子,但其巨大的影响力毋庸置疑,尤其是考虑到她们从未试图说服他人。王德威提到了这些小说,尤其是《海上花列传》所描写的新城市中心的重要性,但他的分析没有进一步深入下去。

我的研究直接受到了王德威的影响,他指出,晚清小说里的名妓"可能充分地预示着1920年代的女性写作中思想叛逆、行为出格的'新女性'形象"的出现。[13] 尽管他没有对此深加讨论,但这无疑是大胆而深刻的洞见。同样,从比喻和文学的意义上来说,上海这座城市和它孕育出的"新女性"之间的重要关联也不是虚构的。王德威强调上海和上海名妓之间的关系，主要是把后者当成欲望的呈现。[14] 如果我们把狭邪小说当作一个整体来考察，就可以清楚地看到，欲望只是作者们遮掩上海的无耻荒淫的熟悉的外衣。所有的狭邪小说共有的一个基本结构就是这座城市。从这一角度来看，从鲁迅的道德立场立论到王德威从叙事创新着眼，对这类小说的批评脱离不了人们对于"上海究竟代表什么"这一问题的理解。[15] 我的研究集中于作为文学形象的上海和上海名妓之间的关系。作为小说主导元素的场域(locale)兴起、指向都市中心的象征主义都意味着现代的到来。

有关上海娼妓业的著作还有孙国群的《旧上海娼妓秘史》和薛理勇的《上海妓女史》。尽管两部作品材料都很丰富，但在文献应用上都有所不足，反映出这一领域的研究在形式上还是更像趣闻轶事而非学术研究。孙国群的著作是首批出自中国学者之手的妓女研究之一，但她没有和国家的宏大叙述保持适当的距离，没有脱离所谓卖淫邪恶的假设。因此，她对历史的讨论也按照揭露女性如何受资本主义剥削的路线去展开。薛理勇曾经发表过一篇有关上海妓女的论文，他认为上海名妓是上海不断发展的商业文化的组成部分，在上海城市文化形成中扮演了重要角色。不幸的是，这个蕴含重大潜力的研究有不少事实上的错误，作者的一些议论也缺乏历史文献的支持。

尽管如此，这些研究还是以其城市社会史、性别研究和文学象征等视角大大增进了我们对于上海名妓的了解。与这些作品进行了对话后，我考察了如今仍无人问津的史料并进行了深入的调查。本研究力求回答解释这样一个问题：为什么在表现19世纪晚期，尤其是19世纪晚期的上海时，上海名妓的形象无所不在？这一联系是如何表现和反映她所能产生的特殊影响的？这种影响对于新型都市娱乐文化和现代生活方式的形成来说极为重要。在这一新兴的移民地区中，人们建构起了新的文化身份认同，东方和西方的事物也自然而然地融合在了一起。

本书采用阐释学的文化史研究方法，不忽视各种文献的类型局限和媒体意涵，不偏重任何一种文献，以多种文献互相参校印证。本书希望运用这些文献自身的词汇来解读这个曾经存在过的鲜活的意义世界，同时，本书也提供了当代的概念和视角以发掘文献的多重意义，虽然原作者对此未必有清楚的认识。

这一研究方法并不聚焦于可证的史实，而认为上海和上海名妓的形象与这个实实在在的（actual）城市和人群一样是真实（real）而有力的存在，甚至比后者更甚。这一研究法认为，描写和叙述不是仅建基于作家的想象和主观动机的、对现实的简单建构，虚构的作品也可能以广泛的准社会学观察为基础，而关于名妓生平的现实主义描写大概也与男性作家私底下的自我反思相交织。本研究的目的不是记录女性受压迫的历史，而是接受这样一种可能：上海名妓主动地、创造性地利用新的环境，不知不觉间趟出了一条中国的城市现代文化之路，这可比维新派大人物们唱高调奏效多了。

历史背景与娱乐业的兴起

第一次鸦片战争导致了《南京条约》的签订，根据《南京条约》的约定，1841年在黄浦江的河滩上建立起了上海租界。当时与"上海"这个名字联系在一起的还只是比较偏南的老县城，租界——包括由英国人和美国人管理的公共租界和法国租界——都和上海老县城隔着一条江，保持着安全的距离。当不同背景的人们带着各自的憧憬与期望来到租界，甚至逃向租界的时候，他们对于未来的城市面貌的想象不受任何旧框框的限制，无论在实际上、在想象中，还是就传统的权力关系来说都是如此。因此，他们也就能以一种果决的方式影响这座城市的发展之路。

自从1860年代早期开始，西方人就开始采用"模范租界"（model settlement）来指称这一地区，尽管它的含义从来没有被清晰地界定过，但从其上下文来看它意味着不同种族之间关系和睦、秩序文明、公共利益和私人利益得到了不错的平衡。[16]租界中的居民也为其生气勃勃的社会生活和文化活动感到自豪。正如上海的一位老居民在20世纪初所写："上海的娱乐业比任何别的通商口岸都发达，我们应该引以为豪。"[17]

1850年代晚期，为了躲避太平天国的战乱，很多富有的中国人涌入了上海租界，一时间，这里富商和高官云集。后来几年，战争局面更加混乱，上海城里已经做不到像当初条约里约定的那样让中国人和西方人的生活区彼此隔离，尽管这些不同的区域还是存在，而且在诸如天津等其他通商口岸还一直有。上海的这种独特状况使得来自中国各地的居民和外国人能在管理良好的城市里互相融合。

租界迅速发展成中国最重要的商业中心，作为上海经济生活重要组成部分的娱乐业也快速地繁荣起来，这使上海成了海内外中国人最神往的乐土。到1910年，它甚至成为外国旅游者的目的地。对于吸引商业和金融投资来说，城市生活质量和它的娱乐业起到了很大的作用。

到1880年代，来上海的中国游人提到上海时，常用"蓬莱仙境"这样的字眼，这也就是传说中的仙岛。尽管也有怀旧的声音，但这个城市对公共空间的关注更令人印象深刻，它铺设了从大马路到独立上下水系统等城市基础设施，提供了舒适安逸的城市生活。1887年《申江百咏》的作者赞叹道："一入吴淞眼界开，此身疑是入蓬莱。若偕刘阮今重到，错认桃花不肯回。"[18]

来过上海的人都对宽阔干净的马路和井然有序的交通印象深刻，特别是人们都有一种沿着马路同一侧步行和驾驶的奇怪习惯。风格各异的宏伟建筑、公共花园、水龙头（1880）、抽水马桶，还有外滩两岸的树木和居民区的街道都令他们赞叹不已。亮闪闪的街灯简直让他们着迷，这些用煤气（1864）、电（1882）的明灯把黑夜变成了白昼。后来，穿行其间的上海名妓的魔力更把这些奇妙的东西美化了。

对中国人来说，"仙境"和"岛"这两个概念仿佛有一种因果关系；只有在一个很小的、隔绝的地方，仙境才是可能的。租界是由外国人管理的，因此成了中国土壤中的一个岛，实际上是一个独立的政治实体。在这里可以躲避肆虐各地的战火，做生意挣钱也不会受到传统社会的约束和清廷官僚的干扰。同时，外国领事也常常感到无法控制这座城市和其中的外国居民，以及工部局（the Municipal Council）。

租界为上海娱乐业的发展提供了两个至关重要的条件。首先是对有组织犯罪的有效控制，这在1900年之后才受到社会的密切关注。[19]有组织犯罪常常压榨娱乐界；这些帮会组织会削弱娱乐的文化地位，阻碍其进行革新。第二个重要条件是对城市公共区域的有效管理。城市清洁有序的形象和现代化的设施共同营造了一种令人愉悦的外在环境和文化氛围。从这两方面来说，上海的娱乐业都和中国早期的城市中心大相径庭。

上海独特的多文化混融的格局赋予了它"东方巴黎"和"人间仙境"的声名。尽管上海是一个半殖民的政治实体，但采用帝国主义的范式无助于我们理解它独特的格局与活力。上海工部局是由外国人管理的，但是除了维护治安，外国政府也没什么发言权，在公共租界里尤其如此。实际上，在欧洲的政府和外国居住者之间常常有一些根本的分歧与冲突。[20]同时，上海城里形成了一种多民族的文化，中西文化的元素在多个层面互相混合、联系起来。生意买卖和理解别人做生意的文化是一个重要的例子。再比如，中国商人得在西方的法律框架和税收系统里做生意。这座城市来来往往的旅人过客之间交流混杂着各个不同地区、乃至世界各地的语言，最典型的是生意人用的洋泾浜英语。这座城市至少有七种邮局，还有很多不同的计时和历法系统。不同社区的成员互相妥协、互相适应。上海工部局为建造能与巴黎和伦敦媲美的城市基础设施不遗余力，上海因此迅速得到了游人称道，市民们也为此而自豪。

有关权力和外国统治的情况又是怎样的呢？交税的中国商人不能参加外国纳税人联合会（Foreign Ratepayers' Association），也不能参与城市管理。尽管如此，似乎早期的中国人也没为这些事花多少心思；看起来他们对于能直接向工部局申冤，且能在必要的时候采取独立行动感到挺满意。[21]帝国主义和殖民主义等道德控诉的话语在这里显得有点不合时宜，若是强行照此追溯，在19世纪晚期客居上海的人看来必是莫名其妙。这种情境用"混血"（hybridity）这一概念来把握可能更适合。[22]这个临时社区的成员跨越了国家与文化的界限，接受了这个地方的规则，因为好处是显而易见的。在这里，即使所谓的中国人也远非同质性的群体，比起他们的"国家"，他们更认同的是时常可以回去的家乡。也有很多人是从今天的马来西亚、新加坡等地以大英帝国臣民的身份来到上海的，他们也坚持得到相应的对待。很多孩子都有多民族血统（上海第一所学校就是给他们建的），这些混血儿代表着这个城市。这种文化的相互影响和交流使得上海成了中国最为开放的城市。

从租界建立的早期开始，娱乐的文化重要性就凸显了出来。这是协调中国传统文化和来自外国的现代挑战之间最明显可见和最为有效的力量之一。在本研究中，娱乐界的背景是一个刚刚出现的、摩登的城市社区，它在复调的城市奏鸣曲中努力寻找自己的身份。

上海娱乐文化的制造者

一些勇于开拓的玩家发现了自由市场中的机会，开始努力谋求，在他们与自由市场的博弈中，追求安逸逐渐变成了上海经济的一个关键部分。发展所需的资金和各种制度也很到位，便于对娱乐业进行商业开发，以服务那些没有妻儿与家眷、只身寓居上海的富人。名妓首先发现了这种环境的便利，几乎没遇到什么阻力，她们就把自己重新改造成了在租界生活和做生意的公共人物。

妓业在中国有悠久的历史，历代首都和重要的行政枢纽、商业中心都定下了这个基调。与此相反，清朝统治期间（1644—1911），清朝建立之后不久就在首都首先废除了官妓，后来禁令推行到全国。卖淫和私妓没有消失，但一直在官方关停的阴影之下。妓业可以存在，甚至在有些城市得以兴盛，但这都取决于当地官员的自由决定，因为没有任何法律保护它。[23] 清朝禁止官员狎妓，违反者将会遭受严厉的处罚。由来已久的联系官员和名妓的恩客文化受到了抑制。

导言开篇引述的《游戏报》所描写的场面特别上海，不可能在清帝国任何其他地方发生。在租界的对比之下，旁边的上海县城显得反差很大，它城墙高筑，拒绝新的生活方式和现代的城市管理，也不像租界那样对黄浦江岸密布的道路和下水系统进行改造。[24] 可能这个城墙之外的吵吵嚷嚷的竞争者反而使得城里的老爷们更保守了。租界和老县城与往日一样睦邻友好。但最后租界在经济上和空间上都开始占据主导，渐渐地，在报纸的新读者和潜在的游客心中，"上海"这个名字激起的只是租界的诱惑。

从1850年代开始，在租界独特的社会、金融和法律环境下，妓业迅速发展起来。早期的名妓和别人一样都是逃难来的，为了躲避老县城里的战火，她们搬到了租界这个避风港。随后从苏州等城市，也即广义的江南地区又来了不少名妓。想当年苏州的城市娱乐业可是令上海县自惭形秽的。实际上，温软的苏州方言仍然是上海名妓的职业语言，就是在上海市里长大的名妓也急切地想要学习。租界是个移民社区，每个人都有几分是上海人。[25]这里没有传统的士绅阶层，他们的社会地位会赋予他们规范乃至强制人们行为的权利。这里缺席的还有——更多的是从实际意义而非严格的法律意义上来说——清政府以及它的道德规范和节制消费的法律。[26]这里不缺的是机会，名妓们急于抓住这些机会，以发展出反映新的社会关系的规则和制度。

当时有人注意到了名妓和租界之间的这种共生关系。写于1907年的一本名妓传记中有这样的字句：

> 大抵洋场开辟以来，外人申其治外法权于我地，所行者皆外人之法律，虽妓女亦同受其保护，不如我国以娼寮为厉禁也。故夫洋场诸娼亦彰明较著，以张其艳帜，而冶游者亦复视为坦途，无所顾忌，不似在内地之踽踽观望，踌躇而不敢骤前者矣。[27]

按照严格的法律术语来说，公共租界并没有保护妓女的特别规定；法租界给她们登记、收她们的税，法律地位也只是略好一点。工部局总的政策是要削弱中国政府在租界的法律上的势力，即使事关中国居民也是一样，因此名妓们也就获得了充分的掩护与保护，得以免于中国当局的干涉。就租界的诉讼案件来看，名妓们的职业合法性从来不是问题。

在这本书中，我经常采用"名妓"（courtesan）这个单数的词来表达一个群体。这个群体的组成一直在随着时间变化。但是，从上海娱乐业及其文化兴起的视角来看，这个群体与不断变动的信息、时尚和竞争捆绑在了一起。普通妓女（prostitutes）和名妓之间的差别体现在她们的训练和营业范围上：普通妓女只是出卖肉体，名妓提供的是文化娱乐。尽管她们都要以各式各样的时尚迎合男人的幻想，但一流的名妓们生活在聚光灯下，勾起的公众兴趣要大得多。因此，她们对公众的影响力也更大。

名妓们堪称海上奇观的地位不仅是她们自我标榜的结果，也得益于上海的出版业，尤其是娱乐新闻对这一形象的推广。出版界注意到名妓象征着上海的魅力和堕落，具有市场价值，开发了包括图谱、传记、每日新闻等等有关名妓的印刷产品。这样一来，通过媒体对名妓和这座独特城市的叙述和描绘，作为上海时尚风向标和公众人物的名妓们自我展现的形象得到了进一步的映射、加强和改进。

除了名妓，媒体同样也是租界独有的，尤其是娱乐媒体，在清帝国别的地方都是不可想象的。随着中文报纸《申报》的发行和1872年出版图书的申报馆开张，租界迅速发展成为中国的印刷中心，正如鲁道夫·瓦格纳（Rudolf Wagner）所说的那样，和"现代的"中国公共领域密切关联起来。[28] 人们常以为，在这样剧烈变迁的时代，在中国向一个民族国家转变的过程中，整个国家的社会结构和精英阶层都在经历剧烈的重组和调整，媒体毫无疑问会一直对这些关键的历史时刻保持关注和深入思考，但上海又一次打破了这种想象。最近才有研究揭示了很长时间以来都不为人所知的事实（当然仍需更多关注）——其实上海的中文报纸和其他的外语报纸一样，相当多的版面贡献给了休闲娱乐。后来，这个市场的发育使得娱乐小报以其混合了名妓报道、剧院新闻和政治讽刺的独特风格获得了商业上的成功。在这些小报的每日报道中，名妓们的形象开始变得有血有肉，她们是上海繁华的标志，也象征着它的荒唐和不羁。

供职于报界和出版业的男性有个略带几分讥诮的称呼——洋场才子。[29] 他们通过名妓的形象表达着自己对这座城市的矛盾情感。这些文人学士从士绅精英阶层变成了城市里的工薪族，渐成气候的上海名妓对他们来说是一个挑战。他们素来和名妓关系密切，最具代表性的就是明末名妓们和当时著名文人学士之间痴缠的传奇，但现在这成了文人的负担，因为名妓的存在会时刻提醒他们：昨天的风光已不在。[30]

我称这些男性为文人学士（literati）、文人 (men of letters, wenren)，但他们并非一个界限清晰的稳固的群体。当时的文献称他们是"冶游"的男人。他们可能是商人、官员、教师、军人，也可能是供职于外国公司的记者、编辑，或者是买办。其实，这个群体最根本的特点是受教育水平高，因此，尽管他们也不得不打工糊口，还是有一定的文化鉴赏力。（名妓们也不是一个边界清晰的群体。前面已经说过，名妓们不停地在各种角色之中出入，她们也是妻子、小妾、鸨母、演员、艺人、情人，她们可以同时身兼数职，也可能按部就班地扮演完一个角色再换下一个。）

也许是为了应付这种新环境，文人们回归到一种历史悠久的传统：他们采取了一种"游戏"的态度。古代的文人学士若感到怀才不遇、对世界不满但又无力改变时，常常以这样一副面目示人。"游戏"态度因此也成了一个很容易被人认出的符号。上海文人以这种姿态宣告他们对世界不满，也为他们放下身段卷入市场寻找到借口。所以说，他们笔下的名妓的形象也间接反映出他们如何评价自身价值以及他们和上海的关系。

文章安排

本研究不以时间为序，而是按照几条不同的线索来布置篇章。

第一章主要讨论上海名妓对于城市公共文化的影响。通过分析一流名妓的服饰时尚、家具陈设、公共场合的行为举止以及时人对名妓的迷恋，第一章考察了这些名妓是如何成为海上繁华终极标志的。她们的营业场所由过去闭塞的室内发展到了上海的公共空间，因此能对时尚、品位以及社会行为产生有力的影响。于是，她们无意之中变成了现代性的榜样。

第二章考察的是租界的妓院中实行的新规矩。与以前上海县城的妓院和江南地区的妓院规制相比，可以说上海的租界发展出了一套独特的规矩，从上海一流名妓与顾客、鸨母和公众的互动中可以窥见她们为自己打造的新身份以及大为增加的自由度。

第三章关注仪式性表演这一新模式，讨论了上海名妓们用来充实这一抽象框架的角色榜样。角色扮演缘起于名妓对曹雪芹（1715—1763）的小说《红楼梦》的迷恋，而且客人们通常也对这个故事非常熟悉。这一游戏的核心是所谓的"情"，即崇高的爱情或激情。角色扮演依据的是小说中最著名的两个人物原型（病美人林黛玉和贾宝玉）之间的爱情故事。这个游戏可谓是含义深远。它把上海当作了大观园式的幻境，年轻人在其间可以自由地追逐爱情，不受外界打扰。它还把名妓和客人比作饱受相思之苦的男女主角。名妓们通过这个戏剧脚本确立了一种新的身份，表明了游戏的性质、规则，以及她们的期待。在这个游戏中，客人的角色是浪漫的，但毫无疑问也是温驯的，而名妓们扮演的则是一个全新的带点顽皮的强势角色。

第四章考察了上海文人塑造上海名妓形象的过程。生产这一文化产品的过程也是这些文人自己的人生过渡期，那时候许多文人已经开始在上海飞速发展的新闻出版界中爬格子了。对1860—1890年代的各类出版物的研究表明，尽管从根本上说，"名妓"这个文化产品源自于文人与妓女交游的历史传统，但文人们在各种出版物中表达的是他们对于自身、对于这座城市以及它所孕育的名妓的矛盾情感。于是，在这一时期发展出来的娱乐报章上，名妓也就成了当仁不让的主角。

第五章研究了娱乐媒体的角色和上海名妓的兴起。在传统社会，她们地位卑微，现在却变成了最早的风靡全国的明星（national star），围绕着她们甚至形成了一种明星文化，此后，20世纪二三十年代中国的电影工业蓬勃发展起来之后也有围绕电影明星的造星活动，可以说就是以此为雏形。在推广名妓的活动中最重要的方式之一就是出现于1897年的娱乐报纸，后来被称为"小报"。这些报纸主要都用来报道上海的名妓，它们在报道中遴选名妓中的花魁，把她们的美名和故事传扬到各大城市。名妓们也很快就认识到了这些媒体的潜力，开始利用它来宣传自己的活动。就这样，明星和明星文化变成了上海商业媒体和娱乐文化中的新风景。

在晚清小说中，名妓成了主要人物之一，第六章研究的便是她们在这些小说中不断变化的形象。通过分析新的狭邪小说潮里关于名妓的文学描写和典型刻画，第六章提出了一个观点：这一批文献可以说是中国最早的城市小说。进一步而言，那些插图将女性的形象引入了城市风景，其本身也可谓是一个突破。

第七章涉及塑造城市集体认同的问题。1870年以后的城市指南书中有关城市的表述常常互相冲突，这一章记录了早期的中国旅客和西方游人在描述城市形象时的不同叙述策略。这些城市指南书里讲得更多的是人们对这个城市的期望，而不是它实际的样貌。统一的城市认同在历史资料里不容易看到，倒是在旅人过客对上海的想象和期盼里，从他们描画上海的语言、意象和符号中发展起来。

结论部分讨论了19世纪末20世纪初上海娱乐文化研究的三个大问题。第一个问题是在社会变迁和所谓现代化进程中娱乐无意间所扮演的角色，第二个问题是娱乐文化与商业利益，以及形成中的中国公共领域之间的关系是什么。第三个问题是对于考察上海名妓和上海娱乐文化的发展来说，诸如社会性别（gender）和殖民主义研究等研究方法的潜力如何。

原始资料

把娱乐作为文化现象来研究的复杂之处在于原始资料难以确定边界，而且那些"边缘的"材料印数少，难以查找，还要找到适于处理和整合这些资料的方法。原始资料种类十分庞杂，包括明信片、地图、人口统计数据、广告、建筑、家具、服饰时尚的描写和图片介绍，还有小报和回忆录等等。一般来说这些资料都不是学术意义上的正式文献。当年这些资料有自己的用途，但我们要透过这些原始用途，洞察它无意间所扮演的创造文化氛围的角色，这可是个艰巨的任务。

比如，以一张名妓的照片为例，它首先是个集体作品：照相馆提供了陈设、灯光和背景等选择，由名妓自己或别人设计的服装可供人们想象，她的表情也告诉我们正在上演的是什么戏码。照片本身也会有很多种功能：它可能是名妓送给客人的礼物，也可能是她生命历程中某次庆祝活动的纪念，或是照相馆洗印出来制成明信片并当作卖给当地人或游客的新鲜玩意，从这种明信片身上可以看出，它逐渐成为了城市表现自身的工具，它可以证明新技术如何为人所接纳并逐渐流行，可以向我们展示一个想象中的商业市场，还可以为报纸杂志上的插图文章提供底版。因为我不是摄影或任何相关领域的专家，我只能一边研究一边学习，当然业余选手总是会遇到险境，有时候专家会出手相救。我发现，对不同资料保持开放使我获益匪浅，获得了许多信息，同时，当看到其他学者在文化研究领域也在大胆地往前走时，我也深受鼓励。

我用来做上海娱乐文化研究的资料肯定会遇到一个严肃的质疑。可能有人会认为这些资料都属于同一种类型的叙事，基本价值观和视角都一样，几乎没什么唱反调的。比如，"笔记"、"竹枝词"和娱乐小报所提供的信息看上去是一种声音，但其实它们代表的立场和观点可能大异其趣。任何话语都有自己的偏见和盲点，我们这里看到的各种话语也是如此，即使是最不愿意承认这一点的统计资料也不例外。统计资料可能看起来特别公正，没有先入之见，给人一种一切都以计量结果说话的印象。本研究用到的统计资料并非来自有代表性的样本，而是出于有着自己特定品位、交际圈子和信息渠道的名妓鉴赏者之手，他们按自己的意思选择和记录了这些资料。如果我觉得资料需要更扎实一点，我会努力把这些本来不太信得过的材料汇集起来，加以互证。但是，要是真的去做统计抽样，会模糊我真正的焦点，我关心的是人们是如何感受和看待这些事物的。

与名妓相关的资料是个重要的例子。有人已经指出，我们对这个群体的了解来源于一批口径相当一致的文本——这些文字都是由男性文化精英留下的，以一种相当理想化的态度来描写名妓，因此也没有提供诸如街头妓女等其他群体的信息，甚至可能会隐藏有关名妓的事实真相。[31] 就我自己对上海娱乐文化的深入研究而言，我没有把这里所蕴含的信息当作社会志(sociographic)的事实，而把它看成围绕着上海娱乐业所展开的神话制造过程的一部分。神话和幻想就像人口与经济数据一样真实，它们也能转换成工作、市场、投资、迁移，也能实现它们的目标。在对都市神话制造过程的考察中，我试图去探求它是如何起源的，上海的名妓们又是如何利用它来得到好处的。

对这一时期来说，诸如晚清小说等文学资料有着重大的价值。尽管小说材料不提供原始的社会学数据，但把它仅仅看作"虚拟"的数据而放弃，这实在是太草率了。我们必须考虑它特定的目的。整个晚清时期，最流行的就是揭露社会、政治黑暗的黑幕小说，而判断作者及其作品是否可靠依赖于局内人的知识，这也包括了对名妓及其恩客构成的隐秘世界的敏锐的"社会学"观察。作者们都声称要解释这个世界中不为众人所知的内部真相，但他们写得好不好也取决于其他局内人和行家的判断。这一文学类型自然带有夸张和建构，但是这些作者的初衷还是要把它写好。他们对一般社会现象和过程进行观察，把它精心地化为一个个小说人物，当然很多都是以真实人物为原型，仅做了一点改写。为了保险起见，我广泛地采用非虚拟的写实文学和口述材料来建立基本论点，小说用来充实这些观点，但并非惟一的和主要的材料。

娱乐报纸自身是否能作为资料来使用也受到质疑。这些早期的报纸有时候会被错误地归为所谓"小报"一类。没错，早期小报的报道内容是和《申报》等重要日报不同，但这些小报的编辑和记者都以那些大的日报为榜样和标杆，像李伯元这样的记者对报道的准确性要求也很高。所以对记录事实和上海娱乐文化来说，最早的小报是极重要的材料。通过这些小报，我们发现了娱乐生活这一维度，尽管大多数对娱乐业的报道出自于大的日报和其他材料，但小报对各种事件、生活和人物个性星星点点的记录也参与形塑了上海的娱乐业。小报是娱乐业的一部分，同时也扮演着批评家的角色。

秀摩登
19世纪末上海名妓的时尚、家具和举止

从19世纪60年代起到20世纪初,人们一直对上海的名妓津津乐道,她们在公共场合的行为举止、装束打扮,乃至其闺房陈设,都成了大家关注的焦点。她们的身份、性格和生活方式,俘获了公众的想象力。尽管人们有时候不怀好意,但这种强烈的关注还是显示出,上海名妓已经成为了一种不可忽略的力量——就和她们在16世纪的威尼斯、18世纪的江户 [译注:东京旧称] 以及19世纪的巴黎的同行们一样。她们的社会行为和生活方式撩动着人们,在公众中产生了相当大的影响,在时尚和品位上的影响力尤巨。中国晚明时期,名妓就曾作为时尚先锋引领风骚,在上海,她们的身份又增加了一个维度[1]——她们是作为公众人物进行活动的,影响力无处不在。她们是上海租界文化的标志,作为最不羁的一群,她们对中西合璧、传统与现代杂糅的租界文化十分拥护。

19世纪下半叶,当上海娱乐业不断繁荣发展,日益成为吸引游人过客的主要赚钱行当时,这些地位超群、追求时尚魅惑、喜欢"惊世骇俗"的上海名妓也成为时尚的风向标。由于她们在公众场合频繁出现且颇具影响,上海名妓在清帝国内的影响范围之广无人能敌。17世纪,清朝建立后不久官妓即被禁止，在此之前名妓可以参与官方和公开的活动，可以出去春游踏青并在官方宴会上娱乐宾客。废官妓之后，卖春和狎妓只能在私设机构中进行，没有牌照，也无需上税。在苏州、扬州、南京和广东等商业和行政中心地区，烟花柳巷到处都是。废官妓一事对北京打击最大，官立的妓院解散后就再也没有恢复起来。新妓院在前门外的剧场一带兴盛起来，但由于清朝法律禁止官员和候补官员包养妓女或光顾妓馆，妓院生意每况愈下。[2] 虽然有些地区差异，狎妓和卖春还是在地下，不再属于公开领域。结果这些生意变成了严格意义的"室内"生意，从广大公众面前消失，藏匿于有限而独立的社会空间之中。这些行当在法律上的模糊地位也意味着它们得看地方长官的脸色过日子。很多清代文献都讲到，合法地位的取缔经常给妓馆带来毁灭性的打击。[3]

　　这种威力也传到了上海这个地方小镇——当时，它与南京、苏州相比还只是一潭死水。地方官员不断威胁妓院要关门，同时仗着妓业没有法律保护，不断敲诈勒索，终于，在小刀会起事期间，名妓们跑到了新的地方——上海租界，再也没有回去。[4] 再往后，上海老城厢也禁止她们去豫园、也是园等公共花园。[5] 对于老城厢狭窄的街巷来说，用于展示自己的西式四轮马车实在太宽了；于是，租界就成了她们独一无二的舞台。[6] 在那里，她们抓住一切机会，成功地将"生意"拓展到了公共领域，她们建立女书场、进行戏剧表演，还跟客人们坐车到公园去喝下午茶。就这样，她们有效地利用了公共领域，将其当作推销自己的舞台，从而改变了自己的职业形象。

　　安克强与贺萧近期的作品阐释了晚清上海名妓生活的制度因素和社会层面。在这里，我试图考察的是名妓在文化上的影响。从这个角度来看，她们更像依靠自身能力的行动者，而非男人臆想和描述中的纯粹客体。本书要介绍的是名妓的各种自我表演以及包括媒体在内的公众反应。

西方的物质文化和名妓的形象

　　上海迅速发展的出版业折射出这个城市的繁荣和自信，大量的城市娱

◆ 1.1 《菊花山下挟妓饮酒》。石版画。楼梯的突出位置在中国建筑和图画中都很少见，表现出上海典型的中西合璧的风格。请注意天花板上和楼梯口的煤油灯，还有较远处右面墙上的玻璃格窗，无疑都是上海的标志。（点石斋，《申江胜景图》，1884，2:4）

乐指南和画质精美的上海画册不断面市，这些印刷品内容丰富、风格迥异，在对这个城市滔滔不绝的夸赞中，它们不约而同地为上海名妓保留了一个光荣的位置，她们是这些书里面最常见的主角。

一般说来，关于名妓和妓馆的图像表现的都是一种奢华、休闲和新奇的氛围。表现名妓的方式很多：她可以是独立的"名妓"或是艺人，也可以是以姓名称呼的职业女性，或是直接表现拿服务当幌子的狎妓活动。

传统上繁华的观念与名妓的形象是联系在一起的，"繁华"是有权力、有魅力的城市的核心特征之一。正是在这个意义上，对南京这样的前朝古都或扬州等贸易中心的描述之中出现了名妓。有关上海的描写在语言和图画风格上还和从前的作品有着关联，但也有了新的特点。即便是用最传统的方式表现名妓时也是如此。图1.1中从天花板上垂下来的吊灯是西式的煤油灯，当时的描写称它"化夜为昼"，任多少蜡烛也无法与之匹敌。[7]图中所画的蜡烛只是上海名妓一年一度的"菊花山"仪式中一个传统的元素。右面的窗户上是玻璃而不是传统的窗户纸。另外两幅表现传统狎妓场面的图画，表明西式的煤油灯和大镜子已经成了妓馆内部装饰中的固定摆设（图1.2，1.3）。

尽管这些描写名妓肖像、服务项目以及具体地址的图画和文字就像是个别妓女的广告，但它还是使名妓成为整个城市自我呈现的一部分。名妓的身影就在这西化的城市中、精巧的设施旁得以展现。我们从中也看到了上海著名的救火队、警察、街灯、畅通无阻的大马路、公共花园、自来水、抽水马桶等等西式市政设施及其独特的财政、法律机构。上海的历史、经济实力或文化等其他方面常常是被独立表现的，但在表现名妓时总有新奇事物环绕其间，这些东西或是源于西方世界，或是上海的西式设施，但已经成了她们的世界的组成部分。

那么，用名妓的形象来刻画这座城市传递的是什么呢？名妓在这里的功能又是什么？既然这些指南书认为上海是独一无二的，那么这里的名妓形象相比从前对她们的刻画又有什么新颖之处呢？通过对几幅图画的仔细考察，一些新的信息凸显出来，这为我们带来了新的理解。

有一幅图画的是名妓和客人一起在张氏味莼园玩西式的打弹子，这里一般被称作张园，是上海第一个提供"现代"娱乐的公园，1885年向公众开放（图1.4）。在另一幅图中，名妓陪着客人在四马路（在西人地图上叫做福州路）上著名的番菜馆"一品香"吃大菜（图1.5）。这个餐馆所有的装修和设备都是高档的西式风格——西式的餐桌椅、壁炉、墙壁上的时钟、天花板上垂下来的煤油灯——妓女和她的客人可以用刀叉来享受美餐。

在有的插图中，妓女还和客人一起乘着西式敞篷马车在闹市或大路上招摇而过（图1.6）。可以看到，她们穿行于典型的上海的城市环境中，途经各种西式建筑、电灯、消防栓以及各种款式的马车（图1.7a，1.8）。画幅里西式家具和陈设摆在中心，其中心位置明白无误地显示着时髦的品位。

◆ 1.2 《海上快乐图：大兴里金小宝听堂唱》。石版画。金小宝是1890年代上海四大名妓之一。去她那里听曲是一种较为传统的狎妓方式。天花板上垂下来一盏西式煤油吊灯。(沪上游戏主,《海上游戏图说》, 1898, 4)

◆ 1.3 《海上快乐图：长三书寓打茶围》。石版画。客人常和相熟的名妓一起在妓馆喝茶。此图中有一面西式的大镜子。(沪上游戏主,《海上游戏图说》, 3)

◆ 1.4 《海上快乐图：味莼园打弹子》。石版画。味莼园也称"张园"，对所有人都免费开放，名妓和客人在这里当众玩西式游戏。(沪上游戏主，《海上游戏图说》，2)

◆ 1.5 《海上快乐图：四马路一品香吃大菜》。石版画。名妓、娘姨与恩客和他的朋友一起在上海最著名的一个饭店用餐，这里的用餐环境都是西式的。(沪上游戏主，《海上游戏图说》，5)

◆ 1.6 《海上快乐图：彩皮叶双轮游花园》。石版画。陪着恩客坐马车出游是名妓陪客人的新形式。(沪上游戏主，《海上游戏图说》，2)

(a)

◆ 1.7 a, b《海上快乐图：佚名妓张书玉坐马车》。石版画。张书玉是1890年代上海四大名妓之一。这一版画（a）表现了很多上海的标志物：敞篷马车、路灯、里弄街道上的木地板，还有玻璃格窗。这幅图前面是一个恩客赞美张书玉的简短传记（b）。(沪图戏主，《海上游戏图说》，1898，1)

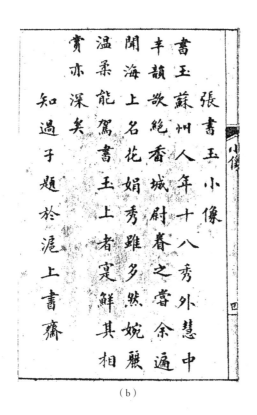

（b）

名妓的形象在这样的新环境中获得了新的意涵。

传统绘画中的名妓不是身处乡间便是在富有的恩客的宅院里，又或是在自己的房间倚窗眺望花园，而在新式的上海图像中，她们是城市风景不可或缺的代表。图1.9表现了名妓和城市的具体关系。这幅图可以看作由两部分组成，左边画的是这个有着西式建筑和电灯电线的城市，右边则是同乘马车的名妓和客人。在这幅图里，名妓的角色为这个城市增添了一种特殊的解读。她是这些西式新发明的中国注脚。作为娱乐繁华的标志和轻松生活的象征，她使得西化的城市景观和设施在时髦、迷人、贵气的同时并不显得咄咄逼人。可以说，她的新角色就是根据上海的特点去重新定义什么是"繁华"。

到了1880年代，上海名妓就像第二帝国时期巴黎的名妓一样，尽管"从

◆ 1.8 王小宝。石版画。这位名妓站在西式消防栓后面。(花雨小筑主人:《海上青楼图记》,1892,2:19)

◆ 1.9 《电气灯，钢丝马车》。石版画。这幅图画里表现了诸多不同寻常的景象：电灯、西式敞篷马车，还有和妓女一起坐马车都是申江胜景。（梅花盦主，《申江时下胜景图说》，1894，1:15）

前仅存在于社会边缘，但现在逐渐攫取了中心位置，仿佛用她的形象重新塑造了这个城市"。[8] 这座城市要求变成娱乐、舒适和财富的天堂，名妓则成了它的象征，而外国人看不见的手则为这一切提供了保障。作为一个娱人的艺人，她保证自己提供的都是商品，不论客人在传统社会里属于什么身份等级都可以享受。这些图画有两方面的意义：城市在其中展现它能提供什么，而游人则可以从中看出他们能得到什么。

在"繁华"的旗帜之下，名妓最恰当地代表了传统和西式发明的结合。不同于任何其他的人物，她的颠覆可以做到不冒犯。在传统文化中，她的标新立异甚至放肆乖张都已得到了恩准。名妓身上的文学和艺术气息给了她表现新奇事物的潜力,而她成功地吸引了公众的注意力,使得这些新事物慢慢为人所接受。上海名妓装点了这座城市的繁华,在传统文化和新鲜的西式新发明之间进行了调和。在这一过程中,西方的新发明不是作为科技和商业的新项目来到上海的,而是作为新奇有趣的异国情调被社会接纳了。

于是,名妓的形象就从补充传统文化和突破限制转变成了新事物的风向标和传播者。在这种潮流之下,城市指南书的作者们都把她们当成了城市的新偶像。她们的形象常被拿来和西方物质文化联系在一起,以使这种关联深入读者心中。上海的名妓也使尽了浑身解数来推动和支持这种联系。在租界里,她们边缘性的社会地位使得传统力量不会对她们的行为太过关注;租界里中国行政权力相对缺位,也给了她们很大的空间去发展自己的生意;而她们所从事的职业也促使她们不断标新立异。名妓被当作阐释和代表这座新奇洋派的城市的最佳人选,因为她们最生动、最容易为人所接受,她们就是上海的华丽与豪奢的象征。这些由她们自己设计并精心造型的插图,在视觉上建立了这种联系。

妓　院

在插图中画上名妓身边的这些东西显然是受到了她们的生活方式的启发。1880年代,她们的声名已经十分显赫,足以引领上海的时尚潮流。为了展示自己作为时尚风向标的地位,她们把这些西式设施转化成了新奇奢华的高级时尚的代表。在城市指南书里,这些插画直观地强化了她们的地位。值得注意的是,上海名妓和西方设施之间的联系在对诸如北京、苏州、南京等其他城市的描写里是看不到的,在表现上海官员宅邸和富裕家庭的图画里也没有得到呈现。[9]

大致说来,上海名妓的时尚发展历程可以分为三个阶段。第一个阶段是她们搬到租界之前,苏州是时尚的中心。[10] 第二个阶段是1860年代,上海租界里的名妓们将北京、广东和西方的元素混合在一起发展出了一种高级时尚。[11] 第三阶段是1880—1890年代,上海名妓引领着整个江南地区的时尚潮流，逐渐闻名全国。下面将会详细说明这一点。

就家具和室内陈设来说，上海的店铺提供了许多选择，有些看似舶来品的东西很可能是出口转内销的广东货。根据1876年出版的第一本中文上海城市指南的记载，上海到处都是来自西方、北京和广东的时髦货品。"京货铺"专门经销羽毛扇、朝靴和绣品；这些铺子都集中在东棋盘街和西棋盘街（在英国人1902年的地图上称作Se Ge Bae Ka and Tong De Bae Ka），以及宝山路（广东路中段，即今天的广东路），这里是人气颇旺的中国货售卖区，在1870—1880年代大约有四五家公司已经在做这个生意了。洋货铺主要位于南京路一带。[12]最有名的洋货店之一便是江西路2号的亨达利（Vrard & Company）——在指南书里它是"非去不可"的一个地方，它已经成了晚清的小说中永恒的经典。[13]这家成立于1864年的德国店铺专卖钟表和西方的科学仪器，商品里既有显微镜、乐器，也有鸣鸟音乐盒、发条跳舞狮等好玩的小摆设。1909年的一本指南书列出了十四家这样的商行。[14]在诸多的店铺中，有些只卖西式的家具和灯具，"洋广货铺"显然是最受欢迎的。[15]1870年代到1880年代，指南书列出了老城厢和租界内的一百家杂货铺，悦生、全亨和华彰是最有名的。[16]本书也关注广式藤编家具店，这些铺子可以按西方样式制作家具以供出口。这种家具常常和真正从西方进口的家具一起出现在妓院，也被当作是舶来品。[17]

自1870年起，无论是上海人描写城市生活的竹枝词、名妓指南和笔记还是过往游客的日记，都说追求风格与名声的海上名花们开启了许多新风尚。1870年代以前，大部分对狎妓的描写还仅限于叙述相关的规矩，名妓的生活还是一个独立的世界。王韬（1828—1897）是最早寓居上海的人之一，我们对这一时期的了解大部分来自于他。王韬对老城厢的风月场作了详尽的描写，但丝毫没有注意到家具或是服饰时尚，显然是没有什么特别值得记录的。后来他和其他人写到租界的名妓时，才提到她们开创了服饰、家具和公共场合行为举止的新风气。[18]

1870—1880年代，个人装饰品的流行趋势也发生了变化。名妓们更喜欢在自己的衣服、床榻和身上用进口的香水，而不是她们的前辈们用了千百年的熏香。[19] 带着骨雕手柄的羽毛扇是从北京进口的新品，它取代了以前南京名妓喜爱的传统的团扇。[20] 而从前象征着苏州名妓的编花发簪也被最新鲜的珠花头饰代替了，上海对炫耀性消费的嗜好由此可见一斑（图1.10），尽管珍珠来自广东，但这个装饰品很好地代表了这座城市作为世界贸易中心的精神气质。[21]

通过那些表现名妓家居的图画、描摹名妓世界的新鲜刺激的文字，以及各种版本的上海花界指南，我们得以鉴赏那些名妓们率先引入公共视野的饰品。这些指南书不同于城市指南，它们只关注名妓的世界。它们描写最高级的两种妓女——书寓和长三[22]——的家居风格时，一般都说"精雅绝伦，俨若王侯"。[23]1870年代来到上海的一位观光客写道，这些家里陈设的物品每件都十分精美，"灿然闪目，大有金迷纸醉之慨"。[24]

自1870年代和1880年代开始，顶尖名妓对她们住的地方就很在意，她们必须得住在最时髦的地方，尤其是得靠近福州路一带的娱乐区。[25]1890年代，顶级的名妓住在这一带的西式建筑里。陆兰芬住在福州路拐角的兆贵里，金小宝住在附近的大兴里，张书玉则住在尚仁西里。[26] 林黛玉刚刚从天津回来，也把家安在了大兴里，但她还在考虑要搬到南京路上一所五间房的宅子里去，那里更宽敞一些，不过也是生活最贵的地方。[27]1890年成名的祝如椿之前在衍庆里的宅子是那里第一栋五间房的二层小楼，报上还说她把家里装饰得格调很高雅。[28]

这几位名妓典型的家居陈设是这样的：墙上挂着西式大镜子，煤油灯或煤气灯光线明亮，各式钟表随处可见，西式铸铁炉代替了传统的烧煤平锅（图1.11）。印有书法的玻璃灯罩或丝质灯罩从天花板上垂下来，家里摆着欧式三腿圆茶几——在妓院里因它形似鸟笼里的喂食用的小台子而被称作"百灵台"（图1.12）。西式的窗帘优雅地掩映着窗户（图1.13）。[29] 从描绘当时的西餐厅的图画里，我们不难发现这些名妓们的灵感从何而来。

其他常见的家具包括窗边可供斜躺的西式藤艺沙发和皮制扶手椅。[30] 各种插图中还出现了带圆形靠背的带垫座椅、斜挂在墙上的镶框风景人物画、带镜子的盥洗台，还有结合了中式木器和西式垫子的沙发（图1.15, 1.16）。

◆ 1.10　中国影楼里手持男士羽扇的上海高级名妓。照片。上海，1870—1880年代。这位高级名妓的裙子前面垂下来的饰带是1860年代中期到1880年代晚期的流行时尚。她头上戴着珍珠发饰和珍珠耳环，脑后的发髻上还簪着花。这种发型说明本照片应拍摄于1870年代中期到1880年代中期。如同这一时期的许多名妓照片一样，书籍是表明其文化地位上升的重要道具。类似的发型可参见图1.1。（伦敦大学亚非学院提供）

◆ 1.11 《谢月香》。石版画。高级名妓在书场里表演，桌子前面有一个西式的铸铁炉。请留意她们额上的短刘海，这是1890年代的时髦式样。(花雨小筑主人，《海上青楼图记》，1892，4:9)

西式的壁纸广受欢迎。[31] 当时有一本小说里写道，西式的靠枕和烛台在高级妓馆里也很受欢迎。[32] 名妓们最喜爱的乐器之一就是便于携带的西式管乐器，也就是亨达利洋行所谓的"八音盒"。[33]

可能风格变化最大的家具是床。早在1880年代中期就有资料提到"无

◆ 1.12 《四大金刚像：沪北花萼统领林黛玉肖像》。石版画，以影楼照片为蓝本。图中林黛玉一只手搭在细细的高脚桌上，与图1.10里的姿势相仿，不过这张桌子是西式的。（沪上游戏主，《海上游戏图说》，1898，1）

◆ 1.13 《海上快乐图：跑马厅滑头"吊膀子"》。石版画。上海的跑马场附近有很多妓馆。请注意二楼窗户上的西式窗帘。（沪上游戏主，《海上游戏图说》，1898，7）

◆ 1.14 《吃大餐》。石版画。请注意家具和窗帘的洋派风格。(《海上青楼乐景图》,1892,4)

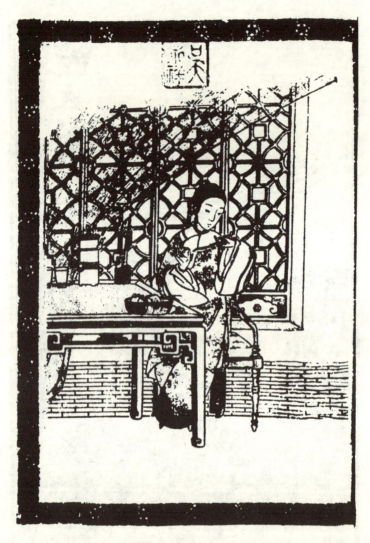

◆ 1.15 《马巧珠》。石版画。请注意带有椅垫的西式座椅,以及半掩着的西式窗帘。(花雨小筑主人,《海上青楼图记》,1892,3:1)

◆ 1.16 《谢缃云》。石版画。墙上挂着西式的风景人物画,按当时西方流行的方式,画框与墙面间呈一斜角。在这幅插图的中间位置有一个带镜子的西式盥洗台。(花雨小筑主人,《海上青楼图记》,1892, 3:3)

◆ 1.17 《上海社會之現象:妓院砍斧头之重叠》。石版画。图中不但有无帐幔的西式卧床，还有诸如台布、沙发、座椅、带框镜子等西式家具。(《图画日报》，no. 54, 1909, 7)

帐幔的床"或"铁床"。34 在较晚时期的插图里，例如图 1.17 中，这种床和其他的西式家具和陈设出现在一起。35 所有这些新东西都和传统的中式家具与装饰混在一起。在这些不同的元素之间似乎不存在任何冲突或紧张。在高级妓馆的环境中，这些舶来品成了魅惑与吸引的象征。

发行于1898年的小说《海上繁华梦》曾经列出了一张上海名妓给流行家具专营店开列的购物单。这位名妓刚刚遇到了一位情定于她的客人，于是她提出要给自己的家里配上一套全新的家具。后来这位客人和她一起吃饭的时候看见了账单，但他惟一看得懂的只有五百二十六块四角五分洋钱。因为他刚从苏州来，还搞不懂这张单子上写的都是什么意思。这张单据是张福利公司（也叫做福利公司）开的，这家公司1893年在南京路上开业，是上海第一家百货商店，以供应最时尚的货品著称。后来这位客人的一个朋友替他一一解释了这张单据上的项目，他在一家外国公司当买办，见多识广。单子上的东西包括：一个"四泼玲跑托姆沙发"（spring-bottom sofa, 弹簧沙发[床]）、一个"沙发"、一个"叠来新退勃而"（dressing table, 梳妆台）、一张"狄玲退勃而"（dining table, 餐桌）、一个"华头鲁勃"（wardrobe, 衣柜）、两把"开痕西铁欠挨"（cane chairs, 藤椅）、一个"六根辫拉司"（looking glass, 镜子）、一个"华庶司退痕特"（washstand, 盥洗台）、一只"辨新脱勃"（bathing tub, 浴缸）、六把"欠爱"（chair, 椅子）、两对"梯怕哀"（tea table, 茶几），以及"特来酸"（大菜台上的碗碟东西）等一切器具。[36]

这张单子口气夸张讥诮，却道出了一个历史事实——在名妓们看来，这些舶来品，乃至它们的音译名字都是时髦的。而恩客情愿掏钱给她买这些东西，则是其感情和财力的明证。这也并不是一个孤立的事件。看样子这间百货公司的老板十分熟悉这一套程序，而那位买办朋友能拿着这张收据单说得头头是道，说明他们都已经老于此道，早就是时尚中人了。[37]

从重获青睐的旧词——"时髦"之中，也可以见到这个点石成金的时尚。"时髦"一词最初用于花界时便有"流行"的意思，它被重新启用可能因为其发音与英文的"smart"一词相近。自18世纪以来，不列颠诸岛通常用"smart"一词来说明服饰上的时尚。"时髦出众"的名妓被称作"时髦官人"，[38]而拼命追赶最新时尚潮流的人则被人嘲笑是在"赶时髦"。[39] 19世纪以前，用来形容时尚衣着、化妆和配饰的词是"时世"装。[40] 1850年代末，王韬称呼时髦名妓的用词是"时下妓"，但"时下"也用来形容衣装。[41] 如今，"时髦"一词已经成为了都市时尚的代表。

整个 1870 年代和 1880 年代早期，名妓胡宝玉都是都市时尚界的一位风云人物。[42] 当时她是最受人追捧的名妓，她的装束、性技巧、室内装饰、上等厨子，以及她对新奇事物的追崇令她名噪一时。她在世时就已成为传奇人物，小说《九尾狐》完全就是她传奇一生的写照。[43]

胡宝玉也是第一部上海名妓长篇传记的主人公，据说传记作者是晚清最著名的官场小说家吴趼人。[44] 这部传记干脆把胡宝玉的成就归于她"制造风气"的能力，称她是上海滩最精于此道、老谋深算的名妓。当她见到一位新客人时，可以立刻对他的个性和潜在的消费力作出判断。她"具如日如电之眼，环视诸客，择其最能挥霍者，独与之厚"。同时，她"每择年少而貌都者，以酬其放荡之素志"。这位作者为了证明自己所言不虚，还指出胡宝玉在上海租界文化形成之初影响的确不小，她不断追新，同时维持着很高的职业标准，因此始终能生意兴旺。[45]

当时胡宝玉盛名一时，这位富有开创精神的生意人也是坊间流传的不少轶事的主角。在苏妓一统天下的上海花界里，她感到难以伸展手脚，于是离开沪上寻找机会，甚至远涉广东。她回来时带了不少广式家具，上海妓馆喜好以红木家具做装饰的风气就是由她开始的。[46] 还有人说她找咸水妹（广东名妓，也接待西方客人）学了英语。游人看见她和咸水妹一起得意洋洋地乘着马车在大马路上跑，这事在当时可是非同小可，因为按照名妓里的等级区分，她是不应该和这些低贱的咸水妹往来的。她引发的另一潮流是额前留起广东名妓一样的刘海，据说这么打扮是因为对经常光顾广东名妓的外国男人感到好奇。[47] 当然这也有可能是出于生意上的考虑。其他文献也指出，胡宝玉的第一桶金来自于一位西方客人。[48] 马相伯（1840—1939）是上海当时最著名的学者之一，据他记载，香港汇丰银行 1865 年成立的时候，存款人主要是常做外国人生意的广东名妓。[49] 看起来胡宝玉在咸水妹那里"上课"之后很快就赢得了外国客人的青睐。出身苏州的长三妓女本来是不屑于做这些客人的生意的，胡宝玉打破了这一传统（图 1.18）。

胡宝玉家里还有一间著名的"西式房间"，这里为中外客人准备的都是进口家具。有关这个房间的记载在很多名妓传记和介绍中都看得到。根据

◆ 1.18 《尝异味,身陪外国人》。石版画。胡宝玉跟一个西方客人的关系被写进了小说《九尾狐》,1918。第二卷第十章的这幅插图中,胡宝玉梳着广式的新发型。墙上的照片也肯定是胡宝玉自己。(梦花馆主江阴香,《九尾狐》,中国近代小说大系列,无日期)

一部小说中的描述,她的寓所包括一幢五间房的小楼,包括一个宽敞的大厅、一个客人休息室、一个餐厅,还有一间书房。

这些房间装修豪华,甚至有人将它比作"水晶宫"。[50] 有一位客人留下了这样的描述:

> 其室家中牙签、玉轴、宝鼎、金炉、冷玉一枰,图书四壁,华丽而兼风雅,该有人为之位置也。另辟精室一间,洁无纤尘,其中陈设尽是西洋器具,以银光纸糊壁,地铺五彩绒毯。夏则西洋风扇悬挂空中,凉生一室;冬置外国火炉,奇燠异常。床亦系西式,不用帐幔,穷极奢美。[51]

在使用西方家具的过程中,名妓和她们的家也在变化,其新形象传达出一套新的价值观念。她带进自己家里的不仅是象征变化的西式家具,更重要的是,这种变化意味着对西方商品的接纳。名妓用自己的家对富贵、时尚的传统观念做了新的解读。尽管至少从唐代开始,接纳新奇的外国货就是历史的一部分,但上海租界的环境使它显得更强大,更刺激。对上海名妓来说,争奇斗艳本来就是在这座城市做生意必需的。

最红的名妓所在的妓院,通常是全国各地各种阶层的男人云集宴饮的地方。作为一个外人莫入的所在,它是私密的,但同时又具有公共性。但是,与茶馆或公园等明面上的公共空间不同,妓院又因其排外性而具有一种颠覆的色彩。借由名妓的好奇和彼此之间的竞争,西式文明通过讨人欢喜的各种摆设,带着精致的城市品位的标记进入了中国人的生活,装点着私密与公共的空间。

指南书中的描述和插图,在新时尚新品位的传播中功不可没,它们将中国与西方的物质文化融汇在一起,从名妓的住所传布到公共意识之中(例如可参看图 1.19、1.20)。当然客人们也会口耳相传。当时的狭邪小说曾写到女人们会去找那些丈夫光顾妓馆的妻子,向她们打听名妓的时尚趣味和行为举止。[52] 有些为人妻妾的女子,甚至是做女儿的,也在好奇心的驱使

◆ 1.19 《郑金花》。铜版画。室内的各种陈设,尤其是挂钟体现出中西物质文化间的复杂互动。(《镜影箫声初集》,1881,27,纽约哥伦比亚大学图书馆提供)

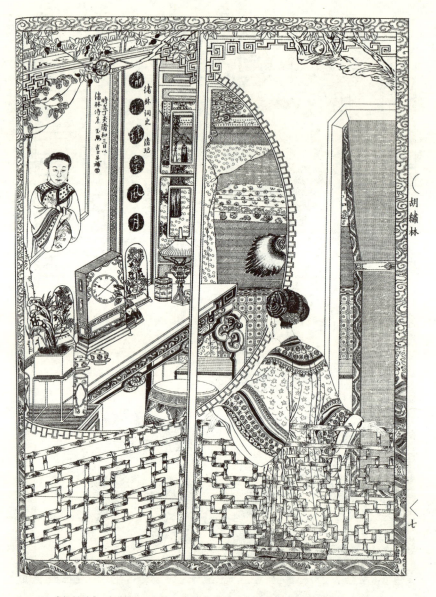

◆ 1.20 《胡绣林》。铜版画。座钟、带着维多利亚式圆形玻璃罩的人造花,以及桌上显眼的煤油灯,传递的是一种典雅高级的时尚趣味。床上叠放整齐的被褥一角插着一把羽毛扇(也参见图1.15)。从羽扇和发型可以看出,这张铜版画的底稿照片摄于1870年代中期到1880年代中期。(《镜影箫声初集》,1881,7,纽约哥伦比亚大学图书馆提供)

下女扮男装，跟丈夫或父亲一起前往妓院。[53]也有一些妻子因为性取向特殊也会去妓馆。[54]有一个故事描写一位官员为了满足老母亲一睹上海妓院的心愿，特意在妓院举行晚宴，令妻妾前去陪同。老太太被这些名妓哄得十分开心，甚至还从头上拔下金簪赏给她们。[55]

其他的娱乐场所使这些新式家具面向公众，让它们能够为人所了解。有当红名妓表演的女书场便是一例。小说《海上繁华梦》上记载，1890年代时，书场的经理为了迎接新年，照着妓院里典型的家具陈设和装饰把书场里重新装修了一番。这种特殊的陈设风格最早在1870年代见诸文字记录，后来1880年代发展得更为繁复——厅里上好的桌子上铺着厚实的"台毯"，每张桌子上都摆放着盛满水果和甜点的玻璃碗、座钟，还有鲜花插在花篮或花瓶里。[56]这种供唱书的名妓表演的新公共空间不仅在室内装饰上体现了名妓引起的时尚潮流，它还是名妓展示新式时装的舞台。

家具用自己的方式塑造着身体和人物的关系。这种新家具带来了不同的坐卧方式，与他人的关系更紧密。如果说传统家具传递的是距离、秩序和一种广义的宗族结构，那么新的家具则以摩登和舒适诉说着一种亲密。这种家具的文化结构代表并且支持城市里的核心家庭，也即后来人们所说的"小家庭"的小资产阶级的生活方式。上海的名妓是首先公然向旧家庭结构叫板的人，她们结婚或与相好同居的前提是在上海保持这种生活方式，不再搬到男方的家里去，以免受其妻子的控制。例如，陆兰芬和瑞康颜料号主人奚某曾经在六马路的里弄置了一处"私第"，陆兰芬还在这里生下了孩子。他们的同居关系最终以悲剧收场——陆兰芬以前的相好，一位嫉妒的戏子找上门来寻晦气，奚某因为胸口被踢伤不幸殒命。[57]到了1890年代，对上海高级名妓来说，布置房间已经是家常便饭。[58]上海的西式楼宇和里弄住宅也有利于推广这种家具及其附加的社会意涵，因为这种家具本来就是为小家庭设计的。

名妓们成功地把西方物质文明当作"奇"展现给了大众，妓院成了名副其实的西方时尚秀场，各种指南书以丰富的细节记载了这一点。名妓的形象也随着妓院的变化而变化。许多有关上海名妓的插图和后来的照片都

◆ 1.21 《清末的名妓》。照片。她的发式和服饰说明该照片大约摄于 1900 年。(唐振常编,《近代上海繁华录》)

表现了镜子这一主题,名妓的倩影常常出现在镜中。1887 年刊刻的《镜影箫声初集》中有一幅插图模仿西画中的人物肖像,通过镜框来展现名妓的面容。[59] 这本集子里的另一幅插图中,两位名妓通过类似镜子的东西互相张望(图 1.20)。在这些插图中,名妓们不再直面观众,而是一个影像,一个镜中肖像。镜子双倍地表现了名妓的影像,在展现名妓背面的同时又可以显现她镜子里映照出来的面容,带来一种新鲜的色情和审美趣味。这样的场景是名妓飘若浮云的短暂生命中的一出戏,而有关镜子的比喻基本都来自于佛教材料。

上海名妓所代表的"繁华"的概念轻轻松松地融入了西方的摆设之中。这一开创性的完美结合通过名妓斜倚豪华皮沙发的影像表现了出来(图 1.21)。我们在其中没有看到尴尬的东施效颦,相反却能感到这件稀罕的商品带有浑然天成般的强烈魅惑,令人眼前一亮。

猎人帽与离经叛道的内衣

  上海名妓引入中国的西方时尚还包括对西式服装的大胆采用与模仿。如果说家具的最新潮流是通过广东来间接转变风气的，那么衣饰方面上海名妓就是先锋人物。当她们进入公共领域之后，在公众面前更多的曝光机会进一步突出了她们的角色，就算是在上海，这也被不少卫道士视为是公然挑衅。在中国其他地方，服装的式样和色彩都有特定的社会意涵，不能随意选择，而上海是汉人、满人、日本人、西方人混居之地，身着各式正装、便服的男男女女熙来攘往，上海名妓在这里有相当大的自由，而她们也充分利用了这种自由。

  正如16世纪威尼斯的高级妓女（cortegiane）、18世纪日本元禄时代的艺妓、19世纪法兰西第二帝国的名妓一样，名妓们被视为衣着最奢华的女人。[60] 但是在苏州与扬州等早期城市中心，如同日本江户时代（1600—1867）和明治时代（1868—1902）一样，名妓也只能在诸如江户的吉原、京都的岛原等城郊的娱乐场所工作，不可能对社会产生广泛的影响。[61] 而上海名妓之所以能对时尚产生与其身份不相称的影响力，与她们能自由进入公共领域有着直接的联系。她们对时尚、叛逆与新奇的追求，不仅令女性大受感染，甚至还影响了男子的着装。名妓们以其炫目的衣着、豪奢的室内装潢以及公共场所的自由派头，对北京的至尊地位形成了实实在在的挑战。从前宫廷不说是一统江山，起码也对全国的品位与服饰有着举足轻重的影响。此外，也许更深刻的是，这些名妓通过她们追求的事物以及公共场合的表现，形塑了一种新的都市人的样子，看和被看都成了饶有趣味的事。[62] 在图1.22中，苏州名妓正在模仿她们上海的同行。

  清代法律对服饰有很多规定和限制，例如，禁止商人穿戴标志官员品级的服装和颜色。中国以及其他地区的纺织博物馆收藏了大量的这一时期的服装，说明事实上人们的服饰穿戴也基本符合法律的规定。尽管相关规定主要是针对男性的，但受其影响，穿戴皇家、皇上专享的某种特定材质和颜色就成了一种禁忌。但上海租界里的名妓们不受这些法律规定的约束，

◆ 1.22 《苏州曲院之现象：百遍相过意未阑》。这个时候苏州妓女已经受到了上海妓女的影响，她们也开始与客人一起乘坐敞篷马车。但苏州只铺有一条马路，妓女们只能乘着车在这条街上来来回回。(《图画日报》, no.330, [1910], 7)

而且她们这一行本来也有乱穿衣的权利，于是名妓们逐渐发展出了适合她们自己的、在旁人看来常常有点"扎眼"的颜色风格。无独有偶，上海的年轻男性也有自己独特的服装色调。名妓们靓丽的装束在当时轰动一时，引起了不小的震撼和骚动，我们从时人的笔记中可以读到这些新闻，也能感受到作者不以为然的态度。

有些名妓选栀子花黄色做内衣，而这主要是男性觐见师长时穿着的颜色。[63] 春节时名妓们身穿大红绉纱裙，而这一般是婚礼上新娘的穿着，或者高级官员在参加朝廷庆典时才会如此着装。[64] 有人评论道："此风惟海上为然，他处断不敢僭越焉。"[65]

禁令和实际情况常会有出入。著于17世纪的《阅世编》记载了上海老城厢的生活与风俗，也描写了明末清初时期的时尚发展和地方上违反冠服制度的案例。有时候名妓、戏子，或者"下等女婢"会逾越这些规定。[66] 但这部书没有记载当时社会对此有何反应，只是说"主持世道者"为此而忧心。[67] 自1860年代开始，上海名妓的风采和时尚开始成为摄影镜头和各种图谱（图1.23a-f）捕捉的对象。这些新鲜的式样与态度终于得到了新兴都市媒体的关注。

流行报刊经常报道上海花界内的时尚潮流，官场小说家李伯元1897年创办的《游戏报》便是一例。《游戏报》几乎每天都有关于上海名妓的时尚报道，她们的新装又用了什么靓丽颜色，又有什么新式剪裁，各种细节全都有闻必录。一篇题为《林黛玉衣裳出色》的文章热情赞美了在上海秋季赛马会上争奇斗艳的诸位名妓。[68] 另一篇报道详细描写了林黛玉的珠花大衣，惹得一帮贵妇心生怨念。[69] 还有一篇文章写四大金刚——林黛玉、金小宝、张书玉和陆兰芬，这篇文章关心的是，今年冬天究竟什么时候她们才会戴上冬帽去时髦的张园喝下午茶。文章不无讽刺地说："可见金刚既大，其戴帽子必先期十日，选择吉辰，非寻常所得而比拟也。"[70] 名妓们为了出风头可以说是不遗余力。一篇题为《舆服炫奇》的文章慨叹名妓们打扮车夫实在过了头，"衣之以花样西洋织锦缎、錾金毡帽与靴子，如同戏子"（可参看图1.7中的车夫），其中最后一句是挖苦最近名妓中流行的包养戏子之风。[71]

◆ 1.23（a）戴帽子的上海名妓。1860年代。请注意这件外衣袖子特别宽大，没有领子，这位名妓手里还拿着手绢。这张照片摄于典型的西式影楼，里面的陈设包括痰盂、地毯、书籍，这都是名妓照片里常见的摆设。（私人收藏，洛杉矶）

(b)上海名妓。照片,约摄于1870年。这位名妓左边是西式影楼典型的帘子,她身边都是中式家具。请留意桌上的小镜子,桌子下面翻开的书,她手里的折扇,还有她的外衣宽大的外袖和精致的内袖。(私人收藏,洛杉矶)

(c)上海名妓。照片,约摄于1880年代。请留意半月形的发带勾勒出了她的面容。我们可以根据这种时尚来推知这帧照片的拍摄年代。桌上放置的鲜花是名妓照片中一种常见的摆设,以"花"的谐音来暗指她的职业。

(d)上海名妓。照片，1890年代。照片中的名妓身着裤装，跷着二郎腿，露出她的小脚来。她一手持书，一手拿折扇和手绢。上衣的袖子不是太宽大，内袖也看不见。她的上衣开始有了一点领子。她坐在一把西式藤椅上，这是当时西式影楼典型的风格。桌上的水烟枪是名妓们常用的物件。（承蒙巴黎狄瑞景 [Régine Thiriez] 提供图片）

(e)上海名妓。照片,约摄于1900年。请注意额前的短刘海、领子,还有窄袖子。(承蒙巴黎狄瑞景提供图片)

(f)上海名妓。照片,约摄于1910年。外袖变得更短,也更窄了,更加突出了内袖,领子高及耳垂。名妓的头发梳成了整洁的倒"V"字形,她的珍珠绣花发饰可能受到了当时欧洲时尚的影响。(卞玉清编,《上海历史明信片》,114)

《清稗类钞》对 1890 年代和 20 世纪初上海名妓中的时尚潮流做了如下总结：

> 至光、宣间，则更奇诡万状，衣之长及腰而已。身若束薪，袖短露肘，盖欲以标新领异，取悦于狎客耳。而风尚所趋，良家妇女无不尤而效之，未几，且及于内地矣。又有戴西式之猎帽，披西式之大衣者，皆泰西男子所服者也。徒步而行，杂稠人中，几不辨其为女矣。[72]

名妓们着西式男装或女装也是常常上报纸的新闻。我们以 1888 年《点石斋画报》上的一幅石版画为例（图 1.24）。[73] 其中的文字记载称，有些时髦先生举行了一个宴会，要求所有到场的名妓都身穿不同风格的时装；图中的名妓们穿着西式、日式和满洲妇人的服装，也有身着晚清满族或汉族男子服装的。上海名妓把北京满族男女的时尚也穿在了身上，满族和首都同样被归入了以西方和日本元素为主的"新奇"主题。

1897 年，《游戏报》报道了一位名妓身着男装亮相在公众面前："前晚九点钟时，有某校书改装男子，身着熟罗接衫、铁线纱半臂镶鞋套裤，手执全牙扇，口吸吕宋烟，徜徉于四马路一带，东张西望，笑容可掬。"[74]

由于名妓们都是小脚，没人帮忙的话走路十分不易。于是一种为她们特制的新式鞋子应运而生，这种鞋子在小脚脚背和鞋子之间有一层足弓形的垫子。后来的皮靴中也加上了这种垫子，于是小脚的女人也能把靴子牢牢地穿在脚上了。[75]

报纸对这一新潮流透露出一丝恼怨。有时报纸会将其视作传统服饰的复兴，并声称欧洲时尚对上海名妓没有丝毫影响。[76] 但是，这些名妓们所展示的服装新花样，尤其是紧身上衣，很明显地证明了这种影响的确存在。[77] 在上海这种国际化的环境中，名妓们有大量的机会近距离地观察西方男女的时装。一本 1894 年的指南书写道，名妓们乘马车出游的时候也在比拼西式服装。[78] 她们把洋货店[79]里买来的洋布和中国传统布料混搭起来，叫裁缝来全套量身定做。[80]

上海的名妓们吸收了西方以及其他元素的影响，很快创造出了一系

◆ 1.24 《花样一新》。石版画。图中前来赴宴的名妓都穿着不同花样的服装。(《点石斋画报》,寅集,[1888]:18)

列新形象,毫无疑问,这些形象属于上海自己。[81] 当时的观察家已经注意到这一群女性对时尚的影响力已经不限于上海这座城市。Fritz Seeker是当时上海的德语报纸《德文新报》的编辑,他在1913年这样写道:"上海发生的一切影响着整个中国。这里男男女女越来越穷奢极欲。就拿服装来说,良家妇女和荡妇也没什么分别……从前交际花穿戴的东西现在得到了大家的认可。旧风俗已经荡然无存了。"[82] 类似《申报》这样的正规报纸常常慨叹名妓们腐蚀了"诚实"的妇女时尚,即使是娱乐小报也忧心忡忡,害怕这些名妓(与戏子)的时尚会影响上海女性。[83] 有社论指出,在社会各个不同的群体中,尤其是在女性中,正当的趣味和阶级间的界限正在急速地消失。《游戏报》的一则评论文章原谅了名妓们的"恶行",因为这是她们职业的自然的要求,但愤怒地谴责那些出身富贵之家的女性,在各方面急于向名妓看齐,每天只关心衣服颜色样式是否与名妓相匹,即便是妆容和行路等细微之处也要模仿名妓。评论感叹道,这样做使得这些女性就像名妓一样。但是,"嗟乎!名妓靓妆乃为讨客人欢心,至于士绅百姓之妇,应以节俭为佳,而无事不效仿名妓,余不解其将讨何人欢心?"[84]《指南报》的一篇评论文章也有同样的论调:"巨室之姬姜,显宦之妾媵,亦复尤而效之,不自尊重,杂坐于戏院之内,高坐于马车之中,供众目之窥瞻,听千人之訾议,而顾自鸣得意,顾盼称豪,(既已为人妻妾)是诚何心而忍出此?"[85]

报纸还谴责了名妓们扰乱社会秩序的种种行为:她们佩戴着从前只能赐给官员的名贵首饰,身着奇装异服与客人们拍照,在大街上与客人一起驾着敞篷马车跑快车出风头(图1.25)。[86]报纸抗议说,这些行为会带来一种炫耀消费、比拼豪奢的不良风气,它已经在都市男女中瘟疫般地蔓延开了。[87]

梳妆是名妓的职业生活中不可或缺的一个部分。通常名妓们都在中午梳妆(当时的娱乐指南书和小说都说上海名妓们习惯晚睡晚起,因为有煤气灯以及1880年代以后引进的电灯)。名妓们一般中午前后才起床,梳头就要花去很长时间。有专人每天上门为她们梳理头发。梳好头以后就是化妆。尽管专写这些内容的材料不多,但名妓的传记中记载说,有些名妓更倾心于"浓"妆,不喜欢"淡"妆。所谓"淡",在英文里没有完全对应的词,翻译成"insipid"(清淡)、"without flavor"(无味)都有负面含义。林黛玉是第一个尝试浓妆的名妓,她以极浓的眉妆闻名(图1.26)。[88]历史上标准的美人可不是这样,介绍如何成为美人的指南书可以给我们提供一点参考。根据《悦容编》的记载,化妆讲究的是精妙,浓淡相宜,发饰只用一个就够了。这本指南强调说,要塑造一种简洁之美,以衬托美人绝世独立、空谷幽兰的气质。[89]林黛玉对时尚的感觉显然与此大相径庭。在上海这样公共的、都市的环境里,林黛玉对不合时宜的古典美没什么兴趣,这里受欢迎的是大胆的、充满挑逗的美人。自我展现原本就是名妓的公共形象的重

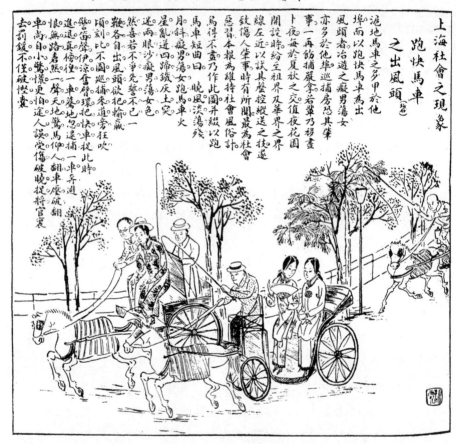

◆ 1.25 《上海社会之现象：跑快马车之出风头》。石版画。上海名妓学西方男女模样，和客人一起坐敞篷马车跑马，可能生出危险事端。当好几驾马车碰头时，常常会上演飞车赛马。更糟糕的是，如同图中第一辆马车那样，客人常常赶开马夫自己驾车。请留意图右边的街灯，自1880年代以来这就是上海的标志。(《图画日报》, no. 25, 1909, 7)

◆ 1.26 上海名妓。照片，摄于1910年前后。请注意浓浓的眉妆，这是由林黛玉带起来的时尚妆容。（私人收藏，洛杉矶）

要部分，而林黛玉自己也是著名的戏剧演员，活跃在张园猫儿戏（一种完全由女性演出的戏剧。——译注）的舞台上。她有可能就是从戏剧舞台上得到了化妆的灵感。

新的服装式样雕塑着身体，赋予它一种新的语言。上海名妓身着的最新时装成为都市变迁的标志。从1890年代到1910年代的照片中可以看出，名妓们的衣服越来越紧身了（图1.27）。上衣袖子变得更短了，露出了手腕和一点儿手臂；裤子也更合体了，更能表现身体的曲线。

这些衣服不仅勾勒出了女性的身体轮廓，也影响着她们的活动与姿态。包裹在这些衣服里的身体成了都市里不断流动着的公共雕塑。当她们

秀摩登：19世纪末上海名妓的时尚、家具和举止

◆ 1.27 《上海第五次十美图摄影》。照片。这张照片拍摄时，穿更紧身、更能展示身材的服装在名妓中非常流行。(《小说时报》, no. 9[1911.1])

的活动方式发生改变时，也产生了新的仪态举止。名妓着男装时这一点最明显（图1.28，1.29）。她们摆出一副男人常见的姿势，传达着一种权力感和自由感。这种新的身体动作，也是她们和所有女性新角色的标志。她们是公众人物，整个城市就是她们的舞台。

马车和妓女明星

1870年代和客人一起坐马车是一种时尚，不过还没成为名妓陪客的常规节目。但几十年后，1894年，有一位驻上海的外国记者这样描写福州路："从夜幕降临时分开始，整个晚上马车几乎绝迹，轿子在这里川流不息，上面坐着的多是身着华服、杏眼媚人的美女。她们究竟前去何方，这是福州路之夜的秘密。"[90] 后来，《德文新报》的编辑Fritz Seeker也注意到，白天

◆ 1.28 《翁倩梅,林黛玉,蓝桥别墅,梁溪李寓》。照片。这些19世纪末20世纪初的妓女明星都穿着男装。(《海上惊鸿影》,1913,无日期)

裝男椿如祝

◆ 1.29 《祝如椿男裝》。照片。(《海上驚鴻影》,1913,無日期)

的福州路（当时叫四马路）"与其他马路没什么不同。一样的安静，有着各种营生……入夜时分，福州路仿佛被施了魔法，这位魔法师是一位酷爱享受与挥霍的邪恶女子"。[91] 傍晚成了名妓们最忙碌的时候，她们忙着去宴席和戏院出堂差，或是去女书场表演。她们来来往往的身影立刻使马路上的气氛为之一变。

不过，在白天也很容易见到名妓坐着敞篷马车出游。[92] 维多利亚马车是最受名妓青睐的（参见图 1.25），1880 年代被引入上海，因为弹簧轿厢很舒适，橡胶轮胎也没有噪音，所以受到了普遍欢迎。其他流行的马车包括面对面维多利亚马车（the double victoria）、朗道马车（the landau），还有恶劣天气也能方便出行的四轮有篷马车（the brougham）。面对面维多利亚马车空间更宽大，能让里面的乘客面对面坐着，适合社交。[93] 上海的游客们觉得马车中名妓的惊鸿一瞥是上海最夺目的风景，经常留下一些评论。[94] 1870 年代，借着上海出版的竹枝词，远在香港的王韬写道："近日西洋马车多减价出赁，青楼中人，晚妆初罢，喜作闲游。每当夕阳西下，怒马车驰，飚飞电迈。其过如瞥，真觉目迷神眩。"[95]

这样的场景后来也上了报纸。1884 年《点石斋画报》上有这样一则配图报道："马车之盛，无逾于本部，妓馆之多，亦惟本埠首屈一指。故每日五六点钟时，或招朋侪，或挟名妓，出番饼枚余便可向静安寺一走。柳荫路曲，驷接连镳，列沪江名胜之一。"另一幅配图新闻则画着一位衣衫破旧的母亲正把儿子从马车上往下拽，车上还坐着一名名妓。这位母亲告诉旁人，儿子擅自拿走了家里的钱财出去挥霍，日久不归（图 1.30）。[96] 后来 1890 年的一则新闻也用同样平淡的方式描写这种出游，这则新闻标题是《坐马车》：

> 每日申正后，人人争坐马车驰骋静安寺道中或沿浦滩一带，极盛之时，各行车马为之一罄。间有携妓同车，必于四马路来去一二次，以耀人目。男则京式装束，女则各种艳服，甚有效旗人衣饰，西妇衣饰，东洋妇衣饰招摇过市，以此为荣，陋俗可哂。[97]

◆ 1.30 《狎妓忘亲》。石版画。吴友如配画。图中的年轻人为了去妓馆游荡抵押了家里的财产。他与名妓乘马车同游静安寺回来的路上被母亲截住了。这位已经沦落成贫民的母亲上前扭住年轻人的辫子,想把他拽走。(《点石斋画报》,乙集,2[1884]:9)

后来，这样的公开出游经常成为报纸上的新闻。[98]1898年，报纸上有一则新闻写祝如椿离婚后重操风尘旧业：

"祝如椿校书"[99]重堕风尘，本报亦有闻必录，兹又悉廿二日校书携一侍婢同坐马车，在四马路一带招摇过市，晚间即至一品香三十号房间吃大菜，座中有女客两人，如椿仍着绣花夹衫，惟形容憔悴，非复曩时风采。[100]

坐马车，吃大菜，上剧院，这便是当时上海名妓日常的消遣和营生。上海名妓爱出风头，追新求异，借此表现一种新的都会性格。她活动的世界比绝大多数上海男人还要大，而且一定程度上更自由。她与这个城市有一种特殊的关系。名妓们来往的都是上流社会的人物，有的客人是最高级的国家官员、最著名的学者，或是最富有的商人。一方面她们是按着这行的规矩对客人言听计从，召她去哪儿她就去哪儿，另一方面她们也喜欢尝试冒险，不断探索这座城市公共领域：安静的巷子、可爱的马路、公园、跑马场。[101]她们整个人都沉浸在这城市的海洋里，对它的压力和速度做出灵敏的反应。没错，她们在公众面前的放肆行为招来了不少蔑视，但她们成功地让自己成为上海公众面前最绚丽的风景。

到了1890年代，娱乐小报也开始刊登一些批评，抨击租界年轻男子的生活方式。有一篇文章用尖刻的语调感叹说，生活方式已经有了这么大的改变，但政治改革还是很难实现。"或曰最易变易者是沪上之少年也。彼乃习见西人之起居、饮食、衣服而从而效之，出必马车，食必番菜，言必西语。"这篇文章继续批评这些年轻人，"西人马车多朴实，而华人则盛饰，执御者之衣奢靡已极。西人于饮食之道最有条理，而华人于番馆之中飞花醉月，淫乐无度"。[102]他们乐于让人们见到自己与美貌的名妓出双入对，因为这是老于世故和奢侈生活的明确标志。

在小蓝田忏情使者的笔下，和一流名妓同乘马车是一种浪漫的体验：

> 犹忆中秋夜，偕姬乘西洋船式马车作月下游，雷轰电掣，宿鸟翔鸣，凉风徐来，玉宇澄清。至静安寺，见香车宝马，雾沛云屯，下车入申园；则吴娃宋艳，褰裳联袂，姗姗而来，花气袭人……小憩沦茗，徘徊不忍去，从者执辔相待，乃登车折回抛球场，观电气灯清光映碧，与蟾魄争辉，奇制也！于是由黄埔滩至虹口大桥，一路回视浦江，帆樯稠密，上出重霄，铁舰轮舟，如成图画。[103]

对这位作者来说，这种体验就是享受最时尚的消遣，重演才子配佳人的神话。这位名妓可能也意识到了这种情境被她的客人赋予了文化意涵，一直卖力地配合演出。这也是她提供的娱乐，是她工作的一部分。

到了1890年代，名妓提供的服务里显然包含出席公共场合这一项。这包括陪客人去各种玩乐的地方，在公共领域中被"叫局"。她们陪着客人踏遍上海。有一份材料简单介绍了她所走的路线（图1.31）。[104]

行程从福州路开始，这条路是名妓最集中的区域，在各种中西语言的指南书里也是介绍得最多的。这里是上海娱乐业的心脏，道路两旁或附近不远分布着许多著名的茶楼、餐厅、戏馆、书场。[105] 她们经过了著名的茶楼四海升平楼和更上一层楼、一品香番菜馆、华众会和阆苑台球厅、印书馆，[106] 继续向麦家圈（Medhurst Circle）驶去。麦家圈是以传教士麦德赫斯特（Walter Henry Medhurst）的名字命名的。麦家圈的草坪很有名，因为它周围没有围墙，只有栅栏；麦家圈也是墨海书馆的所在地，这是第一家教会印书馆，它旁边还有天安堂(Grand English Church)和上海第一家慈善医院。马车从山东路经广东路路口拐进了宝山路，这是福州路附近最豪华的商业区及娱乐区。[107] 马车驶过北海路，经过了上海第一所理学院——格致公学及其附属公共阅览室，又过了中泥城桥，最后在跑马场兜了一圈。

马车在静安寺路上看了二十分钟风景，这条路上有不少精美的西式宅邸，申报编辑美查（Ernest Major）修造的私宅也在这儿。最后马车进了张园。[108] 在一幅1909年的插图上，客人和名妓正在张园门口拍照留念（图1.32）。传说中的安垲第楼就在张园里，这个名字直接由英语"Arcadia"音译而来，原

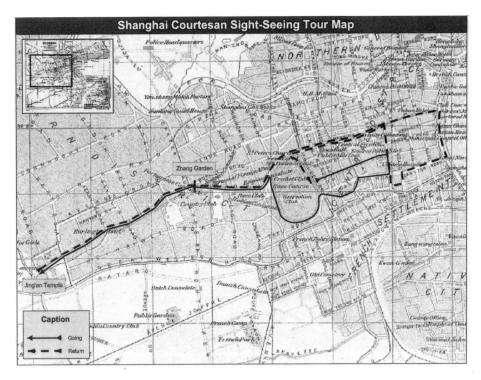

◆ 1.31　19世纪末上海名妓与客人游乐路线示意图。(复原本图承蒙法国里昂东亚研究院协助)

本指的是希腊的世外桃源,也是大量古希腊爱情小说的背景所在地。安垲第最初是由一位中国商人建造的,包括一个表演京剧和苏剧的有500座位的戏院、一个供猫儿戏班女演员们天天演出的小型剧场、一个茶馆、一个西式舞厅、一个台球厅,还有一个集中了所有西洋"精妙"玩意儿的电气游戏厅——这儿有电灯、电扇、电门铃,还有一只电动狮子,一按钮就会发出狮吼。[109] 这个戏院后来成了中国首个提供会场出租的会堂。[110]

马车回城的路上由南京路转进望平街,再掉头向南驶进了棋盘街。这两条街有不少出版社、报社、书店,这儿是大多数新式文人工作和生活的地方,是整个城市的文化生活和出版业的中心。

马车离开棋盘街又向东驶向了外滩。外滩沿岸矗立着各种中西商业机构的宏伟建筑,这段路虽短,但极能体现上海的商业实力。用晚清小说里

◆ 1.32 《张园》。石版画。游人前去公园游玩时,摄影师会上前提供摄影服务。与上海名妓合影算是一种"上海乐事"。(《民呼日报》,1909)

的话来说,当名妓和客人一起经过外滩的英属部分时,他"但见黄浦内波平如镜,帆樯林立。猛然抬头,见着戈登铜像,矗立江表;再行过去,迎面一个石塔,晓得是纪念碑"。[111]

最后,马车拐进了南京路,这里遍布着花哨的商店,是整个上海城的主要商业街。这儿就是上海的时代广场,肤色不同、背景各异的人都会聚在这里。[112] 这条路上中西建筑都可以见到,但只有两个街区道路两旁都是外国建筑,到江西路为止。也就是说,从1870年代到1900年代早期,南京路上虽然到处是卖舶来品的商店,但大部分的建筑都是中式的。马车驶过了虹庙、司徒庙,这里是租界里香火最旺的寺庙,名妓和伶人是常客。接下来马车又经过了好几个公共建筑,先是会审公廨——这个创设于1869年的混合法庭华人陪审员和洋人陪审员各设一名,专门审理中国人和外国人之间的官司;还有高大宏伟的市政厅、令人赞叹的公共图书馆以及大棚菜市。大棚菜市1860年代之后逐渐发展起来,是最早的西式公共机构之一。以前小贩们都在马路边支个小摊子,很影响交通,现在有了专门为他们开辟的一块地方。马车最后从市场经由湖北路回到福州路,这次上海游才宣告结束。[113]

由名妓选择的这条路线突出了上海的名胜,她有了决定和定义什么是上海名胜的话语权。是她带领着客人进行游览,她选择的地方都和自己的生活方式最密切相关、她喜爱并且经常光顾的地方。她设计路线的时候,也要对观众进行取舍,她得想好把自己展示给谁看,因为这些观众可能变成她潜在的客户。名妓就这样穿行在这城市中,带着客人匆匆掠影,同时也在不断勾勒着它的复杂面貌。她娱人的身份是传统的,但其自由度之大却是现代的产物。她在这些街道上展示自己,把自己对城市的印象投射出去,即使不愿接受的人也不得不承认她的存在。对客人们来说,她就是上海魅力与诱惑的象征,是她为他们打开了这扇花花世界之门。而游客们也在上海繁盛的商业氛围和西洋环境带来的相对安定中去品评名妓。通过"被看",客人们在这样的环境里可以炫耀财富和派头,而名妓和时髦客人在一起则可以提升身价,远播艳名。跑马出游将他们双方都置于世外桃源的虚幻描述之中。

上海名妓展示自己的另一重大活动就是去赛马场。来自不同地区和国家的各色人等都来这里赌上一把。[114]据说胡宝玉带起了名妓坐马车观赛马的风气,喜欢标新立异的她,头一个用红蝴蝶结来装点马匹和马车,也引起不少人跟风。[115]穿着各种华服的名妓争奇斗艳,还比赛谁的相好、恩客和朋友更多。她们在人群中高高在上,展示着刚换的新装,像今天的电影明星一样享受着仰慕者的目光。[116]

名妓之间抢风头经常酿成公害。有很多新闻都报道了名妓的车夫或客

◆ 1.33 《贪色忘命》。石版画。这幅图画的是一名客人与名妓在马车里做爱。据说他兴奋得难以自持，引起了旁人的注意也不愿停下来。这位名妓听了身边娘姨的建议，试图咬他上唇的穴位使他冷静下来，但不幸咬到了他的鼻子。(《点石斋画报》，乙集，3[1885]:22）

人在拥挤的街道上飞车赛马引起的车祸。[117] 名妓们喜欢夏天晚上和相好或客人一起乘车去乘凉，偶尔在马车里做爱被人发现（这是不合法的），丑事就上了报纸。[118]《点石斋画报》报道了不少这样的糗事，还有一次甚至弄得客人意外受伤了（图1.33）。这些报道可能会招来蔑视，但还是搞笑的成分居多。其实报道会突出名妓的公共形象，反过来倒是有助于她们的生意。

公共场合的举止、生活方式以及新的生意

上海租界帮助人们培育起了公共领域的观念，公共领域成了合法的生意场，名妓们借这个空间在公众面前亮相并推销自己。每天下午，上海商业区最时髦的街道上都可以见到她们的身影，她们聚集在茶馆里，进行另一场公开演出。在安垲第茶楼，四大金刚统治着舞台。她们一到这里，所有的目光都被吸引了。她们占据着最显眼的位置，保证从每个门进来都看得到。她们每天都从头到脚地被人观察，一举一动都被细细研究，说的话也有人记录。和家人一起去茶楼的"良家妇女"肯定也从她们身上了解到了最新的时尚、礼仪，还有丑事。

戏园是名妓们做生意和找乐子的另一个重要公共空间。在北京和天津等地，直到19世纪末女子都不能踏入戏园，[119]她们只能在私人环境里，比如家里的"堂会"上欣赏戏曲。北京后来允许女子进入戏院，但从上海来京的游客吃惊地发现，男女观众席是分开的。自从上海租界的戏园开张以来，名妓就是最忠实的观众，其他女性观众很快也纷至沓来。[120]许多竹枝词的作者对如此独特的一景都有记载。[121]女人出现在这些公共娱乐场合一直让有些中国官员、学者不快，不过他们可能也意识到了禁止女人去戏园不可行，因为工部局不会答应；住在租界里的西方妇女常常去戏园看戏，给中国妇女树立了榜样。于是官员们转而禁止演出淫词艳曲，并且禁止女演员在公共场合登台表演。[122]

对于女性在公共场所露面，租界一直非常宽松。在中国官方致力于禁止女性去戏院时，有报道称西方和日本的演员被请到了丹桂戏院表演，这是上海最早，也是最著名的京剧舞台（图1.34）。这些表演获得了非常友好的评论。[123]京剧作为正宗中国文化遗产的地位逐渐提升，不再只是外国人所谓的刺耳噪音，于是法租界工部局1886年批准中国京剧演员可以在新开放的公园进行表演。[124]后来京剧女伶很受尊敬。1906年，中文报纸和西方报纸都报道了中国女演员在南京路市政厅进行慈善演出的新闻。[125]不难看出，租界遵循的是另一套社会习俗；这挫败了中国官方的企图。

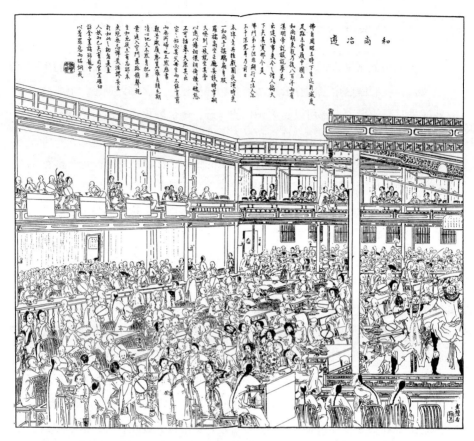

◆ 1.34 《和尚冶游》。石版画。一位手摇羽扇，身穿罗袍的和尚在丹桂戏院和名妓嬉闹。这幅图可以证明当时上海戏院里是男女同席的。女子多半是跟娘姨和客人出来的名妓。（《点石斋画报》，乙集，3[1855]:22）

黄式权（1852—1924）在1890年到1905年间担任《申报》主编，他也写了很多有关上海的书，他笔下1880年代的戏院氛围是这样的：

上灯时候，车马纷来。鬓影衣香，丁歌甲舞，如入众香国里，令人目不暇赏，迨至铜龙将尽，玉兔渐低，而青楼之姗姗来迟者，犹复兰麝烟迷，绮罗云集，诚不夜之芳城。[126]

1909年《图画日报》有一则配图报道（图1.35），语调稍为平实：

> 沪上戏园林立，每值散戏之时，红男绿女，蜂拥出门，而马车、东洋车、轿子车又每每拦截途中，挤轧万状，最为可畏。彼时更有游手及窃贼等混迹人丛，起意攫窃，殊令人防不胜防，漫成此图。[127]

自1870年代起，名妓们就在书场和戏院公开表演，完全由女子组成的猫儿戏班成了上海的一个标志。她们表演的时候，也有女性观众前去捧场，有图为证（图1.36）。

上海名妓点子很多，开发了不少好玩的新花样，引得人们议论纷纷。其中一种花样便是角色反串。有反串的时候，名妓们在饭馆或戏院办招待，邀请最心仪的客人。《游戏报》立刻报道了这个特别的举动：

> 本年各校书大半在咏仙茶园请客，缘该园所用案目类皆善于逢迎，故人皆乐于往观，廿四日金小宝请客，廿五日谢倩云、花小二宝请客，廿六日陆兰芬请客，每请一次客所费约在七八十元至四五十元不等，[128] 今年市面萧索，箇中人虽素要场面，亦复颇费踌躇。[129]

这样的场面花费很大，但毫无疑问，做东请客是名妓公共形象的一部分。这样做也可以证明名妓们将自己看做职业妇女；大胆模仿生意场上人情往来、请客户吃饭看戏的做法。

这些公共活动把上海的名妓与其他城市的名妓区别开来。清朝时期，唯一能看到名妓的公共场合就是在"花船"或"花灯船"上——苏州和扬州就以此闻名。[130] 其实她们并非真正身处公共领域。1850年代，在搬去租界之前，上海老城厢的名妓甚至可以在城里的各种花园里公开唱戏、讲书。但她们的出现惹恼了一些政府官员和地方士绅，后来这些表演都被禁止了，[131] 老城厢甚至不准妓女踏入花园，以免她们出现在公共场所会败坏道德。根据邹弢的描述，名妓们试着规避这条禁令：

外科新藥黑鬼血白鶴涎之能力

上海中法藥房新發明外科之藥一名黑鬼血外治極效無論癰疽發背針口裂手以及頹瘍惡瘡無名腫毒一切凡木潰奇以毛筆點數次應無不立愈每瓶售洋五角一名白鶴涎乃內消聖藥善解血毒熱毒風火毒濕毒痰毒並毒癰毒瘰癧等毒服之山嵐瘴氣無核惡板亦能消永無疾者外以黑鬼血塗治內服以白鶴涎售洋五角有病者無不治之症況廉價極廉病家當樂於購試也

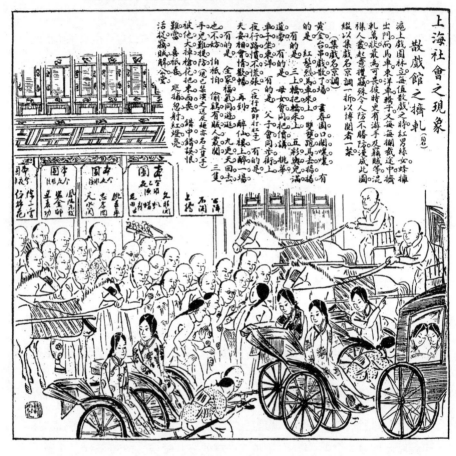

上海社會之現象散戲館之擠軋(題)

滬上戲園林立每值散戲之時紅男綠女蜂擁出門向馬車東洋車轎子又每攔截途中擁軋萬狀若不長時更有游手及籍冀等混雜其叢起意擾撚令人不勝防護成此圖以集戲名京調一折以博閱者一粲

黃金台串戲了場
畫春園口閣嘴
鬧嚷嚷踢蹬打
有的是紅鬃烈馬來
有的是桃花村五彩輿
有的見母會兒把媧把儂媽上揭兒
三上轎馬街上
道要摔錯撞九更天
母子會傍情
車頭不諒步夫妻相罵再劫禪仙樓上
夜行祇三娘（在行路即打生）
有的是全家福氣回上揹一場

也不妨手兒伶愛兒同逝偷鸞換素鳳被化大襖楷花俱長三祗袛怨錯動紅燈恨難當活提照賊腳害
(兒已集演之定庵極亦三盞半)

◆ 1.35 《上海社會之現象：散戲館之擠軋》。石版畫。戲院外面的戲迷們有忙着看人的，有忙着被看的。(《圖畫日報》, no. 29[1909], 7)

◆ 1.36 《海上快乐图：静安寺愚园看猫儿戏》。石版画。男女观众混坐在戏院的观众席上。戏院舞台是传统样式，但有西式的窗户。(沪上游戏主，《海上游戏图说》，1898，7)

> 惟青楼众人不许涉足，故欲游其中，每学良家妆束，轻脂薄粉，绀素无华，衣裳文饰之间一洗青楼习气，而缙绅妇女反有衣服丽都，效青楼时尚者。冠裳倒置，良贱相淆，殊不解也。[132]

在这样的情况下，光天化日出现在公共场合是很冒险的，因此老城厢里的名妓并没有这个习惯。

后来上海的工部局获得了包括中国人和外国人在内的所有人的好评。从工部局这个名字就可以看出来，它的责任就是进行上海的基础建设，维持公共秩序，对人们的道德和信仰则不加过问。当时有人评论道，正是外国当局的这种态度滋长和庇护了上海名妓的种种大胆行为。[133]

工部局也为名妓做生意创造了物质条件。从1860年代起，上海租界铺上了大马路，里弄小巷安上了木地板，就连张园里的小路也维护得很好。公共场合禁止大小便，违者罚款。相比之下，北京前门外的老城也是戏院妓馆林立，但道路泥泞，污水横流，甚至满地都是人畜粪便。去北京的上海游客看到这种遍地污物、臭气熏天的状况大为震惊，在他们看来，体弱的人甚至会因此得病。在北京，下雨天去妓馆肯定会沾上满脚泥。[134]与之相比，上海干净的街道为名妓的公共形象提供了高品位的环境。

上海名妓能真正规划自己的角色、掌握自己的命运到什么程度，从她们找相好这件事上就看得出来。她们经常选戏子当相好，戏子不可能成为她们的客人——这种禁忌由来已久，当时名妓们也循此旧例，她们也认为戏子显然社会地位更低。[135]娱乐小报对这种绯闻多有报道，晚清的狭邪小说也常以此为主题。名妓们去听戏不只是为了展示最新的发型和衣服，也不只是为了吸引潜在的客人，也是为了好好打量俊俏的戏子。

另一部胡宝玉的精彩传记指出，这位厉害的名妓有个毛病——她是第一个公开包养戏子的名妓，还引起了不少人效仿。[136]大约1873—1874年左右，胡宝玉与京剧演员十三旦好上了，当他离开上海去北京时，她也放弃了上海的生意跟他去了北京。十三旦不再爱她之后（或者与之相反），她不得不回到上海重操旧业，胡宝玉归来的消息又成了新闻的标题。[137]很快她的生意甚至比走之前还好。[138]

胡宝玉似乎继续去戏院为自己选相好。《申报》1878年11月间报道说，胡宝玉和另一位名妓李巧玲借口争戏院包厢大动干戈，其实是为了争抢一个京剧名角。[139]

其实，名妓们给城市文人带来的刺激和矛盾心理主要源于她们在公共场所的举止，与她们的生活方式和大胆服饰并没有很大的关系。在文人的眼里，这种态度威胁到了传统的等级制度和社会界限。就算是那些明确反对清政府及其保守官员的人，也对名妓无视权威感到头疼。上层社会的女子穿得像名妓是一回事，但名妓穿得像朝廷大员却完全是另一回事。《游戏报》头版的这个报道，其语气在讽刺、怀疑、玩笑、震惊之间不断转换：

> 沪上妓女，惟长三最为贵重，每逢出局，乘坐蓝呢大轿，鼈腿持灯前导，娘姨大姐在后相随，及至抵门则高呼一声，必有人接应，入座之后不过酒一巡，歌一曲，匆匆又赴他局。其应酬之忙碌，直与官场无异。有浙东某甲者，初次过沪，前夕独步于四马路，见前面一乘飞轿轩然而来，轿夫吆喝之声气焰薰赫，前灯笼大书"正堂公务"字样，某急避路侧，以为轿中人必是那一局委员，大约非蓝顶即水晶顶也。[140]留心看视，乃绝妙女子，旁倚琵琶，大为诧异，曰："此倷子也，何以称正堂公务！"须臾出局，轿子东西齐来，尽是"正堂公务"字样。[141]

名妓希望传扬艳名，以吸引一掷千金的豪客。其行为举止、服饰妆容反映着潜在客人的欲求：他在寻找上海独特的东西，一种别的地方得不到的体验。艳俗、反叛、逗趣都是上海花界的舞台上常见的戏码。1867年，上海的英文报纸《北华捷报》(the North China Herald)上说，来自江苏、广东的好奇绅商会集在上海，为的就是从名花身上寻找大上海的独特韵味。[142]

名妓是租界最挣钱的群体之一，但是她们对税收到底有多大贡献也很难判断。根据安克强的统计，法租界的年度税收里有相当一部分来自于"腐化"的活动；1862年，超过42%的税收来源于名妓，此后这一比例有所下降，其原因不太清楚。¹⁴³ 公共租界工部局的年度报告没有将妓馆列入统计；但是，我们可以估计出娱乐相关产业在城市经济生活中的相对重要性。1876年，中国戏院、酒商、鸦片馆、酒楼和妓馆的执照费总计达到20000两，除去一般财产税不计的话，这占到了工部局总收入的三分之一。¹⁴⁴ 1893年的报告中增加了"歌女"的执照费一项；当时租界里有30个这样的场所，缴纳的费用总计780两。从这些报表可以看出，妓院可能除了缴纳财产费，不必再额外纳税，但它有助于其他生意的繁荣，给整个城市和工部局带来了可观的收入。

一流名妓将自己视为职业妇女，她们也使用一种名片，样子就像今天的商务名片。小名片是妓馆请客吃饭时当作请柬用的，名妓们带在身上的是一种超大的名片。¹⁴⁵

弄清一流名妓到底有多少个人财产很困难。¹⁴⁶ 她们似乎总是债台高筑，但花起钱来还是大手大脚。她们真正的资本不是钱财，不是文化，而是自身的名气。胡宝玉与上海最富有的买办胡雪岩、著名的海派画家胡公寿齐名，人称"上海三胡"。¹⁴⁷ 胡宝玉中年的时候曾经跟自己的侄女、同为倡优的吴月仙一起去汉口怡园戏院表演，即便是在汉口，胡宝玉的名头也很响，戏院一时人满为患，大家都想来一睹传说中的海上名妓的风采。¹⁴⁸

作为新型的自由职业者，上海名妓把只在一地做生意的旧例也抛在了脑后，她们带着独特的时尚和做派走遍了全国。但她们只在外国租界做生意，最重要的几个地方是天津、汉口和广东，在这些地方，她们的营生能得到一定的保护。有一本名花图谱收录了名妓之间的通信，可以看到，住在租界外的名妓会去信给租界里的姐妹，询问租界里有些什么机会，她是否能前去拜访。¹⁴⁹

名妓们的往来信件中传递出一种独立感，有些名妓也是自立门户做生意的。尽管有些信可能有专人代笔，但信中所讨论的内容的确是她们关心的。¹⁵⁰ 身在汉口的刘素卿写给上海张兰仙的信颇有意义：

妹自别兰闺，于十八日抵汉，寓桃源坊里，数椽小屋，聊借栖身。

房价每月三十二元，日用开销万难节省。进来游客皆非挥霍之流，虽送旧迎新，终日忙无少暇，然缠头无几，空有排场，来日大难在所不免，即欲仍回上海，而局账恐无着落，故俟端节再商矣。吾姊万勿来汉，盖徒有虚名，毫无实益也。[151]

在她们自己和旁人的叙述中，上海名妓都是以都市职业人的形象出现的。这些信件说明，她们和其他租界里受保护的名妓有生意往来。1900年以前，上海的一流名妓没有去过北京。林黛玉1900年去了天津，但据她的自传记载，这次去天津几乎是悲剧。[152] 义和团事件（1898—1900）之后，上海名妓才敢搬到北京去。第一个吃螃蟹的人就是大名鼎鼎的赛金花。[153] 她给朝廷高官当小妾时在北京建立的人脉为她做生意提供了保护和支持。

上海的名妓都热衷于旅游，对她们来说，出去跑似乎是很稀松平常的事情，她们的目的跟当时的伶人差不多——去看看当地市场是否有潜力，捞点钱，赚点名气。虽然明末的名妓也四处游历，但她们主要是为了欣赏各地河山，而清末的上海名妓似乎倾向于探寻商业机会。她们每次旅行必定会成为新闻，进而又为她们吸引了更多关注的目光。

名妓"调头"的时候也会有意制造新闻舆论，吸引公众关注。报纸则借此机会引出赞助名妓搬家和布置新居的新恩客。

就这样，上海名妓把原本不足为外人道的冶游转向了公共领域。同时，她们也把自己从一个地方人物变成了全国性的人物，从讨少数人欢心变成了娱乐大众。可以说，是她们塑造了都市女性行为举止的风格，指出了通往新的现代心态的道路。名妓的都会生活与这座城市的行动、权力和财富难分难解，她们是这座城市的第一批名人，是它的明星和文化偶像。她们与城市空间发生关联的方式，以及表达现代女性之独立的手段，逐渐发展成上海女性的标志性风格。简单地说，她们就是新型都市女性的样板。

照片与褪色的影像

上海名妓一直都迷恋照相，也喜欢新鲜，照相风靡上海也有她们的功劳（图1.37a，b）。[154] 她们在影楼留下自己的倩影，送给客人当礼物或纪念品，或者用来提醒客人们下次来沪时去照顾她们的生意。不难猜到，上海的影楼大多数都分布在南京路和福州路这一片文化娱乐区。照相让名妓和影楼都有利可图。一本1877年的指南书上，有一文题为"拍小照"：

西人有照相之术，能以药水照人全影于方寸纸上，神采毕肖。凡有勾栏中人，莫不争相照像，悬之壁间，或以赠客，近则流传外省，无处无之。至于名妓数人，则该铺中必存留原拍之玻璃，随时印出，任人购买，获利诚无已时。[155]

因为照相能帮名妓提高公众认知度，所以很受她们欢迎。亲眼见到名妓芳容一直以来都只是某些客人的特权，得有人引见，或是博得了美人欢心。但照相出现以后，上海名妓就从一类美女变成了一个个独立的人。[156] 最初名妓们是把照片当作送给客人的礼物，在影楼发现了这些照片的商业价值后，名妓们不但没有退缩，反而乐享其成，让影楼也变成娱乐小报一样的不用付钱的宣传员。直接和名妓见面还是和以前一样不容易，但知名度的提高甚至抬高了有她相伴的客人的地位，他们很清楚，很多旁观者都能认出来身边的女人是谁。照片使人们可以窥探这个隐秘的世界，但又与此保持着一定的距离，这个所谓的距离不是把名妓隔离在深巷的院子和围墙，而是冉冉升起的明星和仰望星星的芸芸众生之间的地位差距。

照相这门新技术促进了名妓形象的传播。诸如照相术、娱乐小报等西方文化产品，和大城市的名妓一起塑造了一个新的形象——摩登的名人、明星，在她身旁围绕着各种新奇的商品和商业机会。照相技术让明星崇拜成为可能，明星崇拜大概就始于搜集名妓照片的风潮。举例来说，1897年《游戏报》上刊登了一封信，作者恭贺金小宝乔迁之喜。他说自己从未见过

◆ 1.37a，b 《照相馆名花留影》。木刻水印。左边的文字（a）说上海名妓喜欢照相，右边插图（b）勾画了她们照相的场景。(《申江名胜图说》，1884，68）。

金小宝本人，但收藏了不少她的照片。[157]

　　名妓们可不只是等着被拍照。照片是集体作品，摄影师、主人公，乃至不会说话的服装和道具都参与了创作。名妓自己选择服装，偶尔也会穿男装或戏装；她们还自己设计表情和眼神。最后的照片通常都是从好几张备选照片里精心挑选出来的。这位名妓（图1.38）跷着二郎腿，手托着头，散发出一种自信，与传统照片里妇女的标准姿势大不相同。在另一张照片中，通过名妓的脚踝上的带子来看，可能是一位天津名妓在模仿上海的时尚。她斜倚在沙发上，跷着二郎腿，望着镜头自信地浅笑，形成一种毫不掩饰的挑逗（图1.39）。Timothy J. Clark曾经说马奈（Edouard Manet）塑造的名妓形象奥林匹娅身体诱人但拒绝顺服，是一个现代性的人物；[158]上海名妓的照片也显示出了类似的特点。虽然不是有意冒犯，但她们的身体姿态挑战着看客心中对"诱人"的定义。

　　一家名叫耀华的影楼发现了这个生意机会，加入到了《游戏报》和名妓的联盟中。1890年代，它公开宣传名妓，致力于开发这个市场。每年"花榜"发榜时，《游戏报》上的上榜者的照片都是由耀华拍摄洗印的（图1.40）。这些照片宣传了影楼、评花榜活动，还宣传了报纸。[159] 几方面都很清楚公开宣传对他们的生意很有价值。

1880年代，施德之（当时写作Sze Yuen Ming）创办耀华影楼，他原本是一名电气工程师，著名摄影师区炎庭也曾一度主持业务。1890年代，耀华已经成了上海照相业的"四大天王"之一。1900年后，耀华分设东西两号，

图1.38　上海名妓。照片。1890年代。（承蒙巴黎狄瑞景提供图片）

14. - CITÉ. - Chinoise au repos   CITY. - Chinese woman at rest

◆ 1.39　名妓。天津（？）。影楼的明信片，约摄于 1900 年。（承蒙巴黎狄瑞景提供图片）

东号设在"抛球场"，就在亨达利洋行对面，施德之主持拍照。西号位于南京路 42 号，在跑马场附近，施德之的长女主持拍摄。她曾在上海法租界内的法国学堂受过教育。李伯元主持的另一份报纸《世界繁华报》曾对施德之把女儿培养成摄影师表示称赞，这样那些不愿意在陌生男性面前照相的女子也可以前去拍照了。[160] 她的影楼广告也强调了这点便利。[161]

施德之非常讲究光效，还曾经登报阐说在照相的时候如何科学用光（他也强调说影楼里的德国高级设备增进了他对于摄影艺术的理解）。[162] 上文提到的贴在报纸上的照片（参见图 1.40）说明他的技艺非常精湛，而且他也以拍摄女性肖像著称。[163] 为了从当红名妓的生意里分一杯羹，施德之在《世界繁华报》上打广告宣称，名妓来他的影楼照相只收半价。[164] 这个策略突出了名妓两方面的商业价值：她们是被娱乐小报和照片宣传的客体，也是传扬影楼名声的主体。

1900 年时，一流名妓肯定是全国拍照最多的群体。她们的照片随处可

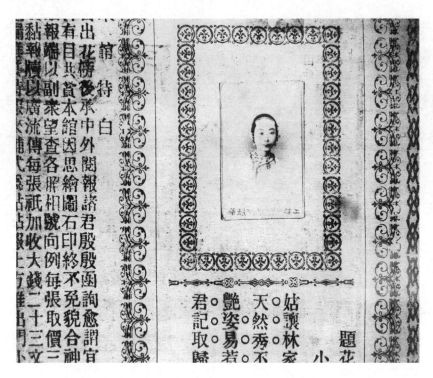

◆ 1.40　上海名妓花丽娟。上海耀华影楼摄影，1898。花丽娟在1898年的花榜名列一甲第三。为了宣传这次活动，《游戏报》贴上了获得前三甲的名花的照片。(《游戏报》，1898年10月3日，1)

见，除了人物肖像之外，还成了商业明信片的一个元素（图 1.41a-c）。

　　有了照相术以后，名妓的影像可以不断被复制，大规模地进入市场。在这个过程中，妓女明星在公众面前曝光变得越来越没必要，将自身的形象作为城市名片不断变花样的那种特权也随之消失了。在科技面前，代表城市变革精神的人物成了多余的。照相机镜头占据了主导，开始根据不同的标准选择自己的模特儿。

　　商业化也带来了专业化，以前名妓在市场中扮演的角色又分化出了一些新型职业。原来只出现在报纸上的广告采取了新的形式，比如闪闪发光的大尺寸香烟月份牌上也是美女（图 1.42）；这些广告不再直接宣传名妓的声色服务，转而推销代表着闲适、别致、魅力和摩登的其他商品。"女学生"

◆ 1.41 （a）耀华影楼的明信片。约摄于1900年。男人身后的镜子两侧都是放大了的名妓照片，从她们的服饰上来推断，应该摄于1890年代。此时很流行照片扩印，影楼常用大照片来做广告。（卞玉清编，《上海历史明信片》）

（b）影楼的明信片。约摄于1905年到1910年间。照片左边是老宝华影楼，影楼栏杆上贴着名妓的照片，从街上就可以看到。幌子上书"精究照相，随形放大"。（承蒙巴黎狄瑞景提供图片）

秀摩登：19世纪末上海名妓的时尚、家具和举止

（c）照片明信片。拍的是卖日用品的上海店铺，1910 年代。右边的放大女子半身像可能是一位上海名妓。这张照片说明当时上海名妓的影像已经成了城市氛围的一部分。这样的曝光度进一步增强了名妓时尚对公众的影响力。

以其纯洁无瑕的形象，与性感撩人的名妓展开了竞争。时装图片设计借用了中国传统"美人图"的元素来表现新的时尚。专业的时装模特也出现了。一些早期的妇女杂志（如 1911 年的《妇女时报》，后来叫做《妇女杂志》）和摄影杂志（如 1926 年的《良友画报》）都设有专门的时尚栏目。"上海小姐"选美比赛代替了花榜评选。[165] 电影工业造就了一种新的公众人物——电影明星（图 1.43）。代表上海大都会的超群绝艳的名妓形象，终于被银幕上的明星取代了。

"五四"时期，技术革新、商业利润，以及新式"文明"等概念成了知识分子心中的时尚，最终完全改变了上海名妓与其环境的关系。娱乐的概念也发生了转变。1907 年虹口电影院开张，1917 年"大世界"等游乐场和娱乐中心兴起，短短数年间，各种咖啡馆、舞厅、俱乐部迅速发展起来，高级妓馆和名妓虽然还在做生意，但逐渐淡出了公众视野。[166] 那些曾经挤满名妓的豪华马车和轿子的街道，已经被 1908 年出现的有轨电车占据了。[167] 电影"明

◆ 1.42　美女上了香烟月份牌。月份牌上是英美烟草公司的广告。(《都会摩登：月份牌》,1)

◆ 1.43 电影杂志封面。仙女们身穿霓裳(cloud-dress)。(《青青电影》,第四年第八期[1937])

星"掌握了公开演出的舞台,高级应召女郎也出现了,曹禺的《日出》塑造的不朽形象——交际花陈白露便是一例。在这个急速现代化的世界里,名妓的文化形象较为传统,在"五四"的眼光下被归为旧社会可悲的性奴。

当然,胡宝玉并没有把电扇引入上海,首先使用电门铃的也不是林黛玉。[168] 最先把这些玩意儿带入上海的是外国人,但是这些名妓的确把这些新奇东西带入了公共视野和中国人的观念之中。在公众的眼里,这些新的西式玩意儿是和名妓的形象联系在一起的。名妓们借着这种联系,在西方的物质文明中注入了传统的富贵繁华的观念,将这个接受的过程变得更加人性化。

租界文化的吊诡之处在于,它一方面将上海名妓当作这座城市繁华与现代的根本象征,同时又对她所拥有的权力和影响力加以嘲笑。这个矛盾让传统的文化假设和上海租界提供的新的可能相互竞争。上海的文人们在报纸或出版社等新型媒体供职,他们表现城市形象的时候借用了传统文化赋予名妓的意义。名妓们也和这些文人一样,在上海发现了新的机会,她们一举一动不必再符合传统的期待。上海租界在融合传统文化价值和商业生活时的矛盾,构成了一种可称为"上海租界文化"的基本结构。上海名妓既能代表这座新的城市,同时又可以不断探究传统文化中与她们相关的隐喻,足以证明这一租界文化以及与其相适应的个性特征在不断发展。如同指南书和报纸文章所说的那样,上海名妓巧妙地将传统文化规范和西方元素融合在一起,创造出一种新的活力,得把它放在一个蓬勃发展的都会中心的背景里去理解。为了生意兴隆,上海名妓不得不保持,甚至有意坚持一些有关自己的传统假设,同时,生意兴隆意味着她得不断"标新立异",人们认为她代表着独一无二的上海,她就得满足人们的期待。

清末新型城市知识分子醉心于评说名妓的原因何在?不应仅仅诉诸于他们的孤独、迷惘和对慰藉的渴望,我们需要更复杂的解释。如同上海名妓的神话一样,明末的名妓也曾俘获了人们的想象。晚明的江南经历了一个世纪的文化复兴运动,人们幸福地追忆着逝去的辉煌。晚清的上海名妓引发了另一代人的幻想,但她们的目光望向了完全相反的方向——未来。

名妓们大胆拥护都市摩登，她们抓住了新时代的精神，而文人们既为之痴迷，又备受挑战。在他们对名妓的种种描述中，他们也在体味着自身的不安碰撞。

当中国的文人还在考虑变革的观念和观念的变迁时，上海的名妓已经通过她们的生活方式、商业行动、社会关系，乃至性关系当了一把新型都市文化先锋。文人们对西方社会价值和物质文化的态度暧昧不明，说明这些价值和文化，以及与之配套的贸易、商业、公共礼仪，给传统的等级制度带来了威胁，挑战了文人在其中的优势地位。名妓社会地位边缘，相对没有束缚，她们只在对自己生意有利的时候才坚持传统。不需要任何思想动机，她们就把租界赋予个人和商业的权力转化成了身体姿态、自由行动、豪华服装和室内装饰。她们打破了东方与西方的界限，但并没有意识到这样做意义深远，令人不安。在对个人声价的追逐中，她们引入了一种新的大城市的心态，这毫无疑问是上海租界的独特产物。从长期来看，上海名妓的商业实践也为打造一种独特的、与"美"有关的商品世界铺设好了舞台。就连"娱乐"这个概念本身，也是在晚清时期综合了上海的多种文化面貌才基本确定下来的。

对展示现代性来说，性关系是重要的组成部分。此时的上海名妓只与一位主要的恩客保持性关系，同时她可能也会养一个相好。尽管同是堕落风尘，名妓还是着意将自己和普通妓女（prostitute）区别开来。一流名妓绝不会在性交易市场上任人挑选，她们努力追寻的是新的都市生活。有些名妓拒绝离开上海给人做妾，以免在大家族里被正妻控制，她们坚持要在上海另设别宅，保持一种核心伴侣关系；有的名妓不惧客人和记者的议论，公然包养戏子做情人。她们所做的这一切，为其他女性开创了新的空间，并给她们提供了可供选择的行动模式。

当时已经有人看到了上海名妓可能带来的积极影响。詹垲是一位旅居上海的游客，公开支持妇女参与公共事务。对于上海名妓争取在公共场所进行娱乐表演，他表示十分同情，1906年他写道："方今四方闺秀，衣饰一切，咸以海上青楼为效法。值此女学勃兴之会，使失足青楼者亦知勉自立品，则其同化之力所渐被，必于女界前途大有影响。"[169]

2 上海·爱
新的游戏规则 *

上海名妓搬到租界之后，其新的社会地位很快转化成了一套细密的新规则。这些规则重塑了各方之间的关系，恩客、名妓、妓院，以及不同级别的妓女都改变了彼此的相处之道。有些规则从旧例发展而来，有些完全是新的。在这个脱离了所谓正常生活的追逐与被追逐的世界里，这些规则确立了一个秩序，在妓客关系中建立了新的平衡。可以说主要是上海名妓对自身利益的坚持推动了这些规则的发展，这个过程为我们观察上海花界的内在运作提供了一个独特的视角，更重要的是，我们还可以从中了解到名花们对自身有什么新的评价。

迅疾的变革勾起了此道中人讲述的欲望，从1870年代开始一直到1900年代，大量的名花谱、评花宝鉴问世。它们和日记、游记、笔记、竹枝词、小说一起，见证了上海倡优文学的繁盛。这一类文学是随着上海租界的快速发展而蓬勃起来的，当上海租界成了中国主要的商贸、出版和娱乐中心时，读者们也读到了花界指南、名花小传和各种评论。把上海名妓写成租界特殊一景，使得商业的上海也像一个娱乐业的"游戏场"。人们在这里可以体验新奇、摩登、洋派和撩人的一切。这些文字吹嘘花界规则有多么奇特,帮助塑造和传扬了上海妓女的名声,而和她们一起声名远播的,还有其戏剧般的情爱世界以及上海租界这个大舞台。

最近有两本书写到这些规矩。贺萧在《危险的愉悦》中详细地描写了这些规矩,在她看来,这些规矩是男人为了自己的愉悦创造的文化游戏。她采用了一种"常识性的理解",认为是妓院的客人制定规则,在她看来,这些花界指南所说的,"只是男人们感到自己应该了解的、处于通商口岸迅速变化的特定环境中的上层社会的习俗,同时它们也透露出这些男士愿意以什么方式整理和回忆这类上流社会的社交活动"。[1] 我对这些指南书和其他讲述的分析却表明,这些规则的结构相当新颖,应当是租界特有的产物。意识到这一点以后就产生了一个问题,究竟是什么东西引起了这种变化,而它又是怎样改变妓客关系的?

安克强在《上海妓女:19—20世纪中国的卖淫与性》一书里主要分析了这些规矩在经济上的意义。尽管他也提到了这些规则的文化和社会功能,他认为对上层社会的客人来说这也是社会地位的象征,但他强调满足性欲还是第一位的。但是,我们的文献材料显示,这些规矩所强调的核心是以"情"装点起来的文化娱乐而不是性,对于高级妓女而言尤其是这样。在中国上流社会里,男女之间避免公开接触,只有妓女和客人来往是例外。在这个例外的脆弱空间里,规矩起了十分重要的作用。有了规矩才能按角色演戏,也才有一个等级制度。同样,我们的问题仍然是:变化的动力是什么?游戏规则是怎样被改变的?

妓女的等级制度与老城厢里的规矩

作为当时最受欢迎的报告文学作家和中国第一代记者,王韬(1828—1890)对上海花界的记载年代较早且内容翔实。[2] 他早年的《海陬冶游录》写于1860年,主要介绍了太平天国进入上海以前的老城厢的上海名妓。而后来的《余录》写于1878年流亡香港之际,讲的是上海租界里名妓的生活,描述了那里所实行的一整套复杂的规则。有人会说1860年代以前的老城厢的部分缺乏细节是因为这一切对读者来说都太熟悉了,但是如果比较前后两本书,会发现后来的描述之所以如此详尽,是由于租界发展起了一套内容丰富的新规矩,这些规矩反映了租界妓女等级以及妓客关系的变革。

王韬在书中写了老城厢三种等级的妓女和妓院:堂名、草台和私局。[3] 堂名最受欢迎,也最豪华,里头又分为顶层的"堂顶"和底楼的"堂底"。堂名里可能有三五十名女子,主要根据她们音乐演奏的好坏来分等。当时大约有十家这样的堂名。草台的地位稍低,价格也稍便宜些,不过更乐意提供性服务。据王韬称,当时的私局不少于三百家。这些做小本买卖的妓院没有设宴必需的厨房用具,只能从外头叫菜,不过通常私局会提供一个温馨的氛围。在这三种等级之外还有一种"名媛"设立的场所,她们自称"住家",既不愿屈尊唱歌,也不会亲自服侍客人,这些事都留给女婢做,但王韬没有说明这些地方到底提供什么服务。[4]

除了名媛的家以外,其他妓院都是直接进去就有人来招待。王韬用自己的亲身经历来验证了这种观察。他所记载的规矩着眼于服务而非个人。当客人走进妓院时,鸨母会出来给他端上茶水和水果表示欢迎。如果流氓上门,没人按这个规矩来欢迎他,他们可能会"呼朋唤友,滋生事端。名妓厌之,称之为'茶水客'"。名妓们很怕流氓,稍微没伺候好,他们就会带着兄弟一起来闹事,可能还会把妓女绑走,称为"拔佾人"。[5] 为了不受帮会欺压,妓院可以贿赂地方长官的主要仆从,也称"撑头"。妓院必须在法律难及的地方做生意,因此衙门小吏仿佛把法律捏在了自己手里。帮会成员内部分赃称为"黑规"。[6]

老城厢里的女说书艺人和歌女也有不同的种类。她们按专业水平来分等级,最高的是"评书"和"唱曲",接下来是唱"花鼓戏"的或者"说因果"的。她们的公开表演时常会受到禁演的威胁,理由是当局禁演淫词艳曲。[7]

王韬的描述大部分都和毛祥骥相符。毛祥骥是地道的上海人,和王韬生活在同一时代。他的《墨余录》概略地介绍了老城厢妓女的等级和规矩。他和王韬的记述大部分相同,惟一的不同在于对名媛的评价,毛祥骥认为名媛才是最高级的妓女。[8]

姚燮（1805—1864）1855年所著的《苦海航乐府》是有关上海老城厢淫业的一份非常早的记录。这本书里的108首诗，全部写的是发展租界之前的上海妓女和淫业。[9]和很多指南书一样，这本书一开头就是一番警世之语，劝诫年轻人要提防邪恶的贪欲和狡诈的妓女，但接下去就开始铺陈妓院的种种程序，以丰富的细节介绍了妓院的生活、规矩和生意经。[10]他的乐府诗提供了大量珍贵的信息，我们可以借此了解这些场所里的规矩，并与后来的情况相比较。

根据姚燮的说法，堂名就像传统的妓院一样，在同一屋檐下提供性、饮食和娱乐。最有名的"宝和"与"双秀"各有30到50名妓女。其中大约有一半人提供主要的服务；另一半不到十三岁或超过三十岁的叫做"陪堂"，负责普通的接待。赤脚的男仆称作"外场"，也兼做保安。客人被叫做"闯门头"，他任何时候都可以想来就来，不用引见。客人到的时候有一位年长的姨娘前去欢迎他，亲热地问他"您光临过我们这儿吗？"接着便礼貌地请教客人的籍贯和姓氏。妓女们无论年轻年老都会出来，试图吸引新客人的目光（第三首）。

客人选好心仪的女子之后就被带到她的房间里去。这些女子的角色大约介于高级歌伎和普通妓女之间。妓女称客人是她的"路头菩萨"，谦称自己是"乡下官人"。客人点餐（"端正"）以后，妓女谦恭地感谢他惠赐这种荣耀，然后开始具体的打点安排（第四首）。

蜡烛（油条）点起来了，新茶泡好了，鸦片烟枪也端上来了。半只黄梨和四钱黑瓜子供到了财神面前，也就是所谓的"黄黑供"。妓女亲自献上一杯特别的"瓜边"盖碗茶，也就是"体己茶"，再寒暄几句（第五首）。

团圆桌摆好以后，客人（可能也有朋友一起）与名妓各自入座。酒菜上来若嫌不够就再加菜。接着可能上演"拇战"（猜拳），做东的客人会在烛台上放下两枚银元，这是打点仆人的赏钱。随着一声"先生到！"，唱曲的名妓亮相了。她南北曲调都唱，用的是一种混合了北方话和苏州话的方言。唱曲的时候她弹三弦或者打鼓，或者用二胡当伴奏。最后米饭上桌，表示宴席到此结束，名妓则照例请客人原谅她招呼不周（第六首）。

如果客人吃饭后不过夜就离开妓院，这就是做了"空局"，所有的花销只有两块钱（姚燮没有说"整局"要花多少钱）。因此妓院竭力避免出现这种空局。当客人想走的时候，他又被"拽"回到妓女的床上，妓女则极尽甜言蜜语之能事（第七首）。稍后她告辞去另一桌陪客。到那一桌结束时她才能回到床上来。第二天早上，妓院给客人一块月饼当早餐，客人吃完就该离开了（第八首）。

总体来说，上海老城厢的高级堂名做生意的时候已经有了一些规矩。客人可以不经引见就去妓院，但只有在正式欢迎和自我介绍之后才可以挑选妓女。妓女用特殊的茶杯给他敬茶就表示她接受了。客人在妓院开筵，妓女在旁作陪，会唱曲的妓女还要表演助兴。客人可以只选择这些社交文化娱乐，但妓院总是急于留客人做包含性服务的整局。而且，即使这位被看上的妓女有其他的客人要陪，在这桌客人没有吃完之前她也得一直作陪。

从这些叙述中，可以清楚地看出当时的老城厢不存在租界妓女中的等级制度。妓院里有一些仪式和规矩，但妓女只在妓院做生意，因此并不需要一套规矩来指导在公共领域如何行事。

上海租界和新的妓女等级制度

1850年代到1880年代间，从老城厢搬到租界的妓女们为自己划分了新的类别，建立了独特的等级制度。起先高人一筹的是"书寓"，她们是专业的说书艺人，各有自己的表演场所，她们肯定也不提供性服务。后来，另一个群体，也就是"长三"跻身于最高等级，并逐渐取代了书寓的作用。1870年到1890年间，长三不断追逐新潮，最终获得了这座繁荣都市的恩宠，成了它的象征。根据文献记载，1860年代早期，客人和长三之间的关系还没有后来那么正式，性服务明确地包含在服务项目中。[11] 到1880年代，早期包括性服务在内的"三块钱"服务消失了。[12] 到了1890年代，长三还增加了一重身份——作为各个书场的独家签约演员，她们还在书场公开演出。[13]

长三下来就是"二三",再下来就是"幺二"妓女。很多学者都已指出,二三这一类型在 1880 年代逐渐消失。王韬著于 1878 年的《海陬冶游录余录》指出,这一等级制度是上海租界独有的,后来它取代了旧的等级制。[14]

这两种上海妓女的分等制度在无数的竹枝词中也有描述。著名的清代诗人袁枚（1716—1798）之孙袁祖志（1827—1902）是时人眼中的"老上海",现存最早的上海竹枝词就出自他之手。他从 1850 年代起就住在老城厢,1870 年代搬家到了租界。

他的《沪北竹枝词》刊印于 1872 年,书中对老城厢和租界做了细致的对比,他对租界出现的新式妓女和她们的营业场所做了这样的描写：

> 富贵荣华（内含上海名妓最集中的里弄名称。——译注）瑞兆嘉,十分春色不嫌奢。何须艳说丁家巷,花径三尺自足夸。[15]

下面的注释写道：

> 兆富、兆贵、兆荣、兆华皆里名。此外日秋、久安、同庆、尚仁、百花、柱馨各里,悉系上等勾栏,俗称板三局。丁家巷乃苏台昔日妓馆最盛处所。

他接着描写了"二三局"、"幺二"和在公共场合说书的"先生"。[16] 前两个称呼他没有给出有说服力的解释。因为"二三局"意味着"两三块的服务","幺二"意思是"一两块的服务",只要它不是别的方言中的其他同音字讹误,两者似乎都包含着数字。有人推测,租界妓女的新等级制度和称呼与治理租界的外国当局的政策有关。长三的服务价格是三块,幺二的价格是两块,这是工部局 1860 年代早期确定的价格,以防妓院乱喊价。[17] 尽管这种推断缺乏历史材料的支持,但客人按照付费价格来称呼妓女似乎也有可信之处。这种习惯反映了上海的商业精神,同时也象征着客人见到妓女可以正大光明地挣钱时的复杂心态。名妓自己从不用这些贬义的称呼。

长三称呼自己的方式比较有学问,例如"校书",意译过来就是图书编辑或校对者,而么二用她们寓所的名字来称呼自己。[18]

新型妓女开创了新的娱乐形式。忏情生(即袁祖志)在他1872年的《续〈沪北竹枝词〉》中写道,他发现现在的租界与他十年前写竹枝词的时候相比变化甚巨,他感到必须要续写新的竹枝词。他记下了很多当时流行的冶游形式,包括去戏馆、听名妓唱曲、上戏院、叫名妓出局,或者听女先生说书。他详细描写了名妓们在公共场合的行动,她们在下午四点钟左右乘着西式敞篷马车出游,"观者有目迷之叹"[19]。有个名妓在戏院的人群中看见了一个熟人,就打发仆人过去给他装烟。他关注到的恰是名妓们公共活动的新领域。这个领域里,最突出的可能是完全由女演员演出的女书场。

租界里最早的女书场是"也是楼",这个名字沿袭了老城厢著名花园的名称。据传也是楼开张于1870年代,老板是一位名妓。这里红火的生意引得很多人争相效仿,以前完全由男演员为主的茶楼、书场也开始邀请长三和书寓前来表演。这些书场最初叫做"女长三书场",后来叫做"女书场"。[20]

1890年代的历史图片显示出了女书场的建筑样式,证明上海名妓的演出是部分地暴露在公众视野中的。我们应当在这样的环境中来理解当时上海租界青楼的复杂规矩。以前妓女表演多半在室内,在没有外人的私人场合,现在则向公众开放了,一切都在公众的注目之下(图2.1,2.2a,b)。

姚燮的书虽然细节不多,但还是令我们想到,租界发展出来的这些规矩应该来自江南地区。[21] 搬到租界的名妓来自苏州、扬州、宁波,都是史上著名的繁华都市,她们可能也带来了一些那边的规矩。在建立新生活和新环境的过程中,名妓们肯定也不断混合、挑选和创造着规则,直到最后的规则被指南书记录下来。这个过程很难被详细地记录下来,但毋庸置疑的是,指南书中所描写的这些规则反映的是名妓身处的新环境以及她们对它的反应。名妓们被当作租界的独特风景之一来表现,她们也为重塑这个移民社会的社会关系作出了自己的贡献。

◆ 2.1 《女书场》。石版画。图下方发光的煤油灯把夜晚照得宛如白昼。(点石斋,《申江胜景图》,2:30)

新式社交的仪式和规矩

　　新规矩包含了接近名妓的方法、求爱和分手的方式,以及债务关系。上海花界指南是我们了解花界新规矩的最重要的材料。这些指南书大约从1870年代中期开始出现,不同于传统的评花宝鉴、名花小传和本地游乐指南。[22] 早期的文献是一个个的名妓小传,但上海的这种指南书编排的方式就像分门别类的字典。它模仿的是另一个不同的样板——清代的办公指南手册,解释简短,也没有特别的顺序。[23] 这些书是读来消遣的,不是为了读者查找方便。记录这些规则和规矩的文字都是一种实事求是的口气,大多没有评论。[24] 呈现在我们面前的是一种名妓与客人之间的仪式化的"剧

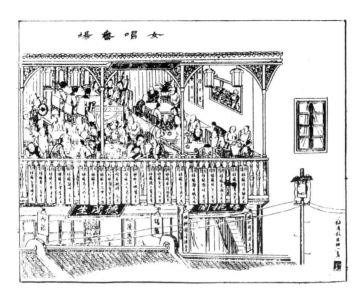

◆ 2.2（a）《女唱书场》。石版画。《桃源趣书馆》的开放式建筑结构让名妓和客人可以倚着栏杆看街景。路灯说明这里是上海。（梅花盦主,《申江时下胜景图说》,2:5）

◆ 2.2（b）　照片明信片。照片中是桃源趣书馆,19世纪末。这张明信片表现的景象与（a）图相仿,一个女子正坐在栏杆旁边。（私人收藏,洛杉矶）

本",要求双方平等参与,这可跟租界外的男女关系有天壤之别。

大部分指南书的作者都不用真名。1877年出版的《海上烟花琐记》署名是"指引迷途生",作者借此宣称,写作本书是为了提醒后来人上海名花充满着危险的诱惑。[25] 早期的指南书把相关的规矩、制度、生意管理等等都放在"客人须知"一类的题目下一起介绍。1880—1890年代时,指南书的序言换了一个语气,1892年的《海上青楼图记》用欢喜的语调大赞上海:"道咸间,中外通商,诸国麕集,我朝割滨江尺土以畀之,以为贸易之所,不转瞬间而逐为中夏之一大都会,其风俗之奢、烟花之盛,固叒已甲于天下矣。"[26]

从指南书描述之详尽可以看出读者对背景并不熟悉。同时,这些指南书猎"奇"的偏好让人对序言里的道德高调心生怀疑。尽管这些书都貌似客观描述,但我们应当把它当作新的花界规范,而不是妓馆里的实际情况。

从内容和细致程度上来看,各个等级的规矩有所不同。虽然指南书涵盖了妓女生活的各个方面,但主要还是聚焦于更有影响力的高级名妓,她们精致的家居布置、精心维护的上层地位都是引人注目的焦点。

指南书描述这些规矩的用词都是固定的,抄袭的成分肯定也有,但说法这么一致表明当时的规则已经稳定下来了,王韬称其为"规礼",1904年的《负曝闲谈》则称"规矩"。[27] 直到1920年代"俗例"、"定例"、"节例"等专门的类别才出现。

名妓生活的方方面面,包括社交、经济、宗教生活都按这些规矩来行事。她们与客人之间的间接往来也遵循着这些规矩。它规定了客人的经济义务,描述了妓女求神拜佛的仪式。而规范妓女和客人交往的相关规矩是最细最多的,客人如何结识妓女、如何与她见面、如何求爱,妓女如何接受和拒绝都有一定的规矩。[28]

见　面

想要见到高级妓女必须经有身份的恩客介绍。当红名妓所在的妓馆可不是想进就进的,没人介绍的客人会被拦在门外。恩客引荐新客人可以抬高自己的身价,但他也得为这位生客当保人。1880年代,如果这位生客头一个节度欠了妓馆的钱,他还得在第一个节度结束时代为清账。[29] 引荐新客人时可以去"打茶围"。考虑到相关规矩很复杂,而且用汉字来描述上海方言有点别扭,我们这里还是先介绍一下有关术语。"打茶围"的意思是下午去拜访妓院,由做介绍人的恩客作陪(图2.3)。这样的拜访时间不能太长,他们不能去得太早,因为名妓通常凌晨才就寝;但也不能去得太晚,因为她还得梳洗打扮,为晚上见客做准备。打茶围的时候,妓院会给客人提供免费的茶水和鸦片烟。

另一种结识名妓的办法就是"叫局",所谓叫局就是恩客叫名妓前来餐厅、戏院或书场陪客(图2.4)。叫局不是新发明,在姚燮的《苦海航乐府》里也曾提到过。但以前叫局只是叫妓女准备宴席,在租界里叫局的形式更丰富了,说明娱乐已经转移到了公共领域。最常见的情况是,名妓的名字和地址被写在一张小纸条上,这叫做"局票",然后下人再把这张局票送到妓院去。生客不能自己叫局,他只能让一位朋友替他叫,这就是所谓的"借局"。只有当这位生客和名妓见了面,她认得了他之后,他才能自己去找她或者叫她出局。局票好像是租界自己的发明。从前,妓院都是官办的,要请妓女在私人宴席上侑酒陪客必须先向衙门购买一种竹签,局票就是从这个制度发展而来的。[30] 客人亲手填写的局票也是日后算账的凭据。以前妓女出局都得要衙门正式批准,她们对此没有任何发言权,现在租界用局票的规矩把出局变成了妓客之间的合同约定,名妓有相当大的选择自由和自主权。

名妓们坚持生客得由有身份的恩客正式介绍,这样可以保证他有足够的文化和经济资本,同时也为这位新人找了一个保人,这样他在朋友面前也不至于举止失礼。这位恩客应该提前给新人介绍妓院的规矩和讲究;这个过程模仿结婚前做媒的环节,给双方都留下了拒绝的余地。在中国社会男女授受不亲的环境里,这个上海特色的发明是非常都市化的,它为现代爱情行为规范的发展做出了很大的贡献。

客人与名妓之间的追逐与爱情当然并不是上海租界才有,这个传统可谓历史悠久。但上海租界给这些新的形式提供了保护,为爱情提供了特殊的空

◆ 2.3 《洪善卿聚秀堂做媒》。石版画。一位相熟的恩客正在引荐新客人。一位很年轻的妓女（称为"清官人"）被带来与新客人见第一面。（韩邦庆，《海上花列传》，1894）

◆ 2.4 《上海曲院之现象：承欢侍宴无闲暇》。石版画。这些名妓都被叫到一品香番菜馆去陪客人吃饭。请注意服装式样与 1880 年代已经大不相同了（参见图 1.1）。(《图画日报》，no.249[1910]）

间。在中国以前的都城和商业城市里，娼妓业的发展都是在国家的严密监管之下，不过上海租界里的权力转换却有利于妓女，在这里位高权重的人物也得遵守新的游戏规则。追求长三妓女的规矩反映了权力机制的变化。

追求幺二妓女的规矩与老城厢里堂名的规矩相仿，客人可以直接去幺二妓馆而无需他人介绍。上等名妓栖身的妓院装饰豪华，通常只有一两位名妓，门前要么只有"某某书寓"（"书寓"一般用来指这类妓院）的小牌子，要么根本没有任何标志。幺二妓馆则不同，它会把堂名挂在门外，一般叫"某某堂"。本来幺二妓女的名字不会贴出来，后来到了1890年代，她们的名字都会写在小纸条上，在大门上贴出来。幺二妓馆妓女的数量从十名到四十名不等，而妓馆的房间可能多达一百间。

陌生客人来到妓馆时，龟奴便会高喊"移茶"，此时所有没有客人的妓女就会集中到一个房间让客人挑选（图2.5）。最高级的幺二妓女不会在第一轮就露面，若是客人不愿从中挑选，龟奴就会再喊几声"移茶"，比较红的妓女才会进房间来。不过指南书也提醒客人，见最好的幺二妓女也是需要有人引荐的。最后，被挑中的妓女把客人带进自己的房间为他斟茶。

长三和幺二见生客的区别很重要。长三遵守的一套规矩与她身份相符，突出了她的服务和文化身份，因为她们肯定受的演艺训练更多。妓女也可以升级，但有很多困难，改变地位也不一定就会挣钱。是否能从幺二升级成为长三取决于几个因素：第一，有娱人的技巧，比如懂唱曲、会讲话，而幺二通常没受什么训练；第二，有恩客愿意提供经济上的支持；第三，长三妓院的鸨母愿意借钱给她，或者自己有积蓄可以去长三妓院入伙；最后，还要愿意在经济上担负更大的责任。不只是客人找长三花销大，做一名长三花销也很大。长三必须得把一部分收入分交给妓院，妓院一般也会借给妓女一大笔钱。这种向上流动在韩邦庆的《海上花列传》等小说里有过描写。[31] 长三的价格意味着排他性。而整个恋爱过程中"才子佳人"的角色扮演游戏里，接近她们的难度则代表了她们的文化资本。

租界里可以"叫局"结识长三的新规矩取代了老城厢里鸨母或娘姨招呼新客人的做法。而且租界里的高级妓女经常自己开妓馆。[32] 因为妓女的

◆ 2.5 《上海曲院之现象：百花深处品新茶》。石版画。幺二妓院的妓女见生客。每位客人选择一名中意的妓女。(《图画日报》, no.282 [1910])

生意已经扩展到了整个上海城,有许多别的娱乐场所可供选择,所以初次见面常常是在戏院、书场等公共场所。就这样,摩登的情人取代了从前藏在金屋里的娇娃。城市成了客人与名妓表演的舞台,看客们则在一旁品评这些风流韵事。不少人看到男女公然出双入对感到很惊诧,各种小说、插图指南书里也记下了这番海上胜景。

虽然客人们是冲着海上名花和这座城市的浪漫来到上海的,但他们也许并没期望获得那么多新潮的体验。他们可能希望重温从前才子佳人的旧梦,但这里寻得的一切都是新的。海上名花也不再是以前的名妓。与上海名妓恋爱意味着要按一套规矩行事,这个行动框架带着历史的雅趣,但本质上是为新式的恋爱和权力关系而设计的。

求 爱

对高级妓女来说,性关系是一种特殊的优待,一段时期内只有一位恩客可以得到她的恩宠。这件事必须小心对待,不能与其他责任混起来。长三和书寓与日本的艺伎很像,她们提供的主要是文化娱乐。[33] 对于愿意而且有能力做恩客的客人,性可以是一种优待。名妓大部分的收入都来自于客人在妓院摆下的宴席。向这些名妓求爱("攀相好")、成为她接受的恩客的第一步就是请她作陪,就像我们在"叫局"的过程中看到的那样。[34] 这里面所有的服务都有自己的叫法,打牌叫"牌局",看戏叫"戏局",比赛喝酒叫"酒局"。一位妓女可能同时有好几个客人叫局,按行业惯例她要"转局"(从这个局去下一个局),后面的客人也允许她稍微耽搁一会儿。

博取名妓欢心最重要的行动就是在妓院设宴,带朋友来捧场,这叫"摆台面"(图 2.6)。这个花费不菲的行动被视为特殊关系的标志。这样的饭局也在名妓的圈子中给她长了面子。她在饭局上的角色就是唱歌、陪人说话、给人斟酒,她只喝一点酒,但不吃饭。饭局结束后,她又把客人们请到自己的房间,为他们一一敬茶,这叫做"谢台面"。如果某个客人摆了很多次台面,而且又送了贵重的礼物给她,那么她可能会请他在饭局结束后与自

◆ 2.6 《上海曲院之现象：夜半月高弦索鸣》。石版画。恩客在妓院设宴席。侑酒的妓女抱着琵琶。旁边有乐师正在演奏，这是在20世纪初发展起来的做法。(《图画日报》，no.238[1910])

己共度春宵。礼物通常包括一对金镯子和一块绸缎，妓女把礼物叫做"抄小货"，而客人则说是"斫斧头"。从送礼开始，客人就被看成是这位妓女的恩客，他们彼此就以"露水夫妻"之礼相待，双方都有很多义务，恩客更得承担无数的经济重担。[35]

当炫耀性消费成为上海文化的主要特征之后，摆台面又有了更多的变化。1890年代流行的是客人在摆完一桌台面后又接着摆第二桌，这个叫做"吃双台"。或者也可以"翻双台"，也就是在同一家妓院或者另一家妓院摆第二桌。也可能一晚上有三四场饭局，搞个通宵达旦（图2.7）。一位客人也可以叫两位妓女作陪，这称作"双局"。

只要客人与名妓的关系还在娱乐交际的范围内，价格就是明确的。但如果他们成了相好，双方就都有了保持专一的义务，钱的事儿就模糊多了。因为长三被视为艺人而非性伴侣，她们有进行表演的公共职责，"转局"的新规矩也避免了一位客人独占名妓，就算是她的相好也不行。[36] 所以经常是有恩客在妓院摆好了酒席，但相好的妓女还在其他的酒席上侑酒陪客。如果他想要自己的相好回来，他也得和其他客人一样叫她的局。按生意场上的礼节，只要客人是正经引荐过的，所有的局她都得去。等她在所有的局上周旋完之后已是晚上，这会儿恩客才等来盼望已久的良辰。这种规定表明，名妓的职业生活与私生活逐渐区隔开来。不过,恩客扮演"相好"很大程度上也是生意。

叫局和转局的规矩强化了上海名妓职业演员的身份。这也曾引起很多争论。前来上海的游客吃惊地发现，名妓一个饭局大约只待十分钟，唱完一首歌就告辞。有时候客人觉得等得太久，甚至空等一场，也会因此而起冲突，于是娱乐小报又有了新闻材料。名妓开始有私生活表示她们正向新的现代都市角色转变，而她们真正的私生活是从找戏子当相好开始的。当时很多文人都对此表示谴责。[37]

虽然公共角色和私人身份的界限越来越清晰，但这不妨碍上演旧戏码。上海名妓照着《红楼梦》里的人物给自己起花名，以便附会才子佳人式的浪漫。[38] 她们有时候也会把自己和相好的当作真正的夫妻，让妓院的大姐叫恩客"姐夫"。这两种剧本在上海的长三妓院都很流行，因为大部分狎客

◆ 2.7 《上海曲院之现象：添酒回灯重开宴》。石版画。要翻台面的客人得提前付第二次的费用。(《图画日报》, no. 229 [1910])

◆ 2.8 《上海曲院之现象：从此萧郎是路人》。石版画。妓女同意嫁给恩客的话，挂在大门口的木头名牌就得摘下来。娶妓女的恩客会给摘名牌的男仆赏封，从二十元到一百元不等。(《图画日报》，no. 301[1910])

都是独在异乡,没有家人和妻室在身边。名妓按照"家人"的剧本来扮演妻子,妓院就像家一样给恩客提供了休息会客的场所。在整个过程中,名妓还继续做她的职业演员。假如妓女同意的话,恩客可以娶她当小妾,她就会把妓院门前的名牌摘下来(图2.8)。

恋爱经济

受邀进驻妓院的名妓被看成妓院的生意伙伴,妓院会预付给她两三百银元来置办新衣和家具,这叫做"带挡"。预付款利息很高,名妓得按期还款。我们可以比较一下,1880—1890年代记者每月的薪水大约是十五到四十元。如果名妓想要调头的话,她就得还清所有的钱。

如果名妓生意很兴隆,她就可以搬到更高级的房间去住,这个规矩叫"调房间"。有时候调房间意味着从闹闹嚷嚷的底楼搬到相对僻静的楼上,说不定还有风景可看。恩客可能会为此"做场面",在妓院摆酒席庆贺她的乔迁之喜。

要是妓女决定离开妓院,她就必须交钱给老鸨赎身。如果她是妓院的合伙人就得还清所有债务,如果她当初是被卖给妓院的就得交赎金。要是有恩客愿意娶她并出钱"代赎",她就可以重获自由身;要是她有足够的积蓄也可以"自赎"。她也可以为此找人借钱。很多名妓赎身后都打算自立门户,反过来自己做老鸨。[39]

长三经常搬家(图2.9),搬家一般叫做"调头",有一套例行的程序。调头也是妓女做广告的好机会,她可以改头换面、重振声势。调头可能有各种各样的原因:生意好或者生意不好;名妓决定要换一换妓院;新恩客要送她新家具以博取美人芳心。调头的时候,这位名妓最亲近的客人们会给她摆个台面表示祝贺,客人通常也会带自己的朋友们同去,一是捧场,再一个也是给她介绍新客人。

妓女与狎客之间的爱情往往是引发她和鸨母矛盾的导火索。鸨母一般不希望看到妓女动真感情,因为这可能会影响她的工作态度,造成经济上的损失。妓女与客人有了感情之后常常私下来往,不记在妓院的账上。有

◆ 2.9 《上海曲院之现象:衔泥旧燕垒新巢》。石版画。这位妓女正从一家妓院搬到另一家去。请注意背景中妓院大门上挂着妓女们的名牌。

时候，客人成了某个妓女的恩客以后就会"偷局"，偷偷幽会又不付账，这时妓女和鸨母的利益就是对立的了。只有那些靠演出就能挣大钱的妓女可以侥幸逃脱惩罚。

和其他行当一样，尽管高级妓院里什么都离不开钱，公开议论价格还是会影响它的上流文化形象和商业地位。具体地说，会影响客人在这场浪漫爱情游戏中的角色认同和愉悦感受。妓院为了不把钱的事放在台面上可是煞费苦心，含蓄的潜台词还得让客人明白，对客人有约束力。在向潜在的客人普及这些游戏规则的过程中，指南书起了很大的作用。

妓院里各种服务项目的价格都是事先就定好的，客人每天的费用都有记录，一年结三次。这个惯例叫做"三节"，因为结款日是在端午节、中秋节和除夕这三个节日。短期访客一般会把他的住处告诉妓院，在他离开上海以前结清欠款。这个做法一直保持到20世纪初，当时核实客人的行踪还是有可能的。为了保险起见，客人也可能会派下人到妓院去把余款结清。[40]

不清账就走的客人破坏了与妓院之间的君子协定，他们会被记入"漂账"的黑名单，很快各个妓院都会传开，不再欢迎他们。

妓院运营越来越像现代企业，也有各种不同的投资和相互制衡。卖身的妓女或身为妓院合伙人的妓女可以从自己挣的钱里按一定比例提成。妓院总是想方设法吸引出名的妓女，鸨母叫她们"客师"，她们则自称"伙计"。自己单干的妓女叫"住家"。[41]

鸨母、妓女和各种仆人之间的金钱关系也容易引起矛盾，于是有很多规矩来将其中的主要程序仪式化、正规化。尽管鸨母和妓女之间显然是经济上的合同关系，它也有很多层次，其中情感联系和社会责任也起着重要的作用。[42] 虽然指南书上说妓院的等级关系很明确，实际上权力机制取决于相互制衡的很多因素，特别是那些调和性的礼节。在妓院里，规矩成了维持各层关系的有效手段，而且不会偏离主要的目标。[43]

名妓对妓院的责任只是挣足够的钱，鸨母会让她完全自由地设计如何推销自己。这种安排培育了妓女的独创性和独立精神，也让她们在生意场上有了宝贵的经验。这样，上海租界里的妓女就可以在很大程度上主导这些规矩，鸨母在这里没什么发言权。晚清的材料经常提到（也抱怨）顶尖名妓似乎对自己自视过高，十分倨傲。[44]这些女子在娱乐小报上刊登的广告也反映出了她们的独立，例如，她们会宣布自己已赎身，现在自己开业。从这些广告出现在小报（主要是《娱乐报》）上的次数来看，这种事并不少见。[45]

外国妓女

外国妓院也有自己的规矩，只是没那么复杂。根据私人笔记、城市指南和花界指南等材料记载，自从租界建立就有外国女人在干这行了。1850年代时王韬也曾提到，近虹口以及美租界附近的黄浦江上有西洋妓的花船。"华人之能效彝言者，可易装而往。缠头费亦不过二十余金。彼美人兮，西方之人兮，当不惜金钱以领略此奇芬耳。"[46]

指南书区分了日本艺妓、日本妓女和西方妓女，花了很多笔墨来描写日本妓院。[47]介绍这些妓院特点的时候常常还会加上一段中国客人和外国妓女的风流韵事。

邂逅日本艺妓

日本妓院分两类：艺妓妓院和色妓妓院。艺妓以歌舞见长，有指南书说她们艳若桃李，冷若冰霜，其行为举止也不像是妓女。[48]亦有指南书声称租界最早的外国妓女就是日本妓女。和广东妓女一样，她们活跃于虹口一代，受西方客人欢迎。1880年三盛楼开业，这里既是茶楼，也提供中西餐食，还有日本艺妓奉茶迎宾。这种异国情调立刻引起了轰动，一时间很多这样的茶楼纷纷开业，里面奉茶的都是会几句中文的日本艺妓。就连中国高级妓女也很好奇，她们让自己的恩客召这些艺妓来筵席上陪客侑酒，以便从旁观察这些新人。[49]1880年代中期，日本艺妓比色妓还多，她们提供的服务包括欢迎客人、一边弹三弦琴一边唱歌。[50]

◆ 2.10 《东洋茶楼》。石版画。和其他茶楼一样,"美满寿茶楼"的门边上写明了日式茶的费用是两角一位。大部分客人显然都是中国人,只有一个日本男人坐在左边的角落里。(点石斋,《申江胜景图》,1:24)

  提供日本艺妓服务的最大众化的地方是日本东洋茶楼(美满寿茶楼)(图2.10),那里有很多艺妓可供客人挑选。选好艺妓之后,客人可以选择是在大堂还是在雅间享受茶道服务。没吃完的茶点还会用精美的纸为客人打包起来,放在形状雅致的盒子里带回家。大堂和雅间的服务是一样的,不过大堂的价格稍低一些。雅间的价格是一个银元(日本番奴),茶资一百个铜子。大厅的茶资是一个四开洋,服务费四十个铜子。如果艺妓不太忙的话,还可以跟客人说笑几句,演奏点音乐。[51] 这些艺妓穿的是轮廓流畅的窄袖和服,据说比较接近六朝的服装风格。[52] 上面说的这些服务不需要引荐都可以直接享受得到。

  史上也有中国客人与日本艺妓陷入情网的记载。有个故事说,1882年一位名叫三三的日本艺妓从长崎来到上海，很快声名大噪，被视为"异域花"。但她一点也不爱财，只倾心于一位中国文人城北公。她酷爱文字，求城北公为她讲解。据说他们两情相悦，"焚香煮茗，相对忘言"。[53] 在文人的世界里，爱才不爱财是一种完美的理想。

在日本妓馆里

日本色妓的衣服袖子宽大，通常站在妓馆门口拉客。她们一般只提供性服务，不唱歌也不演奏。不过有本指南书称，只要客人多花两百枚铜钱，歌喉动人的日本艺妓花仙、大玉、姗姗、兰仙等人也可以提供性服务。[54] 低等茶楼其实就是妓院，客人买茶的同时也可以买春。[55] 茶资是一个日本八开洋，性服务收费一个银元。邹弢（1850—1931）给我们提供了 1880 年代的宝贵信息，他认为这个价格很低。[56] 去这种日本妓馆也不需要介绍，甚至初次造访的客人也可以买春，花一个银元（"洋蚨"）就可以进低等妓女的卧房。如果客人是老主顾，除非第二天再去，当天再去两三次都是免费的。但每次他还是得花上两角茶钱，这个没法省。[57]

高级妓女性服务收费两个银元，她们陪客去戏院或赴宴价格也是一样，这叫做"上局"。日本妓女不像中国高级妓女那样陪着一个客人还要应另一个客人的局，她们会一直陪着一位客人，而且无论是生客还是熟客都可以接待。因此，同时叫几个日本妓女也就没什么不妥的。和中国妓女的规矩不同，日本妓女这种安排允许她们同时为不同的妓院工作。

因为语言不同，日本妓馆里的娱乐活动十分简单，只是茶道表演和简单的音乐演奏。中国客人接触不到，也欣赏不了高级艺妓馆里的优雅礼仪和娱乐。[58]

邹弢可能通一点日语，根据他的记录，这些日本女子大都来自神户、长崎和大阪。

造访西洋妓馆

《海上群芳谱》也提到了西洋妓馆。1860年代早期,西洋妓馆分布在洋泾浜以北。据说西洋妓女奢侈无耻,中国客人去一次要费金五十饼。[59]

西洋妓院也无需引荐。指南书提醒看官,这里招待客人的方式以及对客人的要求都和中国妓馆大不一样。妓馆给刚到的客人送上咖啡和蛋糕;没有切过的整块肉被称作"大菜"(这也是西餐的同义词),得用刀叉来吃,还经常不加热就端上餐桌来;晚餐有十道菜,妓女在旁唱歌跳舞,指南书称"诚为乐事"。真正的文化问题只有一个,就是一旦客人要求性服务的话,先得用香皂洗个冷水澡。所有客人都必须照做,哪个季节也不例外。有位作家留下了这样的评论:"盖西人体性炎温,习惯自然,华人则体质不同,每易受病,以故多不敢再访桃花异境,惟粤东人恒多乐就然。"[60]

美国妓女美斐儿的传记提到了她和一个中国小伙子的传说。传记作者记载了一个中国小伙讲述的他和美斐儿的故事,他给传记作者看了一张玻璃晒图的照片,照片里的西方美女和英俊的中国小伙脸上都洋溢着幸福的笑容。"此西洋妓之最著名者美斐儿也,余尝瞩之。其少年即余也。人生如梦,今美斐儿已物化,余亦绝迹欢场矣。"当传记作者把照片翻过来看时不禁大惊失色,照片背面一个骷髅,搂着一个面黄肌瘦的客人卧靠在杨妃榻上,旁边写着"一失足成千古恨,再回头已百年身"。这位小伙子接着对传记作者说,"仆已欢场历遍,悟澈虚花"。他用照片正反面来提醒自己不要忘了这个教训。[61] 这一幕引用了《红楼梦》中反照风月宝鉴的著名情节。[62]

商业口岸、移民社会与规矩的作用

这些描述反映出上海妓女通过各种规矩掌控着局面,晚清的狭邪小说也证实了这一点。诸如韩邦庆的《海上花列传》(1892—1894)、邹弢的《海上尘天影》(1896)和孙玉声的《海上繁华梦》(1903—1906),都突出了妓女的角色。这些小说细致地描写了妓院的各种仪式、规矩,但最主要的人物还是聪慧精明的上海妓女，她们一面玩着恋爱游戏一面做生意。[63] 连《申报》这样的当时上海最重要的日报也几乎每天都在关注当红名妓，这就是她们与低等妓女的不同。[64]

对于一流名妓究竟在多大程度上主动发展仪式、操控生意的问题，各位研究者因其视角不同而得出不同的结论。贺萧认为掌握主动权的是男客人，妓院跟他们是互赖和互动的关系。把权力归于鸨母或客人是一种粗略的简化，忽略了广泛存在的正式的或仪式性的合同关系，而且也过度简化了复杂考究的游戏，其实这直接关系到客人玩得是否开心、妓院生意是否好做。仪式化游戏的基础是一种虚构的选择自由。租界的一流名妓苦心经营自己的仪式资本，以便与客人的经济资本相抗衡。新式娱乐最大的吸引力就在于这种建构出来的平等性。名妓作为积极的主体，发展和参与着仪式化的新型关系，希望人们把她们的服务看成职业的娱乐接待。她们行使着相当大的权力，而客人的传统文化权威和社会地位在租界却起不了作用。此外，很多客人只是匆匆过客，只能入乡随俗。长三并不耻于谈及自己的职业，她们称自己娱乐宾客的服务是"做生意"，她们自己是"生意郎[上]人"。[65]

妓女在仪式上更有控制权并不代表她们就是自由的，也不意味着她们是自愿选择这门营生的。不过，只要她进入了这一行，上海就允许她发展自己的经营方式以及仪式，让她自由地捞取金钱和名声。

因为得到租界里的一流名妓的支持，新的仪式和规矩一旦开始采用就相当稳定。对比早期的记录和1930—1940年代的城市指南可以发现，这么长的时间里变化并不大。[66] 晚清时期《图画日报》特辟了一个专栏详细介绍这些仪式，从中可以看出，变的只是小细节，大体都没变。[67] 在这种情况下，保留这些仪式可能成了适应新环境的一种保守商业策略。当20世纪的上海日益发展成一个世界性的工业中心，电影工业和电影明星冉冉升起的时候，上海名妓就像近代日本的艺妓一样，以代表"老传统"来保持吸引力。[68] 妓女在保存昆曲柔美唱腔上所起的核心作用也证明了这一点。[69]

爱情交易及其情感代价

　　上海名妓在仪式框架的保护下进行着她们的爱情交易，这也意味着她们在工作中可能会遭遇情绪紧张和压力。我们知道，男性的声音在传统中一直占据主导，因此女性的想法和情感很难被记录下来，不过有一本极为珍贵的、还没有引起关注的妓女书信集可以帮我们部分地弥补这个缺憾。这本书收录在1898年的花界指南《海上游戏图说》中，题为《海上名花尺牍》，其中二十五封没有注明日期的信函里，三封是上海的妓女写给外地妓女的，十封是写给离开上海的客人的，四封是离开上海的客人写来的，三封是上海妓女写给去外地（一般是通商口岸）碰运气的妓女的，两封是外地的妓女写给上海妓女的，还有一封是一位上海客人写给长三妓女的，后面还附有她的回信。有些信可能是请人代写的，但有的信明显是妓女亲笔写的，因为收信人回信时提到了见到她熟悉字迹的激动心情。[70]

　　这些书信粉碎了对妓女生活与情感所有简单的脸谱化的勾勒。虽然在统计意义上不具有代表性，而且很多语言也都是套话，但它们发出了妓女自己的声音，揭示出了她们真正关切的内容。

　　身为妓女的情感代价问题在这些信件里十分突出。上海"四大金刚"之一的林黛玉写信给住在杭州东郊的绿琴女史，诉说她没有家庭和爱人的孤寂。从上下文来看，这位绿琴女史也曾是上海名妓，现在嫁往了杭州。《海上名花尺牍》的编辑称呼林黛玉为"眉史"，这是当时对上海名妓的尊称，而脱离了风尘的收信一方则被称为"女史"。这本刊印于1898年的指南书非常完整地再现了这封信的原貌。这封信模拟呈递法庭的诉状的格式，每次提到法庭就要另起一行。有三种另起一行的方式：提到自己时位置最低，提到朝廷或有品级的皇室成员位置稍高，提到皇上时起头位置最高（原文为竖排，因此有高低之分。——译注）。下面我们用空格来重现这种格式：

忆从

分袂之时，篱边菊绽，迄今奉书之日，岭上梅开，路隔千程，情牵万缕，即维

绮香贤姊大人妆臺纳祜

绣阁延熙

裙布荆钗，心厌繁华之地

挽车提甕，身居安乐之乡

姊喜有家，我能无祝？

　　妹春愁才解，秋扇遽捐，邗水轻离，沪江重到，昔日妆楼姊妹，已是晨星寥落，自嗟命薄如斯，萍飘蓬梗，回头若梦，恨也何如？而况故园归去已是无家异地，羁留终鲜良策，于是暂质一椽，聊蔽风雨，然而三更凉月，空照孤眠，五夜鸡声，易增愁绪，人生当此况味可知，屡思遁迹空门，忏除夙孽，而姊妹辈尤力为苦谏，谓释家之忏悔，原属虚无，岂其能挽回生成之数哉？即使择良而匹，在理所不可缓，在事所不可急。不识三生石上，因缘尚在何方？以故洗尽铅华，屏除妄想，静以待缘，定情再赋耳。

　　回忆花晨月夕，灯烛香消，与

贤姊并坐谈心，品评苦乐。时仅隔年，事同隔世。窃愿天缘可假，或存相见之期。江水云遥，自有往还之路。惟望

珍重。更请

加餐。倘逢鸿便，乞赐

鱼音。肃此即颂

闺安。[71]

　　信里表现出的名妓之间的紧密联系在其他通信中也随处可见。这个行当里最核心的就是名妓出路的问题。这是碗青春饭，名妓们必须在自己还年轻貌美的时候就开始打算将来。嫁人是条体面的出路。林黛玉结了好几次婚，但最后还是回来干自己的本行。按比较公认的说法，她只是把结婚

当作清偿债务的一个手段。[72] 这封信里她也提到很多姐妹力劝她选择一位良婿，但她强调结婚仍是困难重重。用她的话来说，她只能相信命运，"静以待缘"。在第一代的妓女明星里，林黛玉是一位非常有能力的企业家，她一生中大部分时间都在做生意。这一行风险很大，而且情感的代价也不小。正如信中所说，名妓可能一生孤寂，尤其当曾经共处妆楼、日久情深的姐妹都离去的时候，更是备感寥落。

从其他名妓的书信来看，将来如何也是困扰她们的主要问题。汪珊宝写信给已经嫁人的周月卿，请她帮忙打听一个向她求婚的候补官员是个什么来头。汪珊宝告诉月卿，自己即将嫁作小妾，但这也是人家的义举，因为这让她所身处的"火坑万丈，遂化清凉"。虽然她嫁过去只是做妾，但还是比"肮脏烟花"好很多。[73]

尽管信里说的都是套话，但还是流露出了汪珊宝对脱离欢场的真实渴望。因为周月卿的丈夫与这位追求者认识，她希望周月卿向丈夫打听一下他的为人是否可靠。汪珊宝认识这位客人时间不长，可以说是一见钟情，但是他是官场上的人，所以她无从打听他的来历。

追求者的人品至关重要。名妓们也不是不谙世事的小姑娘，她们也见惯了荣华富贵，如果嫁了一个无力供养她的浪荡子，只会受更多的苦。陈玉卿在给李佩兰的回信中提到："妹从良之志决，自是绝大见识，绝大聪明。惟近来子弟浮华，不得不为虑及。"[74]

信里另一个主题是名妓和客人之间的缱绻之情。字里行间一遍又一遍地诉说着离愁。例如在朱文卿寄给恩客何笠夫的信里，我们可以读到这位名妓深情的忧伤：

笠夫仁兄大人阁下，两月同居，爱逾骨肉。晨昏陪侍，情意相投，不图仓卒分襟，出于意外，临行数语，不觉呜咽吞声。肝肠寸断，极欲牵车揽袂，送上轮船而两眼泪波不啻鲛人珠串，恐为旁观所笑，遂不能唱阳关三叠，亲授征鞭。其实黯然销魂，甚于颦儿之眼肿也，别后茕茕孤影，眠食难安，每忆音容，凄然酸鼻。相思万缕，顿教减瘦腰肢，

> 别梦千山,何处再成连理?他日倘逢良觌,再续前缘,当知薄命人镜里容颜,为郎憔悴也。所欢不见,一日三秋。春色恼人,奄奄欲病。吾兄今日起居何如?望将归后情形详细示之。以免红闺之忆。专此即请俪安。临颖无任瞻望之至。[75]

信里的浓浓爱意似乎在暗示她有结婚的念头,虽然这位候补官员已经有妻室了。因为那时候的婚姻大多是奉父母之命,男女双方结婚时都还是少年,所以游历上海的良家子弟没结婚的为数极少。

名妓李巧仙在给恩客孙少江的回信中告诉他,自己接到他的情书时是多么安慰,他找她要照片令她备感荣幸。

> 索寄详照。妹处前印之十二张,均先后为人攘去,然承吾哥挚爱垂念殷拳,必欲以薄命容颜为解释相思之感,因特赴兴昌铺中,雇工重印,较前照加长三寸,特行寄奉,恐有情相见之余,当深讶花落容光,为郎憔悴。[76]

她在这封信结尾时提到自己要搬家了,等收拾停当之后就立刻给他回信。虽然他不在她身边,生意还是得继续,而且其他客人也在抢她的照片。她还告诉他,自己很羡慕一位与客人私奔的妓女,从此告别了苦海,也不再有巨债如山。

《海上名花尺牍》里也有客人们写给名妓的情书,其中一封是离开上海回到苏州的客人写来的。他依依不舍地回忆起他与这位名妓在去年相伴游春的情景,现在又是春天,他心里只有她的身影。去年春天是爱意绵绵,今年却只有不尽的泪水相伴。他猜想她一定也在垂泪,并说自己在盼望着她的回信。[77]在另一封信里,写信的人为自己复信太迟表示歉意,他解释说回家之后有很多事情要打理,他刚刚才得到片刻安宁。他感谢名妓的垂爱,自己是一个"不才之人"(这个称呼让人想起《红楼梦》里的贾宝玉),而她这么出名。他随信还寄送了两匹丝绸和两罐糟卤蛋,请她一定要告诉他是否收到了，以免挂念。[78] 客人的这些信里从没提过婚姻的事，他们强调的都是爱和思念。

有些信里感情和生意交织在一起；风流韵事是名妓生意的一部分，有时候它也只是交易的一件外衣。朱墨卿的一位客人回了苏州，她给他写了这么一封信：

> 笑拈仁兄大人赐鉴。申江一别，瞬息冬残风雪酿寒，生计渐拙。前约文驾到申，乃延伫妆楼，几穿望眼，而缑山之鹤，几同雁杳鱼沉。想因贵事匆茫，抽身无暇，然望空帏眷注，令人真个销魂也。临别之时，所欠酒局贷垫各各款，洋蚨计五十有四，承允到苏，随时掷下，妾迩来债台如山，又兼囊空，不能先将尊款垫付，而老鸨再三催索，终日哓哓，受气无穷。望吾兄见信后代妾设法筹寄来申，以免薄命人无端赔累。[79]

她在信里说，他在她这里享受了这么多男女之乐，至少应该把欠账结清。她打发身边的娘姨去送信，顺便也把钱收回来。[80]

生意机会也是一大主题。去其他通商口岸（以汉口为最多）碰运气的上海妓女会收到姐妹们打听生意是否好做的来信。[81]

这些书信没有超出当时的文学样式和书信写作规则，但的确生动地呈现了名妓的情感和挂念，同时也体现出她们的实用主义和生意人的精明。名妓把她们的人生际遇视作命运的安排。总的来说，她们诉说的是摆脱压力环境的渴望；但当时的娱乐小报报道了很多嫁做人妇的妓女离婚后重回风月场的故事。虽然具体原因各有不同，但最重要的原因，应该是作为小妾和大家庭同处一室、受制于正妻比在上海当妓女更不好过。

求神相助

在看不清前路的忐忑心情之下，妓女们转而寻求各种神佛的帮助，宗教庆典的时候常常也是妓女的节日。妓院一般会模仿普通人家的节庆活动，也按节令举行仪式，以营造一种寻常人家的氛围。每逢传统的庆祝活动来临，妓女往往会加倍感到她们的生活与有家有丈夫有孩子的普通女人不同。尽管有人是自愿选择这种生活的，节日来临时难免还是会感到失落和孤独。而这些节令仪式可以给她们带来些许精神慰藉。

妓女主要节令仪式之一是"烧路头"，也就是拜五路财神，也称作"接财神"。一般来说妓院在收清欠账、妓女调头或做生日的时候举行这个仪式，给财神烧纸（图2.11），有时会频繁到一个月举行一次。妓女如果生意好便感谢财神，如果生意不好就求来日蓬达。如果妓女刚刚调头或者在庆贺生日，就求财神保佑她财运亨通。到时候客人还得在妓院里为她设宴，人们都会来妓院道贺，宴席常常会通宵达旦。烧路头的仪式分为两天。头一天妓院里焚香烧纸，没有任何音乐，这叫做"清路头"，每个妓女都要来拜财神、烧高香，中午过后她们就带着大香炉的香灰把各自的香移到房间里去，求个生意兴隆的好兆头。第二天整天都是音乐声，这叫做"响路头"。当天妓女不开腔唱歌，妓院会到外面请人来唱戏，通常是四个，客人也可以点戏。如果没有客，妓女就自己点晚上的戏。这叫做"扫房间"。

妓女也经常去城里的寺庙。最受欢迎的地方是城隍庙，不过来自不同地方的妓女也去其他寺庙。1870年代，苏州妓女经常去的是老城厢的施庙，广东妓女一般拜虹庙（也称作"司徒庙"）。[82]1890年代时，怡庙成了苏州妓女的最爱，20世纪初拜神的地方还增加了一个Rue du Whampoo街，也即中国人说的洋泾街上的财神像（图2.12）。[83]妓女们也在家里举行各种各样的仪式（图2.13）。她们拜佛的时候也求签，然后回去让客人给她们解签。

1890年代，妓院里流行请人"宣卷"的俗例（图2.14）。有时候妓院会请五六个人来宣读经卷。这些宣卷人围坐在桌旁，从早到晚宣诵经卷不停，不过他们的穿着让当时上层社会的观察者难以判断他们是僧人还是道士。[84]这个仪式通常是在妓女过生日或者生病的时候举行，除了拜佛像之外还要

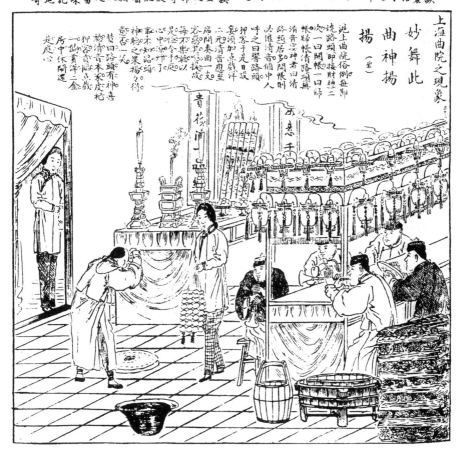

◆ 2.11 《上海曲院之现象：妙舞此曲神扬扬》。石版画。烧路头的仪式与拜财神有关。财神负责收账，说明名妓主要关心客人经济上是否靠得住。

◆ 2.12 《上海曲院之现象：庭空月白夜烧香》。石版画。在法租界墙上的财神像前，高级妓女和低级野鸡不论贵贱，都在一起烧香。拜神的地方在公共厕所旁边，香烟臭气混在一起。(《图画日报》，no.251 [1910])

◆ 2.13 《上海曲院之现象：月地云阶拜洞仙》。石版画。每个月朔望之夜拜洞仙的俗例求的是生意兴隆。所有妓女都得虔心敬拜。除香烛外，供品是鲜蛋、豆腐干、烧饼三样。(《图画日报》, no.96[1910])

◆ 2.14 《上海曲院之现象：红烛影回仙态近》。石版画。这个仪式在妓院举行，但妓女并不直接参与其中。各位恩客当晚应当给相好的妓女摆台面。(《图画日报》, no.264[1910])

拜不少其他东西。

很多早期的指南书都记载说上海妓女非常热衷于去庙里烧香。这座新的城市令大多数的人心神不宁，但妓女肯定更加不安，因为她们的生存状况取决于自己在这个界限模糊的职业中干得如何。她们拜的神或多或少都与财神有关系。作为走出传统家庭结构的职业妇女，而且身处不稳定的情感与社会环境中，她们可能会需要一种特殊的神来护佑自己。她们在神前许下的心愿多数都与择良而匹有关。在这些以感情投入为业的女子眼里，求神拜佛肯定能帮她们找到真正的终身所托。

上海妓女的各种仪式也是不断发展的，有的带着旧习俗的痕迹，但租界也发展出了一些界定妓女等级的新的仪式。比较 1850—1860 年代王韬、姚燮等人的早期描述和后来晚清时期的各种指南书的讲述，可以清晰地看到一些基本的规矩和仪式是在 1860—1870 年代妓女们搬到租界之后形成的。早期的竹枝词提供了关于这个过程的颇多洞见；王韬等作家和上海花界图谱、城市指南书等也提供了很多 1880 年代的信息。也有一些租界的新习俗是学西方人，坐敞篷马车就是一例。[85]

仪式的发展与对妓女这一行越来越大的需求紧密相连。随着来租界的富贵且文雅的公子越来越多，这些仪式也变得越来越精致。[86] 一流名妓有精挑细选的本钱，她们倾向于强化这些仪式的保护作用。由于对高级妓女和普通妓女的需求都在增大，因此将其等级与所提供的服务挂钩也成了日益紧迫的一个任务，书寓和长三对这一点要求尤为迫切。长三急于跟幺二划清界限，以便和书寓一争高下。长三的这个心愿在 1890 年代终于完成了。[87]

这些仪式定义着所有参与者的角色和行为，悄然之间塑造了一个妓女和客人平起平坐的环境，客人无法任意妄为，足见上海租界高级妓女有了一种新的身份。我们可以把它理解为上海妓女为增大自己对环境，尤其是对客人的控制力所做的努力。在这些仪式化关系中，权力表现为一种自然的权力，更多地来自日常生活中无意识建构出来的规矩。与宗教礼仪不同，它源于社会的认可，也源于其将浪漫虚幻的爱情和残酷现实分开的功能。尽管现实不可抗拒，但名妓们仍尝试用这些仪式来调整杂乱无序、冲突丛生的社会结构。妓业中的经济关系大部分靠非正式的方式来兑现，一方面是因为妓业在法律上定义不明，另一方面，正如安克强指出的，它的成功有赖于愉快氛围的营造，不能用钱这种俗事去打扰客人。[88]

毫无疑问，这一套仪式和规矩与上海租界的相对稳定有着密切联系。开放的城市空间允许公开的娱乐表演，需要仪式规矩来为之护航，还提供了各种新鲜亮相的机会。名妓率先效仿西方妇女在各种公共场合自由出入，这也渐渐成了中国时髦女性中流行的做派。[89]

尽管上海青楼的繁荣离不开租界的环境——所有中国居民可以免受知县和道台的干涉，但文化和社会对于新规矩和仪式的认可也同样重要。

上海的中国移民带去了自己的地域文化习惯与偏好，同时也加入了有较强地域性的社会网络。他们也非常清楚，现在身处的环境不同以往，这是一个都市化、西化的地方，政治制度也前所未有。从工部局推行新规定之顺利就可以看出，他们愿意接受新地方的规矩，扮演新的角色。这座城市逐渐把城市行为方式推行开来，以往地缘关系决定的社会网络也逐渐被业缘关系所取代。[90]官方制定的交通规则可以靠表情凶恶的印度阿三来强制执行，妓院自己的规矩没有这样的权威，但它还是为上海增添了几分洋派迷人的独特色彩。[91]

当然，在上海名妓的现实生活和生意经营中，客人的财富和权力会一直渗透进来，对她们进行控制似乎是天经地义的。鸨母一直想从妓女身上榨取更多钱财，就是最红的名妓也不例外，而且当她们出去自立门户的时候鸨母也绝不会坐视不理。最后，妓女们彼此之间争夺多金公子的斗争也从未停歇。必须在这样的背景之下来理解她们的仪式建构：一切都是为了防止整个行业的核心不受到各种矛盾的影响，为了保证生意兴旺发达，并且反映租界顶尖名妓的新地位。

各种层出不穷上海花界指南使得上海成了中国城市中独一无二的奇迹。17 世纪到 18 世纪中叶有关名妓的记载多数是笔记，其风格都是模仿清初时期余怀 (1616—1696) 描写晚明时代南京妓女的《板桥杂记》。不过，这些作品记录的大部分都是名妓传记、客人给名妓的赠诗以及名妓住址，对于角色、仪式、行为礼节没有细致的描述，尤其缺乏对客人的描述。[92]虽然规矩很可能也是有的，但由于太过琐碎或太过熟悉，被视为不值得一写。[93]上海的指南书则与之相反，它假定读者们需要这些他处难求的知识，他们指望买一本书就不会在陌生城市里受骗上当。同时，书里的娱乐信息和绯闻八卦对其他读者也充满了吸引力，女性也不例外。

3

海上游戏场
重演《红楼梦》

在租界发展起来的新的青楼等级制度里,最高级的妓女俨然已经升格成为职业的文化艺人,她们对妓客间仪式性关系的重构反映出高级妓女地位的提升以及客人初来乍到的不安全感。随着这一套仪式规则的不断发展,各种细致精巧的戏码也在上演。充满财富和异国情调的上海租界被想象成一个没人打扰的爱情天堂。上海妓女利用了人们对青楼的传统设想和上海毫不掩饰的孜孜求利之间的张力,演了一出同时效法古今的好戏。在移民社会的开放空寂中,名妓们——既非有意设计,也不是个人功劳,过程也是一波三折地——开发了许多有用的戏剧性策略。从一开始,一流名妓的创造力和构想似乎就来源于一个著名的剧本——曹雪芹的小说《红楼梦》。

起一个花名,扮演一个角色

名妓也学着文人给自己起笔名的做法,也给自己起花名。这些名字常使人想起诗词歌赋中的古代佳人,同时也向客人们道出了她心中期望成为哪位美女——所以说花名也是一套自我表演的计划。如果名妓想重新扮作另一个人物，她便改一个花名。在青楼等级制度和规矩发生变化的时代，妓女们的花名也改头换面了。

从 1860 年代起直到 20 世纪，上海名妓都喜欢采用《红楼梦》里的人物名字，或者用《红楼梦》人名中的某些字。1861 年到 1892 年间刊印的五本租界花谱提供了宝贵的证据。抱玉生编于 1861 年的《花间楹帖》共有十章，收录了为名妓所做的各种楹联。作者笔名"抱玉生"，也是化自《红楼梦》中的"贾宝玉"，表明作者和《红楼梦》之间有某种联系。《花间楹帖》头两章列出了 108 副楹联，也附上了相应的名妓的名字。最前面的四联是送给名妓"宝玉"的，她是我们所知道的第一个用《红楼梦》里的人物全名做花名的；另有二十九个花名中有一个字与《红楼梦》主要人物相关——其中十二个人名字中有"宝"字，六个人名字带"玉"。也就是说，所有这些花名中有百分之二十七都有取自《红楼梦》的元素。[1] 王韬的《海陬冶游附录》写于 1873 年，翻看其中的六十个名妓小传可知，其中有三十二名妓女，也就是说有一半以上的妓女花名化自《红楼梦》，其中"胡宝玉"又采用了全名。[2] 在书中所附的花榜胜者名单上，十二位妓女中有六位名字中都有《红楼梦》人名的痕迹。王韬写于 1878 年的《海陬冶游录余录》包含二十三个妓女小传，其中有十个人的名字从《红楼梦》的人名里借用了一两个字。[3] 1884 年刊印的《海上群芳谱》所录的一百位名妓，有五位用了《红楼梦》里的全名，还有二十六人从《红楼梦》的人名中挑了一些字，这样加起来比例就快到三分之一了。[4] 印行于 1892 年的《海上青楼图记》收录了一百二十二位名妓的小传，其中有八人的花名全名取自《红楼梦》，另有二十一人使用了其中的一两个字。[5] 也就是说，那个时代上海租界的名妓中，有四分之一到一半的人表明了和《红楼梦》里的人物有某种关联。

王韬写于 1860 年的《海陬冶游录》写的只是上海早期老城厢的妓女，其中的三十九个妓女小传可以用来判断她们搬到租界去之前是否也流行这种做法。我们看到，没人用《红楼梦》里的人物全名，只有四个人，也就是百分之十的人在花名里用了《红楼梦》人名中的一两个字。从后来的花界指南所收录的妓女小传来看，就算她们的名字跟《红楼梦》没关系，也有各种轶事足以证明她们对这部小说相当熟悉，甚至可以说是迷恋。但在王韬的《海陬冶游录》里，连这种旁证也找不到。[6] 而且，考察19世纪其他城市的妓女传记也可以看出，北京、广东、南京、苏州、扬州的妓女也没有借用《红楼梦》的人名，只是上海租界才流行这个做法。[7] 这个新剧本的关键标志是使用"宝玉"这个人名。随着与《红楼梦》人物相关的花名逐渐泛滥，以前老城厢的妓女们喜欢用的诸如"福"、"喜"、"金"、"凤"等字眼慢慢见不到了。换句话说，有清楚的证据表明，自从1870年代起，上海租界的妓女中就形成了用《红楼梦》的人名来取花名的特殊时尚，以此来表明她们生活在《红楼梦》的环境中。这急需得到解释。

世界上许多地方的娼妓中都流行扮演历史上著名的情侣或者爱情小说、戏剧、诗歌里的人物，这是一种仪式化的挑逗。在日本江户时代，艺妓们也从《源氏物语》吸取灵感，以使跟客人的交往更有情趣。她们努力营造出一个不同于日常生活的梦幻奇妙的世界。[8] 与此相仿，整个17到18世纪，西欧和中欧的贵族流行搬演杜尔菲（1568—1625）在小说《阿斯特蕾》中所描写的阿卡迪亚的"牧羊女和牧羊人"的浪漫爱情，贵族把自己的花园当作阿卡迪亚仙境，扮成剧中人物在里面流连。这样的寻欢作乐可以长达数周也不停歇。《阿斯特蕾》问世之后，也出现了无数的翻译版本和跟风之作。

角色扮演对中国的妓女来说已是必不可少的一件事，王韬的原话是"逢场作戏亦盛传于勾栏中"。[9] 尽管戏剧和生意的复杂关系问题常常浮出水面，但主导着妓女职业生活的种种规矩和仪式可以把她们作为艺人和女商人的双重身份区隔开来。名妓还是小女孩的时候就接受了严格的职业训练，除了唱歌、琵琶、讲话等基本技巧的培养，她们还得学会如何在不同的社交场合作陪。可以说她们一颦一笑、一举一动，甚至眼波如何流转，朱唇如何轻启都要学，以便在各种角色之间灵活转换，散发摄人心魄的魔力。[10] 职业训练让她们学会在各种不同场合都行动得宜。

中国名妓在讲到和客人的关系时，最喜欢套用传统的"才子佳人"的比喻，许多清代小说也都是这个套路。尽管自鲁迅的《中国小说史略》（1925）

之后,《红楼梦》被公正地视为这一传统的巅峰之作,但它却是颠覆了这个文学类型的许多传统才登上宝座的。一流名妓们选择扮演《红楼梦》里的角色,既把自己置身于熟悉的高雅文化中,同时又获得了几分叛逆和新潮的自由。

作为新上海之脚本的《红楼梦》

是什么让《红楼梦》这么独特,这么适合新的情境? 19世纪末20世纪初,曹雪芹这部巨著是读者最多且最为人欣赏的一部小说。它讲的是一群年轻女子与一个名叫贾宝玉的男子的故事,其中着墨最多的女子便是敏感脆弱的林黛玉,他们彼此之间都有亲戚关系。他们所居住的地方叫做大观园,这里远离了尘世的烦扰,也看不到家族的日渐衰落。这个园子被比作"世外桃源",也即诗人陶渊明(365—427)笔下的和美田园。大观园是充满爱意与安宁的净土,这里看不到权威,年轻人住在这里彼此平等相待,没有性别和等级的差别。他们和奴仆一起住在园子里的各处宅院中,这些宅院的名字也充满了诗情画意。每个女子都有自己独特的性情和命运,为读者留下了角色认同的空间。因为不舍与姐妹们分离,贾宝玉也选择留驻大观园。园子里所追求的只有一个字——"情"(至高无上的爱),这个字带着各种复杂精微的味道。从书中人物音带双关的名字上我们能找到它的踪迹,"卿"也是"情","玉"也是"欲";园中人物才情洋溢的诗篇也无处不在诉说着这个主题。

清朝由盛转衰之后,不少年轻男性便在寻找一种不同于儒家的价值,在他们眼中,忠于"真情"、不屑于受祖荫走仕途的贾宝玉成了毁誉参半的偶像。他代表的可能是叛逆才子和浪漫英雄未曾拥有却又魂牵梦系的生活,即使对那些孜孜求取功名的读书人来说这也是一种令人愉悦的选择,可以说他给晚清的文人提供了一个理想的高级样板。许多文人仕途不济,只有搬到上海租界以"笔耕"为生——他们后来就成了中国第一代的城市知识分子。贾宝玉这个人物说明,按"真"性性情生活的人不会被官场上的相互逢迎奉承所迷惑。

美丽敏感、天赋过人的林黛玉则成了惹人怜爱的浪漫女子的代表。她与贾宝玉之间的爱情遭到家人无情的阻挠，这宿命般的悲剧在中国无人不晓，堪比欧洲的罗密欧与朱丽叶。最后贾宝玉娶了别人，林黛玉则郁郁而终。

没有任何其他小说对中国社会的影响力能与《红楼梦》相比。从 18 世纪末开始，这部书的抄本和刻本就已开始流行，它成了通俗文学和戏剧的重要题材。这部小说刻画了儒家思想为主导的环境下的浪漫爱情。《红楼梦》问世之后，大量的续作、仿作出现在租界的图书市场上。太平天国起义之后，租界的图书市场迅速发育起来，填补了地方名流藏书楼被毁造成的文化空白，也给新兴的城市阶级带来了娱乐和知识。[11]1896 年，邹弢在小说里以妓女和客人共读《红楼梦》的场景来概括自己在上海的经历。[12] 到了 1920 年代，尽管在当时的政治氛围中许多精英分子都在呼吁要强身健体、保家卫国，但当时一项对中学生（也即下一代的精英人选）阅读喜好的调查表明，当时《红楼梦》还是他们最喜欢的读物。[13]

人们对这部小说的熟悉逐渐转变为一种传统精英、商人、新的城市阶级所共享的文化遗产。《红楼梦》为沉醉爱情的人们提供了最主要的文艺话语，让很多生活方式都有了生动具象的代表。[14]

根据当时的嫖界指南、私人日记、新闻报道和各种文学作品的记载，妓女的客人主要来自三个互相联系的社会群体——商人、文人和官员。他们在上海逗留的时间有长有短，但都是一种他乡过客的做派。直到 20 世纪初才出现了第一代自称上海人的群体。在此之前，他们仍然把故乡看作真正的家。这些人从全国乃至世界各地被吸引到上海来，虽然每种顾客的个别需要有所不同，但他们都有一个共同点——他们到上海来既要舒适，也要冒险。上海的奢侈都与一个特点直接相关——这里有西方的设施，大多数人口却又是中国人。上海适合那些想见识西方但又不想出洋、只想在中国人里炫富的人，只要他还没有穷到只能在一旁艳羡。在这出戏的脚本里，可以说上海本身也扮演了一个很活跃的角色，它一方面提供了一个永远令人着迷的梦境，一方面也是自己舞台上的主角，在中国大地上演绎着"奇异"、"西洋"和永远的"新潮"。

从晚清的城市指南对城市和名妓的描写以及名妓自己的活动来看，客人们之所以要让名妓陪着自己，就是要遍尝城市的繁华，并将自己置身其中。[15]这样一来，名妓就有了很大的影响力。[16]她们把自己当成尊贵的中国客人和西方打交道时的中介，帮助这些客居者克服人在他乡所感到的疏离、不安和威胁。[17]根据上海小说的描写，虽然这些初到上海的人可能首先找的是自己的同乡，他们主要还是和名妓一起游览上海。[18]而名妓需要提升自己的地位、控制客人的活动、让客人放松精神纵情享乐，还得通过各种信任和制约机制敦促客人按时清账，满足这些不同需要最有效的策略便是从观念上把整座城市当作娱乐主题公园，一个可以从书刊和生活用品上窥豹一斑的幻想世界。名妓给客人提供了扮演对立角色的可能，他们可以扮演传统的文人，也可以假充洋派的花花公子。于是，在心理上建构一种奢侈无度而又浪漫伤感的短暂爱情，便成了压倒性的主题，在这个舞台上，所有可能参演的角色都谙于此道。

这种情况下，名妓需要一个角色模式来标志她的文化正统性，这个模式既要合乎现实和想象的要求，也得符合名妓新的社会地位，并把上海的独特环境置于中国人的集体想象之中。要满足所有这些要求，《红楼梦》便是不二之选。

因为名妓和客人同样熟悉这部小说，双方都可以放心地引用其中的语言、做法和俏皮话而不用担心会被误解。小说里描写的年轻人并没有整日苦苦相思，而是忙于比赛诗词歌赋，玩五花八门的游戏，经历各种人生悲欢。这些场景给复杂有趣的角色扮演提供了丰富的选择。

名妓可以从小说中性情各不相同的金陵十二钗中挑选一位，如果她们想要换一副新面孔，甚至可以转换成贾宝玉。不管选哪个角色都是高雅文化，合乎她们新的高远志向。此外，《红楼梦》强调"真"情，不牵扯性关系，这也符合名妓努力追寻的高洁的文化境界。

名妓可以从各种女性角色里选择，但客人只有贾宝玉这一个角色。女子们追求他、宠爱他，但大观园有自己的规矩，他也很乐于遵守。搬出贾宝玉"女儿更尊贵"的说法，对那些自视高人一等的客人是一种反驳。同时，客人扮作叛逆、浪漫的情人，也得到了一种满足。通过这种角色安排，名妓为她们希冀建立的新型权力关系找到了一种好玩有趣而又界限清晰的表达，同时也给客人们提供了一个有吸引力的角色。

最后，林黛玉和贾宝玉的爱情以悲剧结局，为现实生活中客人离开上海和宠妓、回归家庭或婚姻的真实结局增添了戏剧性和情感的厚度。这出戏的关键就在于，在不可逾越的现实障碍下，暂时忘却个人的真实身份，借《红楼梦》中的道具、语言和角色，在想象的舞台中体验一把纯洁的情爱。演员可以是两人，也可以是一群人；可以只演一个晚上的戏，也可以很长时间都不出戏。妓女和客人就按小说中的恋人来表演，但他们未必会有性关系，尽管有结婚的可能，但婚姻不是标准的、必需的结局。按小说的描写，林黛玉和贾宝玉前生有木石之盟，他们今生相见相爱也是缘分前定，就像特里斯坦和伊索尔德会无意间喝下爱情魔药一样，不需要更多的解释与理由。妓女和客人之间这场戏与传宗接代的社会责任无关，他们只是要赴一场前生注定的爱情之约。

选一个红楼梦中人

从上文的描述来看，当时的各种报道为《红楼梦》的广泛引用提供了丰富的例证，但这些讲述没有深入下去，对重新扮演这部小说也没有加以概念化。下面我们就要借助各种文献材料在此提出证据和分析。

先回到名妓的名字，不管是全名还是名字的一部分，许多人都用了《红楼梦》里的人名。一位上海的传奇名妓是这一风气的始作俑者，她本姓胡，1870年代大胆改名为"林黛玉"，也即《红楼梦》女主角，从此出了名。十年后她为了好玩，决定改花名，转变角色性别，当然也改变装束。她模仿"贾宝玉"给自己起名为"胡宝玉"，还经常穿男装。[19] "宝玉"这个名字的意思是"拥抱欲望"，从字面意思来看男女两性都可以用。1880年代的"四大金刚"中另一位妓女也曾名为"林黛玉"，当时这个名字没人占用。四大金刚中还有张书玉和金小宝（用的是"玉"和"宝"两个字）。

引用全名的例子有卢黛玉、李黛玉、苏黛玉、薛宝钗、袭人、晴雯、湘云、惜春。还有些妓女学胡宝玉，也改名为沈宝玉、李宝玉、金宝玉、如宝玉、林宝玉。借用一个字的有小宝、宝儿、文宝、爱宝、秀宝、文玉。另一个常被借用的字是十二钗中秦可卿的"卿"，有玉卿、云卿、香卿、荣卿等等。这些花名常常写在妓院的门上或妓院门口的灯笼上，[20]像广告一样宣示着冶游的趣味，客人从中也可以明白妓女想传达的是什么人物的感觉。

角色认同也成了上海一种公开的文化风景。自从1870年代起，上海的文人就举办了许多以《红楼梦》为主题的花界评选，最佳的十二位被冠以"十二钗"的称号，在这十二位"正本"后面是十二位次一级的"副本"，以及再次一级的十二位"又副本"。所有三十六名上榜名妓的名次和小传都会结集刊行。[21]还有一些文人把诸位名妓和《红楼梦》里的美人一一对应起来，编成花谱出版。名妓很欢迎这种排行榜，用这种方式在斯文多金的客人中传播她们的艳名十分有效，而且不失身份。[22]

角色扮演之风在高潮过去之后还一直持续了很久。1928年，著名的记者和小说家包天笑与毕倚虹发起了一个扮演《红楼梦》角色的活动。他们在娱乐小报《晶报》上推出了洪倩、探春、晚春、云伦四位名妓，仿照晚清的"四大金刚"之例称之为"四小金刚"。他们组织了一次花界选美，并邀请曾任《游戏报》主编李伯元助理的庞树柏把上榜的名妓和小说里的主要人物一一对应起来。当然，对探春这位名妓来说这就没必要了，因为她直接用了小说里的人名。[23]

没有从《红楼梦》里借用人名的名妓也经常参考这部小说，这也从旁证明了它的重要地位。有的名妓称《红楼梦》是她们的圣书，给她们带来了美妙的幻想。据说李巧玲经常独自读《红楼》并以晴雯自比。晴雯是十二钗之一，性情刚烈，敢爱敢恨。后来，李巧玲不惧社会对伶人的歧视，大胆地嫁给了京剧名角黄月山。1878年她和黄月山合开了一间戏院，起了个很恰当的名字——大观园。[24]

周月卿自己没有文学天赋，但喜欢和恩客邹弢一起品读《红楼梦》。当读到黛玉葬花（这里的花比喻的是她自己短暂的青春年华）、贾宝玉悄悄听黛玉唱《葬花吟》的情节,"则往往默坐无言,泪如霰集"。按作者的评论,这足以证明月卿"亦多情女子也"。[25]

有一位上海名妓在写给远方恩客的回信中宣称,她会在他下次回来的日子"当安排拂席扫径,拭几焚香,以期贵客惠临。相与煮酒评茶,红楼絮语,消此长夜"。[26]

在邹弢根据自己经历写成的小说里,有位妓女把自己的身世和《红楼梦》中多情的女主角联系在一起。尽管身在风尘中的她注定要经历悲伤,她还是期望能遇到足够怜惜她的人来做恩客。[27]

现实生活中的角色认同可能十分具体。当名妓和《游戏报》的主编讨论要为无家可归的妓女设立义冢时,自然会采用《红楼梦》中林黛玉葬花的一套话语来概括这个计划。"花"是称呼妓女的标准用语,这两者间的相关性显而易见,主持葬花的责任自然也落到了当时著名的妓女林黛玉身上。

时尚与室内装饰

任何表演中,戏服对于传达戏剧理念和表现人物地位都至为关键。上海名妓穿的服装把她们和普通的生活区别开来。她们大力宣传演出的消息,邀请客人一起加入到这娱乐的氛围中来。提到绣着大观园人物的奢华绣袍时,她们的语气充满了敬畏。[28] 当时由《红楼梦》改编而来的京剧选段已越来越多,妓女们仿制了舞台戏装来穿。[29] 各种发饰、服装的裁剪和颜色,以及各种鞋子都有助于将这一出《红楼梦》演得更丰富。不过,对这部小说的迷恋并没有影响妓女们兼收并蓄,她们也经常从男子服装中吸取灵感制成各种舞台戏装,提升表演(图31a,b)。[30] 比如,戏剧舞台上武将所穿的厚底靴也成了名妓喜爱的高级时尚。[31]

这种非同寻常的服装舞台效果特别好,因为这些本应为爱憔悴的名妓,一穿上英雄的武生的戏装后便转换了角色,替代男子变成了"多情才子"。她们大摇大摆地走来走去,自信地展现一种玩笑式的权威。[32]

这样的戏装需要展示,跑马场是一个合适的场合。在这里,人们可以

◆ 3.1（a）《小妹》。照片。着戏装的上海名妓小妹。(《海上惊鸿影》)

◆ 3.1(b)《蓝桥别墅》。照片。着戏装的上海名妓蓝桥别墅。(《海上惊鸿影》)

◆ 3.2 《巾帼变相》。石版画。张志瀛插图。当地流氓调戏两个着男装看赛马的妓女。他们围着一个妓女,脱掉她的帽子,弄得辫子也散乱开来。清代男人也留辫子。(《点石斋画报》,戍集,10[1891年10月]:77)

亲眼看到客人们怎么讨好相熟的妓女。黄式权在1880年代感叹道,"诚冶游之胜事也"。[33]不过,公众并不一定会欣赏妓女在公共场合穿男装。十年以后,《点石斋画报》登了一则故事:一位妓女身着男装去跑马场,尽管有二位狎客陪同左右,还是被当地流氓骚扰了一番(图3.2)。

同时,女扮男装还有另一种含义。威尼斯也曾盛行男同性恋之风,[34]与此相仿,中国有钱有势的男人中也流行养男宠(多半是年轻的戏子),名妓着男装很可能是对此风气的一种反映。通过男性戏装,这种风潮也被带入了她自己的演出。小说中贾宝玉和另一位男孩秦钟的关系为探索这种"情"

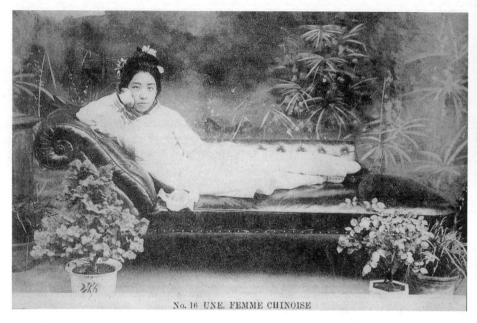

◆ 3.3 斜靠着的名妓。周围的盆栽花草营造出花园的氛围。明信片。上海，1900年左右。（承蒙巴黎狄瑞景提供图片）

提供了范例。名妓女扮男装让这场游戏语带双关，更刺激更引人入胜。

　　名妓房间内的装饰经过了精心设计，以创造一种合适的氛围，将幻想世界从现实中隔离开，而且所有表现名妓身份的东西都要包含其中。这里再次使用了《红楼梦》里的材料。和小说中的描写一样，名妓的房间里也遍是奇珍异宝。客人们可能会在这里发现明亮的煤气灯或煤油灯，这在当时的上海只有最奢华的宅子和酒店才用得到。[35] 墙上挂的是各种国画、西洋画，昂贵的中式家具间点缀着西式的家具、钟表和镜子。[36] 林黛玉走得更远，就像小说中的女主人公一样，她养了一只会说话的鹦鹉。[37] 在这种环境下，名妓和客人双方都可以轻松地融进小说中的角色。

　　上海名妓很喜欢照相，她们留下来的照片为她们扮演《红楼梦》中人提供了丰富的档案记录。[38] 图3.3中的名妓斜倚在西式沙发上，背后是仙境般的布景，花园式的豪华环境让人想起令人神往的大观园。这些照片中经

◆ 3.4 《小林黛玉现名小紫鹃与黛语楼合影》。照片,1917年。这两位借用《红楼梦》中人名作花名的妓女坐在表现田园风光的背景前,一副怡然自得的模样。(新世界报社,《花国百美图》,1918)

◆ 3.5 《张书玉十七岁时影》。照片,约 1890 年代。上海名妓张书玉在花园背景前摆姿势。(《海上惊鸿影》,1913)

◆ 3.6 镜前的名妓。明信片。上海（？），约1900年。（承蒙巴黎狄瑞景提供图片）

海上游戏场：重演《红楼梦》

常出现花园，让人联想起小说中的主题（图3.4，3.5）。

镜子是小说中更为深刻的主题。它常常出现，每次都传达着虚实相对的观念。小说中有一节写到一位相思成疾的年轻人，一个和尚给了他一面镜子，想要挽救他的性命。镜子的一面映出的是他所喜爱的那位美人，另一面则是骷髅。和尚提醒他一定不能照美人那一面，这样必死无疑，而照骷髅那一面则可以让他慢慢好转。结果年轻人没能抵抗住美女的诱惑，还是死了。[39] 小说另一节写到乡下来的刘姥姥误入了宝玉的房间，在这个无比豪奢暧昧的环境里，她看到美女们围着一位老太太。她往前走，却碰到了什么东西——这是一面镜子，她从来没见过。[40] 这位老妇看到的是自己在镜中的影像，围在她身边的美人其实是墙上挂着的真人大小的美人图。在上述两个场景里，镜子都强调了虚幻的主题，感觉是不可靠的。这种幻觉十分强烈，它可以扩大想象的范围，导致观看者死亡，也可以带来非凡的愉悦。图3.6中的妓女坐在镜前，照片突出了女人的梨形发饰。在这里看镜子的另一面显然没什么危险。妓女四周摆满了盆栽植物和盆花，背景也是花园风景。这样的布景组合制造了一种仙境的氛围，突出了"影"的概念。它表达的是一种"幻"的感觉，这正是游戏的主题。双重影像模糊了"真"与"假"，"实"与"虚"的界限。[41]

这种自我呈现充分利用了早期文人对妓女的理想化的描写。在此基础上，《红楼梦》又加入了"梦"的元素。在一位客人给胡宝玉的赠诗中，他提到她的家就像红楼一样，跟她在一起就像进入了梦的世界，难以分辨虚实。[42] 许多嫖界指南中也体现出这种影响。图3.7和图3.8选自《镜影箫声初集》，标题处的图画也暗指《红楼梦》。图3.7中的妓女被置于窗子中央，低垂的窗幔从两边拉开，很像一个舞台。在图3.8中，妓女的容颜映在小镜子中，她自己成了迷人的"影幻"，而她身边全是精致的服饰和家具。图3.9中的妓女斜靠在躺椅上，闭着眼睛，手里拿着一本书，后面还有个女仆和小孩。这个梦幻场景画龙点睛的一笔来自斜挂的窗帘，它代表着奢华的异国情调，也是影楼常用的滤光道具。

通过这场游戏，名妓也把上海变成了"世界游戏场"。上海的西式繁

◆ 3.7 《刘金枝》。铜版画。名妓刘金枝仿佛被置于舞台中。(《镜影箫声初集》,1887,47,承蒙纽约哥伦比亚大学图书馆提供图片)

◆ 3.8 《王幼娟》。铜版画。名妓王幼娟手里拿着的小镜子映出了自己的容颜。(《镜影箫声初集》, 1897, 28, 承蒙纽约哥伦比亚大学图书馆提供图片)

◆ 3.9 《小顾兰荪》。石版画,据吴友如画稿复制。按苏州年画的传统,吴友如经常画带着小孩的上海名妓。(花雨小筑主人,《海上青楼图记》,1892,2:18)

华成了她们室内室外的装饰。她们从模糊的《红楼梦》中为客人量身定做,把虚实之间的交替变换变成了上海的特色。图3.10中画的就是妓女和客人常去的公园张园,图中的张园如同梦境一样,西式建筑掩映在中式园林中,二楼茶馆里,男男女女在一起闲适地品茶。

不难看出,18世纪、19世纪初的《红楼梦》插图(图3.11—3.13)和19世纪晚期对名妓的描绘之间存在着某种联系,[43] 构图和各个组成部分惊人地相似。不过,其区别也同样令人吃惊。小说的插图强调的是人物的情感,

各種果子糖汁之妙用 上海三馬路中法大藥房創製各種果子糖汁為暑令妙品如以汽水或涼開水冲飲味較荷蘭水尤佳且有補血健脾開胃平肝寬胸理氣祛風去濕消食潤腸等種種妙用每瓶價洋三角每打三元玆將各種汁名列下

檸檬
櫻桃
香蕉 葡萄
雪梨 無花菓
枇杷 波羅蜜
豆蔻 水蜜桃
杏子 蘋婆菓
蜜橘 新會橙
楊梅

糖 糖 汁 汁

總發行處上海中法大藥房
分售處各埠中法大藥房

◆ 3.10 《上海之建築：張園》。石版畫。（《圖畫日報》，no.10[1909]）

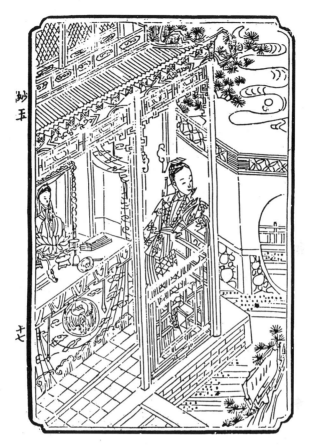

◆ 3.11 《妙玉》。木版画，1900年代。妙玉是"红楼十二钗"人物之一，这幅插图出现在一个18世纪的版本中。(《程丙本新镌全部绣像红楼梦》，17)

特别关注内心的情绪，而表现上海名妓的图画似乎意在表现上海租界的财富与豪奢。因此，这些画都特别符合读者的口味，把他们带入了一个梦幻世界。从这些图中可以看出，妓女和图画的作者都深知西式的豪华家具有让人又敬又爱的魔力。再加上和《红楼梦》这样的高雅文学挂起钩来，图中传达出一种上海独有的新式繁华景象。[44]

镜子旁边是名妓房间里最重要的装饰品——文墨。这些代表着文字风

◆ 3.12 《麝月》,《红楼梦》里的另一个人物,改琦(1774—1829)插图。木版画。(改琦,《红楼梦图咏》)

◆ 3.13 史湘云,《红楼梦》主要人物之一。改琦(1774—1829)插图。木版画。(改琦,《红楼梦图咏》)

流的物件确认了这里的娱乐具有高雅文化品位。作为一种互相崇敬、爱慕的标志,高级妓院的名妓会要求那些愿意充当"护花使者"的文人以她们的名字题诗给她们,而"情"当然是诗里必不可少的主题。[45]

歌　曲

在名妓献上的各种娱乐表演中,唱歌是首选。在妓院的酒筵上、豪气恩客宴客的饭馆里,她们常常都会送上歌声。《红楼梦》的主题同样很流行。这些曲子引用了小说中最为人熟知的爱情悲剧片段,尽管小说的背景是北京(应为南京。——译注),小说原本也是以北方方言写成的,但这些曲子都改用了柔软的苏州方言,因为当时吴侬软语被视为高级妓女标准的职业语言。邗上蒙人的《风月梦》1883年初次刊行于上海,其中有一幕发生在扬州,给了我们非常宝贵的一个证明:即使在其他地方,《红楼梦》在妓女中也很红。除了租界,妓女是不准出现在公共场合的,在《风月梦》中,扬州一幕之后不久妓业即被取缔,此后再没有写到一起公开演出《红楼梦》的事,不过,一位妓女曾扮作相思的林黛玉唱起这支曲子:

我为你把相思害,我为你把相思害。哎哟!我为你懒傍妆台,伤怀!我为你梦魂常绕巫山、巫山外。
我为你愁添眉黛,我为你愁添眉黛。哎哟!我为你瘦损形骸,悲哀!我为你何时了却相思,相思债?[46]

因为诗词在《红楼梦》里扮演着传达感情、展现文墨功夫的重要角色,客人们也常常赠诗给妓女。有时候妓女也会回赠诗歌。这类唱和诗词还曾在上海结集印行,上海的主要中文报纸《申报》和《游戏报》都热衷此事,分别出版了很多集子。[47]

名妓陈玉卿和恩客龙湫之间的唱酬诗歌在《申报》上刊出时引起了相当大的轰动。[48]诗歌的主旨是"爱花之人"和苦命红颜彼此之间深刻的理解。

最后,龙湫只能爱他,而没有能力来保护她。[49]

在有诗名的妓女中,不得不提到程黛香。在下面这首诗里,她以林黛玉自比,还把自己的诗比作黛玉的诗:

焚将诗草了今生,莫再他生尚有情。
卿说怜卿惟有影,侬将卿画可怜卿。[50]

这首诗写的是黛玉死前最后一幕——"焚诗",她烧掉了所有写给宝玉的情诗。

虽然程黛香写诗是直接效仿《红楼梦》,但一般来说那些《红楼梦》的语言和形象是用来描摹当下的。来看写给花蓉卿的一首诗:

指道红楼是妾家,舞衫歌扇斗风华。
不须更把清名访,如此风姿合姓花。
话旧难忘问字时,裁笺为赋比红诗。
忍将握手叮咛语,谱入销魂别离词。[51]

看来这首诗的作者和这位名妓都是多情善感的人,他们一起承担着离别的苦楚。

如果说这些诗词只引用《红楼梦》也未免言过其实。实际上,《红楼梦》中的诗歌和传统诗歌关系十分密切。《上海妓女陆小宝寄浙沪可意生书》便是一例。这封信一开始就以楚国大夫屈原的离骚之苦自比,不接受建议的楚王令屈原愤懑而终,好比妓女没有恩客知心的悲惨命运。

……言志耻随春女。
心何知己,吟诗酷胜冬郎。[52] 昨者偶弄兔毫,聊抽兰绪,借落花之旧韵,赋题叶之新词……恨中郎之晚遇,未倾积累,素只愧辛蘉。

陆小宝接着说，有人喜爱她的诗，要拿去登在《申报》上，但她害怕这不仅不能带给她声名，反会引人议论和嫉妒。她请这位恩客把他的诗也寄来，她身边的姐妹们肯定会十分欣赏，而她很愿意一首一首地与他唱和。[53]

出版于1915年的《海上花影录》总结了多年来上海花界的游戏传统，在书中专设了《青楼韵语》一节。编者们在书中讨论了这些年来花界使用的《红楼梦》的比喻所经历的变迁。只有这本书的编者们明确地提出过，花界有一种"《红楼梦》癖"：

> 自曹雪琴撰《红楼梦》小说欲唤醒天下一切情痴，孰知天下男女之深于情者，不识其为寓言，反为《红楼梦》所蛊，而痴乃益甚。有某校书者，亦喜谈《红楼梦》，谓黛玉情真，宝钗情伪，小红情痴，鸳鸯情烈，香菱情憨，晴雯情挚，又谓妙玉之淫奔不足訾，湘云之误嫁为可惜，信如斯言，是青楼中亦有《红楼梦》癖矣。[54]

上海名妓把自己的名字和这部小说联系起来，为游戏扮演提供了一个剧本，不过，这个剧本也只是一个框架而不是严格的规定。只有某些部分是严格设定的。名妓照着《红楼梦》人物来取花名，其他地方也引用《红楼梦》，以一种玩笑但明确的态度表明了她和她的客人扮演的角色。客人们也完全明白这是什么意思，毕竟他们都是文人，都熟悉和喜爱《红楼梦》。名妓在这里暗含着一层要求：客人应像贾宝玉敬重女子一样尊敬她，他们之间就像真正的情侣一样平等相爱。

扮演宝玉

宝玉姓贾，在中文里与"假"同音。而小说中出现的另一人物甄宝玉的姓又与"真"同音。尽管这种二元对立没有在上海的环境中上演，但扮演"贾宝玉"（假宝玉）的客人一方面表明他就像书中的贾宝玉一样深陷大观园，一方面也说明，在某个地方有一个他的"真宝玉"准备着回到现实，承担自己的责任。有时候文人出版他们描写花界的文章时也会采用与《红楼梦》有关的笔名、字号，例如，"海上抱玉生"（上海的宝玉）还有一个别号叫"借梦楼"。[55]

扮演贾宝玉本只是逢场作戏，但邹弢（1850—1931）过分沉醉于"贾宝玉"的身份，几乎把现实生活和角色混为一谈。他1880年代搬往上海，在那里住了四十年。作为一位小说家和报纸编辑，他写了一本花界指南，还有一本狭邪小说《海上尘天影》。他以贾宝玉的崇拜者自诩，给自己起了个笔名叫"潇湘馆侍者"。[56] 如同他的笔名一样，邹弢对名花充满深情，终日生活在情感的梦幻世界里。他的宠妓月卿喜欢背诵《红楼梦》。[57] 后来邹弢承认，当时他非常年轻，心里想的都是"情"："（张果敏公）以海军文案相畀。余恋申江花月，辞之而归……余初最钟情，初有潇湘馆侍者之号，然尘俗大千，了无所遇，退而自省，克己以绝世缘，免致束缚。"[58]

邹弢的好友詹塏用他生动的笔触为我们描绘了邹弢的人生经历以及他用情之深。我把它全文抄录在这里，读者可以从中看到邹弢的生活方式以及《红楼梦》式的妓客关系变化。

  余友人邹生，生而笃于情，及长，观小说中有所谓石头记者，惑于子虚乌有之说，遂为情痴，先是青楼中有苏韵兰者，略解文墨，尝就生问字，生辄狂喜，以为谢女[59]复生，班昭再世，不图于韵兰遇之也。因昵之，与订白头约，然生家徒四壁，欲为韵兰脱籍，而苦无赀，乃间关数千里，往楚南就江学使聘，逾年，始挟赀以归，而舍馆未定，即往扣苏氏之门，至则人面桃花，夐非畴昔。盖韵兰已琵琶别抱矣，生悒悒而返，嗒若丧偶，自是而痴益甚，遂以其与韵兰离合之缘，撰为尘天影说部以自广。丁酉春，余始识生于申江，昕夕与共，每涉足花丛，邀生往，辄固辞。朋辈怪而诘之，喟然曰："余亦知此间佳丽之多也，然安得如苏韵兰者乎？往徒乱人意耳。"卒不往。余因叩苏韵兰事，生为缕陈颠末，且出韵兰所贻手札见示，笔画端秀，词意委婉，令人玩不释手，阅竟生仍什袭藏之。[60]

邹弢后来爱上了另一位名妓，詹垲将其比作《红楼梦》中刚烈的尤三姐。邹弢感情经历的这番描述表明他的爱情生活很大程度上是从贾宝玉这个小说人物那里借来的。尽管可以说邹弢的文才、痴情都已经和他的偶像贾宝玉相当接近了，但作为上海滩靠笔杆子吃饭的文人，他显然缺乏贾宝玉那样雄厚的家庭实力。不过，邹弢似乎也生活在一个感情的世界里，对他来说，梦境般的上海租界就是贾宝玉的大观园。他成了一个身不由己的理想主义的爱人，就像小说里的宝玉一样，他蔑视社会成规。[61] 他愿意遵守心爱的妓女定下的规矩，忍受她们的奇思怪想。即使他发现韵兰已经"琵琶别抱"（她嫁给了别的恩客，但最后还是不幸地重回风尘），他也还是继续爱着她；另一名妓女榨干了他所有的钱之后不屑再理睬他，他也没有动怒。他的花界指南里充满了对名花的同情和热爱，正如同贾宝玉一样。渐渐邹弢开始觉得他太过认真，还为他的林黛玉留在了上海，这个决定后来让他深为后悔。[62]

1896年，《游戏报》上有一则新闻报道讲述了一个红楼梦式的故事。报道描写了郑生和谢添香的邂逅。谢添香从小开始就在妓馆里学艺，长大以后，鸨母说服她开始接客：

> 添香未能得名时，有郑生梦鹿，负才气载酒挟伎自豪，所至辄车马阗溢，然以未遇美色为恨。忽遇添香座上，添香曲眉丰颊，艳丽殊人，生心悦不言，潜侦悉姓氏里巷，伴醉遁去，径造赵氏。添香方归，闻有人踵门，曰："某郑生也，请见添香。"添香因白姬，姬雅知生名，闻其来，益喜曰："我甚欲儿曹附雅士，今乃天假缘也。"急命肃入。姬引添香及二幼女十全、宝云者出拜生。趋承末座，穷究生平，殊殷勤而情变入微，有顷，起谢已张饮矣，曰："老身姑退，儿曹侑客无怠。"于是添香奉觞而前，双鬟纤纤翘遥，蹩屑若不任风。生近瞩之，则转面流光，迁延却顾，两辅薄晕，腻若红酥。坐定，笑语稍浃，问其年，曰三五矣。会十全进为寿，添香笑牵其袂曰："卿每举《石头记》以难我，今郑郎博雅，何不遂以难之？"十全笑不能对。生试举以难添香，添香应召良速。[63]

添香接纳了郑生，把他当作自己的恩客和爱人，他们的关系持续了很久。后来，鸨母试图让添香不要对郑生那么忠心耿耿，要她去见一个富商，添香拒绝了。但郑生意识到鸨母不会满意他这个恩客，因为不够富有，于是他离开了添香，并允诺她以后一定会在一起。

《红楼梦》为这个故事提供了一个框架，我们可以比较其共同之处，分析到底谁扮演了谁的角色。郑生像贾宝玉一样细心，对年轻女性十分照顾，甚至为了不影响添香的职业前程而离开她，这一点在故事里被强调，被理想化了。这一举动显然是受了《红楼梦》人物的影响，而且添香和郑生都以熟悉《红楼梦》的情节和人物而自豪。

名妓和客人一起建立了这个游戏的规则，划定了角色，并以此作为互动的基础，开始了一场精妙的平衡表演。在上述这些故事中，客人都是文人，他们的文化资本给这个游戏赋予了合法性，并让它显得更高雅，从这个意义上说，文化资本十分重要。[64] 妓女需要一位善于表达的搭档，他得承认和接受这个游戏幻想的成分和基本的规则，而这是文化游戏格调高雅的基础所在。

不过，大多数客人都是富有的商人和有权势的官员。他们溜进宝玉的角色里，把权力抛在身后，但还保留着这个游戏和它的脚本所需的文化素养，因此倡优文学总是低估他们作为商人和官员的身份。为了让这个游戏带点文化趣味，文学技巧是必需的。不管参加游戏的人"现实生活"中的定位到底是什么，《红楼梦》的故事框架确定了基本的角色分配。有脚本就有了行为模式和框架，从这个意义上说，它不仅是描述性的，它还具有规范性。当名妓把贾宝玉的角色指派给客人的时候，她们试图在上海租界的新环境中控制和重塑客人的行为，而这些富商权贵对自己的身份和权力充满自信，他们的行动倒是无意识的。所以说邹弢和郑生不能代表一般的客人，其实像他们这样完全融入角色的类型为数很少。今天有丰富的文献可以证明，客人们扮演起角色来的确是乐在其中，以至于贾宝玉认为男子远不如女子的观点可能造成的冒犯都不足挂齿。

游 戏

在上海上演《红楼梦》包括一系列的快活事:吃酒、兜风、跑马、听戏,还有在各种最好的番菜馆和中餐馆吃大菜。扮演红楼梦中人还需要把很多时间用于各种各样高雅讲究的游戏,一边打发时间,一边展示他们的机敏。

《红楼梦》里提到的行酒令、玩牌九和赛诗是上海花界重要、常见的娱乐方式。[65]最流行的游戏之一是用纸牌来行酒令,每张纸牌上都印有一位红楼梦主要人物的画像。这个游戏需要相当的文学知识和诗歌技巧。[66]双方轮流写出押韵的诗句,因此最后所得的诗是双方合作而成的"联句"。这些游戏让妓客双方可以按部就班地戏谑调笑、展示文采,也增添了文化的氛围。[67]

有一种掷骰游戏的走法完全依据《红楼梦》,把大观园里几百号人物和所有的著名景观都按重要程度排了次序(图3.14),然后玩家根据骰子掷出的点数来移动位置,看自己运气如何。[68]与《红楼梦》相关的图案被用于信纸、灯罩的装饰,还出了连环画册。[69]各地书商出版的金陵十二钗画册印制精美、数不胜数。黛玉葬花的主题很受欢迎(图3.15),表现宝玉和黛玉关系的场景也是人们的最爱(图3.16)。

上海申报馆很快就认识到,解说这些游戏规则的书很有市场价值。1877年,申报馆推出了《痴说四种》,这套丛书由四本书组成,力求增进读者对《红楼梦》的欣赏和了解。其中第一本是话石主人所著的《〈红楼梦〉精义》,它对红楼梦的人物和场景做了与标准版本大不相同的简明介绍。第二本名为《红楼梦觥史》,这是一本参考指南,它详细介绍了这些酒令的规则,一步一步地说明怎么玩。书里暗示这个游戏是男女之间(妓客之间)玩的,每一方如何奖惩都有规定,例如,如果扮演林黛玉的女子输了一局,但她若能背诵黛玉的《葬花吟》便可以不受罚(喝酒)。[70]另外两本书分别是平湖黄金台鹤楼的《〈红楼梦〉杂咏》和徐庆冶的《〈红楼梦〉排律》,《〈红楼梦〉杂咏》收录了小说中的诗词,《〈红楼梦〉排律》则为赛诗需要用到的诗歌主题和诗律提供了样本。[71]

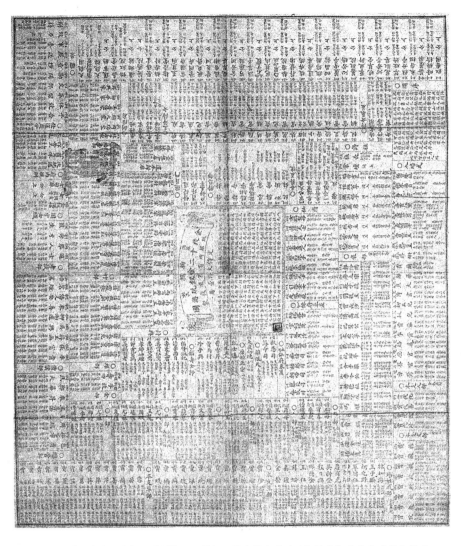

◆ 3.14 《金陵十二金钗玩游图》。19世纪。游戏的走法以《红楼梦》中的大观园为基础。(王树村编,《民间珍品图说〈红楼梦〉》,103)

◆ 3.15 《(林)黛玉》,《红楼梦》的女主人公,周慕桥图。石版画,上海,1926年。这幅插图画的是著名的黛玉葬花的场景,初次刊登于《飞影阁画报》上。(王树村编,《民间珍品图说〈红楼梦〉》, 259)

◆ 3.16 《潇湘馆春困发幽情》。石版画,上海,19世纪末。贾宝玉站在林黛玉的窗外,无意中听到了她的心声。(王树村编,《民间珍品图说〈红楼梦〉》)

把上海当作大观园

《红楼梦》里的女孩子和贾宝玉在大观园度过了他们的青春,这里与外界的价值观隔绝,也不用为俗事烦恼。这是一个强大的比喻。上海租界作为大清帝国统治下的一块飞地,也有着天堂般的奢华,在19世纪中国各地饱受战火摧残、生灵涂炭之际,它却享有一片难得的宁静。1878年大观园戏院开张,更是突显了小说中虚拟的剧场和真正的舞台之间的联系。

照这样读来,进入上海租界就像是"入门",在这里进行的一切就是"游戏"。[72] 上海的出版业对制造这一形象起了促进作用。在它的帮助下,幽闭花园的文化概念被市中心所取代。他们主要强调了两个主题：与现实相对的梦的主题，以及轻松的戏剧表演所蕴含的游戏观念。大量有关上海的书推出之后，上海和《红楼梦》之间的联系慢慢建立了起来，在人们心中上海也日渐成了世界游戏场。转做记者的文人们利用他们的身份来发展和巩固上海的形象。1880、1890 年代出版了众多的上海城市指南，《海上繁华图》、邹弢的《海上灯市录》、《申江名胜图说》，以及沪上游戏主的《海上游戏图说》把这座城市刻画成了一个天堂，在这里，奇异的西方习俗和商品与上海名妓发明的仪式和角色谐和地融在了一起。自 1870 年代起，配有图谱的上海城市指南、嫖界指南，以及其他对上海的描写创造了上海的这个形象。

邹弢又提供了一条好线索——他出版于 1896 年的狭邪小说《海上尘天影》就是以《红楼梦》为范本的；书中描写了一个花园，它就像商业城市中的一片绿洲。与曹雪芹笔下相思成疾的年轻人一样，邹弢塑造的妓女和客人生活在这个翻版大观园里。这些才华出众的名妓中甚至也有美国和日本女子，在这里，男主人公倾心爱慕着其中的女主角。所有的角色都生活在这花园里，而花园的规则是他们自己制定的。与《红楼梦》中的情节相仿，名妓们也组织诗社，举办赛诗会，还用《红楼梦》里的人名来猜字谜。妓客之间的爱情是故事的主线，双方都品格高洁、感情真挚。尽管所有的男主人公都受过良好的教育，但他们几乎都不靠文字吃饭，他们不是商人、军人便是官员。

把上海看作大观园是基于其幻境般的大游戏场的形象。同一个上海仿佛可以提供很多层次的欢乐。沃特·本雅明曾说巴黎拱廊（the Paris arcades）是这个"19 世纪的首都"的特色，[73] 而与妓女寻欢作乐也被吹成了上海的特色。把上海作为一个不受现实和物质束缚的巨大的游戏场和仙境的推销方式，刺激了一种特殊心态的产生。在这里，人们可以抛开尘俗的烦恼，就像在梦中一样去扮演自己心仪的角色，不用害怕，也无需考虑后果。这个梦境带来了迷人的体验，人们在这里可以追逐内心最深处的欲望，纵身于无休止的感官狂欢，各种梦想仿佛都得以实现，在这里还可以炫耀财富和地位，纵情放浪。

上海很适合这样来解读。洋人管理着租界，也生活在这里，他们的存在是上海洋派面孔最本质的部分。上海的物质外表，也即它引人注目的西式建筑和街道规划，成了这个游戏场最基本的景观，其间装点着各种丰富的西方物质文化内容。最后，上海商业和贸易的繁荣为它扮演中国的仙境提供了必需的条件，中国其他地方所受的社会约束在这里都不起作用。

像邹弢小说中的戏院和公园那样明确以大观园的意象直指租界中的飞地，可以在狭义上与妓馆形成互动。而蓬莱仙岛的意象所指的则是整个上海租界，名妓在这里闯进了公共领域，拓展着她们的活动范围，日益被人关注和接纳。她们造成的轰动景观把整个城市变成了《红楼梦》中的大观园。邹弢找到了另一个意象来表达上海和大观园之间的联系。在他的《海上尘天影》中，名妓根据自己的需要改造西方技术，她们发明了一种气球，可以坐在里面飞出花园，去往繁华都市里更大的大观园。[74]

上海把自己当成世界游戏场来展现，而名妓则成了其中的一部分。在图 3.17 中，一位妓女好奇地凝视着远方上海的奇特风景，而另一位则拿着西式望远镜来观望远方。她们都望向圣三一堂的尖顶，它是租界的建筑奇观之一。在这种对都市上海的好奇凝望中，城市风光和名妓一起传递了一种红楼梦式的世外桃源的感觉。这里的现代性只不过是异国风情秀的一部分。

不太浮夸的城市指南也说上海"繁华如梦"，[75] 各种城市指南的标题都是与梦有关的比喻。[76] 原本佛教话语里的"梦"，是说所有存在的一切都是虚幻的，即使最真切的感觉也是不真实的。《红楼梦》把这个概念转变成了一个内涵丰富的隐喻：一生沉湎于动人的感情，到头来可能只是佛家所说的一场"空"。在这个过程中，"梦"这个词的价值发生了转变，它不再强调现实最终归于虚空，而代表着一个从日常琐碎的小事中抽离出来的短暂时空，在回忆中带着怀旧的味道。后来有关上海的书都不再提到与佛教的联系，一致对以上海名妓和欢场编织起来的奢华梦境唱起了赞歌，苦难的"红尘"变得令人神往。但即使发生了这种转变，小说还是没有完全失去原初

◆ 3.17 《视远惟明》。石版画,周慕桥图。这幅图1890年代刊于《飞影阁画报》。图中一位上海妓女好奇地用望远镜眺望远方,欣赏混合了各种文化的城市风景。(吴友如,《吴友如画宝》,3b:14)

的佛教意涵,因果报应抹平了有钱有势的客人和服侍他们的妓女之间的差异,代之以命里注定受苦的总体观念。名妓代表着上海梦所有的诱惑与暧昧。自1890年代起,有关上海的小说又以佛家思想来解读"梦",把1880年代的上海梦重新诠释成一场梦魇。

商业上的考虑从来没有被忘在脑后。即便在邹弢的小说《海上尘天影》中,读者也可以清楚地看到,名妓修建了花园并搬进新的妓馆之后身价就开始陡增。这些名妓都很有经济头脑。小说详细描述了花园里每个妓馆的价格——美国妓女和日本妓女的月租金稍高,但她们不用付首付款。所有的交易都白纸黑字写在合同上，十分正规化。花园有一部分还会向游人开放，收取门票。[77]

上海名妓很理解《红楼梦》。大观园的风雅生活背后永远都有现实的经济问题。名妓没打算亦步亦趋地效仿红楼梦中人。

弃用的选择

那些弃用的选择更突出了《红楼梦》的独特主题。"才子佳人"的主题在17、18世纪一直很受欢迎，但早前用它来概括妓客关系时却不甚成功。一方面《红楼梦》完美地诠释了这一主题，一方面又对它有点抵触。贾宝玉和年轻女孩们幽居在花园里，不像其他男子那样出去求取世事功名，不符合理想中的"才子"形象。更重要的是，小说最后林黛玉和贾宝玉没能成婚，悲剧性的结局背离了才子佳人题材的传统。这一结局切断了与婚姻的关系，为《红楼梦》的情节增强了玩笑一场的况味，给了客人离开之后的妓女一个悲伤的角色。

诸如13世纪王实甫的《西厢记》、汤显祖（1550—1617）的《牡丹亭》等著作，也曾有可能获得与《红楼梦》相当的文化地位，受到大众的喜爱，但并没有被选中，因为它们破坏了品行端正的传统观念。有的晚清狭邪小说在讨论中明确提到这一点，批评这些作品过分强调性在爱情中的作用。而《红楼梦》则相反，它强调的是爱情中情感和浪漫的一面，与上海青楼的高雅文化中玩乐和性爱的分离很合拍，同时也提升了青楼的文化地位。

晚明的模式也没有被采用。清初有几个代表性的例子，一代名妓和著名才子以其灿烂的文学成就和反清爱国的情操获得了传奇性的地位。而对1800年代末客居上海的人来说，租界的设立和满族的侵略不可同日而语，（还）没有文人期盼成为反对西方入侵的爱国英雄。名妓中也没有扮作李香君的——她是戏曲《桃花扇》所描写的一位晚明爱国名妓；上海的文人也没有人扮演积极讽议朝政的东林党士大夫。这些角色太过政治化，对都市里的闲散时光来说太不合时宜。《红楼梦》在这里胜过了晚明模式一筹：它没有将背景设置在国家政治的宏伟舞台上,它的主线不是民族救亡,而是对情感满足的热切追求。

文人、名妓和出版业

《红楼梦》和贾宝玉对租界的知识分子有吸引力并不是巧合。通过宣扬和重现这一著名小说中叛逆仕途、叛逆正统社会关系的一面,他们为自己提供了一种新的解读。他们可以扮演无视传统社会秩序的"多情才子",这一传统角色受人喜爱。他们可能仍然期望金榜题名,甚至得到一官半职,但通过贾宝玉这个角色,他们表明自己已经看穿了只知耕耘仕途、人云亦云的甄宝玉的肤浅。作为新兴职业阶层的一员和妓女的伙伴,扮演他们自己真性情的假"宝玉"使他们获得了一种新的身份和平衡,他们不断运用自己的文学技巧和文化知识来发展上海大观园的主题。这种文化资本保证《红楼梦》角色扮演格调高雅,而聪慧多情的年轻叛逆者形象也为他们提供了现实生活中所缺乏的象征性声望。同时,他们还有个讨人喜欢的身份——护花,尽管当时的上海名妓已经是相当自信的女商人,似乎并不需要保护。虽然贾宝玉的角色主要为官员和商人保留着,知识分子的文学技巧还是一种有效的硬通货,在梦幻世界里也能给他们带来相同的地位。邹弢很好地说明了文化资本和经济资本相等:来到大观园门前的客人要么得付十个大洋,要么得写一首名妓看得上眼的诗。[78]

在这一角色扮演的环境中,文人也变成了娱乐的一部分。他们的谈话和诗作,他们对名妓公开的奉承和私下的阿谀都给读者提供了消遣,也给有钱有势的人们茶余饭后的消遣增添了一点文化的味道。因此,对相当一部分文人来说,参与到这种梦幻般的消遣中来有它的经济意义。他们帮着把上海表现得像一个高级娱乐中心,同时也为自己制造了一个就业市场。他们穿着贾宝玉这个宽大的袍子,沿着文化白领之路前行。

他们和出版业的关系推动了《红楼梦》主题的普及。以申报馆为首的上海书商热衷于推出跟《红楼梦》相关的作品。美查是申报馆的经理和大

◆ 3.18 《红楼梦庆赏中秋节》。手绘木版年画，天津，杨柳青，19世纪。年画表现了大观园布局的一角。(王树村编，《民间珍品图说〈红楼梦〉》，39)

股东，为了满足市场对《红楼梦》这一主题类型的渴求，他遍寻全国，搜求各地的上乘续作。他1876年出版了《红楼复梦》，1879年出版了归锄子的《红楼梦补》。[79] 书商也推销文人们仿照《红楼梦》所写的小说，例如申报馆1878年就曾出版俞达（慕真山人）的《青楼梦》，这本小说是第一次用"才子佳人"的比喻来描写妓客关系。[80]

市场不止向文人们开放。许多与《红楼梦》有关的小说都有非常精美的插图。当时最受欢迎、最能体现大众梦想的是年画，许多中国家庭在新年到来的时候都会买上一些（图3.18）。这些画作有助于普通百姓熟悉红楼梦的故事、情节、主要人物和他们的关系。[81]

应该说，不是所有人都在模仿《红楼梦》。比如说韩邦庆在他的《海上花列传》中就没有提到《红楼梦》，可能他不喜欢用这部小说来给自己贴金，也不赞成过分感伤。[82] 此外，吴趼人后来也从反面引用红楼梦，不过他写的不是续集而是科幻小说，贾宝玉落入了现代的堕落的上海，变成了一个世事练达的城里人。[83]

迈向都市现代性

效仿某些人物，甚至按照故事情节来生活，在中国不是新鲜事；在中国的文化传统里面，这些东西古已有之，是教育年轻人的主要工具。[84] 上海的新贡献在于，它把整个城市也包容了进来，共同参与这出戏剧和游戏。尽管参与者自己不知道，但重演《红楼梦》其实是为开创现代的城市爱情关系进行彩排。

《红楼梦》中的自由恋爱遭遇了以传统家庭结构为代表的社会秩序，家庭的阻挠最终断送了这段爱情。在这种背景下重演林黛玉和贾宝玉的爱情故事模拟的是一种新的现代社会秩序——爱情不再受到家庭的干涉。不过，因为做戏符合中国所谓"游戏"的观念，其中也包括角色扮演，因此这个迈向现代性的激进转变看起来似乎也就不那么具有破坏性。男性和女性的关系通过一种单纯的公众娱乐的形式有所转变，但也只是局限在一块非常特殊的城市飞地中，并不会在社会上引起爆炸性的反应。上海名妓的"红楼梦"世界成了都市爱情新规则的训练场，名妓在公开场合卖弄的风情，以及她们与爱侣共栖的豪华住宅，无不参与了这个空间的开启。在这个空间里，一种浪漫的琴瑟和谐的小资产阶级的文化第一次找到了自己的据点，然后通过上海的盛名和媒体传播到了其他城市中心。从很真实的意义上来说，当恋人们不堪忍受家庭的压力时，上海自然就成了他们的避风港。[85] 这种事经常见诸报端，《点石斋画报》上就有报道。

同样也是在这个过程中，在所有参与者的身后，我们看到上海名妓把西洋景观带入了这个蓬莱仙岛和大观园的脚本，这有助于提高人们在文化和社会上对她们的接受度，首先是在租界，慢慢推展到全国。上海向世界游戏场转变的过程也是中国走向现代性的过程，这不是改革者的宣言中的宏论，只是于无声处悄然地发生。

因为妓客关系是在模仿贾宝玉和他的女性亲友，《红楼梦》中的大观园就成了新上海的标志。上海名妓匠心独运，借着客人们对《红楼梦》这部小说的熟悉和对青楼等级的了解，构想出了各种各样的意象、情节和角色，以便适应她们和客人、和上海这座城市之间的新式的互动。这项勇气非凡的事业是否能成功，取决于她们在这个开放的框架里不断求新，以及在这个过程中制造欢乐和消遣的能力。对名妓来说这可是好处多多。假使她们能引得客人去扮演一位骄纵的才子，对名妓各种怪念头都百依百顺的，那她们自己的角色就更为强大，在面对妓院时就可以更强势。她们也成功地将自己的角色和性服务分隔开，"性"是由普通的、下层的妓女来提供的。

这些名妓具有多重身份，她们同时也是女商人。《红楼梦》这出戏情节紧凑，想象丰富，掩盖了妓客之间本质上的生意关系，大观园奢华的环境也间接地证明了高收费是情有可原的。小说中描写的没完没了的礼尚往来也在巧妙地提醒着现代的贾宝玉，不要只看到付给妓院的那些账单。不兼做鸨母的妓女们积攒钱财多半靠客人送礼，性成了一种回礼的形式，以表达一种情感关系或是感激之情。这样，在这种礼物和金钱交易的双重结构之下，一种游戏的观念得以确立，它的基础是貌似自发的互动、两性之间令人惊异的平等关系，以及丰富的文化意涵。所有这些都大大有助于青楼的繁荣兴盛。把对金钱的斤斤计较和娱乐分隔开，以礼物文化作为游戏之一，甚至偶尔以文化资本直接代替经济资本，这些都可以算作在文化上非常行之有效的高妙的经营策略。

在上海这个见钱眼开的都市中心，这个脚本给客人们提供了一个虚拟的传统环境，让他们在其间展现自己的文化角色。这样展现传统可不是出于博物馆精神，而是受"奇"的概念支配的，它要不断地把诸如西方科技、都市行为等新鲜的、特别现代的元素吸纳到这个梦境中来。

  这个精心打造的角色扮演样板会出现在上海并不奇怪，大观园也不是最后一个这种样板。20世纪初，梁启超等青年知识分子试图寻觅不同于贾宝玉的偶像，他最后看中的是性情炽烈如火的意大利革命家马志尼（1805—1872）等人。上海租界对生活中出现的各种变革反应相对保守。它创造出了一个发挥传统文化技能、享受个人趣味的空间，把西方元素和传统中趣怪的一面相结合，所以也消解了推翻文化偏见和定势的可能。同时，这种反应也是非常现代和非常上海的，它毫不讳言自己的商业目标。在《红楼梦》剧本之虚构性的掩护之下，所有这些摆设、特点和行为模式被当作一番游戏，越过了传统文化的藩篱。

4

形象打造者

洋场才子和上海的娱乐出版业*

上海妓女以及上海自己的名声是现代中国媒体的产物和初次胜利。这些媒体本身也是在上海成长起来的，媒体人来自一个新兴群体：城市知识分子。他们过去曾属于传统的文人阶层，如今被充满机遇和拥抱变革的上海吸引了过来。

自 1840 年到 1911 年，整个中国大地上只有上海租界才允许个人展现其从传统向现代的转变。这一转变有各种形式。上海自己也在发展，寓居上海的人每一代都有不同的目的。但是，租界遵循的是洋人而非地方士绅定下的规矩，这对新移民发挥着强大的影响力。[1] 它为表现这些新的生活方式提供了一个公共领域，并给新型城市文化的展现设立了边界。

上海并非只有汲汲牟利的外国大个子，中国的买办也在做着同样的事，还有一群热情的革命家也在这里为国家前途命运出谋划策。公平地说，上海的成就源于它的发展——它成为一个充满多样性与变化的真正的都市中心。娱乐业作为一种新兴的行当如雨后春笋般发展起来，极大地增强了上海对商人、旅客、富绅等人的吸引力，而且商业化的出版业的迅速繁荣也给文人提供了诸多工作岗位，增加了他们公开发声的机会。上海附近、位于长江入海口的江南一带素来以教育繁盛著称，但连年内战使得许多教育设施被毁，并产生了一批需要工作和角色认同的知识分子。

上海的活力深深吸引了这些文人，它的新鲜令他们兴奋，它的舒适使他们惊讶，而它对金钱赤裸裸的追逐又令他们厌恶。他们从小就形成了一种观念——必须在所在社区担当道德领袖，但他们在这里不过是卖文为生，还经常要为外国人打工，不免感到越来越边缘化。失去了传统角色的文人也得面对一个随之而来的问题：中国的贫弱和都会现代性同时并陈在上海这个大舞台上，在这样一个地方他们如何定义自己，如何定义生存的意义？上海也是一个理想的匿身之处，文人们可以在这里一辈子扮演"客"的角色。作为一个外人，他对这里的道德水准没有什么责任。当他把这座城市当作一个玩乐之地时，便可以暂时告别扮演道德领袖的角色焦虑。

对他们中的很多人来说，新式媒体就是每天的生活来源，新的文学样式就是他们的稿件。许多文人来到上海，想办法用他们惟一的资本——教育——来谋生，新式媒体给了他们这个机会。他们用一种半讽刺半自怜的语气说自己是"卖文为生"。无独有偶，这一时期的妓女也是"卖笑为生"。无论是价值、程序还是观点，在所有跟智识有关的事情上文人都是外国人和中国人之间的媒介，他们所起的作用很像商场上的买办。同时，他们还是中国游人与上海之间的中介，他们生活在很多不同的、经常互相冲突的层面中，有时候比较适应，有时候则怒火难平。

在1860年代到1890年代间，这些文人最可能找到工作的地方是报社、出版社、译书馆，还有新式学校。这些机构通常都是由外国传教士或商人出资建立和主管的。比如王韬1849年初次到上海之后工作和生活的所在就是英国传教士麦都思创办的墨海书馆。《南京条约》签订之后第二年，也即1843年墨海书馆成立。早期中文报纸中最重要的报纸《申报》是1872年由英国商人美查和其他几位匿名股东一起创办的；美查同时也经营着申报馆和《点石斋画报》。[2] 又如格致书局，也是1876年由墨海书馆馆长麦都思之子、英国领事麦华陀爵士创办的，它的宗旨就是要在中国普及西方科学。[3] 到了20世纪初，许多中国人自己的出版社也纷纷开办起来。作为出版、教育和娱乐服务的中心，上海在知识、观念、信息和娱乐上都是市场的主导。

这个发展的潮流也带动了娱乐出版业。最早期的《申报》就登载竹枝词、赠给妓女的诗词楹联、娱乐报道之类的花边新闻，但到了1880年代中期，市场的发展催生了画报、嫖界指南等单行的娱乐出版物。到了1890年代晚期，娱乐小报和文学期刊也加入了这些出版物的行列之中。所有这些出版物在技术、文学和艺术上面都是中西结合，上海名妓是这些新式娱乐出版物中的焦点。文人通过名妓的形象探索着这个城市的各个维度，以及他们自己在其中的角色。

在租界的新媒体和各种机构拿薪水上班，标志着文人变成了城市知识分子。他们是租界知识生活的主力军，当他们把自己的文学技能用于新的事业时，新的文学类型和媒体也应运而生。他们在各种机构和企业里的工作总是伴随着紧张的时间表，令他们不得不采取一种全新的生活方式，其特征就是一方面总是时间不够用、钱不够花，另一方面文人的派头又极为重要。他们以其一技之长在开放的市场上谋生，总是有时欢喜有时愁。而他们居所的样式又为发展独特的上海城市生活方式提供了参考。

娱乐出版业最受欢迎的新体裁是一种都市混合语。例如，娱乐小报刊登传统旧体诗，报纸在传统的竹枝词格式中加入完全不同的环境，期刊开始连载小说。这些出版物所身处的新环境、印刷的新技术，以及包装与发行的方式，创造出了一种新鲜刺激的新旧结合，成了这一时期上海文化产品的标志。

都市混合语也勾描出了上海文人的心态。尽管他们对从洋人手里拿薪水也偶有抱怨之词，但这些情绪都是个人化的，不具有政治性。他们并没有把租界看作一种强加的帝国主义，尽管客观地来说，租界是可以被视为外力强加的，但这种定义对我们理解这些文人的心态没什么意义。他们关心的是如何在从事新型职业时保留一些传统文人的生活方式（图4.1）。这些人可能会在妓馆花钱、吃酒席，又或者在朋友的私家花园里饮酒作诗，但当天晚上还不得不回去给明早出版的报纸写新闻报道或者连载文章。换句话说，他每天都得要写够一定的数量，这被讽刺为是在"爬格子"，因为收入直接就跟写字的数量相关联。

西方的时间观念对于形塑这些知识分子的生活和他们文学创作的过程至关重要。当清帝国的其他地方还在参照农历，根据许多宗教、天文的律法来安排一年的活动时，上海已经迅速地采用了一种新的计时法，白天的工作和晚上的休闲被区隔开来，以一周为单位，星期六和星期天休息。这种计时法从洋人社区内部慢慢传播到上海其他人群中。煤油灯、煤气灯和电灯带来了人工的白昼，夜晚变成了特别的娱乐时光。报纸杂志有严格的截稿日期，这意味着这些文人不得不在一定的时间之内完成他们的文学作品或报道。这种适合休闲的新时间表突然对文人提出了一个重要的要求：他们必须得学会守时（图4.2）。⁴

◆ 4.1 这位学者的装束是20世纪初上海知识分子典型的打扮。他坐在传统的扶手椅上，头上是一盏电灯，中西风格混合在一起。采用了铅字印刷术之后，图书便可以制成小开本了。石版画。(《小说画报》, no. 2[1917.1]）

艾羅花露水

沪上发行之花露水多矣,而艾罗花露水乃艾罗医生所创制,以百花之液酿成,不特香气郁馥,沾衣如麝,且盥洗时滴用少许,功能辟暑袪暑,一切秽浊之气,临卧用少许洒入帐中,能除臭虫,用为熏疗,非寻常花露水可比。每瓶价洋六角,购者请认明瓶上艾罗仿单,庶不致误。总发行上海三马路中法大药房。

上海社会之现象(五)
报馆记者之夜来忙（续）

自同治年西人美查君创设申报为上海有华字报纸之始。继后沪报新闻报等陆续起,今则报界更形发达,惟各报馆之记者异常忙碌,每日在夜分埋头灯下,况辟异常忙以各处访稿之至半夜始来忙作稿,并记者若矣。然而记者之传(访生丘)馆之记者不知谁(何许)人姓氏,馆便唐突不敢许(记者以生丘),所言事,如此乃稍求曲序,询政府阿守暑尺,欣然有言,亦不直,谨述性欣,不遑详以其记既展转其文无奈,灯前桌上开稿件,自也常通社阁盈论人,不切贤志拯其说,此相筹切时勿急通人,如娱言缤会纷,之期不不也,急赞言如,切于不急切,富尔志之传鸿尾锒若人鼎竟敏加。

◆ 4.2 《上海社会之现象：报馆记者之夜来忙》。石版画。(《图画日报》, no. 23[1909])

上海的妓女和洋场才子

　　搬到租界的文人喜爱它先进的物质条件，但对于其露骨的商业主义还是感到震惊。这是一个商人的城市，它存在的目标就是赚钱，这里的居民也不耻于显示他们新得到的财富。上海名妓公然代表着这个城市，无所忌惮，当她们扮演这个角色的时候仿佛并没有被上海文人的声望所打动，尽管以前名妓主要的恩客都是文人。

　　妓女和文士相知相惜的传统古已有之。远离家乡前往都城赶考的士子在妓院住上几个月，这甚至成了一种确定的、几乎是制度化的传统。因此，过去的都城也常常以拥有全国最大、最具活力的风月场所自夸。青楼经常就在这些年轻男子学习生活的区域附近，他们大量的空闲时间和家财都消耗在这里。[5] 举办低一级的科举考试的省城情况也很类似。晚明时期，南京城的才子和秦淮名妓之间的传奇故事谱写了爱情绝唱，这个遗产在江南文人的文化结构中非常强大，它伴随着对充满激情的灿烂往昔的追念和感慨。[6] 余怀（1616—1696）出版于1654年的《板桥杂记》通过晚明时期秦淮名妓的回忆录首先吐露了这种复杂的情感。[7] 19世纪时，这种作品再度受到追捧，引来许多作家跟风。不过，这些跟风之作不限于对南京（书中称"秦淮"）的回忆，它们写的是当代的青楼，例如扬州、苏州、潮州，以及太平之乱后的南京。[8]

　　晚清的文人其实是打了一个比方，借对晚明名妓的追怀来悼念他们自己失去的荣光和权力。上海是这个比方最自然的背景。不过，尽管文人和妓女都在上海寻找自己的顾客，因此看来颇多相似之处，以前在南京可不是这么回事。上海的名妓不仅生意兴隆，还逐渐变成了职业艺人和女商人。她们不再符合从前的文化形象，在她们的世界里也没有晚明的怀旧之情。相比之下，文人在新环境中的调适要困难得多，他们不得不调整自己的文化、社会角色，而在名妓面前失去地位也令他们心神不安。[9]

　　文人和名妓之间的关系变化之快，从互相怜惜的文化记忆迅速地变成了生意协议。一旦文人在上海的娱乐出版业谋得差事，他们就开始以名妓的自我表现为基础为其打造公共形象。就此而言，文人对青楼的了解对双方来说都是有利的。可能这些文人看到妓女们大胆的商业精神和对公共空间的积极利用也受到了鼓舞，开始主动去抓住机会。

作为繁荣的上海青楼的核心，名妓的形象当然是焦点，同时产生了一种新的概念：上海和上海名妓，或者"城市和名妓"。这个概念代替了以前的"佳人和没落王朝"的概念，也就是用易老的红颜代表王朝的脆弱和最终的覆灭，其中谈到明朝覆亡的最有影响力的作品是余怀的《板桥杂记》。而"城市和名妓"的概念给了名妓一种明确的上海地方性背景，而且她让人联想到的不是脆弱性，而是惊人的财富和对闲适的炫耀。在两种概念中，叙述者作为第三方并不发声，但都是非常关键的部分。旧式文人和上海的新式知识分子试图通过这种叙述来接受自己的身份。拿上海来说，在娱乐出版业谋生的文人以一种新的方式和他们爱慕、保护名妓的传统角色联系在了一起，只不过现在他们是在推销她的形象。在作者和编辑那里还保存着这种讽刺：能够被挑中的名妓不是因为她很脆弱，需要保护，而是因为她出现在公众面前就有明星效应，这个人物有销路。公众了解她们的渴望给她们带来了高度市场价值，自1880年代开始，在整个清帝国内，商品化的上海名妓的形象都广受欢迎。

名妓的形象为这座城市提供了最细致入微的讲述，从中我们也可以看到上海的文人们是如何探索自己的角色的。这些名妓形象的打造者运用了源自西方的娱乐小报和画报等新形式，再加上自己熟悉的笔记、传记、花界指南、小说、诗歌等文学类型，制造了大量的有关名妓的花边新闻。而普通人每天只消花上七分钱就可以了解那个曾经不为外人道的世界。有两种人最欢迎这种报道：一是那些刚到上海来的人，他们急于了解这座城市，但又怕别人把他当作乡下来的呆子；还有一类人是安乐椅式的读者，他们需要探奇，又不想冒任何风险。通过这个过程，曾经专属于上流社会的品位和价值观慢慢地普及开来，融入了新兴的大众文化。

上海知识分子对身份的探寻也包括他们对传统妓客关系的再创造。但他们自己和名妓都不再与过去相类。通过检视这些文人采用的文学和娱乐形式,以及他们和上海名妓交往的历史,我们可以看到他们探寻自身身份的更完整的画面。

洋场才子和他们的花界指南

有关上海妓女的新式出版物自1870年代后开始出现,其中花界指南是最引人注目的。这类作品包括浪游子的《上海烟花琐记》(1877)、梁溪池莲居士的《沪江艳谱》(1883)、蓝田忏情侍者的《海上群芳谱》(1884)和《沧海遗珠录》(1886),以及邹弢的《海上灯市录》(1884)和《春江花史》(1886)。这些书初次出版的时候还是木刻本,1880年代有了石版印刷之后,有些书就加上了插图来表现这个充满异国魅力的上海城和它的名花。这些花界指南的作者也拿出旧式文人的腔调,像鉴赏者般逐一点评,并把他们的过去和如今租界里的生活联系了起来。上海吸引了越来越多的过客和旅人。[10]这些花界指南的数量和质量表明,上海的名妓生活对这些新来者是多么的充满诱惑,他们是多么的渴望了解走进这个世界的方法。

所以这些书也必须得介绍上海。作者们以传统的文学传记形式来介绍本地的佳人,同时考察了有关上海的各个主题,把上海置于对富贵温柔、商贾云集的江南的想象之中。他们描绘上海时用了一个新的字眼——"奇",它意味着非凡、虚幻,甚至洋派,这个词文雅地表达了租界给人带来的惊讶、欣赏之情,也包括了它异国情调的一面。从前很少有人注意到名妓和城市互为表征、交相辉映的一面,而这些上海指南书把西方的物质文化和风月佳人融合在一起,塑造了一种无与伦比的美丽奇景。

上海的花界指南形式各异,既有直接的介绍,也有笔记式的叙述。这些书巧妙地把传统的"赏花弄月"和出版市场的要求结合在一起,放大了书中的插图,把上海城描绘成了一个富丽堂皇的大游戏场。黄式权是一名供职于娱乐出版业的记者和作家,根据他的记载,这种书利润尤其丰厚,许多书商都争相出版。[11]不过,在这个赢取声名的过程中,上海和上海的妓女形象变得更加模糊了。当知识分子们开始重新评价这座城市——以及他们在其中所扮演的角色——的时候,其实引发了公众观念的巨大变革。

王　韬

王韬可以视为1850—1890年代的文人的代表。对租界青楼生活最早的记录就出自王韬之手,这也是对租界生活最早的描述之一。尽管已经有许多关于王韬的研究,他有关上海名妓的文章基本上还是无人问津。安克强是第一个填补空白的人。[12]

1849年,王韬刚到墨海书馆就参与了麦都思翻译《圣经》的工作。[13]根据一篇传记的记载,王韬最初没有家眷,自己独自住在"城厢外一座孤零零的平房里,尽管这里几年后是繁华的商业中心,但当时他的门前还是一片坟岗。"[14]因为他为外国传教士工作,老城厢里的文人圈子都认为他是为了每个月领取一点薪水就放弃了学者的自尊,不屑与他为伍。[15]他在日记中写道,早年(1849—1863)在上海的时候感到很寂寞,在社会上被孤立。工作之余,他大部分的时间都是和几个朋友一起寻花问柳,饮酒作乐。他的朋友多半也都在外国人手下工作,但仍盼望能成为朝廷官员。[16]王韬、李善兰、蒋剑人被称为"上海三奇士",[17]据说他们常常在豪饮之后在街上一边跑一边纵声歌唱,或是在酒馆里惹是生非,到处砸东西,也有人在江边听到过他们怒号。他们借着这样的放浪行为向孤立自己的士绅表示抗议,发泄自己不能实现理想的愤懑之情。[18]

翻译《圣经》的工作给王韬带来了声名,他当时写的另一本文学作品《海陬冶游录》与之形成了一种反差。《海陬冶游录》的序言写于1860年,但这本书直到1870年代,差不多二十年之后才得以刊行。在他对老城厢青楼的高度个人化的描述里,他提到在1853年冬天,自己在病中写下了这部书的手稿,当时小刀会攻占了老城厢。[19]他哀叹这场浩劫毁掉了老县城,也毁了他笔下的名妓和佳人。不过他也写到,在老城厢被攻占之后,上海租界新的风月场所开始兴旺起来。[20]王韬承认他就是在模仿余怀的《板桥杂记》。余怀在书中哀悼明朝的灭亡和晚明士人无谓的努力,对明朝都城南京的秦淮河上的无边风月表达了追念之情。王韬模仿《板桥杂记》，回忆了过去老城厢中名妓的生活，字里行间也带着一种黍离之悲。不过，王韬谴责的毁灭源于内部的叛乱，似乎他并没有把这一点和租界联系起来。[21] 在其续篇《海陬冶游余录》和《海陬冶游附录》中，王韬描写了租界里名妓的生活，语调完全不同。后来被流放到香港之后，王韬还十分怀旧地写到上海租界的名妓，表达了对上海的辉煌与荣耀的向往。[22]

《海陬冶游录》中的情感很复杂。这本书是在老城厢的烟花柳巷毁于小刀会起义后写成的，重点在于回忆。在自序中王韬感叹时间飞逝，哀悼战火带来的浩劫，"珠帘碧瓦，荡作飞回；舞袖歌裙，惨罹浩劫"，这片地方还在，但所有的美人和生命都不复存在了。不过，他后来又提到的，涌进上海租界的大量难民，把颓垣断壁又变成了"今日粉影脂香之地"。[23]

在《海陬冶游录》第一部分里，王韬以热情和自豪的语调描绘了老城厢的传统青楼。[24] 接下来的两个部分记录了一些名妓的故事，尤其是她们与文人的浪漫爱情。这些文人的文学活动和个人生活之间的紧密关系，在王韬自己和廖宝儿的爱情故事中最为明显。

廖宝儿曾是一位富人的小妾。嗜赌的丈夫输掉了所有身家，廖宝儿也沦为了妓女。王韬通过一位朋友结识了她，两人一见倾心。王韬写道，当时的自己还未曾经历过深刻的爱情。在王韬的笔下既有他们之间的激情邂逅，也有平静相对时的情意绵绵。宝儿生来特别爱花，爱干净，还喜欢茶艺。最后宝儿的丈夫跑来索要赌资，活活拆散了这一对恋人。王韬这样刻画他的失落感：

> 宝儿既迁新第，红红又回锡山，余未识其处，莫得其耗，自此遂绝。一日过其旧宅，见门上燕巢如故，紫雏数头，引颈巢外，呢喃如旧识。窗纱仍闭，悄然无人……踯躅久之，不忍遽去。室迩人远，徒怆我心矣。[25]

书中结合了对佳人的赞美和自身情感的刻画，传递出深深的失落感，与过去流亡文人的作品遥相呼应。对王韬来说,在租界工作更加重了他的寂寞孤单和自哀自怜。[26]

传统文人的形象是自怜又克制的,这需要一种隐喻式的表达。在国画中,文人常常以松、竹的品格自比,有时候他们也会借用一个佛家的象征——莲花。他们和名妓都以莲花自比,它出淤泥而不染,象征着卑污环境之中内心的纯洁。就名妓来说,荷花的形象后面常常跟着一串套话,什么她们堕落风尘并非因为爱风尘,只是从小家境贫寒,无可奈何。王韬借着《海陬冶游录》扮成高贵仁慈的"护花使者",在他心中,这个角色和墨海书馆的卑微工作无疑有着天壤之别。

王韬在宝儿的故事中流露出一种无力感:所谓的护花使者其实和花儿一样柔弱。王韬是在写名妓的命运,也在写自己的无助。在这里,护花使者并不代表力量,反倒反映出自怜和自嘲。他和无助的妓女一样,必须推销自己才能生活下去,而且他也和妓女一样需要保护者,需要顾客承认和珍惜自己真正的价值。不过,王韬给自己安排这个保护者的角色也体会到了些许权力感。他不断寻访这些名妓,写她们的故事,让她们的价值为人所知,事实上起了一种保护作用。作为这些出淤泥而不染的莲花的保护者和推销者,上海的文人获得了一种心理平衡。

在王韬所有关于上海名妓的故事中,他1884年流亡归来之后写的眉君和李绣金的传奇故事带着一种新的自信。在这两个故事里,王韬试着按照晚明的理想来塑造上海妓女的形象。他在故事中重新确立了这种理想,也抬高了租界的地位和自己的角色。这两个故事收在《淞隐漫录》中,也曾在《点石斋画报》上连载。

眉君的故事是这样的:

> 眉君,一字媚仙,北里中尤物也。与琴川花影词人有啮臂盟。花间沦茗,月下飞觞,无眉君不乐也。眉君姿态妍丽,情性温柔,所微不足者,足下双钩不耐迫袜。顾自然纤小,当被底抚摩之际,一握温香尤足销魂荡魄。身材差短,髣髴李香君,依人飞燕,更复生怜。傲

居沪北定安里，精舍三椽，结构颇雅，房中陈设，艳而不俗。湘帘、棐几、宝鼎、香炉，位置楚楚。入其室者，尘念俱寂。花影词人言之曰："四声四影楼"。名流多有题咏，门外车马恒满。眉君于花影词人最为属意，几于形影弗离，闻声相思。从不外侑觞，虽相知者折简屡招之不赴也。其自高身价如此。淞北玉魫生，风月平章也，于花天酒地中阅历深矣，一见眉君，独加许可，为之易今名曰眉君，字媚仙，由此名誉噪甚。[27]

接下去是李绣金的小传：

同时有李绣金者，亦个中之翘楚也。丰硕秀整，玉润珠圆。小住居安里，杨柳楼台，枇杷门巷，来游者几于踵趾相错。楚南钱生，最所属爱，思欲为量珠之聘，然力未能也。淞北玉魫生遇之于申园，含睇宜笑，若甚有情，联镳并轨而归，即访之其室中，绣金亲为调片苶，自制寒具以进。温存旖旎，得未曾有。

其姊曰才喜，与之连墙而居，齿虽稍长，而丰神独绝。金陵偎鹤生以清介闻，一见才喜，立为倾倒，时得相如卖赋金百饼，即倾橐赠之。为书楹联云："一样英才开眼界，十分欢喜上眉梢"，由是声价顿高。才喜善为青白眼，虽在章台而性情豪爽，身具侠骨，胸有仙心，每见文人才士极相怜爱，周旋应酬出自至诚，从不琐琐较钱币。若遇巨腹贾则必破其悭囊而后已……才喜尤爱玉魫生，常欲姐妹共事一人，然生所属意者绣金一人而已。[28]

接下来，王韬引用了自己写给她们的诗来称赞她们精湛的演奏。眉君和李绣金的故事结尾都非常戏剧性。因为鸨母希望勒索更多的钱，眉君没能嫁给她心爱的人。消息传出来之后，这位年轻人一怒之下离开了上海，遭此打击之后眉君崩溃了，她一直拒绝进食，最后鸨母只有让步。她们雇了一艘船去追赶那位远去的年轻人，最后有情人终成眷属。李绣金爱的则是一位穷书生，他后来投笔从戎，终于当上了太守。他回上海去见李绣金的时候把自己打扮成一个破落的穷人。绣金听他讲完了自己的"悲惨遭遇"之后不禁潸然泪下,拿出来自己积蓄的五百根金条,鼓励他继续生活下去。这时候他才吐露了自己真实的身份,他们最后也成婚了。[29]

王韬在不同年龄写下的这些故事颇具启发意义。廖宝儿的故事见于他的第一部作品——《海陬冶游录》,这是一个优雅而文弱的人物,她不能摆脱嗜赌成性的丈夫,甚至还要养活他,她有爱的激情,但不敢挺身保护爱情。这个形象也意味着作者的自我形象也同样脆弱。但是,后来作者笔下的眉君、李绣金、才喜却是性情刚烈、意志顽强,她们十分欣赏文人阶层的男子,并坚贞地守护着自己的爱情。尽管她们对生活和爱情有了更大的发言权,她们还是坚持着过去的理想。

在余怀的《板桥杂记》中,叙述者个人也卷入故事之中,怀旧的思绪使作者感到有责任记下这些名妓的故事,把她们的绝代风华永远留驻在这段时光中。这些女子有着过人的美貌、教养、才华和品格,她们情感深沉真挚,只有她们才堪称文人的"知音"。她们对待文人和有钱有势的商人们的态度也决然不同。作为回报,文人们也毫不吝惜自己的才华,为这些名花送上热情的楹联和诗歌。王韬曾骄傲地说,这些楹联与诗歌颇有助于传扬名妓们的美名。不过,到这时候余怀的影响也就告终了。

与从前需要情人安慰和支持的形象相比,后来的文人形象中透出更多的自信和自制力。到底是什么变了?上海变了,知识分子的社会角色也随之发生了变化。1850年代上海租界还只是一个偏远的居民点,而1880年代的租界正在迅速成长为一个世界级的都会中心。租界在贸易、文化生产等各方面领跑全国,给文人提供了令人尊敬的地位和社会影响力。文人们也不再通过与其他士绅的对比来定义自身,而更多地把自己看成有独立身份的新兴城市阶层。再过几年之后,1890年代时他们即将宣称自己是全国的思想领袖。1880年代见证了知识分子和这座城市的蜜月期。王韬后来的故事证明,和中国历史上的大都市一样,上海所滋养的名妓和文人也不负这个重要的地方和时代。

王韬后期写的故事中可以看到这种自信。这些故事里,文人被放在了中心,《板桥杂记》式的"才子佳人"的俗套也看不到了。名妓当然还是故事的主角,但作者自己作为一个强势的人物也站到了舞台的中心,讲起了自己的故事。因此,上海名妓传记最后便以对文人的吹嘘而结束。作者对名妓品德的称赞也反映出他们的自我评价,他们以这种方式不断再造自身。告别余怀的传统是租界生活的一个自然的结果。1880年代的上海不是一个过去的死城,上海的知识分子不是传统的文人,上海名妓也不是象征着王朝覆灭的落花。

从体裁上说,王韬从余怀所采用的笔记体逐渐转为《淞隐漫录》中的传奇体,也许这种变化应该结合这样一种背景来理解:他跟余怀作品之间的关联正在日渐松动。

邹 弢

邹弢继承了王韬的困惑和对上海妓女的热爱。他1880年来到上海,在这里一住就是四十年。[30]他毕生的著述都与上海名妓有关,其中包括一套传记集、两本花界指南、一部小说,还有为当时的倡优文学写下的无数序言。[31]邹弢的作品对了解1880年代租界知识分子的看法和心境价值极高。

邹弢的笔记都是基于他本人和友人的经历写成的。如同描写上海的其他笔记体作品一样,城市在其中的身影十分引人注目。在《春江花史》的开篇,邹弢向我们讲述了自己是怎么到上海来的,又是怎么开始写妓女的:

> 辛巳秋,余始来沪上,主《益报》馆笔政,暇辄与二三知己作狭邪游,酒地花天,本非心微逐,不过借此消遣愁绪,如樊川江州辈以青楼为痛苦场耳。款接既殷,性情稍悉,自三四马路、石路以迄棋盘街,凡有所遭,各记数语。[32]

邹弢在这篇序言中说,自己来上海是为上海第一家天主教报纸工作。1852年,李枎(问渔)加入了法租界东边徐家汇的耶稣会,成了一名神父,在征得教会同意之后创办了这份报纸（最初为半月刊，后来改为周报）。报纸为中国的天主教徒服务，主要登载外国报纸头条新闻摘译、社会新闻、《京报》选录、教会新闻，以及自然科学和文学方面的文章。[33] 邹弢成了这份报纸的编辑。虽然邹弢在自传里从未提到过教会，但他曾担任《益闻录》（*News of Benefit*）的笔政，可见他也是天主教徒。1906—1923 年间他也在启明女塾执教的经历也支持这个结论。[34]

邹弢和西方、西洋人打交道并不限于报纸和出资的教会。根据阿英的记述，邹弢也为中国第一本文学杂志《瀛寰琐记》写稿。这本杂志 1872—1875 年间由美查的申报馆在上海出刊，刊名时有变化。[35] 邹弢和从香港流亡归来的王韬过从甚密，跟黄式权也颇有交往。黄式权与邹弢曾经在《益闻报》同为编辑，《益闻报》停刊后，1885 年黄式权当上了《申报》的主编。外国人和与外国人共事的中国文人是邹弢主要的社交对象。[36]

邹弢描述了他刚到这个城市时的困顿，他所用的语言和王韬很类似，都是过去的失宠于朝廷的文士被贬、去国怀乡的腔调。以杜甫和白居易自比肯定给他带来了些许安慰，但这段文字也显示出，传统的套话难以准确地描绘他身处的新环境。1880 年代的上海租界显然不是偏处一隅的边远地区，而是一个全国都数得上的繁华都市，甚至开始挑战北京的领先地位。在迅速发展的新闻界，邹弢的才华很快得到赏识。从他的自传中可以看到，邹弢十分认同传统文人的文学和社会角色。租界生活在他内心引起了深深的挫折感和不满，他曾经多次参加乡试都没有中举，但仍然对此抱有幻想。如同他在《春江花史》的开头所言，与名妓交游、为她们著书，给他提供了一个机会去追念文人所珍惜的往昔。

邹弢在无锡的老家在太平之乱中被毁，经过颇多艰难坎坷之后他才在族人的帮助下来到苏州求学。[37] 他通过了最初级的院试，但他的第一份工作不是做官，而是为上海的天主教报纸工作，那时候他三十二岁。按当时报纸的管理办法，记者和编辑都住在报馆楼上，所以他可能也住在法租界《益闻报》报馆所在地。1884 年他在徐家汇教会旁边置下一所房子，把父母也接了过来。[38] 他也曾两次接受朝廷任命去京都做官，但后来都辞了职回到上海来。他只出过一次国，去的是日本。《海上尘天影》的男主角曾去日本旅行，对那里的西方科技印象深刻，这跟邹弢本人的经历十分近似。这部小说还有一个方面跟邹弢的生活相关——邹弢的许多朋友都提到了他和上海名妓苏韵兰的关系。王韬在给邹弢的《海上尘天影》所做的序言中也曾说，这部小说就是邹弢生活的写照。[39]

邹弢还一度与名妓吴兰仙陷入爱情。他总是在她家里大摆筵席，呼朋唤友，在饮酒作诗中消磨一个个夜晚。吴兰仙想要嫁给邹弢，但最后还是遗憾地分手了，吴兰仙送了一张照片给他。邹弢对她总是不能忘怀，他说无论什么时候拿起她的照片来都会看得出神。他还为她作诗来寄托思念之情。[40]

邹弢常常充当名妓的恩客，这意味着他实际上是住在妓馆里。[41]比起戏院来，他更喜欢妓馆，为了去拜访当时自己最喜爱的名妓，他常常错过好戏。不过，他的情人中也有一个伶人，这两个男人之间公开的亲密和随意的态度常常成为他朋友的笑料。与他同时代的人也注意到，他最喜爱的名妓不会出现在他写的花界指南中。[42]

邹弢描写妓女的笔触充满同情和热爱，真实地反映出他的生活方式和态度。他的《春江花史》每一条都先写名字和地址，还对她的身世（有点像情史）有一个非常个人化的描述。大致是按照传统的名花小传来行文，描写她们的性情、容貌、皮肤、特别的才艺，有时候还描写她们的诗才，以及她们对才子的欣赏之情。我们以下面这段对姚倩卿的介绍为例：

  余看沪上之所遇美人，以姚倩卿为最。倩卿，琴川人，行七，丰姿濯秀，明丽如仙，为《章台祭酒前事》[43]，备详《吴门百艳图》。庚辰春移芳沪上，居处频更，近居石路普庆里，马眉叔观察极嬖之，公事来申必往访，花下流连，徘徊不忍去，拟出万金脱其籍，贮金屋中。某军门亦欲以斛珠换阿娇，皆不从。盖阿母方倚为钱树子，且姬亦择人而事，玉人慧眼，固别有深心也。姬与中州二爱仙人李芋仙极相契，酒阑茶尾，时吐衷情。

在故事的结尾,邹弢引用了一首他为姚倩卿作的诗,还说她"风尘独创怜才格"。[44]

重申文人和名妓之间由来已久的亲密关系,邹弢不是第一个,他之前至少有王韬的《海陬冶游录》。这部书沿袭了余怀讲述"花史"的笔记体,着眼在名妓而不是自己身上,按照为"一代名妓"立传的传统,在对现在的描述中隐隐可以看到过去的影子。叙述者用的是一种怜香惜玉的口气。按照这种传统,几乎不可能给名妓或这个城市提出挑剔的意见。文雅敏感的形象意味着和往昔有着切不断的联系。

不过这种类型也没有完全无视新的形象。邹弢在他给胡宝玉做的小传里巧妙地把千篇一律的传统的投影变成了大都市里精明的专业人士:

> 胡宝玉住毓秀里,年将三十,与李佩兰李巧林为一时人,徐娘虽老,风月尚佳,鸳鸯阵中健将也。向与武旦黑儿善,黑儿演剧梨园,宝玉日往观之。黑儿演已,宝玉即翩然去,余事备详《海陬冶游录》中……曾交接某西大人,得夜合,资无算,由是奁具充盈,视珠翠如粪土……或有讥其淫荡者,不知风月场中,生涯是梦,大腹贾挟万金全身无一雅骨,惟知登阳台觅高唐神女求云雨,辄茍仅相对妄言,不能遂其所欲,则悠悠俗口,将短之不暇,又奚能别树一帜哉?或谓姬本姓潘,为逆匪小禁子之女,然欤?否欤?[45]

邹弢塑造的胡宝玉是一个新的妓女形象,她的成功并非建立在她和文人的关系之上。这个人物各个方面都与理想化的形象不同:她追求并包养戏子,和洋人过夜,也愿意接受仅仅追求性欲满足而非高雅享受的客人。她也可以把金钱看得很淡,因为她自己就很富有,可能比作者还要有钱。邹弢并没有掩饰他对胡宝玉的生活方式和经营策略的反感,但他也很直接地指出,的确有一个性交易的市场存在,而胡宝玉是个中好手。邹弢对胡宝玉的描写透露出他对这个城市的商人阶层和商品化的价值观的憎恶之情,他认为这只是最原始的人类需求。

邹弢生活在矛盾之中。作为上海第一代供职于西式公共传媒的专业人士，他大部分的业余时间都在烟花柳巷中，为名妓们写各种指南、故事、传记。而他也不可能全盘模仿传统文人的消遣方式，因为他在现实生活中还得充任记者之职，而且上海的名妓也不再遵循自己的传统角色了。在这一点上，可以说上海的知识分子和名妓达成了一致：他们都需要在都市的喧嚣中保存一点传统的幻影，给生活增添高雅的趣味和情感上的满足。邹弢写的这本书既不是报道文学也不是社论文章，他只是用一个护花使者的语气在写作。

　　通过王韬、邹弢的作品，上海名妓的形象更加凸显了出来，在以后的岁月里逐渐成为了上海娱乐出版业的主宰。而在这些妓女的形象中我们也可以看到这个新鲜、特别的城市的身影。尽管邹弢积极参与塑造了上海租界特殊的文学风格和生活方式，但他的作品中始终有一种矛盾的情感；在他充满热情的倡优文学作品中，始终伴随着他自己作为一个"失意文人"的情绪。不过，根据他自己的讲述和他在上海的生活环境来判断，似乎没有别的地方比上海更吸引他了，而他对自己的厌恶也正是出于这一点。[46]

竹　枝　词

　　刻画并传扬上海名妓和青楼形象最有力的文学形式是竹枝词。在19世纪末20世纪初的上海，这种通俗的打油诗深受普通居民和文人的喜爱。也不止是上海如此。竹枝词可能可以追溯到唐代，但19世纪才得到了最广泛的运用。[47]杨静亭1879年编纂了《增补都门纪略》，其序言称这种文学类型主要是记录独特的社会现象和当地风俗的变化，但竹枝词也可以描写自然美景和地方历史的变迁，还可以褒贬时政。[48]上海从不缺乏各种光怪陆离、令人惊异的事情，是很好的描写对象，而且竹枝词这一类型也有了一个新的转折，许多竹枝词开始描写上海的风月场。[49]上海竹枝词主要刊登在报纸上。原来这种体裁是不具名的，后来很多著名的文人也很愿意署上自己的笔名。现存的大量上海竹枝词足以证明，主题、形式和作者三方面的结合赋予了它文化档案的新地位。

最早是《申报》刊登这种竹枝词,后来别家报纸也都跟进了。竹枝词还形成了中国报纸最早的文学副刊——尽管当时还没有"副刊"这个叫法——这个园地对竹枝词在上海的推广也功不可没。[50] 它给都市里的读者带来了轻松的文学消遣,同时,"有人仰慕我们的城市"也给读者带来了满足和愉悦的感受。有人把竹枝词结集出版,甚至洋人的娱乐小报《上海通信晚报》(*The Shanghai Evening Courier*)有时候也会选译一些精巧的竹枝词。[51] 想要了解中国游客对上海租界(所谓的"洋场")什么东西印象最深,竹枝词是一种绝佳的材料,不过它很少被使用。[52]

竹枝词大多都洋溢着对租界的欣喜之情。从惊人的景观、声音到时尚,各种事物都成了描写的对象。下面摘抄的几首来自1874年4月27的《申报》上发表的《洋场竹枝词》:

总 起
和议初成五口通,吴淞从自进艨艟。
而今三十余年后,风景繁华互不同。

外国洋房
铁栏石槛色□浓,直上凌霄四五重。
忽听当头声啸处,错疑箫音破云封。

火轮船
不倚风帆过海江,任凭巨浪也能降。
烟腾百丈行千里,只要轮盘捷转双。

外国新闻志
外域奇文世上稀,排行铅字快如飞。
不分遐迩都分晓,洋货行情也要依。

大自鸣钟

十二时辰远近听,钟藏一座似楼亭。
鼓声响处迷人醒,不是奇观是正经。

棋盘街巡捕房

街像棋盘十字头,外洋污秽最憎嫌。
道旁洁净休遗泄,巡捕房中禁律严。

妓　馆

富贵荣华四字精,苏扬名妓色倾城。
娘姨含笑迎游客,此处长衫曲调清。[53]

上海的花界是这个都市洋洋大观不可缺少的、代表性的部分。正如《妓馆》的第一句写的那样,上海租界最好的妓馆都以所在里弄的名字而闻名。在这种高级妓馆里,唱曲是最重要的娱乐活动。戏园里演的是京剧,而客人们到这种妓馆来就是为了听听南调——昆曲。

因此,在西式马车、酒馆、洒水车、赛马、戏院、照相、鸦片烟馆、煤气灯和西式酒吧等等的奇观之外,青楼也是值得竹枝词一写的题目。尽管很难从笔名上确认这些作者的身份,从序言中还是可以看出他们是去上海游玩或做生意的文人,常常去了不止一次。对他们来说,这座城市跟他们的其他经验差异如此之大,他们感到惟有这种形式才适合记录自己的印象。下面几首选自《沪上青楼竹枝词》:

岁朝何处把香焚,傍早宜登虹庙门。
向夕马车忙不住,大家都赛石榴裙。

五花争把马头装,傍晚都来跑马场。
借问马夫谁出色,道旁多说四金刚。

送盘处处唤相帮，黄到枇杷小姐慌。
漂账今年应不少，客人知向哪方藏。

唱书楼上校书稠，楼外行人尽举头。
惹得祝融都驻听，两番波及杏花楼。

夜深人静口脂香，月色溶溶上短墙。
到得愚园同驻马，半为偷局半乘凉。

惊心除夕漏频催，阿宝刚收局账回。
齐向房中猜熟客，明朝谁把果盘开。[54]

  这些诗句里刻画的片段和场景说明作者觉得上海妓女十分时尚、新潮。这些女子身穿石榴裙（按清代服制规定，这个颜色是不准穿的），不仅自己在赛马会上争奇斗艳，还把马和马夫都打扮起来。这些诗还带着几分同情地写到了妓女们对客人漂账的担忧，因为她们自己必须付钱给妓馆、下人、珠宝商、裁缝和饭馆。名妓身上的财务压力很大，在年关来临需要清账的时候尤其焦虑，所以她们需要求神保佑，这在节日里表现得尤为明显。作者的口吻像是个知情人，在场景的描写中透着怜悯，同时也保持了一个思考的距离。
  袁祖志（1827—1902）是最多产的竹枝词作家之一。他以仓山旧主的笔名写了几百首竹枝词，人们纷纷传看他的手书。他的很多竹枝词也发表在《申报》上。[55] 袁祖志是清代著名诗人袁枚（1716—1798）之孙，出生于杭州。1853 年，他的兄长到上海就任知县，他也跟着来到了上海。几个月之后，他的兄长在小刀会起义中被杀害。1870 年代，袁祖志也成了一名地方官。他退休之后住在老城厢，本来希望过个没人打扰的清静日子，但1881 年他又搬到了租界。[56] 可能他受邀去了报社工作，因为众所周知他有这方面的经验。[57]他在福州路修建了自己的私宅,就是著名的"杨柳楼台"。[58]很快这个地方就成了上海最知名的新式文人聚会之所,王韬、何桂声等人曾是那里的饮酒吟诗的座上宾。[59]经常出入的客人中有一位名叫柴田义桂,他和袁祖志的亲密友谊保持了许多年。[60]杨柳楼台也是袁祖志自己组织的窥园诗社的所在地,这个诗社的其他成员写的竹枝词也发表在《申报》上。当时像袁祖志这样紧密联系报界和作家的情况十分普遍。

袁祖志被看作竹枝词惟一的大家。他喜欢照顾上海妓女也是出了名的。他给名妓们写了很多东西,既有竹枝词,也有楹联。[61]他和名妓李三三的故事是一段传奇,[62]邹弢曾评论道,李三三就是文人捧起来的名妓之一。[63]

李三三是某太守庶出的女儿。太守去世以后,李三三身为小妾的母亲被正妻逐出了家门,带着她搬到了苏州。《海上群芳谱》的作者小蓝田忏情侍者认识这对母子,他说三三的母亲根本就不会料理家务。她常常花钱请妓女来饮酒作乐,自己也成天流连妓馆,把家产都挥霍掉了。苏州禁娼后她觉得百无聊赖,于是便雇了一艘船带着女儿来到了上海。因为她们已经身无分文,于是她就让十六岁的女儿出来接客。三三的美貌和魅力很快就传开了。她最忠实的情人就是袁祖志。为了传扬三三的美名,袁祖志为她写了一系列的六十字长联。[64]他和两个朋友还在《申报》上以李三三的名义举办了一个献诗活动,有八十个人参加了献诗。于是李三三就全国知名了,从全国各地来的游人都要来找她。显然,这些文人的诗歌和竹枝词帮她确立了声名。[65]后来李三三在1882年的花榜中得了榜眼。[66]

袁祖志给她写了这样一组诗:

> 此邦风月冠江南,万紫千红任客探。
> 行过章台三十里,无人不道李三三。
> 寻春心事十分酣,醉入花间比蝶憨。
> 阅遍环肥兼燕瘦,风情都逊李三三。
> 容光四射暗香含,压倒群芳定不惭。

愿把金铃营十万，深深重护李三三。[67]

袁祖志《海上吟》中的所有诗歌都是写给名妓的。[68] 李伯元的《游戏报》1897年第一次开花榜的时候，袁祖志还为他拟定了评选规则。[69]

尽管袁祖志是一名本地作家，他有时还是会批评游人和租界本地居民恣意无度的炫耀消费，尤其是喜欢把钱花在青楼的不良风气。他的批评几乎都是针对客人而非名妓的：

客到申江兴便狂，纵饶悭吝也辉煌。四元在手邀花酒，八角无踪入戏场。但看衣裳原绮丽，若论事业竟荒唐。只愁三节辰光近，欲避无台债孰偿。

时装广袜与京鞋，结束风流子弟佳。丹桂园方呼狎妓，同新楼又拥娇娃。腾空高坐蓝呢轿，点戏荣书白粉牌。才拟招魂惊落魄，惨经宝善一条街。[70]

借着袁祖志等文人之手和《申报》等媒体之力，这些上海竹枝词成了租界文化标志性的元素，也成了表达公众意见的最早的本土形式。租界的文人们选择了这种形式的诗歌，一方面与过去有某种关联，同时又能表达个人对上海新兴事物的看法，非常适用于新的环境。这些诗歌很像唐代的乐府，是一种评论社会的民谣。[71] 竹枝词看来有很多读者。袁祖志在他的竹枝词选集的序言里称，希望了解租界的人们初次在报上读到竹枝词时就十分喜爱。[72] 竹枝词数量多，又简单易懂，这种文学类型对新的文学和娱乐市场极为重要，同时它也为作者们提供了一种新的方式，去塑造公众对这座城市及其青楼的舆论。

在报上发表诗词使这些文人为大众所熟悉，袁祖志甚至还获得了明星般的地位。这也是一种塑造和探求文人公众形象的新方式。媒体让他们在各个层面上迅速地为读者所了解，这一转变改变了媒体的使命。现在作家们不仅是在评论租界的时尚风潮，也是在宣扬他们个人对青楼的赞美和对名妓的热爱，他们把精英文化的主旋律变成了大众消费，喜欢窥探他人的大众代替了上流社会的鉴赏家。

打造都市丽人的形象

上海新兴产业的代表——兴旺发达的出版业也对名妓这一主题感兴趣。各种出版物中除了文采斐然的花界指南之外，还常附有石版画插图。真正的文人很愿意加入这个市场，为大众提供文化消费，例如王韬的《淞隐漫录》就曾在《点石斋画报》上连载。不知名的文人也加入到这个市场中来，最好的例子可能就是吴友如和为杂志制作石版画插图的工匠们。

一种特殊的上海的城市感在名妓的形象中得以形成和凸显出来。曾经跟高雅文化相联系，与香草、花园、闺阁相联系的"美人"的形象被移植到了上海的都市空间中。按照传统的定义，名妓就是美人的同义词。而这些上海的版画有了革命性的变化——名妓一举一动都是在都市环境中。她在这个新背景中的公共形象代表了都市丽人应有的样子。[73]

《点石斋画报》对表现和传播这个形象功不可没。美查按照《伦敦新闻画报》(*London Illustrated News*)、《哈珀斯》(*Harper's*)、《弗兰克·莱斯利画报》(*Frank Leslie's Illustrated Paper*) 和《图画周刊》(*The Graphic*) 的风格创办了中国自己的画报——《点石斋画报》。[74] 它的宗旨就是为读者提供有趣的插画，供他们打发休闲时光。这本旬刊受到读者极大的欢迎，在外地也卖得很好；自1884年到1898年，共刊行了十四年之久。[75]《点石斋画报》主要报道发生在上海、中国乃至全球的奇闻怪事和具有普遍新闻价值的事件，表现出一种全球化、都市化的新审美，特别喜欢详细描绘撩人的都市社会环境。[76]

《申报》十年之前就已经证明了上海一流名妓的新闻价值，对她们在公共场所的举动的报道尤其突显了她们的新闻价值。[77] 后来，这一专题成了《点石斋画报》最喜爱的主题之一。这些新闻故事中的名妓形象层次丰富，生动真实，绝没有重复之感。她的公共形象是其魅力的核心所在，不过她也

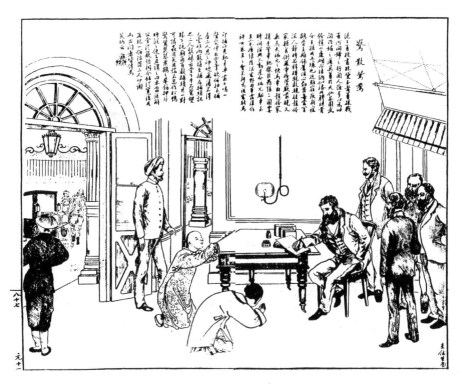

◆ 4.3 《惊散鸳鸯》。石版画。朱儒贤插图。林黛玉是1890年代的四大金刚之一,她的一个情人跪在外国捕头面前,求他放了自己。他们在她的马车里云雨的时候被巡捕抓获了。(《点石斋画报》,元集,11 [Nov. 1897]: 87)

是刺激的丑闻的源头。

《点石斋画报》以插图报道了印度锡克教巡警抓获林黛玉的事,当时她的马车停在一条僻静的路上,她正在车上和一个客人做爱(见图4.3)。另一期杂志报道了一名妓女身着男装,公然出现在大街上(见图4.4),还有一幅图画的是两个妓女站在各自的马车上互相指骂,一帮围观者则站在旁边拍手哄笑(见图4.5)。而另一方面,也有妓女非常慷慨好义。在图4.6中,一位被称为是"性豪爽、好任侠"且有"女孟尝"之名的名妓洪文兰看到了一位怀抱婴儿的女子在河边痛哭,于是她停下车来,慷慨解囊。

这些现实主义风格的画像表现了上海妓女在公共场合的举止,这也是

◆ 4.4 《愿效雄飞》。石版画。符节插图。这位穿着男装的名妓在街上被人认出来了。(《点石斋画报》，乐集，12[1894]:95）

上海新形象的核心组成部分。这里也隐讳地说出了其中的因果关系。在图4.3中林黛玉出了丑，她和情人跪在一起求外国捕头开恩。这个场景中，丑行和外国捕头所代表的法律和秩序形成了鲜明的对比。图4.5突出了妓女对公共领域的滥用：斗口的妓女站在她们的敞篷马车上俯视着街道，这让人想起上海租界的特殊背景。这些插图在刺激的、甚至有点过分现实的语境下重新描绘了上海的奇事，给上海所谓"秩序和奇迹之地"的形象增添了一丝讽刺意味。这个城市的光辉形象并没有被完全抹杀，但版画中传达出一种矛盾感和对城市的讽刺。

妓女形象的庸俗化是对这些女性所代表的上海的商业化进程的一种反

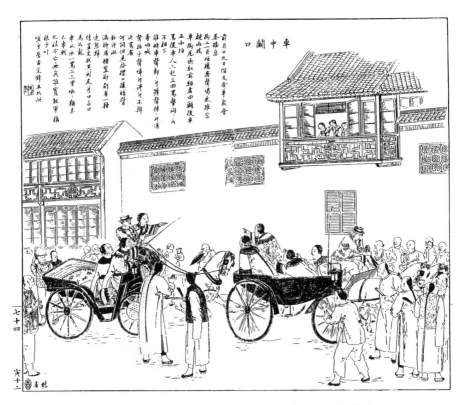

◆ 4.5 《车中斗口》。石版画,金蟾香插图。这两位名妓站在车上互相指骂,围观者在旁边拍手起哄。(《点石斋画报》,寅集,12[1888]:74)

映。早期妓女的形象是以文人的价值观和他们理想中的世界秩序为基础的,我们不再见到这样的形象,说明从前的优雅被物质主义、西式的城市设施和道德堕落所取代了。现在对妓女的种种刻画反映出两种矛盾的体验:一面是上海商业的力量,一面是它的堕落。城市里的各种怪现象被视为商业精神胜利的标志,在对妓女粗俗举止的刻画中也反映出这一点。

这些插图和所附的文字中都明显有上海租界的标志,只凭马车就可以断定是什么地方。图中的城市环境,包括在场的西方人都是很典型的,同时这幅插图也表现了新的中国城市生活方式,其中女性具有独特的新闻价值(即使偶有丑闻),成了公共领域中的重要角色。

◆ 4.6 《青楼好义》。石版画。云林插图。名妓洪文兰坐马车出游途中遇到一位怀抱孩子的穷苦妇人,她停下车来询问情况,并且慷慨地解囊相助。(《点石斋画报》,利集,11[1898]:82)

从传统的幽居佳人到都市丽人的转变,需要我们对文化符号进行重新阐释。传统的梦境变成了外国人带来的奇景。不过,从不同的角度来看,上海的城市环境有不同的含义。与传统版画中的人物(见图4.7—4.9)不同,《点石斋画报》中的都市丽人都身处拥挤的街道或公园,耸人听闻的报道代替了花界指南中对城市和名妓的溢美之词。这样的表现手法极大地改变了背景的文化地位。高雅文化最重要的标志——独占性的因素被取消了。公共领域虽然有西洋物品点缀其间,但还是属于所有城里人的财产。这种环境中的名妓形象是对过去高雅文化的一种嘲讽。当名妓被当作一个具有新闻价值的名人时,她在公众场合的举止其实违反了"美人在人前应该做什么"的文化前提。

◆ 4.7 这幅17世纪的插图可以代表绘画中的"望远"的主题,这是一个历史悠久、引人遐思的主题。木版画。(邓志谟,《洒洒编》)

◆4.8 《曲室》。木版画,黄端甫刻版(活跃于17世纪早期)。图中的妓女和客人关系融洽,环境幽雅,描绘出一个充满美感和愉悦的梦幻世界。妓女的形象既是一种高雅文化的体现,也象征了一种理想化的社会秩序。(朱元亮、张梦征编,《青楼韵语》,1:12)

《点石斋画报》的插图在她们周围加上围观的人群,把她们的举止也画得跟普通人一样,更增添了一层讽刺意味。于是,城市空间里的丽人就把"奇"和"怪"这个新元素结合在了一起,这可不是表现美人的传统元素。

小报、知识分子和名妓

除了石版画插图之外,新式的大众媒体也有助于都市丽人形象的塑造;它们不用受已有文学类型的束缚,这也是一个优势。每日出版的娱乐日报

◆ 4.9 《雅谑图》。木版画。作为职业艺人，妓女也有一定的自由。这幅图里的妓女正在跟她的恩客调情。她紧抱着树干，两腿把树干夹住，让人联想到两性交合。她的恩客见状脸上露出了微笑。(《吴姬百媚》，1617，1:11)

也称为"小报",它就是娱乐新闻的阵地。小报问世于1890年代,这说明新的休闲文化已经站稳了脚跟。这些报纸倡导一种看待时间和休闲的新方式,它生来就是属于城市的。报纸上的文学格调高雅、庸俗的都有,报道的内容诗歌、笑话、八卦、小说无所不包,也可能有很厉害的政治批评。不过,在1890年代末1900年代初,小报还处于发展初期,它主要报道的对象就是上海的名妓,而经营这些报纸的是当时最聪明、最有创造力的一批年轻文人。

李伯元(1867—1906)创办了这种新媒体,他主办了两种小报:《游戏报》和《世界繁华报》。[78]《游戏报》主要关注上海妓女,《世界繁华报》则主要报道妓女和伶人。在租界这个安全的天堂里,上海文人写点跟名妓、伶人有关的文章聊以自娱,有时候也以讽刺清政府为乐事。

作为上海特色之一,上海名妓和文学作品一起登上了报纸的各个版面,《游戏报》和《世界繁华报》把戏剧和小说连载当作了常设的栏目。早期的小说还没有政治性的内容。例如,自1897年起女作家程蕙英的未刊稿《凤双飞》就曾以附送活页的形式在《游戏报》上连载,李伯元在其按语中把自己塑造成一个护花使者的形象,他说他发现了这位才女的作品,希望也能得到大家的关注。[79]后来的连载文章主要是针砭时弊的讽刺小说。这类作品能发表可以说是另一个上海特色,这些颠覆性的作品只有在上海才有可能发表出来进入市场(图4.10)。这页报纸的上半部分登的是有关名妓的新闻,下半部分还连载了一篇小说。1900年的义和团运动和八国联军侵华促使李伯元在《世界繁华报》上更多地刊登这类作品。[80]

李伯元1896年春到上海的时候只有二十九岁,没有人知道他是谁。几个月之后,他就成了新兴中文娱乐小报的最知名的记者。1896年他创办了《指南报》,这份报纸体现了他后来的报纸的一些特点:关注娱乐新闻,栏目标题也颇有文采。[81]他说创办这份报纸的初衷源于一次和西方人讨论法国的娱乐小报——可能这个西方人就是 I.D.Clarke,《文汇报》(*Shanghai Mercury*)的编辑。[82]在他为《游戏报》写的发刊词中,李伯元承认这份娱乐小报的概念来自西方,他说《申报》的创办人英国人美查、创办《新闻报》的美

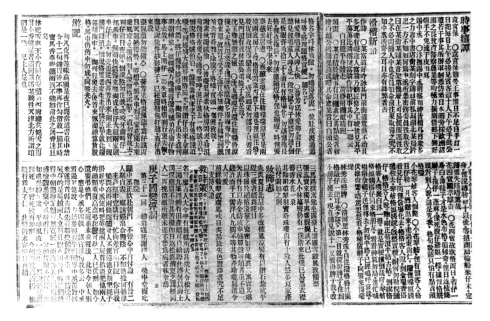

◆ 4.10 《世界繁华报》的一页之中就包含了上海名妓的往来流动、时尚潮流,以及城市公园新规定等各种新闻,下面半页还连载着一篇官场小说。(《世界繁华报》,1902年10月10日,2)

国人福开森(John Ferguson)是他做编辑的偶像。[83] 他希望能学习他们辛勤工作的态度,效仿那些有真凭实据和充分调查的文章。[84] 这对于娱乐小报来说肯定是高级目标,但从报纸末页的"更正"一栏里可以清楚地看到,至少某些错误得到了及时的承认和改正。[85]

李伯元在上海的住所也是他的办公地点。他住在福州路惠福里,上海花界的中心,后来主办《世界繁华报》期间又搬到了靠近西藏北路的亿鑫里。[86] 尽管他作为大都市的报人生活总是忙忙碌碌,而且他的工作也使他成了一名花界熟客,他的第二任妻子还是说他的私人生活非常传统。他住在西藏北路的一栋二层小楼里,楼上住的是他的家人,他母亲和第一任妻子曾经住在这里,第一任妻子死后,他的第二任妻子和小妾也住在这儿。她母亲按着传统的规矩包办了这些婚事,还安排人把前后这两位媳妇从老家坐船送到上海来。[87] 孝敬的李伯元每个月给老母亲四百块钱作为家庭开销。他自己总是穿着简朴的蓝色长衫，很少穿时髦的丝质夹克。[88]

李伯元总是劳累过度，最后死于肺结核。他在上海的花界安置了通讯记者，至少还有两个助手，但还是忙得不可开交。[89]他这一行也必须搞社交。除了报纸的工作之外，他1897年11月还组织了书画社和海上文社（也叫"艺文社"），后者还有自己的报纸。[90]从这个意义上来说，这份报纸也是一个社交网络的核心，作者和读者形成了一个虚拟的社区。[91]

为了应付沉重的工作压力，李伯元在游戏报上登了一个启事，告诉友人和读者只在下午四点到五点之间会客。[92]这个特别的举动完全不符合文人对时间的观念和传统文人的生活方式，清楚地表明了现代时间观念的产生和现代娱乐业的工作时间表。因为李伯元上午忙于写稿和处理杂志社的事务，下午晚上又要社交，四点到五点之间是惟一的空闲时间。张园是他很最喜欢喝下午茶的地方之一，当然他也在那里社交。大多数顶级名妓和她们的恩客都会现身张园，而当地文人和来访友人的会面地点也常常选在张园。[93]在这里李伯元不仅可以见朋友，为报纸经营拉关系，还可以通过名妓之口打听有关她们的八卦新闻。

盈利能力是最主要的问题。通过各种广告宣传，李伯元证明了娱乐小报也能针对特定的读者提供文化产品——诸如图书、书法和画作等等。连载小说有助于稳定发行。尽管如此，他的各种事业收入还是明显难以支撑他这种生活方式，他四十岁去世时留给家人的只有负债累累的企业。[94]

欧阳钜源沿着他的引路人的脚步继续前进。据说李伯元的报纸许多的写稿和编辑工作实际上都是欧阳在做，甚至李伯元书中有些部分也是他代笔的。[95]欧阳1898年来到上海，开始给李伯元刚创办一年的《游戏报》投稿。据包天笑说，欧阳钜源聪明过人，文思敏捷，成文非常之快。[96]李伯元的报纸每天都得出，他聘请欧阳来报社工作大概也是看中了这一点。欧阳1904年还出版了一部小说——《负曝闲谈》，不过他大部分作品都没有署名。我们对他所知不多，但他肯定对花界十分熟悉；一度有传言说他是林黛玉的情人。林黛玉写了本《被难始末记》讲述庚子拳乱时她在北京的遭遇，欧阳为这本书写了序，可能书中有些内容也是出自他之手。1899年出版的《海天

《鸿雪记》作者署名为二春居士，据考证正是欧阳的笔名之一。⁹⁷ 他还和李伯元的助手庞树柏合写了一出戏讲花界设义冢的事，看起来他也曾积极参与此事。这出戏以林黛玉为中心，把她塑造成了女英雄。

李伯元死后欧阳曾试图把他的两家报纸接过来，引起了一些同行报人的愤怒。李伯元的好友、京剧名伶孙菊仙出面阻止了这件事。欧阳年仅二十四岁就去世了，当时有人说是死于梅毒。据说欧阳的才华在所有租界文人之上，但他之纵酒堕落也无人能及。⁹⁸

李伯元的娱乐小报可以说是上海最负盛名的花界每日行情指南。这些报纸也发行到其他城市，外地的读者不但能从中了解上海最近的情况，也可以把这些内容当作虚拟的、怀旧的消遣。

尽管报道这些风花雪月的事容易让人觉得报纸轻浮琐碎，李伯元对此还是非常在意。对于他的报纸和他本人都很轻浮的说法，李伯元又急又气。按他的理想，记者的现代感和文人传统中雅趣的一面应该结合起来。⁹⁹

李伯元自己在和妓女的相处中也试图遵循类似的原则。在《世界繁华报》创办之初，他和妓女诗人李苹香关系密切；有文献称是孙玉声（海上漱石生）把李苹香介绍给李伯元的。李伯元帮她自立门户，还在报纸上不断刊登她的诗作，抬高她的地位。¹⁰⁰ 通过对李苹香及其作品的详细报道，李伯元试图唤起人们对从前那些精通文学的名妓和恩客精诚合作的文化联想。不过，他选择的方式一点都不传统。1901 年，他举办了一个特殊的竞赛——评选文才最佳的妓女，还戏仿清廷新开的考察西学知识的科举考试之名，叫做"经济特科榜"。¹⁰¹ 李苹香自然是名列榜首。¹⁰² 李伯元还编了一本李苹香诗集，题为《天韵阁诗》。¹⁰³

尽管李伯元和其他恩客们使尽了浑身解数来捧李苹香，但当她被租界法院带走时却无力保护她。作为娱乐小报的编辑，李伯元没有别的选择，只能详细地报道这个案子的进展。但他现在是左右为难，一方面作为恩客他有责任保护李苹香不受公众舆论的诽谤，另一方面，小报编辑的身份又要求他为读者详细报道一流名妓身上发生的轰动新闻。为了解决这个矛盾，他在新闻报道中加了一条社论，把这件事描写成降临在苹香身上的一桩不幸。在社论中他哀叹萍香最近祸不单行,甚至还要吃官司。[104] 相应的报道也以充满同情的笔调低调处理了这个案子。[105] 当李萍香离开上海的时候,《世界繁华报》发出了这样的感叹:"呜呼!萍香去矣!无祖筵无饮账,行李萧索,山川黯然于此,不能无盛衰不一之悲与夫世态炎凉之感矣,率书数语为临别赠言之计,萍香其无哂之!"[106] 相比之下,对旦角高彩云与官员之妾偷情一案的报道就故意用了耸人听闻的题目,可见编者的立场是一种有意识的选择。[107]

根据1901年《世界繁华报》的报道,有个人出来指认李萍香是他逃走的女儿。在审讯中,李萍香对这个男人的说法既没有承认也没有否认,于是法庭判定让这个男人带她回家,并永远禁止她重回上海从事妓业。[108] 过了几天,又有她和某位潘先生的故事浮出了水面。[109] 后来有人把这两个故事联系了起来,说这个"父亲"其实是李萍香的旧情人。[110] 李萍香本来家世良好,她的父母把她许给了刘家,但她爱上了这位潘先生,她说服母亲带她出去烧香并回来谎称她死了,刘家人只得为她办了丧事。之后她来到杭州,和自己的恋人生活在一起。她在杭州以卖字为生,后来又搬到了上海,成了一位名妓。萍香的诗才和书法都很出众,实际上她在被捕的时候还在给客人展示自己的书法。她在上海名头很盛,极受知识分子欣赏。后来她离开了靠自己养活的潘先生,于是他就去法庭声称她是自己的女儿。萍香质疑他的说法,输掉了官司。后来她又去宁波闯荡,最后改名换姓回到了上海,过起了隐居生活。

这个插曲表明在名妓文化、市场和文人三者之间发展出来了一种新关系,李伯元的例子典型地反映出其中的冲突和困惑。不管他多么不愿意,文人还是把名妓——文人从前的伙伴、他们声称要保护的人——当作新闻对象搬上了媒体。文人把名妓送入了市场,但同时也失去了从前独占她们的优势。娱乐小报问世以后,娱人的名妓就成了供大众消费的文化产品。

1880年代以来名妓报道中常见的那层光辉也消失了。在这个国家危亡的时代,上海的名妓担负不起晚明名妓那种正直、爱国的角色。此时各种讽刺文学正在猛烈抨击清朝政府,名妓化作了小报上的新闻以及耸动的报道,最后凭自己的力量以明星的姿态东山再起。那些名妓形象的制造者也受到了影响；租界的文人们放弃了扮演救国大英雄的痴心，慢慢适应了上海城市知识分子独立而边缘的生活。

黑幕小说连载和"城市悍妇"的形象

19世纪末，一个洪亮的新声音也参与了对妓女形象的描绘，那就是狭邪小说。鲁迅是分析狭邪小说的第一人，最近王德威和其他学者也在继续这个工作。[111]但是还没有人关注到狭邪小说和媒体的紧密关联。所有这些小说都是在报上连载的，而且作者都是记者。

狭邪小说把之前的小报新闻和独立的妓女小传连缀成了一种总体性的叙事。统一的形式克服了从前叙事太过零碎、行之不远的弊病，原来的新闻条目变成了故事，真实性必须更强。这不再是知情人神奇的洞见，而是从社会学的视角观察和提炼出来的现实主义报道。从这个方面来说，它和当时的法国倡优小说有很多共同点。[112]这些小说的作者也都采取了一种新的立场。他们从每天写点零碎报道和名花小传的记者变成了语言大师。他们对城市世界有着非常全面的了解，能准确地辨别和描述世相百态，同时又保持着自己的道德高度，能随时按照能引起读者共鸣的价值观做出判断。

第一部狭邪小说是印行于1892年的《海上花列传》。这部小说形式上还处于过渡期，从题目中就可以看出它与妓女传记的关联。几年之后这种新的小说体裁才发展成揭露风月场内部运作和黑暗面的黑幕小说。

再造名妓形象功劳最大的是孙玉声（一名孙家振）的第一部小说《海上繁华梦》。[113]孙家振出生在一户殷实的上海人家，年轻时也是花丛中的常客，这种圈内人知识对写小说有很大的帮助。他主要的职业身份一直是新闻报人，[114]他于1898年创办了《采风报》，在上面插图连载了自己的小说《海上繁华梦》。这份报纸六文钱一份，跟李伯元的《游戏报》大小相仿，但早几个月发行。自1900年起，孙玉声开始在大型日报《新闻报》做编辑，1901年又创办了自己的第二份娱乐小报《笑林报》，继续连载《海上繁华梦》。他在《新闻日报》工作时与李伯元有很多接触，当时李伯元的宅邸，也即《游

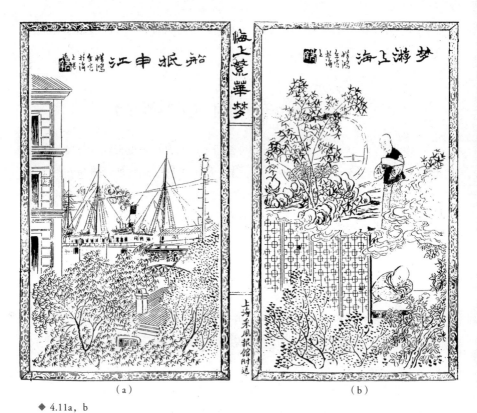

◆ 4.11a, b

（a）《船抵申江》和（b）《梦游上海》。石版画。《海上繁华梦》第一章的插图,孙玉声插画。右边这幅（b）画的是苏州。左边这幅（a）画的是上海,图中的汽船、西式建筑和路边高过树顶的电灯都是上海典型的风景。(《采风报》,1898年7月27日）

戏报》报社就在街对面。[115]《海上繁华梦》模仿王韬的《淞隐漫录》,附上了石版画插图（图4.11a, b, 4.12）,[116] 立刻大获成功。头二十章连载完之后出了个单行本,同时连载还在继续。[117] 这本书揭露了上海风月场的内幕,书中的妓女基本上是狡猾的女商人形象,缺乏真正的感情。

连载不只是这些小说的小特色,它对作者的生活有很大的影响,因为必须得天天有新内容。后来,当红作家甚至同时给好几家报纸写连载小说。从前传统的小说都是分章回的,总是在矛盾还没有解决时戛然而止,以吸引读者继续往下读。但连载小说与此不同,它不按内容而按版面来分段,

◆ 4.12　孙玉声的《海上繁华梦》以这样单张插页的形式在《采风报》上连载。石版画。（《采风报》，1898年7月27日）

有时候一件事还没做完，甚至一句话还没说完就不得不打住。插入的两张活页，大小与普通纸一样，连载完了之后可以装订成册。看得上瘾的读者就得每天去买报纸。

　　这些连载小说适当地调整了语言风格，以与报上其他现实主义风格的内容相适应，这个举动有助于扩大读者群。报纸渐渐开始用故事情节连缀零碎的每日新闻，报纸的性质也随之发生了变化；可以说这个故事情节反过来改变了报纸的整个排列顺序，所有的内容都成了当今世界的一个故事。而且读者的地位也随之发生了转变，从前被报纸寄予厚望、可能会花钱购买的读者现在变成了被动的接受者，欣喜地阅读着语言大师每日的连载。最后，报纸把小说部分和花边新闻排在一起，也改变了读者的阅读习惯，模糊了事实和故事之间的界限。

在欧洲，报纸连载小说成功地扩大和稳定了读者群，记者们也可以用小说化的社会学视角把他们所知的逸闻趣事加以概述，为他们日后的小说出版打下基础。连载是由经营中文出版物的西方人传入中国的，美查的第一份期刊《瀛寰琐记》自1872年起翻译连载了英国作家利顿（Edward Bulwer-Lytton，1803—1873）的小说《夜与晨》（*Nights and Days*）；自1884年起，美查的《点石斋画报》定期免费附送王韬等中国作家写的连载小说。[118] 李提摩太（Timothy Richard）的《万国公报》（*Review of the Times*）1891—1892年间也连载了美国作家爱德华·贝拉米（Edward Bellamy）的《回头看纪略》（*Looking Backward*），梁启超的《时务报》1896年翻译连载了柯南道尔的福尔摩斯系列。[119] 在中文小说中，《海上花列传》1892年首先被连载，这本书其实并非为连载而写，而且刊登它的报纸也几乎没有别的内容。1890年代末的娱乐小报使连载小说发展成重要的常设专栏，并巩固了报纸中的文学内容，最后发展成为"副刊"，即文学增刊。

袁祖志1880年代的竹枝词已经表现出对名妓主题的疏离，孙玉声的《海上繁华梦》塑造了第一个道德败坏、引人堕落的妓女形象。总的来说，这部小说中的妓女形象可以概括成作者的声音和主人公之间完全的疏离。邹弢、王韬书中的爱情命运令人叹惋、像花朵一样惹人怜惜的上海名妓形象消失了，取而代之的是李伯元笔下作为公众人物的富有才华的妓女明星，现在又变成了城市悍妇。这些生性狡诈的新一代都市女性用其传统印象做掩护，从天真的客人身上拼命捞油水。真正的男主角其实是作者：只有他冷静地看穿了这些女人玩的把戏。

20世纪初，梁启超声称政治小说是"新一国之民"最重要的工具，这一点已经讲得很多了，也是他把小说的地位提升到了各种文学体裁之首。实际上，没有多少小说真正实现了他的希望。狭邪小说没有什么高调，只是默默无闻地做着梁启超认为政治小说应该做的事。[120] 它不提供什么政治教育，只是用新颖的结构、都市的主题、"社会学"的方法、现实主义的写法、带点讽刺和距离感的叙事，沿着自己的都市现代性的路子往前走。这些狭邪小说揭露出了上海风月场不为人知的一面，为政治黑幕小说开辟了道路——第一批政治黑幕小说也是在娱乐小报上发表的。真正称得上梁启超所说的"政治小说"的为数很少，其中就包括曾朴的狭邪小说《孽海花》。现在看来，上海的狭邪小说在日期上早于梁启超的说法，预示着小说即将成为最重要的文学体裁。这个被五四作家视为"堕落腐化"进而排斥挖苦的领域，悄悄地不断迈向现代性，居然成就了惟一的"政治小说"作品。

1917年，"大世界"的兴建终于把娱乐业和文学小报的亲密关系牢牢地黏合在了一起，这个名字沿袭了早期中文报纸和期刊标题中曾经出现过的大世界、大都会的说法。商业大亨黄楚九聘请孙玉声为顾问，帮自己打造上海第一家主题公园的概念。孙玉声曾经去过日本，见过东京和横滨的高楼大厦顶层的娱乐设施，黄楚九立刻抓住了这个想法。[121] 孙玉声也创办发行了大世界自己的日报，这也是主题公园的特色之一。这份报纸一方面可以充当新闻简报发布消息，同时也登载文学作品和漫画。报纸的英文名称是 *The Great World Daily*，每份售价六个铜板。这份报纸刊登了当时很多一流作家的文章，差不多四分之三的内容都是文学作品连载。[122] 孙玉声以海上漱石生的名字在上面发表自己的黑幕小说《黑幕中之黑幕》，一共连载了三年。

《海上繁华梦》开启了一种有关上海妓女的黑幕小说的亚类型。从中可以看出，小说作者对上海、上海妓女，更重要的是对他们自身的角色的看法发生了巨变。

上海成为中国出版业中心之后，这个迅速发展的市场对人才管理的需求也日益迫切。[123] 专业写作、广告、照相、月历绘画和插图绘制等等新的岗位空缺，把年轻的作家和商业艺术家吸引到了上海。随着都市休闲的兴盛，各种娱乐出版物的发展也制造了不少新的生计方式。上海租界特殊的多民族文化和明显的商业倾向刺激着一个个作家、记者、画家和插图画家。

他们亲眼看到、亲身感受到了上海名妓这个独特形象的卖点。第一代租界文人把他们与名妓的关系搬进了商业出版市场。当报纸和画报开始主导上海及其妓女的形象塑造之后，个人化的声音和经历转变成了集体的、大众的叙事。一种新的名妓形象也随着《点石斋画报》而产生了，很大程度上这也是对上海名妓的自我表现的一种反映。上海名妓摆脱了脆弱佳人的刻板印象，把自己变成了精明的都市女性和专业人士，其公众形象有卖点，情感也非常现代。新的印刷媒体就以这样的形象把名妓刻画成了完全适应即将到来的现代都市社会的人物。

租界无疑是最能接受各种娱乐形式新探索的地方，都市休闲迅速增长的需求，滋养了各式各样的娱乐出版物的发展，上海出版业不仅有能力，而且也愿意关注这个新的市场，设计出了相对便宜又引人入胜的媒体产品来加以开发。从形式上说，不管是剧院、书场还是在青楼，传统的艺人和客人之间都是互动关系，而娱乐出版物替代了这种传统的互动，读者成了被动的顾客。不过它一定程度上也让读者积极参与，读者可以给报纸写信，或者参与花榜评选。娱乐出版物给读者提供了一种公共的亲密关系，读者可以从中得到愉悦，了解各种人物、时间和观点，也不用担心会把自己卷进去。读者知道，作为公众的一分子，他们可以在下面匿名了解、点评同样的新闻，他们是安全的。

上海的娱乐出版之所以能成功，因为它把西方文学出版物的形式与按传统道德观加以呈现的新闻结合在了一起。当越来越多的都市人离不开休闲的时候，就需要一直有新的产品来填补这个时间空当。作为中国大地上第一个现代的都市中心，上海是娱乐出版物最大的市场；这里不受中国官员的道德观念的约束，又注重商业，为新式文学出版物创造了一个开放的空间。就这样，上海自然而然地成了现代中国娱乐出版业中心，吸引了许多必不可少的能人参与其中。文人们发现这里用得上他们的技能，虽然生活条件要求高却也很吸引人，而且这个环境利于探索新的都市社会角色。如果说他们曾经怀有通过科举考试，成为一方道德领袖、社会楷模的理想，那么在这个出版市场中担任记者和编辑就为他们提供了一个平台，让他们得以在另一个背景下公开扮演这个角色。这些出版物的娱乐性保证了其盈利能力，还给了租界文人们一个满意的文化角色，但他们以及他们的作品还是保持了一定的批判性。"花"和"华"的同音双关甚至使这些文人为自己的角色赋予了双重意义：

通过"护花"来实践自己报效祖国的崇高理想。虽然他们没有任何官职来实现这个目标，但通过和名妓的关系，他们象征性地同时某种程度上也是颇具讽刺性地担负起了这个任务。此外，这些报纸在刊登名妓新闻之外也连载针砭时弊的小说和批评清廷政策的讽刺文学。在谋生需要和扮演公共角色的愿望之间，文人们找到了一个可以接受的折中方案，他们对自己的新角色更加自信了，也有了勇气和自由用充满幽默和自嘲的独特都市感觉来看待这座城市和他们自己。

在1860年代到1900年代初这四十年间，这些文人们为市场带来了某种文学和审美品位，而这曾经是专属于文人的文化领域。这一品位的商品化过程及其主体——名妓，变成了晚清文学中最流行的主题。一方面，有关名妓的叙事采用了过去的象征手法，不过美人的命运不再象征着衰亡的王朝而代表着这座城市。另一方面，讲述名妓也是上海文人在变成城市知识分子的过程中思考自己的角色和命运的反映。而像王韬、邹弢等广受欢迎的作家本身也跟上海的新媒体有很深的关系，他们致力于保存对文人和名妓间伟大爱情的理想化的文化记忆，执著地怀念着那个妓女和护花者都需要保护者、也彼此需要的年代。这种努力也表明，即便这些文人的职业生活环境已经发生了巨大的变迁，他们还是不情愿舍弃曾给他们带来地位的传统的文化外衣。

租界的急速发展给妓女和文人都创造了新的环境和机会。1890年代末，李伯元、孙玉声等人和他们理想中的名妓形象以及自身的形象保持了相当的距离。他们用这种办法来向传统文人告别。名妓和文人同时采取了新的立场，变成了彼此独立的专业人士。这个过程还在继续，十年之后，名妓和上海身上理想化的光辉都将消失。文人已经成了大城市里拿薪水的批评家。上海一流名妓自信而放纵，早已不再是需要保护的娇弱花朵；上海也已经从天堂变成了大都市，文人们在对这两者的思考中也表达了对自己身份转换的看法。

5

城市的大众之花和媒体明星

上海名妓可以说是1920—1930年代城市新女性的雏形,同时也开启了这一时期兴盛的明星文化。电影明星、戏曲明星,甚至政治家和知识分子也紧随其后登上了公共舞台,为谋求主角位置你争我斗。

名妓在1890年代末就已经具备了变成公众人物的条件。上海的娱乐业、其富庶繁华和西洋特色,吸引了大量家境殷实的中国人来这里旅居游玩。他们形成了一个巨大的市场,不但能支持名妓的生意和大量的戏院、酒店、饭馆的生存,还养活了一种新的印刷品——娱乐小报。

李伯元的小报成了上海花界最主要的特色之一。他探出这条路以后,许多小报雨后春笋般迅速涌现,清朝末年多达三四十家。[1]这些小报多数是日报,面向不断扩张的休闲阅读的市场,它们满足大众了解神秘的花花世界的渴望,让大众也能享受到这种新的都市休闲方式。[2]

《游戏报》和《世界繁华报》极受读者欢迎,销路非常好。《游戏报》1897年每份五文,1899年涨到了七文。每期的发行量大约5000到7000份。[3]这份报纸在全国也有相当大的影响,发行初期就覆盖了北京、天津、汉口、杭州、苏州、南京、宁波、松江、常州和无锡,刚创办几个月之后就发现苏州、无锡、常州等城市的需求很大，销售点不得不从一两个增加到三四个。[4]江南、天津、北京等地，甚至东南亚都有读者来信，这证明这份报纸确实广受欢迎。[5]当时很多报纸都办不长久，而《游戏报》和《世界繁华报》的时间都超过了十年，这也证明了它的成功。

此时娱乐小报之兴盛可能与有关中国历史发展的政治性宏大叙事不符。这种宏大叙事以1895年的中日甲午战争，1898年的百日维新和1900年北京、天津陷落于八国联军之手作为重要的历史分水岭。它也不符合新闻发展史的主导叙事，后者只关注梁启超的《时务报》(1896)、《强学报》、《直报》以及留日学生办的有政治倾向的报纸。娱乐小报的突然兴起，说明当时的社会沿着不同的，甚至有时貌似互不相容的层面在变动。这些不同的层面虽然各讲各的故事，实际上也颇多互动。

娱乐小报从西方和日本的前辈以及读者的反馈中不断学习，了解到让读者对这些"无关紧要"的新闻产生和保持兴趣需要来点精彩的人物和刺激的事件。[6]名妓自然是他们的第一选择——她们在上海声名赫赫、独领风骚，堪称娱乐界的核心角色，其中最负盛名者的名字和韵事早已通过各种花界指南为读者所熟知。最出名的男伶是仅次于名妓的第二人选；他们通常是作为名妓的情人而出名的，很快自己也有了足够的名气。20世纪初，《世界繁华报》等报纸拿他们和名妓相提并论。新的城市知识分子群体肯定不是合适的人选，尽管其中有些人可能还挺想出现在这个舞台上。这个市场需要的是个人化的符号，就这一点来说，这些靠智力吃饭的工薪族提供不了什么，他们只能退居幕后写写故事。

娱乐小报的基调是轻松愉快的，爱卖弄点内行人的知识，但有时候也会相当严肃，例如社论就经常涉及妓院的价格问题、服务态度差、鸨母或地方官虐待妓女等等。

娱乐小报出现之后形成了自己的动力机制。它不只是利用作为公众人物的当红妓女的名声，也在这个过程中不知不觉地提高了这些女性的地位，让更多的人记住了她们的名字和样子。虽然那些报道常常带着辛辣的批评和讥讽，但却将她们变成了全国知名的明星。实际上，阿谀奉承和冷嘲热讽的混合正是娱乐媒体的标准腔调。

此外，这些报纸还需要事件来集中读者的注意力，就算没什么事他们也要造出点事儿来。这一次名妓们马上发现了这个机会，她们充分地利用娱乐小报为自己服务，在各个活动中参与表演。这里有一点张力，因为名妓们虽然一定程度上愿意配合报纸的安排，但也关注自己的利益。

在版式安排上，政治讽刺文章、文学作品、各种关于大小妓女明星的最新消息都排在一起，这种新式排版反映和推动了上述各种事物的次序改变。往日理想化的名妓形象不再，取而代之的是一种杂糅着奉承、赞叹和讽刺的文学样式，我们姑且叫它"城市之花"。

四大金刚

上海租界一直以来都和胡宝玉、李三三这样的传奇名妓的名字联系在一起。[7]不过，直到"四大金刚"（林黛玉、陆兰芬、金小宝和张书玉）闻名全国的时候，上海才真正有了名妓文化。"四大金刚"这个讲法是李伯元发明的，最早出现在《游戏报》上。[8]这个名字来自于佛教中为达摩护佑四方的天王。[9]后来《游戏报》上如此介绍"四大金刚"的来历：

> 沪上勾栏之有四大金刚始于前年，本报新闻曾有《游张园四大金刚》一则，当时原以林、陆、金、张四人往往同日游园，到大洋房后辄分坐两旁，戏编新闻，以此标题。初无所容心于其间也。讵一时走马诸君，遂举此为四人尊号。[10]

《游戏报》对这个说法在读者中的影响力颇为自豪：

> 本报既于丁酉秋冬之交纪《游张园四大金刚》一则，在当时不过偶然游戏，借以标目，不料风会所趋，播为美谈，林陆金张四校书之名，几于妇孺皆知，而四校书之声价亦增十倍，亦可见本报风行，而好事

附会者之多矣。[11]

给妓女明星安上名衔有助于彰显她们的公共形象。上海、北京等大城市的读者来信说明，这个把名妓当明星的新的文化游戏很有吸引力，受到了广泛的欢迎。公众对四大金刚报之以俏皮的嘲弄，李伯元从中看到了这种题材有市场。这个新词儿有点讽刺的味道，生命短暂而脆弱的花朵变成了坚强的材料，"历劫不磨"。[12] 这样的女人简直不需要保护，有人操此业近二十年风头也仍然不减。报纸这种讽刺的声音表明对这些女人失去了控制，同时也再次强调她们有一定的独立性。百日维新的终结肯定对李伯元这样的文人打击不小，他们不得不接受这个现实：文人拯救帝国的最后一次努力也失败了。[13] 报纸对待官场和妓女的态度其实很像，都是讥讽挖苦之词，这表明文人正在失去他们的身份，但也重申了他们作为城市知识分子的新角色。

在成为明星的过程中，四大金刚为《游戏报》提供了数不清的机会来报道她们的一举一动。从庆祝生日的宴会、新开张的妓馆、和客人之间的酸甜苦辣，到她们的旅行、衣着、彼此之间的友谊与不和，都是报道的对象。报纸常刊登爱慕者为她们所作的各种小传、情书、散文和诗歌。就这样，名妓被报纸捧成了众人瞩目的焦点，公众把她们当成时尚、礼仪和生意经营的风向标。有关她们的新闻经常以社论的形式在头版上高调亮相。她们的传奇 1898 年甚至被写进了新戏和小说。[14] 因此，可以说是报纸把她们在上海公众面前的自我表演转化成了全国的新闻。

妓女明星可不会错过赛马会这种机会。春秋两季赛马会各有三天，是在大庭广众之下展示风采和魅力的绝好机会。这种场合为《游戏报》提供了绝佳的新闻，每一页都是密密麻麻的报道和评论。四大金刚之间的竞争曾经轰动一时。1899 年一篇社论讽刺地评论说："西人赛马，华人赛钱。"赛马会只是一个场合，四大金刚才是新闻事件。这位作者还注意到，在之前的赛马中，"四大金刚等则尤刻意铺张，马身扎五色绢彩，马夫制艳色号衣，每夕阳西下，至跑马厅一望，停马观赛者，衔尾相接"。[15] 但是，据《游戏报》1899 年的报道称，此时情况愈演愈烈。《游戏报》上刊登了一则名为《靓装照眼》的新闻，细致地描写了四大金刚的穿戴，还对她们打扮马夫的方式发表了评论。[16]

第二天的报道接着比较了"赛马"和"赛人"。所谓赛人指的是四大金刚"赛马夫"（较量谁的马夫更时髦）和"赛相好"，比赛谁是最讲究的。[17]除了名妓的穿戴、马车的装饰和马夫的打扮，读者还可以了解到名妓的情人和恩客是怎样上前致意的。

> 近以跑马故，张园游人最盛，男女杂沓，履舄交错，谑浪笑傲，脱略形骸，诚一无遮大会也。游客与所昵妓遇，则必趋前絮语，妓见熟客亦必点首招呼。昨惟林黛玉到园最晚，游人已散。当四五点钟游人拥挤之时，但见有无数阔客，一一趋至陆兰芬金小宝座前茗话，此来彼往，络绎不休，而张书玉座前亦有面貌皙白，形似洋行细崽者一二辈与之攀谈，此外或与客人同行，或由客人会账，不胜枚举。大庭广众，颇足自豪。[18]

报道最关心的是作秀。对名妓们来说，赛马会是展示自己绝代风姿不可错过的良机，借机炫耀时装和关系也能证明她们不断上升的地位。李伯元的报纸在全国的发行量一直在增长，经它们一报道，作秀的舞台就无限扩大了。报道突显了整个上海娱乐界的魅力，尤其是名妓们献上的精彩表演，恩客们也因而有了更大的影响力和名声。几位顶尖名妓跟李伯元和他的得力助手欧阳钜源私交都很好，因为她们很清楚不断见报对自己是多么重要，所以也非常合作，确保报纸有东西可写。[19]

借各种新闻报道和评论之力，四大金刚不仅引领着花界的潮流，在时髦妇人中也越来越有号召力。四大金刚游安垲第，其他妓女也马上跟风去安垲第。[20]若有志当妓女明星，就必须穿着最昂贵时髦的衣服，坐敞篷马车去张园或豫园游玩。因为炫耀奢华和时尚是四大金刚的标志，必须得在这方面和她们一争高下。1898年出版的《海上名妓四大金刚传》中写道，做妓女明星就意味着选择奢华铺张的生活方式。[21]有些妓女就这样暴得大名，人们会说她们敢于"赛金刚"。[22]

只报道四大金刚是不够的。新的明星正在产生,小明星也希望获得关注。李伯元的报纸会报道最新的行情发展,让读者可以炫耀他们的时髦、见识和品位。《游戏报》开设了"花界新闻"栏目,在其红字标题下报道所有可能在这行占有一席之地的名妓的活动。《世界繁华报》的专栏不同,包括《海上看花日记》、《梨园杂录》,还有诸如《上海之行见闻》、《赏花趣事》等杂记栏目。这些报道建立了联系城市环境详细列举上海花界新闻的新体例。

例如,《海上看花日记》就有这样的报道:

林黛玉打电报:六点三十分钟,林黛玉打一个电报到扬州,勿晓得啥事体。有人说是打发两淮盐运使林如海格。

祝如椿不嫁人:格两日外头才说祝如椿嫁仔人哉。其实瞎三话四,并且弄子两个小个,二十进门。[23]一个叫祝怡春,一个叫祝梅春,连老底子格祝逢春,牵大搭小,倒有四个人做生意哉。

贺爱蓉搬场:惠秀里贺爱蓉,本来勿曾挂牌子,现在听见说要搬场哉,搬到垃圾桥去,大约是住家。[24]

李金花要寻小鹿:李金花前日子夜里,坐勒相帮肩架浪,勒马路浪东张西望,看见子熟人,就问阿会着见歇小鹿。别人问俚啥事体,金花说,小鹿欠仔倪一台菜钱,十四个局钱,节浪勿曾来开销,故歇才弄得人面才勿见哉,无晓得俉格缘故。

金小宝祝如椿相骂:礼拜日夜头,金小宝勒马桂仙看朱素云格戏。榥子一歇,祝如椿也来哉。冤家碰着对头人,两家头就是实概相骂起来哉。汪浪汪浪,吵得来一塌糊涂,后来还是案目上来,劝死劝活,两个人当中,拿一个劝间子落完结格,勿然定归要打起来格……[25]

这些报道有时候会夹杂一点上海方言,时不时来点双关和隐讳的笑话。四大金刚处于花界最上层,除了关于她们的报道之外,报纸上更多生动细致的内容来自于次一等的妓女,其位于里弄的地址可以看出来她们的身份略低。报道这些妓女每日行踪的新文学样式与传统的描写简直是天壤之别。

在这种报道里，名妓变得非常平凡，过去一代名妓的感时伤怀、文化修养和艺术造诣都看不到了，取而代之的是对琐细小事的关注。不过，对名妓传统形象的破坏从来不是诋毁性的。各种报道的视角和判断都带着矛盾的情绪。上海妓女明星所引起的义愤混杂着敬慕、疑惑和强烈的不满，但绝没有轻蔑。这类报道促使过去的名妓形象转化成了上海租界放肆而精明的妓女明星。报纸上天天报道上海名妓，使得读者心中也有了一种熟悉甚至亲切的感觉，这反过来又成了新的明星文化生长的土壤。

上海妓女明星的出现标志着一个重大的新进展——媒体开始具有文化力量，它们的读者群远远超过了政治性报纸所面对的阶层。在对这些明星的报道中，娱乐小报也在阐释一种新的有关公共行为的价值体系，它不是个别重要的政治权威或文化权威带来的，而是对上海名妓力量的认可，是对当时上海盛行的名妓文化的一种妥协。名妓们与媒体的互动促进了对上海和全国娱乐市场的开发，但没有给报界文人留下多少支配、控制内容安排的权力。报道中间或出现讽刺挖苦的弦外之音，似乎表明文人很清楚也很不满这种妥协中真正的权力关系。名妓从社会的边缘逐渐走到了舞台的中心，在媒体的帮助下，她们的星光甚至让从前全国闻名的文人也黯然失色。

说到娱乐小报造星的功劳，祝如椿和李萍香的经历就是绝好的例子。祝如椿夺得了1897年花榜的第三名，李萍香的诗才前文已经提到了。《游戏报》和《世界繁华报》好几年都天天报道祝如椿和李萍香。报纸一直跟踪报道祝如椿的婚姻，她和婆家的矛盾、她怎样离婚、又怎么重堕风尘。整个跟踪报道的过程中不断有读者写信来询问她的下落，又是献诗，又是写文章为她婚后重操旧业辩护。[26]李萍香的公众形象则完全是《游戏报》和李伯元一手策划的。在她受审期间，《游戏报》还会在每日的报道后附上读者关切的来信。

花　　榜

自从1897年《游戏报》创办以来，李伯元就一直在筹划搞点活动来提升妓女的公众形象和报纸的地位。最重要的活动莫过于"花榜",即评选前景看好的年轻妓女。《游戏报》把这个比赛搞成了趣味横生的公共活动。读者得把报上刊登的选票剪下来投给报社,常常还会在背后附上一首诗或者一段文章来赞美他们支持的候选者;这些诗文之后会发表在报纸上。获得选票最多的妓女就是当年的冠军。李伯元这句话可以被理解成一种讽刺:"本届花榜系仿泰西保荐民主之例,以投函多寡为定。"[27] 报纸从科举考试那里借用这种"民主"的做法和字眼,以嘲讽清政府遴选官员的方式。[28] 不过,在评选花榜的过程中,科场屡屡失意的文人反过来控制了这场遴选。李伯元自己从来没有越过科举考试的门槛,但挤兑科举考试体系却让评选花榜更得人心了。

> 且国家开科取士,以主司一二人之目力,较千百人之短长,应试者数万人,而所取不过数十分之一,感者寥寥而仇者甚众。吾今此举,为公为私,知我罪我,去取既不拘成见,毁誉亦何足萦怀?[29]

帝国的考官有自己的偏向和局限,李伯元以大众投票代替"一两个"考官,表达了他对清朝官场的不满。他公然将两个系统的活动相对比,明白无误地向读者传达出讽刺之意。这个过程选出来的名妓综合了大众的口味,代表着偏好各不相同的投票者和参加评选的妓女之间的一个折中之选。无论得票多寡,她们都相信投票是公平而诚实的。根据李伯元的说法,哪位名妓能上榜是民主原则和民意的结果,不是一两个文人意见领袖的偏好和判断可以左右的。

上海花榜简史

花榜一直以来都是江南文人展现时尚和品位的机会。从"花榜"、"艳榜"等用词就可以看出其对科举考试系统的嘲讽,因为"榜"是专指科举考试的。花榜的优胜者也被冠以科举考试前三甲的称呼——状元、榜眼和探花。根据历史记载，早在晚明时期就开始借用这些头衔了。不过，清朝初年这么干可是杀头的死罪。[30] 晚明时期就很流行把名妓和百花相对应，清代也依然很时兴。晚清时期花榜优胜者所获得的称号跟晚明时十分相近，显然上海的文人很了解这个传统。

根据当时的笔记和其他材料，从前花榜由德高望重的文人主持，他同时也是评审，判语要用相应的文学化的语言公之于众。[31] 有时候也会公开征集写给本地名妓们的诗词，即使不是为花榜活动做的诗也可以一并附上。[32] 花榜主办者的友人有时候也会来帮忙，主办者主持评选，朋友们就负责写诗。[33]

花榜活动得益于租界为花界提供的保护，自1870年以来一直长盛不衰，但有关记载却很不完整。[34] 王韬是1882年夏季花榜的评审者和协办人，他留下了有关早期花榜的简要记述。[35] 刚斋主人1868年发起并主持评选的花榜是最早的花榜之一，奖金非常丰厚，高达一千银元。李巧玲拔得了头筹，王韬对她做了详细的介绍。[36]

1870年代，免痴道人主持评选了上海的二十四名妓，每位都以一种特别的花相对应，之后还印行了《二十四女花品图》。[37] 画眉楼主和友人又接着举办了一次花榜，出了一本《续花品》，这次夺魁的是李佩兰。[38] 和从前一样，每位名妓的名字下面都有相应的评语。[39] 1877年，公之放又举行了一次花选，还出了《丁丑上海书仙花榜》。[40] 二十八位上榜的名妓都各以一种花做比，还分成了不同的品级。1877年花榜对前三甲有这样的评语：

　　一，丽品王逸卿，芍药。独擅风华，自成馨逸；
　　二，雅品李佩兰，海棠，天半珠霞，云中白鹤；[41]
　　三，韵品胡素娟，杏花，风前新柳，花底娇莺。[42]

花选感兴趣的是名妓的音乐技艺而不是她的容貌。在中国历史上，不同朝代品评妓女的标准各不相同，尽管没有统一的标准，不过还是有一个大体的倾向，比如宋代注重文化修养，元代看重歌艺，明代重视文学成就，清代则看重美貌。⁴³ 而 1870 年代上海的花榜除了美貌之外还要考虑其他方面。曹雪芹的《红楼梦》很重视人物性格和技艺，而花榜基本上都是以《红楼梦》为参照的。上榜的名妓按《红楼梦》里的主要角色来排座次，她们当然都是美女，也受过教育，有一定文学造诣。⁴⁴ 有些花榜会有一个品级叫"弹词女子"，更突出了这一点。

1880 年代上海成了中国的出版中心之后，有关花榜的记录就更完整了。1880—1883 年、1888 年、1889 年都会分春夏秋三季开花榜。梁溪池莲居士的《沪上评花录》《沪江艳谱》和花雨小筑主人的《海上青楼图记》都有所记载。⁴⁵ 花榜的用词很类似科举考试用语，第一名被称为"一甲一等"或"特科一等一名"，每个名字后面都有简单的评语。诸如姚倩卿、胡宝玉、李三三等获胜妓女后来都享有盛名，其声望之大，甚至被人写进了小说。⁴⁶ 1880 年代花榜的评语跟 1870 年代形式还很相似，但重点却转向了个人魅力和体态之美。⁴⁷ 1881 年春季花榜如此描述前三甲："一甲一名张宝珍，幽娴贞静；一甲二名周小翠，斌媚生风；一甲三名周雅琴，灵秀俊逸。"⁴⁸

有关 1890 年和 1891 年春季花榜的记录很简短，只提到周小红获得了 1890 年花榜的探花，花翠芳是 1891 年花榜一甲三名。《游戏报》主办自己的花榜评选期间，"囊月盦主人" 1897 年也开了一次花榜，1898 年拏山太瘦生也搞过一次。⁴⁹ 看起来在 1880、1890 年代的所有花榜中，最后的结果是由一个人说了算。有时候这位评审者的名字也会和最终的上榜者的名字一起登出来。

石印术等新的印刷技术 1880 年代在上海传播开来，因此配图的花界指南和品花宝鉴也迅速兴盛起来，它们代表的是独立评选，不是正式花榜的记录，邹弢刊印于 1884 年的《上海品艳百花图》和 1887 年铜板印刷的《镜影箫声初集》都属于这一类。⁵⁰ 正如有些书名所表明的，为了进一步完善评选活动，它扩大了品评名妓的范围，还引入了新的品类。例如《镜影箫声初集》就把名妓分成了五种品类：高品、美品、逸品、艳品和佳品，⁵¹ 每一种品类都有二十位候选人，每一位都有一种特定的花来代表。插图和文字结合的方式也有了创新，《镜影箫声初集》没有像以前那样把图片印在封面上，而是把图片和个人介绍一个个互相对应，排在一起，因为这些图片都以照片为底板，一般性的美女形象就被个性化的名妓替代了。[52]

很难判断这些花榜对名妓的名声和威望有什么影响。从花榜的记录者和随之产生的文学作品来看，上榜的妓女都成名了，生意也火了。[53]文人们在各种出版物的序言里详细阐述了开花榜的目的，当然还是反复重申他们自己的传统角色，说什么文人有责任欣赏、宣传和保护名花，让她们的名声不至于随着芳华凋零而被人遗忘。[54]同时，这些评选和出版物也对上海的城市文化形象有很大的影响，为塑造一个繁华、神奇的上海做出了贡献。这种形象不需要亲身体验，影响也波及到上海租界之外。这表明，这个城市已开始自我膨胀，开始把自己当作一个不可错过的旅游胜地来吹嘘。

从1860年代到1890年代发生了两个变化。花榜的主办和评选不再是一个人加几个合作者就行了，公众越来越多地参与其间。记录和纪念这些活动的书也是集体创作的成分越来越多，其部分原因可能是不断发展的上海出版业急于获取更大的市场，所以许多品花宝鉴都把不同作者对名妓的品评编在了一起。编辑的位置还是非常重要，但名花榜可能出自许多作者之手，例如《海上青楼图记》的一个标志性特征，就是书中收录的一百位妓女的介绍后面都有个人的书法和签名，突出了这本书的大众性和集体创作的特点。[55]

《游戏报》的花榜评选持续了这个趋势，集体创作变成了公共票选，进一步突出了公共性。过去半私人性质的文雅活动变成了吸引人的公共活动。获胜者不再需要借助某位恩客的影响就变成了明星，媒体定期带来引人入胜的正面报道，把她们推上了城市之花的宝座。

《游戏报》与花榜发展史

1897年8月《游戏报》第一次评选花榜，这时候还叫做"花选"，目的是要推出不那么出名的年轻妓女，像曹梦兰（也叫赛金花）、陆兰芬、花田玉等著名的妓女被明确排除在外。[56]状元张四宝得了9票，年十六岁，姑苏人，住四马路西荟芳里；榜眼金小宝得了7票，年十九岁，姑苏人，住四马路大兴里；探花祝如椿也得了7票，她时年十七岁，姑苏人，住四马路同安里。[57]其他名妓中有30位进了二甲，107位进了三甲。显然，投票者需要对这些名妓很熟悉，也愿意跟公众分享自己的个人偏好。从数字上看可能比较少，但花榜展示了形成共识的新方式，而且大家也接受少数服从多数的原则。

作为一家报纸，《游戏报》早期能获得成功肯定跟它重开花榜有关。[58]这个活动的成功，证明娱乐小报把商业考虑融入文化表演是可行的，对后来的小报产生了巨大的影响。

《游戏报》创办的最初三年间，花榜是《游戏报》的一个固定专栏。1897年报纸就至少组织了两次评选。[59]李伯元最初曾宣布，每年要开四次花榜，会让读者以公开投票的形式来参与评选。[60]

读者和妓女们纷纷给报馆去信，[61]报馆不得不一再推迟投票截止日期。[62]除了上海读者以外，曾经来过上海、仍然通过订阅小报关心着上海的读者们也寄来了选票和他们另提的候选人名单。甚至有一位美国人也参加了评选，他自己的地址写的是"上海工部局"，因为他说自己没有特别的职业，也没有永久地址。[63]评选开始的前十天，报馆就收到了超过一百张的选票。[64]评选结果一刊出又掀起了一个读者来信的高潮，有表示支持的，也有表示震惊的。报纸又把这些来信公布出来，以飨读者。

李伯元的工作显然并不轻松，大量来信和他的部分回信都表明组织这种"民主"评选相当难。评选结果结集出版时，袁祖志在序言中提到了这种花选的独特之处："游戏主人有鉴乎此，独出心裁，于今届拟开花榜之先，四出招人函荐。"各种推荐信寄到报馆之后，李伯元把它们一一收集整理起来，做好记录。当然，也有不少表示谴责的信件。

最后的获胜者都是"凭其荐函之多寡，以定名次之高下，（游戏本人）并不另加评骘，示不敢居座主之席焉"。[65]

李伯元在一篇文章中大段引述了一封信中对当下复杂情况的讨论。信里说，首先，妓女中的佼佼者其实最不吃香，因为她挑选和侍奉客人时都很谨慎，她害怕成为人们嫉妒和嘲笑的对象。其次，李伯元自己也曾经写过，上海最高级的妓女，也就是长三和书寓大概就有两三千人之多，不可能去了解每个人，把她们全部放到一起来进行评比。记者和调查者都可能被妓馆贿赂，这种事以前也有过。就算是《游戏报》和李伯元给公开评选提供了一个公共的平台，人们的品位也各有不同，这种评选永远都是众口难调。[66]

　　李伯元承认这些困难都存在，还又加了两条。在他看来，青楼中的变化意味着服务质量下滑，他哀叹做花榜评选的编辑非常之烦恼：

　　　　特晚近以来，人才大不如昔，欲求一才色品艺俱优者，诚不多见。不得已而思其次，余实有大不得已之苦衷，而感慨系之者，又岂甘为此违时庚俗之行哉？且吾人征歌选色，所争者何事？若辈工媚取妍，所争者又何事？试有人形同嫫母、丑类无盐，终岁无人过问，而顾谓其贞同介石、节懔冰霜乎？抑余更有说者，甲午一役，中朝士大夫尚不免委身媚敌，而乃以朝秦暮楚、送旧迎新责青楼弱女子，不亦慎乎？[67]

　　李伯元提到用评判高级官员的标准来评选青楼女子时语带讥讽，这些虚伪的评选人自己也不合格。李伯元自嘲地讲起自己按此标准选花榜如何为难，同时也从侧面讽刺了清政府的官员缺乏爱国心。这些刺耳的评论和报纸上连载的官场小说、妓女花边新闻一起形成了一种熟悉的双关语。欢场就是整个官场的缩影，对妓女的任何评价也是对政府的评价。在这样的时世中，人们怎么可能碰到伟大的名妓？又怎能用比评判官员还严苛的标准来评判她们？李伯元只是间接地回应了这封抗议信。他的哀叹似乎是说，即便在这样的时世中，我们也必须做出抉择。

　　在娱乐小报的推动下，公众的批评和审查成了明星文化的重要元素。按李伯元的说法，花榜其实是展示时弊。道德和正直不再是可行的评判标准。为了说明自己的观点，李伯元还提到了上海名妓中公然养戏子之风。若按传统的规矩来看，这一条就足以毁掉这个妓女的声誉，因为戏子最为低贱，人们认为他们比自尊自重的名妓要低一等。李伯元慨叹，如果花榜的冠军被发现与戏子有染就得从榜上除名的话，在以前这不会影响到评选结果的质量，因为还有很多同样出色的名妓，但是现在这种事越来越多，越有名的妓女越是如此，要是他把违规者都剔除掉的话，根本就没法进行评选了。如果上述四种品德中有候选人能具备三条，她就应该当冠军。在李伯元看来，这个世道需要妥协、适应和大局观。

风水轮流转，19世纪末的伶人也紧随名妓之后成了明星，《游戏报》后来给了他们名妓一般的待遇，对他们的生活进行了巨细靡遗的跟踪报道。作为抛头露面的艺人，尤其是扮演女性角色的旦角演员，常常处于提供娱乐表演和性服务之间的灰色地带。和妓女一样，他们也利用公共租界繁荣的娱乐业来进一步增加掌控自己命运的能力。名妓女和伶人的抉择都是对刚获得的自由的一种反映。他们知道这些风流韵事会被人们当作谈资，但他们似乎也并不放在心上。

李伯元的评论本打算为看似轻浮的花榜正名，此时政治舞台上正在酝酿着1898年的巨大变革，但即使是扮演女子的男旦也可能借着当名妓姘头的机会上位，比文人和改革者更有优势。除了当报人、组织花榜评选之外，文人已经没什么可做的了。这是个谋生的手段，同时也能发出自己的声音，从而重获一定的主控权。

名妓们都十分看重花榜。这是能让她们一夕之间闻名全国的机会。在评选的最后几天，张园里会有各种公开议论，报上刊出的读者来信和推荐信各执一词，花界也会感受到这种压力。[68] 等到结果公布的时候，有的妓女紧张得抓狂，有的让恩客一直陪在左右，期盼听到胜利的消息。有一次，有位妓女被告知自己夺冠了，但她在豪华盛大的颁奖礼上却大失所望，桂冠真正的得主原来是一位与她同名但地址不同的妓女。[69] 这种花榜还有个直接的好处，上榜之后常常有客人向她们求婚。

《游戏报》经常刊登榜上有名的妓女结婚的喜报，以彰显媒体的功劳。这也表明《游戏报》的目的是为了帮助妓女脱离所谓的"绮障"。[70] 能入选花榜意味着获得了一种仍能得到社会认可的文化资本。

报纸发行量由每天5000份暴涨到8000多份，可以看出公众对花榜的反应出奇的好。[71] 从1898年的花榜开始，李伯元甚至把得胜者的照片粘在报纸第一页上。人们排着队抢购报纸，影楼则拼尽全力赶印照片。[72] 这种发行量保持了至少一年。[73]

李伯元讽刺官场，聚焦青楼，但他也努力通过报纸塑造和指导着娱乐业，希望提升青楼专业服务的水平。历次花榜评选各有各的评选标准。这是一个重要的发明，也为这个职业制定标准，规划和形塑着它的发展。[74]

最初的两年里，《游戏报》组织了所谓的"叶榜"来评选名妓的娘姨，后来她们中也有人成了名妓。最重要的是，《游戏报》还组织了艺人评选，现存的资料中有一份1897年夏天评选的"武榜"和"艺榜"。李伯元说，这次评选是效仿北京举行的京剧大赛，但优胜者同样是由大众投票决定的。[75] "武榜"意在认可和鼓励表演才艺和音乐技艺。小如意也是优胜者之一（第二名），她精湛的说书技艺在评选前后的报纸上引来一片赞誉之声。[76] 又例如1901年《世界繁华报》也曾评选最具文才的名妓。[77] 报纸对高雅文化的坚持不一定会得到客人们的认可。[78] 不过，历史上确实存在的这些花榜，包括其中的种种传闻轶事都足以说明，最近学界所谓晚清妓女普遍都是文盲的观点值得仔细斟酌。

李伯元努力巩固报纸作为国民论坛的地位，一个个的明星在此诞生。他在苏州开了一场花榜，最著名的妓女中有许多就来自苏州。李伯元在投票即将结束的时候亲自去往苏州，搜集相关候选人的第一手资料。《游戏报》报道说他拜访了十几个妓馆的妓女。[79]

"明星文化"的核心特征在明星升起的初期发展了出来，后文将会详细介绍。首先是要把地方知名的美人推广成全国明星，因为报纸已经开始全国发行了，全国各地都有人参加投票。[80] 评选时有位北京读者给《游戏报》编辑写了一封信，说在他办公室里大家互相传阅《游戏报》，很多人都十分喜爱这份报纸。[81] 虽然《游戏报》刊登这封读者来信也是自卖自夸，但它预示着光耀全国的明星正在冉冉升起，而娱乐小报让名妓们得以追求这样的梦想。正如过去的士大夫凭借政绩或文学成就而闻名全国，新兴的妓女明星依靠报纸成了全国的名人。

第二，花榜为读者制造了一种和明星产生联系的幻觉，他们参与了公众选举权最早期的实践，尽管只是在评选花榜。[82] 各种观点可以公开发表，互不相让，每张选票都得到一样的重视，这给读者一种印象——他积极地参与了明星的制造或毁灭。这种参与带有很重的幻想的色彩，这是李伯元花榜设计的一部分，于是报纸塑造明星的努力与增加发行量、提高广告价值的意愿间有了联系。作为商业企业，报纸不得不依赖变幻莫测的市场，它的生存取决于公众的欢迎程度和稳定核心读者的能力。李伯元所采用的评选原则，实施的时候可能有点观念先行、有点讽刺，显然结果也不太有准儿，但它还是一个商业的而非政治的手段，它能为大众所接受大概也是因为这一点。

所谓明星，不止是在口头上供大众消费，还要供大众观赏。李伯元把获胜美人的照片贴在报纸上，引进了一种明星个人照的新概念，随后就得到了大家的认可。这种公众可及的影像后来在电影明星身上得到了充分的发展，她本人是遥不可及的，但她的影像和介绍却无处不在，唾手可得。[83] 照片和报道制造的虚拟的亲近给读者提供了一种生活在明星世界的感觉。花榜加强了这种幻觉，进一步制造出市场取向的品位和评价。报纸能在商业上取得成功，靠的就是为公众提供明星的八卦消息，同时充当大众品位的代言人。

第三，报纸和记者是文化产品领域中权力的代理人。《游戏报》通过花榜建立了一个新的讨论空间，各种有关时尚和品位的文化权威消息发布在这里，其中自然也有《游戏报》有力的声音。《游戏报》努力把花榜弄成公众表演和公共活动，把自己当成了指挥新的大众之声的娱乐大师。因为整个活动有了报纸的参与，即将成为明星的名妓们必须积极响应新媒体的要求，整出点有新闻价值的事情来满足读者偷窥的欲望，作为回报，报纸会对她们进行报道，后来还加上插图和照片，让公众都记得她的样子。在这个过程中，名妓在聚光灯下表演的能力成了一个很大的优点。[84]

第四，尽管李伯元的报纸对报道上海名妓、伶人的职业生涯和私生活时并没有什么倾向，但很明显花榜把这两个领域区分了开来，它只报道专业的表演才艺。在评选期间，报纸很少报道候选人的私生活，展现了一种新的、本质上属于都市文化的议程。报纸对评价某个名妓包养戏子没有兴趣，但会喋喋不休地强调她们对维护公共道德的责任，称这种行为可能对年轻的小妾产生不良影响，诱使她们为了俊俏的戏子而抛弃年老的丈夫。[85] 新星和普通大众之间开始有了一定的距离，随后便出现了自称能揭开庐山真面目的出版物。就这样，李伯元的报纸和上海的一流名妓通过不断互动发展出了各种策略，发现在现代中国公共空间里有个新事物颇具市场价值，这就是妓女明星。李伯元小心地维护着明星和读者之间的距离，既没有把明星的私生活公之于众，又拉近了明星和仰慕者间的距离。此后，明星文化随着电影院和大舞台不断发展和深化，小报也紧随着《游戏报》的足迹兴盛了起来。

花冢：明星权力的标尺

娱乐明星和娱乐小报共生共荣，但他们都没有任何前辈榜样可效仿，不得不为自己塑造新的公共角色，同时还要处理好这种互相倚赖的关系。"花冢"的发明，证明了这种互动卓有成效。最早是在1898年初秋的一次晚宴上，有人提出要为贫困的上海妓女建立花冢，在场的人都觉得这个主意很好，林黛玉也被请来加入讨论。她之所以能从诸多备选人物里被选中，一是因为她的花名正好合适，二是《红楼梦》里一个著名的场景对花界有象征意义。小说中的林黛玉为凋零的花朵（和自己）悲伤不已，她收集、埋葬了落花。因为名妓林黛玉是四大金刚中最有领袖气质的，她自然也成了这件事的牵头者。考虑到她跟有权有势的人物都有往来，而且在妓女中也有威望，她能参与进来对筹款募捐很重要。[86]

林黛玉支持这个建议，但她感到自己一个人筹款责任太大了，于是建议四大金刚中其他三位也都加入进来。她还建议设立专门的账目来记录每笔捐款，以便对公众有所交代。在《游戏报》上刊登捐款者的名字以示谢意也是林黛玉的主意。募到的善款最后会放在"慈仁堂"妥善保管。[87]

1899年4月,在这次筹备会过去了八个月之后,上海西南郊龙华塔附近的两亩地被辟为花冢,入口处的牌坊上刻着几个字:群芳义冢。[88]

成功真可谓来之不易。整个这件事一直磨难重重,有关阴谋、贪污的飞短流长和互相指责没有停止过。妓女和记者之间期望的差异引发了这些问题。《游戏报》的目的很明确,就是要利用这个活动推销报纸,他们希望给文人读者提供一个上演怀旧剧目的平台,让他们扮演一把护花的前辈。这也意味着妓女的角色已经事先安排好了:她是用来怜悯的。她得作为文人的陪衬,模仿前朝名妓传说中的无私之举,和文人一起重新营造出一种文化的氛围。但林黛玉,包括张书玉、陆兰芬在内,都不愿意或不能承担这个角色。这个矛盾带来了一种紧张。尽管名妓希望有人宣传,但也不愿意和报纸走得太近,像报纸的同盟者似的长期献身于筹款这件事。最后,年纪更轻的金小宝愿意接受这个挑战,成了这个故事中的女英雄。

最早提出这件事的是《游戏报》的《捐建义冢丛谈》一文,李伯元提出了报纸对这件事的初步设想。李伯元在文章中哀叹时光飞逝,红颜易老,念及妓女处境之凄凉,想到芳华逝去之后的悲惨结局。正如李伯元所说,妓女死后,没有家人认领的都埋在普通的墓地里,没有葬礼,也没人为她们献上挽歌。他援引前朝故事,呼吁文人拿出责任感,为这些可怜的妓女伸出援手。[89]义冢会成为历史的丰碑。过去的文人用自己的文学作品让名妓得到永生,如今为妓女建立义冢可以给纪念活动提供一个去处。在捐款文人的心里,这里承载的文学、记忆,以及妓女们的命运都融为了一体。

林黛玉发表的一篇文章代表着妓女的观点,与李伯元有点不同。虽然有人替林黛玉和其他几位金刚代笔,但这份声明是以她们的口气来写的,看起来更为务实:

> 春风处处,秋月年年,彩云长留,好花不萎,宁非素愿,讵乏同情,无如短梦匆匆,转瞬便逝,幽恨叠叠,触绪皆来。丽情不常,弱质易感,况乎居懊恼之地,强欢笑之颜?悲愉不能自由,婉转谁可与语?又或对镜增叹,顾影自怜,知心不来,好事多隔,于是旧恨未铲,新愁忽萌,

药炉苦对，情脉脉以无言；病骨难支，瘦恹恹以孰诉？亦有误堕风尘，生入劫运，举家视作钱树，无地可修债台，忧心日煎，愁思困结，一旦成疾，遂尔长委。[90]

林黛玉指出，身为妓女所遭受的耻辱、压力和孤寂，是许多妓女年纪轻轻就香销玉殒的根源所在，她特别强调了妓女生活的困难和精神负担。她没有什么道德说教，只是深信妓女是值得同情的。问题不是责任感或她们的历史遗产，而是造成许多妓女早亡的生活环境。这篇文章接着谈到过去是如何安葬和纪念名妓的，因此今天也需要有一个"花冢"让名妓的灵魂得以安息，"为知己洒泪之场"。[91]作为由来已久的文学比喻，薄命红颜令人同情和叹惋。李伯元和林黛玉都在这个意义上使用了这个比喻。

双方都用了传统的"护花"的说法，希望人们见花而生怜。这种修辞隐藏了主人公新的角色，说明作者没有意识到这一点。四大金刚如今成了身份高贵的都市人物，通过报纸向公众发表意见。林黛玉是明星，也是主角，她通过报纸成了这个公共活动的领导者和组织者。文人和妓女都不再写私人化的悼亡诗，而是用报纸来讨论这件事，把它变成了一个公共活动。妓女明星之间的交流也发生了转变。她们开始通过报纸来交谈。林黛玉请求其他三位金刚支持和参与的信函登在了《游戏报》上，这给她们带来了一定的压力。[92]她们也通过报纸来发表不同的意见。[93]报纸也成了编辑们各抒己见的论坛，他们在此交流对妓女问题的思考。[94]名妓积极利用报纸来宣传自己成了明星文化形成过程的一个核心特征。

林黛玉设计的筹款程序包括印制 1600 份花冢捐册；这些捐册分给四大金刚，她们要负责分发给各个妓院。[95]到了月底再把捐册收回来。据说第一晚林黛玉自己就募集了三百多块。[96]整个计划所需资金估计要两万块。

《游戏报》和其他的金刚建议先走第一步，可以在筹好所有资金之前先买一小块地，因为筹款过程可能会很长。[97]一个月后，筹款似乎就没有动力了。陆兰芬接受访问时说，有一本主要的捐册就够了，四大金刚应该自己先捐钱，然后再去每个妓馆请人家解囊。她说，"购地只须数亩便足，各姊妹中嫁人者固不必论,其有父母子女者亦决不肯令其葬入义冢,每岁有限数人不得不购地一区,以行方便,尽可随后扩充……若只购地数亩,暨建饗堂数楹,所费有限,四人各捐二三百元,已得千元之谱。"[98]金小宝也补充道,"此事创办之始,四人亦须稍费赀本,假大菜馆将姊妹中素称时髦者添请七八十人,劝其协力辅助。人之好善,谁不如我,然后将捐册发出,自不至一无所就。"[99]筹款活动本是呼吁普通客人和恩客捐款,这样一来,名妓们就取代了客人成了主要的捐款人。可能这个计划背后的意思是要鼓励恩客们为名妓承诺的捐款埋单。

陆兰芬通过报纸提出的建议直接针对林黛玉,她最先筹划此事,也是最后的决策者。媒体的使用减少了个人色彩,使这种差异显得比较客观。林黛玉这次没有屈尊用同样的媒体加以回应。与此同时,四大金刚还和耀华影楼的老板一起拍了一张照片。[100]为了把花冢和报纸联系起来,李伯元还在读者中以此为题征集诗作,报上刊出的诗作后来又被收入了《玉钩集》中。捐款者来自上海、北平、广陵、石门、兰陵,甚至日本都有人捐款,其中不乏女性。许多诗作是直接献给四大金刚的,不少还以她们的名字为韵。[101]还有人以此事为组诗的题目,不断写诗给报纸赞颂四大金刚。[102]报纸甚至还刊出了部分即将铭刻在花冢中的冢志碑文。[103]

在1899年1月的一篇报道中,金小宝回答了前来拜访的文人朋友关于花冢筹款的问题。[104]她说,等所有的钱到位再来修建豪华的花冢是不切实际的,可能会使整个计划陷入窘境。她已经决定自己出款先建一个简单的花冢,马上行动起来。她已经看好了两块地,城北的那块价钱便宜但不太好走,因为它在几块耕地中间,没有真正的马路可以通行;另一块在法租界左侧,但她担心这个位置可能会打扰到墓园的安宁,发生类似四明公所那种事件(法租界当局在同乡会墓地中间修了一条马路,并对抗议的中国人开了枪)。她还看了徐家汇(城中心往西)的一块地,最后决定买下这块地,并开始为建造坟冢筹款。[105]

大概在同一时间,《游戏报》还登出文章谴责林黛玉挪用募来的善款。虽然大家已经事先达成协议,但她一直不愿意交出善款。[106]林黛玉写了一封信为自己辩护，说之所以不交出这笔钱是因为数量实在很少，不过无论如何她都会在春天启动这件事。[107]

林黛玉以生活奢侈著称，总是负债累累。[108] 可以想象，她已经动用了这笔钱来偿还年底的债务，并打算在来年偿还，但事实究竟是怎样？没有第三方的独立解释供我们参考。李伯元在这件事上投入了大量的精力，他也曾提议林黛玉来牵头，现在感到很失望。[109] 谣言还在继续。金小宝接手主持花冢计划之后，最终于1899年3月19日买下了墓地，《游戏报》又撰文批评林黛玉不上交善款。[110] 最后所有建立花冢的功劳都归在了金小宝名下。虽然其他妓女也帮助筹措了买墓地的善款，但绝大部分资金都是金小宝义卖自己所画的兰花而得来的，她还为花冢入口处的牌坊题了字。[111]《游戏报》对整个设立花冢的计划，尤其是金小宝最后为实现目标所做的努力发表了社论。[112] 从新加坡的一家报纸上可以看到读者的反应——人们严厉地谴责林黛玉，对金小宝则大加赞扬。[113] 不过，似乎花冢经营得相当不好，很快就荒废了。[114] 几年之后，大概是1903年或1904年，金小宝又曾试图在静安寺路建立一个"新百花冢"，但由于公共租界的章程禁止停放棺木，此事只好作罢（图5.1）。[115]

不过，在一出纪念花冢建立的"传奇"剧目中（这是当时非常受欢迎的表现时代主题的戏剧形式），林黛玉也作为正面角色出了场。李伯元和两位助手庞树柏、欧阳钜源合写的十幕剧《玉钩痕传奇》完整地讲述了筹建花冢的整个故事。尽管有一幕是专为金小宝画兰义卖而写的，林黛玉还是当仁不让的主角。留存下来的舞台注释说她邀请其他三位金刚来一品香番菜馆，请她们慷慨解囊。[116]

在有关花冢的报道中，上海名妓第一次成了公共人物，她们开始在娱乐之外的领域抛头露面，负责自己的福利事业。此前她们也做过慈善，但这是第一次检验她们的明星潜质。[117] 同时，这也是对《游戏报》能量的一次检验。林黛玉对她没能像大家期望的那样说服其他妓女参与此事感到很遗憾。[118] 而金小宝则说林黛玉募款的方式有问题，而不是四大金刚的能量不够。[119] 这件事说明上海名妓接受了一个事实：作为明星需要承担一定的

◆ 5.1 《沪滨百影：新百花冢》。石版画。金小宝带头募款，为死于贫困的妓女建立坟冢。图中金小宝和一名男伴并坐在马车上，她手指前方，向男伴说明哪里可以建立花冢。(《图画日报》, 13, [1909]:6)

公共角色，她们也明白报纸在这方面可以派上大用场。

明星文化和新的商业联盟

　　名妓热衷于在报纸上现身，参与着明星文化的形成。一旦明白了这个新媒体的功用，她们就更多地将其用于经营自己的生意。
　　名妓们对报纸的利用始于"告白"，向大家告知自己的地址变更。[120]

因为她们的目的是要吸引客人，这种告白既可以通知老客人她最近的变动，又可以招徕潜在的客人。告白最初印在《游戏报》的头版上，后来《游戏报》专门在最后附加了两页做各种告白（后来又增加到四页）。下面这则告白很典型：

> 调头告白
> 小久安程静兰刻已调至宝树胡同。
> 西尚仁林凤宝改名文秀英，已自赎身，迁西荟芳里。[121]

《世界繁华报》有一个广告专栏名为《商号告白》，妓女一般把告白登在这里。下面便是一例：

> 文媛媛告白：同安里文媛媛改名文玉云，调至惠秀里。
> 张月兰告白：东尚仁张月兰倪今朝要调到西荟芳去哉，各位大少请来吃调头酒照应照应，堂唱来叫叫。
> 陆赛英侍儿阿宝告白：端午节后仍在原处，请众位老爷少爷格外来照应照应，唔笃烧香烧在枯庙里，落雨落在荒田里。[122]

上海妓女也用报纸来诉苦，讲述诸如鸨母虐待、客人诬告、客人赖账、姐妹内斗等悲惨故事。这些可能以告白或者社论的形式出现在报纸上，妓女作为故事的一方可以发出自己的声音。例如，曾经在武榜中夺得榜眼的小如意就在报上登过告白，谴责不按时付清欠账的客人。李伯元也写了一篇文章来支持她，帮她向欠债客人施压。[123]第二天，李伯元又在头版社论中谈论小如意的琵琶技艺。[124]这说明小如意已经归入了明星的行列，不用再依靠那些耸动的花边新闻登上报纸的版面。

对名妓和客人来说，娱乐小报就是一个公共舞台，他们可以在此抱怨对方，解决争执。而报纸通常是扮演调停者的角色。调停玉峰渔隐和金含香之间的恩怨就是一例。1897年10月的一个周六，玉峰渔隐在一则告白中抱怨，说叫了金含香的饭局但她不出局，这是严重违反行规的；他还骂她出身低贱，从前不过是个低级妓女。第二天金含香做出了还击，指责玉峰渔隐缺乏同情心，她当时已经十分疲累，整个晚上也都安排满了。《游戏报》周一刊出了就此事访问李伯元的文章。李伯元辩称报纸刊登双方的告白没什么可指责的，因为人家付了广告费，就有权利自由发表意见；而且报纸也没有责任来评判任何人的观点或者判断谁是谁非。问及他自己的观点时，李伯元回答说这位客人有错，他反应过激了，还试图损害金含香的生意，不过金含香也应该打发一个娘姨去通知客人，避免误会。[125]

报纸成功地将妓女明星推向了大众，娱乐业开始认识到这些明星的商业潜力。有两个例子可以说明这种新型的商业合作和尝试。

1899年8月，《游戏报》有这么一则报道："书馆蛩声：四马路海上一品楼书馆准于今晚邀请林黛玉、金小宝、翁梅倩、林宝珠……等各名校书登场奏技……诸君顾曲之余，继之选色。"[126]

长三妓女明星并不擅长歌舞技艺，邀请她们来几乎清一色是男性观众的书场说明大家认可了她们的魅力和市场价值。甚至有些妓女并无书寓那种专业训练，只要会唱传奇、昆曲或者京剧，也都有人请她们来表演。书场可以演点新鲜的，它们用妓女明星的名头来招徕观众（图5.2）。

第二天《游戏报》对此作了报道。其实这场演出不太成功，林黛玉甚至就没出现，但没人为此吵吵嚷嚷。金小宝去了，被客人点了三十次左右，但她一次也没唱就走了。其他妓女被点的次数也有详细的报道。[127]

几天之后，情况有了好转，《游戏报》兴奋地报道了新的演出：

> 本埠夜市全在四马路一带，自近日各书场聘请各名校书登场献技以来，每夕四马路游人如织，较前顿增数倍，可见舞榭歌台有关市面。此管大夫女闾之设，所以为富齐要策也。[128]本馆爱将逐日情形详细采访，当晚排登，以期飨阅者之目。兹又探悉昨日为林黛玉校书到海上一品楼之第一日，校书花中领袖，色艺双佳，一树马缨，

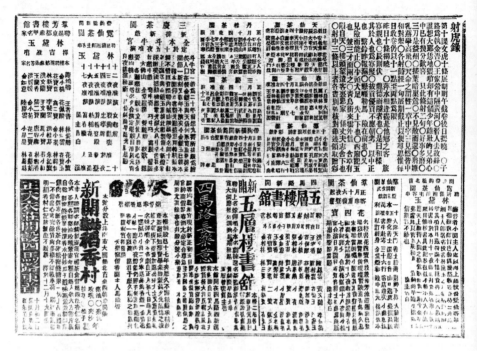

◆ 5.2 《世界繁华报》上林黛玉讲书的广告（见左上角）。林黛玉将现身群芳楼和霓仙茶园表演说书。(《世界繁华报》,1903年2月11日,3)

游踪常满。校书香名鼎鼎,久已绝足歌场,时惟对月调弦,迎风弄笛,以寄清兴而已。前以富贵楼之聘,一时技痒,欣然乐从。第一日点戏四十五出,一品楼艳羡深之,遂亦一再敦请。校书辞不获已,故至。昨日始行前往,而座客得瞻芳采者,正不知如何欣幸也。点戏计三十五出。余如翁梅倩校书,早经该楼订明,逐日前往。昨夕点二十出。林宝珠点四十五出……又闻祝如椿已于昨日到过富贵楼,点戏三十谱,昆曲一札。可见凡为时髦倌人无有不善昆腔者。诸姬其勉之。[129]

李伯元很清楚名妓的表演对上海的娱乐业和整个城市的繁荣有多大的影响。而名妓显然没有像李伯元那样一下子就看透这一点,她们不清楚在公众面前这样的曝光和接触是否能提升她们的明星地位,林黛玉就很犹豫。观众只要付了一定的费用就可以点她唱一曲,这样一来,她就成了"伺候"人的了,而这些人可能压根就不够格让人正式引荐给她。最后这变成了一场重大的活动,连林黛玉也决定要参加了。清一色男性观众的书场对长三书寓的邀请和报纸的宣传报道一起,促成了这个重大的进展。

妓女们也开发过书场和戏院的商业潜力。1870年代初,建于也是园的女书场专演弹词(也称作弹唱或评弹),据传开办这个书场的是住在公共租界福州路上的名妓朱素兰。[130] 因为当时清政府严禁女演员公开演出,这个女书场的开办引起了轰动;1884年,上海最早的石版画册《申江胜景图》也称其为上海一景。[131] 1890年代书场已经做得很成功了,数量达到了十几家。[132]

在上海娱乐界,各方进行商业合作不是什么新鲜事。戏园会按时把每天的场次安排送到妓院,鼓励客人们叫妓女出局作陪,也为新客人提供介绍妓女的有偿服务。这样,各方面的生意都增多了。[133] 娱乐小报是第三方。上海妓女十分精明,明白这种公开宣传对生意有利。对书场来说,正面的新闻报道就是免费的广告。明星、报纸和书场所构成的全新的商业联盟表明,1890年代末的市场已经承认了明星的商业能量。此后不久,还是在娱乐报纸的鼎力相助之下,一些京剧演员也跻身于全国明星之列。[134]

这些经验使名妓们进一步认识到了明星气质的经济价值和影响力。林黛玉自信地前往汉口开办了自己的戏园,在那里扮演一向为男演员所垄断的"花旦"。另一位上海妓女明星翁朱倩也跟随林黛玉一起发展这项娱乐事业。也许是因为时机不成熟,最终她们还是无功而返。林黛玉回到上海之后重新和书场建立了联系。[135] 在各家书场发布的广告里,林黛玉的名字都放在最显眼的位置,从这些广告来判断,1904年她自己就掀起了一流名妓书场表演的新高潮。[136] 直到20世纪,林黛玉还是舞台上活跃的明星。1920年代林黛玉四十八岁时,她作为"徐世昌总统之外惟一了解过去二十年的政治秘密的人"被引荐给芥川龙之芥。[137]

娱乐报纸是普及这一新趋势的重要角色。书场需要宣传它的新特色,妓女明星需要报纸来把这件事说成轰动的新闻,从而来巩固自己崇高的文化地位并推动整个上海的商业发展。承担着这些期待的报纸则每天用详尽的追踪报道来给公众提供珍贵的独家新闻大餐。除了不断增加的广告费之外,这一事件的新闻价值也推动了报纸的销售。

林黛玉、金小宝等名人发动了一场革命性的变革,她们把自己的文化形象从名妓变成了"明星"。她们在书场戏园的公开演出、慈善筹款等公共活动中创造出了一种公共人物,其具有现代名人的两个互斥性特点:既高度排他,又极为可亲。[138] 前者是她们个人的特点,后者是指其形象特征。

这一改变也包含着名妓与作为个人的恩客之间关系的一个彻底转变。过去这些恩客才有接近名妓的特权,名妓要通过他们才能获得声望和名气。随着上海租界对新型公共领域的不断开拓,名妓开始自由出行,权力机制发生了变化。小报代替了恩客来传播妓女的声名,过去专有的沟通渠道突然开放了。由于报纸的成功有赖于新星的公开演出,名妓也对报纸产生了巨大的影响。

报纸则反过来重塑了"接近明星的惟一途径"这个概念。虽然明星还是排他的、高傲的,但也同时被表现成从事公开演出的艺术家和名人。对这种新的公共角色的成功塑造,改变了青楼的等级制度,上等妓女发现像书寓艺人一样走到聚光灯下并不有损尊严,反而会增加她们的声望。

娱乐小报创造了一种新的媒体形式,为娱乐经济及其明星提供了一个公共论坛。为了把自己的报纸办得与众不同,李伯元选择聚焦于上海的名妓。这个选择是非常精明的商业决策。上海娱乐界事实上已认可名妓的明星地位,李伯元以此为基础,对其商业潜力做出了非常敏锐的判断。报纸做了一个讽刺性的文化倒置,把曾经属于文人的特权带进了整个市场,恩客与名妓之间交接恩宠的高雅文化被放在众目睽睽之下,当成新式娱乐来推销。随着新媒体和上海在全国的地位不断提升,上海的娱乐文化也获得了新的意义。上海名妓曾经借着指南书和笔记小说出过风头,现在媒体上更多的曝光让她和她的生活方式成了举国上下的娱乐消遣。严格地说,娱乐小报并非创造了名妓的明星气质,但的确有助于打造这样一种大众明星形象。

上海名妓很久以前就凭借新式经营活动进入了公共空间，已经占据了代表上海魅力的符号位置，有了之前的这一步，小报才有了最初报道的基础。

一小部分上海名妓成了所谓中国第一代媒体明星。这群艺人出身社会最底层，经过二三十年的努力，终于站到了舞台的中央。在她们的灿烂光芒之下，过去凭借诗才、书画和学问而闻名的文人显得黯然失色。名妓地位的上升对社会等级秩序是一个实质性的挑战，只有上海的环境才会允许这种事发生，并产生全国性的影响。此外，新星们的足迹也遍布其他有租界的娱乐之都，也提升了自己的知名度。上海名妓和娱乐小报间的互动，也成了后来戏曲明星和电影明星效仿的模式。

记者和名妓都意识到了他们对明星形象的控制力是有限的。文人记者试图在传统的文化规范与全新的寻求刺激的租界文化之间寻求平衡，而一流名妓不得不适应这种新型的宣传，任由它报道自己的一举一动。

将上海一流名妓发掘成为大众明星，并将报纸的发展和她们飞升的地位联系在一起，除了敏锐的眼光和过人的精力以外，打造明星还是李伯元等文人的一次超级自嘲。新星变成了时代的一面镜子，从这个意义上来说，报道上海名妓变成了一种政治抗议的方式。1890年代，对清政府失去希望的上海文人发展出了一套借妓女写国家的话语，把对官场的尖刻讽刺化成了对青楼女子的关注。他们不再是掌控中国命运的朝廷重臣，只是一群梦想幻灭、靠笔耕为生的城市知识分子。一流名妓则摆脱了对他人的依赖，成了斗志昂扬的都市女商人和闻名全国的名人。文人和妓女的道路在这个关键的时点、关键的地点交会到了一起。他们都认识到了这种相互依赖的关系，在种种互相需要和疏远之中一起制造了一个以报纸和明星为核心的现代都市娱乐文化。

有一点出乎他们所料：名妓曝光率和社会地位的提高使她们和文人不再相衬。1920—1930年代的上海仍有青楼，但进行的是其他社会活动和商业活动。文人的生活方式也经历了和名妓一样的转变。随着都市里新型中产阶级家庭结构的发展，过去几十年曾盛极一时的青楼文化逐渐消失了。

6 晚清绣像小说中上海名妓的形象

吹捧上海名妓的不只是娱乐小报,还有许多小说也加入到了这个行列;大部分小说都在小报上连载过。在中国文学中,名妓一直享有崇高的地位,她是唐诗和传奇中重要的文学人物,在戏剧和小说中也继续扮演着这个角色。这些文学作品开掘了妓女身上丰富的潜力,处理了各种道德和情感主题。[1] 她可能如同6世纪的诗妓苏小小一样忠于爱情,不循常规,这一点常常为唐代大诗人所赞颂;[2] 也可能感情强烈,唐传奇中复仇的霍小玉堪为代表;[3] 她可能感情深沉品格高洁,就像晚明时期冯梦龙笔下的杜十娘一样;[4] 或者像孔尚任在著名的《桃花扇》中根据史实塑造的名妓李香君,对衰落的明王朝和复社名士忠贞不渝。在这个过程中,名妓成了中国文学和传说中的传统角色,她的主要性格特点是"多情"、聪明、勇敢、明智。她是"奇女子",是"千古女侠"。[5] 尽管在施耐庵的《水浒传》、笑笑生的《金瓶梅》等传统小说里,名妓(更准确地说,普通妓女)常被当作反面人物来表现,但她们从来都不是其中的主角。[6]

用文学术语来说,名妓的角色和生活状态为作者提供了许多独特的选择。她与各种可能性相抵牾,又提供了一系列的可能性。她所遭遇的各种矛盾、窘境和选择，是良家深闺之中的女子无法体验的。她在主流社会中的边缘位置成了一种文学财富，使作家得以把她和"奇"联系起来，考察她非同寻常的环境和行动。作为一个充满活力又行为乖张的角色，名妓给文学带来了特别的艺术刺激。

  19世纪末，一批小说以新式的上海名妓为主角，打破了名妓这种正面的"奇"的形象。这些名妓不伟大，不浪漫，不感伤，也不理想主义。这些小说以高度现实主义的笔触刻画了精明狡猾，有时不讲道德，永远都工于算计的妓女们，她们的眼中只有生意、权力欲和自我满足。这些小说写的是名妓群像，每个名妓都在这个群体中来刻画，她们的个性也在互相对比中得以显扬。最后读者们看到的是完全商业化的娱乐圈中一群倔强的女子。最早的可能是姚燮写于1850年代的《苦海航乐府》，刻画了上海老城厢青楼内部的工作方式。邗上蒙人描写扬州妓女的晚清小说《风月梦》初版于1884年，被视为这股文学潮流在小说中最早的体现。它也没有用理想化的手法去描写扬州妓女，Patrick Hanan认为它是最早的中国城市小说。[7] 不过，我们在晚清上海狭邪小说的中心吃惊地发现了另一个新角色——上海自身。上海不再只是像在《风月梦》里那样，充当故事发生的场所和背景，它也是小说中积极的演员。名妓对上海的认同，她们在上海的生活方式、行为举止、价值观念和日常活动，都是这些小说框架中主要的部分；上海名妓被当作了这个城市独特的杰作，对她的描写绝大多数都和上海有关。

  在这些全新的城市小说中，城市自己最终作为"奇"脱颖而出。[8] 它成了不出场的主体，名妓就像中介一样向读者揭开它的面纱，带领着他们体会它的不同侧面和内部机制。名妓和城市在文学中互相涵括，互为表征。[9]

  为什么会出现这批小说以及其中全新的妓女形象和都市主人公？鲁迅在《中国小说史略》中谈到了晚清所谓"狭邪"小说的兴起。这类小说以妓女和恩客为主人公，应该被视作"才子佳人"的文学主题在清代的延续与发展，曹雪芹的《红楼梦》达至其巅峰。旧套路活力已尽，因此有了这种新小说。[10] 鲁迅还进一步指出，韩邦庆的《海上花列传》告别了《红楼梦》的传统，意在表现妓家之"奸谲"。这些评论都非常有见地，不过鲁迅并没有解释为什么会突然与传统相断裂，他也没有注意到这类小说有一个特点——城市在其中的位置非常关键，很多城市特征都和妓女相关。仿佛大观园的仙境主题并没有简单地退场，它在这些小说中被作为"世界游戏场"的上海取代了，而妓女和客人就是活动其间的主要人物。城市高调地在这些小说中亮相，反映出上海租界的特殊地位和环境。

王德威最近对晚清小说的研究也涉及这里提到的小说，尤其是《海上花列传》。他强调指出，作者就是通过夸张色欲和伦理规范来突出旧秩序的矛盾之处。"当社会、政治与文学的规则显露其陈陈相因的陋习时，狭邪小说对这些规则狎之邪之，适足以托出其弱点。"王德威从鲁迅那里借来了"狭邪"一词来指称这些描写倡优的小说，他说，狭邪小说是不合常规的，"狭邪意味着忤逆成规。但最成功的狭邪小说，竟可来自对成规有模有样的模仿。"因此，狭邪小说可以通过对此类文学之传统比喻的夸张模仿和巧妙替代达成自己的目标。[11]这里的现代性是从文学结构的角度而言的。尽管这批小说酝酿着现代主义的特征，以颠覆旧文学样式的方式颠覆着旧的秩序，但还是有一个问题存在：去哪里找寻这一趋势的源头？或者用王德威的话来说，什么是这种"过度"的源头？因为现在看起来这不像是妓女们的个性，她们既不高贵也不正直。

王德威用他的理论来分析《海上花列传》等小说，在他看来，这部书颠覆规则的方式很特殊，作者没有用绚烂的辞藻来表现纸醉金迷的欢场，通篇行文都是最日常的描写。打动读者的都是看来非常熟悉的东西。[12]但这准确吗？仔细检视这些小说，可以发现一个全新的特征：它对上海风月场内部礼仪规制有着详细刻画，这完全不同于此前几百年倡优小说和故事的文学传统。而且，这些细节采用了局外人的视角，写的是那些初次进城茫然不知所措的游客眼中所见之事。作者要突出的就是这个城市的独特性，它创造了超乎想象的青楼文化。狭邪小说中城市的角色第一次凸显了出来，这里的城市也就是上海。王德威所说的夸张地模仿、遵从成规的原因，是作者在处理城市这一新主题时仍有路径依赖。正是这些关键的结构要素使得这些小说可称为"现代"小说。研究欧洲城市小说的学者注意到了现代性、作为小说主角之一的城市,以及游客们在与城市的互动中展现出的新身份之间的关联。[13] 城市和妓女之间的紧密联系形成了一种具有参照性和象征性的新文学范式。

这些小说明显是虚构的。与此同时,其现实主义的手法——包括引入真名、真人和真实地点——表明作者意图呈现上海的真实城市风貌,并对生活其间的一流名妓的行动和态度做一社会学的剖析。

新城市小说和本地名花志

这些狭邪小说强调上海这一背景的时候继承了非虚构类的妓女传记的写法。早期的妓女传记淡化处理了城市的角色,诸如扬州、杭州等城市的名字只能见于标题之中(如《扬州画舫录》)。上海的花界指南开始把这些女子的生活直接与城市联系起来。因此,晚清的狭邪小说毫无疑问是属于上海的。[14]

自唐以降,有大量半自传体文学描写某地的名妓,尤以国都的名妓为主。[15] 尽管这些作品为某个地区的名妓留下了记录,但它们并没有单独挑出哪位名妓来代表当地的繁华与活力。这些作品的标题都以地名开头,以名妓结尾,体现了它们的文学类属。[16] 余怀的《板桥杂记》首先树立了榜样。板桥是南京著名的风月场,这部书借追怀明代名妓来表达对明王朝覆亡的首都的悼念之情。后来它也成了王韬模仿的对象。

租界建立之初就有了自己的倡优文学。王韬留下了有关租界名妓的最早的文学作品,他借对名妓的讲述描绘了这个地方。上海名妓因此成了第一个体现城市精神的文学人物。[17]

继王韬的尝试之后,1880年代中期出现了不少小说,例如黄式权的《淞南梦影录》和邹弢的《海上灯市录》,都对塑造幻境般的上海形象尽了一份力量。黄式权把上海当作"奇"的绝佳范例,描写了种种它引以为豪的事物,包括西式城市管理、现代的城市基础建设和便利设施、繁荣的文化娱乐生活等等。上海名妓是这个城市元素最终极的表现。《淞南梦影录》写到了高雅沉静的"媚香楼主人"李佩兰，她曾经捐金三百赈救饥民；优雅端庄的陈玉卿的诗作曾登上了《申报》；迷人的顾之香歌喉婉转，催人泪下。[18] 黄式权以浪漫的笔调讲述了名妓和王韬、邹弢、袁祖志等知名上海文人的情感故事。他笔下的妓女品格高贵，她们是技艺精湛的职业艺人，情感真挚专一，与晚明时期的名妓十分相似。[19] 他描写妓女生活中商业的一面时基本是就事论事，没有为读者揭露其中黑暗和险恶的一面。他后期的小说《海上尘天影》可以算是由对上海和上海名妓的称颂向小说转变的代表性作品之一。

在文学描写中，城市和名妓互相表征既非巧合，也非中国或上海独有，它与现实生活中的名妓和城市的发展有密切的关系。16世纪的威尼斯、18世纪的江户和19世纪的巴黎也曾发展出了类似的文学潮流。[20] 上海名妓不是一种泛型，但离开了租界赋予的特殊生活方式也是不可想象的。反过来说，租界也不能代表一类中国城市中心，它和其他所有地方都不同，令人如此兴奋、陶醉又烦恼，这使得租界和租界的名妓都成了令人神往的文学主题。

城市和城市的隐喻

狭邪小说把上海放在书名里，以突出它们的特点；在对话中，名妓也经常用上海的吴方言来增添地方色彩。韩邦庆的《海上花列传》最初曾在文学期刊《海上奇书》上连载，这个期刊的名字可以视为整个这一类文学的纲领。[21]

这些小说的章节标题也呼应书名，不断地提到租界独有的那些名胜。例如孙玉声的《海上繁华梦》中第一章就以"谢幼安花间感梦，杜少牧海上游春"为题，这两个人名与东晋士大夫谢安和唐代诗人杜牧的名字谐音，而这两位都颇有些青楼情史。住在苏州的谢幼安在梦中见到了"花"，有人警告他花是危险的；醒来之后，友人杜少牧就来邀他同去上海玩乐。第二章题为"长发栈行踪小住，集贤里故友相逢"，长发是租界著名的客栈。第三章"款嘉宾一品香开筵，奏新声七盏灯演剧"则带出了番菜馆一品香和同样有名的丹桂戏园,京剧艺人七盏灯便在丹桂戏园表演。第四章题为"升平楼惊逢冶妓,天乐窝引起情魔",新来的客人终于在城市的娱乐名胜——升平楼茶馆和天乐窝女书场见到了上海的名妓。下面的章节标题继续把所有人物活动都安排在上海著名的景点。[22]

最后,回目之后的序言强化了城市和上海妓女之间的关联。对于《海上繁华梦》的概念框架,孙玉声是这样说的:

> 海上繁华,甲于天下。则人之游海上者,其人无一非梦中人,其境即无一非梦中境。是故灯红酒绿,一梦幻也;车水马龙,一梦游也;张园愚园,戏馆书馆,一引人入梦之地也;长三书寓,幺二野鸡,一留人寻梦之乡也。推之拇战欢(叹)呼,酒肉狼藉,是为醉梦;一掷百万,囊资立罄,是为豪梦;送客留髡,荡心醉魄,是为绮梦;蜜语甜言,心心相印,是为呓梦;桃叶迎归,倾家不惜,是为痴梦;杨花轻薄,捉住还飞,是为空梦。况乎烟花之地,是非百出,诈伪丛生,则又梦之扰者也;醋海风酸,爱河波苦,则又梦之恶者也;千金易尽,欲壑难填,则又梦之恨者也;果结杨梅,祸贻妻子,则又梦之毒者也;既甘暴弃,渐入下流,则又梦之险而可畏者也。海上既无一非梦中境,则入是境者何以非梦中人!

在结尾处,作者强调:"海上既无一非梦中境,则入是境者何以非梦中人!"[23]

用幻境来比喻城市受到了《红楼梦》的影响,后来这个比喻也被颠覆了。通过对比中国其他地方,真实的上海被当作了一场梦来体验。城市及其引以为豪的代表——上海名妓,也努力增强这一梦幻特质,让那些游客们沉醉梦乡,乐而忘返。

自20世纪初开始,均由上海名妓所呈现出的梦境和地狱,共同构建出了描述上海的标准框架。倚虹1923年出版的小说《人间地狱》,其内容迥异于早期对上海花界的赞颂,其中的城市罪恶渊薮,法律混乱,恶魔横行。

而上海的淫业就是邪恶世界的中心所在。[24]

于是上海名妓就成了这座城市多侧面的、不断变化的隐喻。她是贪婪和开放的产物，她所展现出来的自由和辉煌代表了城市的富裕和虚浮。她同时代表着天堂的幻梦和地狱的梦魇。

作为城市指南的狭邪小说

以上海娱乐界的名胜来结构故事情节是上海狭邪小说的普遍特点。这些小说模拟城市指南书的文学结构，以名妓作为向导，花费了大量篇幅介绍上海流行的基本行为规范。读者可以从中了解（有时候直接被告知），在这个陌生的环境中会遇到什么、应该做什么，自己应该如何做人。这些书在上海的外国风情上花了很多笔墨。最明显的是韩邦庆的《海上花列传》，书中写到了外国消防水龙如何灭火，印度锡克警察怎么巡逻，警方怎么破案，等等。小说还描写了妓馆、酒馆、茶馆、赌场、鸦片馆等各式各样的娱乐场所。这些狭邪小说还提到了最昂贵的商店及其特色商品，介绍了哪里吃饭，点什么菜，怎么吃，书里还给不同场合穿什么衣服提出了建议，对短期游客和长期居留者的时间安排分别给出了不同的建议。当然，书里还对上海妓院特殊的规矩、仪轨做了详细的描述，不了解这些规定的游人会被耻笑。于是小说对各种场景和人物的介绍就成了一部城市指南书和行为手册。

几乎所有这些小说开头都有一个从乡下或周边小镇前来上海的游人。读者可以对这个游人产生认同，通过他来熟悉这座城市，自己不用冒半点风险。一般的情节是，主人公最初对上海一无所知，在经历了城市所有的诱惑和危险的磨难之后，最终返回了乡下。

在《海上花列传》中，赵朴斋和妹妹赵二宝从乡下来到上海，作为叙述的主线，向读者展示了城市令人目眩神迷的吸引力。[25]小说描写了兄妹俩到上海之后的幻想和恐惧，以及对上海的迷恋，对新奇经验的追求。他们俩最后都成了上海魅惑力的牺牲品，小说细细展现了这个沉沦的过程。沉迷于奢侈生活的哥哥变得一贫如洗，成了一个拉黄包车的苦力，最后成了自己妹妹的龟奴,而他的妹妹赵二宝转眼之间也被这个城市诱惑、腐蚀了。兄妹俩都没能抓住离开上海、避免毁灭的机会。小说借这兄妹俩的故事将传统的乡村环境与上海相对比。借助小说栩栩如生的描绘,读者可以对兄妹俩的上海经历展开想象(图6.1a-n)。

其他狭邪小说以上海名妓和客人的往来说明了青楼的内部运作方式。梦花馆主江阴香的《九尾狐》借上海最负盛名的妓女明星胡宝玉之口说,上海妓女和大家一样是做生意。这就是一场被追求、消遣、欺骗、掠夺和玩弄的游戏。[26] 这些小说希望带读者体会局中人的感觉。只消花一本书的价钱,所有的悲欢都在一个安全的距离上演。

刊印于1911年的《海上评花宝鉴》作者署名平江引年,这是最早明确地作为城市指南书的小说之一。从前,苏州有一对幸福的夫妻。有一天,他俩读了《红楼梦》,之后决定让丈夫张勋伯去上海租界体验一下著名的南方佳丽。妻子的条件是,勋伯每遇到一位都要详细地记录下来,以便她可以通过这些文字分享他的经验。显然,上海作为实现梦想的地方已经名声在外了。同样,上海之腐化堕落也是尽人皆知。夫妻俩考虑到勋伯的父亲对上海也是这种看法,肯定不会同意儿子去,所以就告诉他说勋伯要去东京旅行,见见世面。当时的东京被誉为年轻人学习西学的中心。勋伯游历上海青楼所需的大量钱财也就被说成是去这个学问之都的旅费。

在一位可靠的上海长大的友人的陪同下,勋伯勇敢地踏上了"摩登"的火车,而《海上繁华梦》里的谢幼安、杜少牧就勇气稍逊,只租了私人航船。一到上海,勋伯就走进了这座城市的奇迹之中。马车走在街上的时候,勋伯和读者一起对这陌生的城市环境有了第一印象:

> 勋伯在车子里头,一路向那面店市洋房约略的看了一看,便向佑甫(徐佑甫,张勋伯妻家账房,阅历深,与其同往上海。——译注)道:此地是那一国的租界,清洁到如此地步,好不爽快。佑甫道:此地是英租界大马路……马车在黄埔滩跑了一回,就折进了四马路,勋伯在车子里头,忽然觉得换了一番气象,见那市面十分热闹,铺子的装潢

(a) 到达上海。请注意代表城市的路灯。

(b) 到达以后，旅客要么住在上海自己的公馆里……

(c) 要么住进客栈。

(d) 到上海后先得在妓院里摆台面。

◆ 6.1a-n 《海上花列传》中的插图。石版画，1894。（韩邦庆，《海上花列传》）

(e) 还要去妓院。

(f) 去戏园……

(g) 去番菜馆吃饭。

(h) 在上海著名的茶馆吃吃喝喝……

(i) 去鸦片馆。

(j) 上海城里最稀奇的东西之一便是外国消防队……

(k) 侦探。

(l) 西式医院。

(m) 只要还有意志力,告别城市回家的时间总是会到来。　(n) 但有些人留在这里,失去了一切,包括生命在内。

争奇斗巧,一发繁盛,只是马路不及大马路的空阔,地方也是狭窄。勋伯就问佑甫道:此地既然是繁华去处,因什么那些房屋马路不建造得考究一些?照我看来,很嫌那不够畅快。佑甫道:此地不比大马路,地基十分昂贵。[27]

第二天,勋伯便开始寻访群芳。他首先碰到的是一位高级歌伎,但只能算是个清秀佳人。勋伯邂逅的妓女等级一级级升高,小说通过勋伯写给妻子的笔记逐一介绍了这个世界的规则和陷阱。勋伯学得很快,对这个环境中生存和享受的艺术掌握得越来越圆熟。他变得越来越狡猾,甚至开始和妓女们玩起花样来。最后他钟情于艳压群芳、才华绝伦的花月英,不再寻花问柳。但书里暗示,这位青楼女子对勋伯也并非真情实意。当勋伯就要爱上花月英、不惜为她付出所有身家之际,小说突然结尾:勋伯的老父亲病倒,苏州老家电报催其归家。主人公回家了,读者也被送上了回家的路。

妓女和客人相遇的顺序是小说的情节设计，是读者幻想之旅的一次预演。突兀的结局清楚地表明，要让这位年轻人离开上海，除了让父亲病危别无他法。

城市的多侧面和作为文学手法的群像

这些小说把群像作为了表现城市不同面相的文学手法。以前《水浒传》和《红楼梦》也采用过这种手法。《水浒传》的110个人物都对小说有所贡献，他们一起形成了绿林好汉的群像。此书中城市生活屡屡成为背景，但小说重点还是对人物性格和群体动力的描绘。《红楼梦》通过十二位女性的形象，对"情感"这个常见的主题进行了探讨。大观园在书中扮演了积极的角色，它把整个外部世界和可以自由表露情感的虚拟幻境区分开来。

上海狭邪小说由这一传统发展出了自己的群像。比起单一主人公和单线叙述来说，运用群像描写这一文学手法让小说在表现不同的情境和多层次城市环境中的人物时更为自由。就上海而言，要体现城市和妓女互为表征，群像手法几乎是必不可少的。把城市当作小说结构中一个积极的核心的因素来描写是一个挑战性的尝试，大观园提供了一个恰当的比喻和模板。（在有的小说中，例如《海上尘天影》中，确实就在城市中塑造出了这样一个园子。）《红楼梦》十二钗被上海名妓所戏仿，上海是世界游戏场的观念代替和颠覆了大观园浪漫的幻境。妓女的群像表现了上海多个侧面。在《海上花列传》中，张蕙贞表面上谦卑胆小、忠心不二，但她却冷静地欺骗了新婚的丈夫；纯洁的周双玉似乎能用心爱人，但她最后却变成了精打细算的生意人；黄翠凤一出场就带着名妓的正直和自尊，她后来免去了客人一大笔银钱。小说中的反面角色是那些不够精明无情的妓女，例如周双宝，她被迫从妓院楼上搬到了楼下；还有沈小红，因为她十分不专业地爱上了一个戏子，富有的恩客离她而去，最后她变得一贫如洗。小说充分地表现了妓女和城市二者迷人外表和空虚现实之间的落差。

在抽丝主人的《海上名妓四大金刚传奇书》中，人物性格描写和情节

（a）魔礼红　　　　　　　　　　　　（b）林黛玉

◆ 6.2a，b　林黛玉是四大金刚的魔礼红转世。木版画。图（a）中的魔力红拿着魔伞，图（b）中魔伞变成了林黛玉手中的洋伞。（抽丝主人，《海上名妓四大金刚传奇书》，1898，2）

更加复杂了。这部小说写的是上海的四位妓女明星林黛玉、张书玉、陆兰芬和赛金花（后来被更年轻的金小宝取代），故事的框架来源于一个关于转世轮回、因果报应的佛教传说。小说中的四位名妓是四个金刚门神转世，他们被化为女儿身，为的是羞辱一下这些强壮的门神，给他们一点教训（图6.2a，b—6.4a，b）。

　　本书共五十章，第一部分和第二部分对妓女的处理有很大的不同。[28] 第一部分按照传统的叙述脉络，以同情和诚恳的口吻描写她们，对妓女的处境表示同情。第二部分却变成了尖酸的讽刺和严酷的嘲笑。小说结尾处作者把四位名妓降到了佛教所说的狐狸、猪、猴和狗一级。

　　（a）魔礼寿　　　　　　　　　　（b）张书玉

◆ 6.3a,b　张书玉是四大金刚之一魔礼寿转世。木版画。图(a)中的魔礼寿手持一条龙；图(b)中，龙变成了张书玉桌下的一条小蛇。(抽丝主人，《海上名妓四大金刚传奇书》，1898,3)

　　作者在第二部分开篇解释了他这样做的原因。他希望对城市最近的变化进行反思。这在第一部分最后一章的回目"名士散场，风俗改变"中就有所体现。第二部分开头的时间与上一章相距十年，从这个时候开始，城市里的风俗发生了巨大的变化。叙述者的语气非常直接：

　　　　从此，海上的名士，一时风流云散的尽了。
　　　　只有那淫风败俗，年盛一年。从来枇杷门巷，粉红黛绿者，藉以点缀升平。故坠鞭公子，走马王孙，酒绿灯红，笙歌竞奏，未免真个魂销。谁知上海此时却又大不相同。花街柳巷，无非淫贱流娼；帽影

(a) 魔礼海　　　　　　　　　　(b) 陆兰芬

◆ 6.4a,b　陆兰芬是四大金刚中的魔礼海转世。木版画。在图(a)中,魔礼海抱着琵琶;图(b)中的陆兰芬也抱着自己的琵琶。(抽丝主人,《海上名妓四大金刚传奇书》,1898,3)

鞭丝,尽是逐臭臧获。四马路一带弄堂里面,互相征逐的,全是些戏子、马夫。所以束身自爱之士,不约而同地都绝迹了。[29]

不再有名士做妓女的恩客,因为妓女的素质下滑,而且她们公开和戏子、马夫相好,这在从前是令人不齿的非常不专业的行为。城里的文人也有一定的责任,他们吹捧妓女的诗词歌赋使她们沉浸在自身的光芒之中。[30]随之而来的自满、得意和傲慢是任何有品位有身份的名士都不愿容忍的。

随着这一转变的发生,曾经对名妓应该如何行事有发言权的文人被没有文化伪装的商人和买办取代了。他们成了名妓算计的对象,名妓盘算着如何让他们为自己掏钱付账，从鸨母那里赎身。[31] 这个变化在不同的场景里都有体现。书中表现了四大名妓如何对马车发号施令，在城里每个时髦地方得意洋洋地现身。她们控制了城市的公共空间。作者对此十分愤慨，但保持了克制。在公共场合抛头露面犹可忍受，但公开藐视礼仪是不可原谅的。作者的轻蔑反映出丧失文化权威的文人有一种挫折感。

小说第二部分里，城市和名妓的关系也发生了巨大的变化。尽管城市环境在第一部分里已经很明显了，但第二部分才真正把名妓和城市紧密地结合起来，城市的名胜是她们上演所有行动的舞台。这暗含的一层意思是：允许妓女这样行事的只有上海，这里的公共空间向她们开放，没有任何权威阻止她们破坏礼节。

作为游戏场的城市和作为城市之星的妓女

随着这些狭邪小说的出现，上海的妓女明星成了主要的文学人物。她们美艳迷人，却又性情狡诈，她们喜欢自作主张，道德堕落。鉴于她们已经是公共空间中高度可见的代表性人物，文学上的声名也要与之匹配。通过狭邪小说的描写，千古流芳的妓女英雄的传说被打破了，城市安乐的光环也消失了。诸如梦花馆主江阴香的《九尾狐》中的林黛玉、张春帆《九尾龟》以及抽丝主人《海上名妓四大金刚传奇书》中的四大金刚等人物成了主角，城市便是她们的陈列橱窗。在她们不断索求、竞相争斗的世界里，主要的符号便是名妓们来来往往的城市街道。她们熟悉城里每个去处，自信满满地带领着读者，通过其冒险旅程来探索这个大游戏场的内部机制。这些玩乐的去处反过来表现为意料之外、可能并非有意为之的权力维度，形塑着新的都市人物和新的生活方式。

胡宝玉是上海历史上的传奇人物，据说上海名妓公共角色的核心特征很多都是她发展出来的。《九尾狐》的叙述主线就是胡宝玉发生在城市各个角落的风流韵事（有时候是为了生意，有时候是她自己找乐子）。城市就是她的游戏场，城市的公共空间就是她尽情展现和表演自我的舞台。

戏园对她来说是个理想的环境。胡宝玉身着最新潮的华服坐在包厢里，吸引着爱慕的目光（她也会给别人送点秋波）。胡宝玉发现了这个公共场所的潜力，体会到了做公共人物的兴奋。小说开篇就写胡宝玉来到了丹桂戏园，陪在她身边的是当时交好的恩客杨四，但她爱上了伶人黄月山：

> 黛玉 [此时胡宝玉叫做林黛玉。——译注] 自去打扮，把头上修饰好了，又换了一套时式新鲜的衣裙，方带了一个大姐，同到里口上车。转瞬间，马车已抵戏园，自有案目招接上楼，进了包厢，并肩坐下。见戏已做过两出，起初无甚好看，只看到黄月山同黑儿出场，做的是五老聚会剑峰山，月山扮作金眼雕邱成，品格也好，武工也好。看得黛玉出了神，一双俏眼，专注在月山身上，见他精神奕奕，气概轩昂……所以目不转睛，呆呆的只望着那只台上，连杨四与他说话都没有听见。[32]

这次之后，胡宝玉成了戏园的常客。黄月山不可能不注意到这位美人每晚都坐在包厢里（几乎整部小说里胡宝玉都有自己预留的包厢），向他投来的崇拜的目光。她习惯从伶人中挑选相好，从前的名妓对此避之不及，她却把它变成了上海妓女中的一股风潮。[33]

在戏园，名妓可以作为女主人邀请客人，可以公开展示她的战利品，也可以让潜在的客人亲睹她的容貌。她也在这里跟其他名妓交换八卦，互相问候，时不时还打上一架。对《九尾狐》里的胡宝玉来说，戏园也是一条逃生之路。对于在深宅大院里做杨四小妾的日子，她越来越厌烦，于是去妓院发泄她的挫折感，也让杨四知道她心思有变。当她孤单绝望的时候，去戏园几趟也能让她重拾自我，找到继续下去的勇气。[34]

城里的高档菜馆是另一种公共场所，名妓和相好、名妓和客人的妻子、名妓和名妓都可以在这里谈判协商。[35]《九尾狐》里写道，胡宝玉在戏园对黄月山一见钟情之后，想了一个办法来赢得黄月山的心。她每天都去戏园，黄月山演出一结束她也马上离开。四目相对之际，黄月山马上就被俘虏了。他邀请胡宝玉去著名的一品香吃菜（图 6.5）。胡宝玉接受了，他们的恋曲

◆ 6.5 《番菜馆赴约会伶人》。石版画。伶人黄月山和胡宝玉一起在一品香番菜馆包间里吃饭，胡宝玉的娘姨陪在旁边。(梦花馆主江阴香，《九尾狐》，1918，无页码，卷首第九回图)

就此开始。这个情景可是不寻常！在众目睽睽之下，一个伶人和一位名妓互相诱惑。这件事引来纷纷议论，给上海带来了无耻的恶名：只有这样一个地方才会为这种事提供空间和舞台。

公园也是上海独有的城市特色之一，这里也是狭邪小说中名妓聚会的地方。和相对私密的饭馆、戏园相比，公园和其中的茶馆让名妓能为更多人所见。如同第二帝国时期的巴黎交际花一样，胡宝玉很明白这个公共空间的重要性，常常用它来达到自己的目的。《九尾狐》中写道，胡宝玉决定采用广东妓女的服装和发式，她决心要在苏妓占绝大多数的上海妓女中成为时尚引领者。她剪了刘海，换上了粤妓服饰，决定径直去豫园走一遭，看看自己地位如何，估量一下自己有多大影响。她带着两个大姐，来到公园人来人往的茶馆里吃茶：

> 其时时光尚早，游客犹稀，虽有几个对他观看，不过暗暗议论而已。及至三下钟后，那班垂鞭公子、走马王孙，与那花丛中姊妹，陆续到得不少，见宝玉凭栏品茗，大有旁若无人之概，而且今日打扮得异常特别，头上的前刘海耸起了三四寸，盖在额上，齐着眉毛，惹得一班浮头少年各个高声喝彩。即同行姊妹们也在那里窃窃私议，有的说好看；有的说恶形；有的说我也要效学他；有的说学了他，只怕被人要笑
>
> 宝玉与阿金、阿珠吃了一回茶，又在园中各处兜了一个圈子，引得狂蜂浪蝶，到处跟随。宝玉到东,他们也到东；宝玉往西,他们也往西。有的口中打着反切，品评宝玉的装束，有的说着英话，赞叹宝玉的时髦。称好者多，批坏者少。一时交头接耳，拍手扬声，挤去拥来的观看。宝玉毫不为怪，愈要卖弄风骚，频频回顾，含笑迎人。[36]

在传统的城市里，狭窄喧闹、没铺地砖的街道上不了档次。但上海的道路码头委员会（工部局前身）曾于1845年宣布要在市中心铺设宽阔的马路。[37] 后来，工部局的税收被用于城市排水、路面和照明建设；交通规则和警察建立了初步的道路秩序，也减少了噪音和公共场所大小便的现象。接

下来，一栋栋宏伟的大厦彻底改变了低矮街道的景观，名妓穿行其间，向客人展示这座城市，同时也展示她们自己。如同一二十年前的巴黎，坐着敞篷马车出去玩，还有个制服笔挺的马夫是件时髦的事情。狭邪小说对此做了忠实的记录。《九尾狐》就特别喜欢这些景致。胡宝玉炫耀完她新式的广东打扮之后，和大姐们一起离开了公园：

（宝玉方点点头，三人携手出园。）随后那班年轻恶少亦然跟了出来，见宝玉一上了车，或坐亨斯美，自拉缰绳追赶；或乘脚踏车，连顿双足相随，霎时碌乱纷纷，都在宝玉车前车后接接连连，如蝉联鱼贯，街尾而行，且前且却，不后不先，从泥城桥那边直到英大马路。两旁看的人愈聚愈多，大半认识宝玉，又添了一片喝彩之声。内中有一乡下人，初到上海，从未见过这样的局面，他就自言自语地说道："今天这样热闹，莫非外国的皇后娘娘到这里顽吗？"旁有一人接嘴道："你不要满嘴胡说，那里有什么皇后娘娘？这就是上海最有名的妓女胡宝玉呢！"乡人咋舌道："原来上海的妓女身份比官府还大，他坐了马车出来，前后左右还有这许多护卫哩！"众人听了，见是乡下人，不能与他解说，皆拍手大笑而散。[38]

对晚清的读者来说，上海这个城市和上海妓女一样与众不同，两者又互为补充。用妓女来介绍城市的名胜最初看似文学手法，其实指出了这个城市独特的社会现实。

这些小说对城市生活方式的勾画意在突出上海的奇异和独特，因此很重视描写名妓们使用香港和上海银行发行的钞票、在番菜馆点菜、去影楼拍照、出席会审公廨、看赛马和马戏、用时髦的意式和广式家具装点住所等细节。这些描写带着一股异国风情，有力地平衡了、甚至损害了这些小说最初希望对上海孕育的生活方式加以谴责的宗旨。

新的都市女性与"真诚的名妓"

这些小说重新诠释了传统中天赋过人、真情流露的名妓,把她们写得除了上海式的生意经什么也不会。按传统来说,名妓的文学才华是非常受重视的,她们借诗词歌赋来表达自我真挚的情感。《海上繁华梦》提出了一个言简意赅的反对观点:一流名妓学读书认字的惟一目的,是借此来控制爱好文学的客人,并且让她能读懂竞争对手写给客人的情书。[39] 她在宴席上声情并茂的演唱重又博得了客人的尊重和热爱,但这不过是一个经过计算的行动,有意利用传统的表达形式来获取期待中的反应。[40] 这里使用的文学手法是现象和本质之间的对比。这一手法利用了读者熟悉的有关妓女的传统说法,以这种共享的知识和现象为参照,狭邪小说揭露了事实真相,进而依据目标读者保守的价值观做出了评判。

狭邪小说打着警世的幌子,以提醒读者上海有哪些陷阱为由,对妓女骗人的手段做了极为详尽的描写。同时,小说对客人们的描写也发生了一百八十度的变化。才子被贪婪小气的商人代替了,考虑到客人的特点,名妓的新动作也就不足为奇了。无论这些小说摆出怎样的道德化的姿态,这些任性、迷人、狡黠的妓女明星的形象都在不经意间成了主导,凸显出她们的力量、独立和自信。

因此,对这些名妓的描写有很多模糊不清之处,这主要反映了作者对新出现的人物——都市女性的模糊不明的态度。如同上海和上海名妓的生活方式一样,这个人物俘获了他的想象,但也令他反感。二春居士《海天鸿雪记》中的高香兰最突出地表现了这类都市女性的新特点。她很像标准的上海妓女或妓女明星,出场的时候戴着一副金边墨镜(后来我们了解到她通常穿西式服装),她身旁是一位身穿西式洋装和夹克的年轻女子。她们正在看意大利的车里尼马戏班演出,这一上海娱乐界的盛事已经永远地记录在了点石斋的《申江胜景图》里。没有任何女仆或男性友人的陪同,这两个女子走进了大帐篷,找到自己的位置坐了下来。演出结束后她们钻进马车,消失在黑夜中。[41] 读者通过男主人公的眼睛追随着她们的身影。这两个女人是谁？她们是干什么的？后来他才知道陪着高香兰的那位年轻女子是一位大家闺秀，高香兰曾经是一个名妓，现在成了社交名媛。她独自住在一栋三层小楼上，靠追求者给的钱过活。她才貌超群却又阴险狡诈。她从富人身上榨取钱财，同时又包养年轻英俊的情人，完全不按妓女传统的行规做事。

高香兰是个迷人又复杂的人物，就生活方式而言，她很像新一代的都市人物。她有着大把钱财，却可能一夜之间挥霍一空；她经常出门，喜欢在大庭广众之下吃西餐、上戏园，在朋友的陪伴下或独自一人坐马车在城里闲逛。她被看成一位"独立"的女性，不依赖任何家庭或社会结构。她的朋友和伙伴都是报纸的编辑和记者。她也能和知识渊博的男性进行长时间的讨论。高香兰为一流名妓向现代上海都市女性的转变提供了一个清晰的例子。作者带着挑剔的眼光慢慢接近她，最终被她深深吸引。通过表现自己的暧昧不清，作者创造了一个全新的动人的文学形象。

这个摩登、狡黠的都市女性形象有时候会被拿来和"真诚的名妓"相对比，后者最初是用来称呼某些威尼斯妓女的。高香兰自由随意的生活方式为她带来了富有的男人，可以说他们就该被剥削，因为他们自己就不真诚。"真诚的名妓"只与正直的男人相伴，她的客人可以扮演英雄的角色，就像《九尾龟》里的张秋谷、《海上尘天影》里的韩秋鹤一样。在这两部小说里，赢取英雄柔情的名妓被当成青楼中硕果仅存的例外。张秋谷是个文人，也是个"花丛领袖"，名妓们对他无不倾心。他最后娶了陈文仙为妻，因为她是他认识的所有妓女里惟一善良正直的。韩秋鹤可算是一位游侠，他周游世界，从日本和西方学习了许多新的思想和技术。他到上海来就是为了找他深爱的苏韵兰，一位有文化、有品位、有美德的奇女子。但是，韩秋鹤尽量避免陷得太深，仍是来去自由。"真诚的名妓"是一个怀旧的提醒，为新的都市人物提供了一个必要的对比，但她从来都没有成为主导，也很少担当主角。

独立的高香兰没有恩客，尽力靠自己的精明和伙伴们的帮助为生；"真诚的名妓"则有机会与自己爱慕、受人尊敬的男人为伴。[42] 名妓的男人们更增进了我们对城市的理解。这些小说里的客人也是作为群像来表现的。

他们来自各个领域，既有短途的游客也有常住的居民，他们可能是商人、官员、买办或者外地的乡绅。和他们的女对手一样，他们也试图少付出，多获取。在这个过程中，他们被上海名妓降服，最后要么花光所有财产离开了上海，要么堕入社会底层。但张秋谷和韩秋鹤是例外，这两个男主人公不但没有被上海打败，还能轻松地面对这个城市。"真诚的名妓"献上的热爱便是他们战胜城市的证明。这些男性的描写中带着很强的自传元素。[43]

对上海和上海名妓不断变化的看法

鉴于上海和上海名妓的这种共生关系，对城市认识的变化也直接反映在对名妓的评价里。1870、1880年代问世的上海文学作品对城市赞赏有加，而1890年代的狭邪小说则有了很大的变化。[44]

文人对上海的热情似乎在1890年代冷却了下来。上海从1870年代的蓬莱仙岛、1880年代的梦境变成了大游戏场。1880年代，诸如王韬、邹弢、黄式权等许多作家也是记者，但他们的小说并没有取材于报纸，也没有在报上连载。随着专门报道娱乐新闻的小报的出现，情况也发生了变化。写作风格变得更现实主义，小说有了一种城市风味。《海上名妓四大金刚传奇书》和《九尾龟》中的许多篇章都取材于《申报》和《游戏报》。[45]

这个视角的转化更多地揭示出上海文人自我评价的转变。他们的价值观和特权地位受到了威胁，因此，他们对城市和名妓也采取了更为冷峻的视角，在他们看来，名妓正是鄙俗的商品化的象征。

上海变成了一个工业重镇，犯罪渊薮，后来"新文化"运动带着对名妓文化之"封建"残余的轻蔑，使名妓和城市的形象都发生了新的变化。它把"美梦"变成了"梦魇"。尽管上海欢场吸引游人浪子的实际能力有增无减，但上海和上海妓女的文学形象从"奇"变成了"怪"，后来民国时期又变成了"丑"。但是，无论对上海的看法如何变迁，有一点始终不变：上海和象征着上海的名妓，都是独一无二、无与伦比的。

文学插图中的城市形象

城市文学的开创,主要有赖于都市心态和感觉的发育。上海名妓提供了一个现实的选择,作家们可以用这个熟悉的文学角色以及与之相关的各种比喻来探讨江南地区发展起来的新型城市和新的态度。历史上的名妓都与富庶的商业都市和行政中心联系在一起,但她们的城市性格和上海名妓还是截然不同,在对传统名妓生活的描绘中,城市一直只是背景。[46] 但上海的名妓通常与这个城市的独特景观紧密联系在一起。甚至在狭邪小说的文学加工之前,她与城市的联系在木版画和石版画中就有所表现。狭邪小说通过插图与这个遗产接续了起来。

文学作品中表现的上海名妓和插图中的名妓之间关系相当复杂,随着名妓形象和性格的转化变得更加错综。由于不同的艺术传统和限制,叙事艺术和图画艺术发展趋势各异,插图有着自己的主题。这两个模式互为补充,但也有矛盾之处。它们的不同之处在于如何通过上海妓女的形象来表现作为都市中心的上海独特的都市生活方式。石版画新技术为反应迅速的现实主义风格提供了与之相配的图像新闻报道。[47]

城市及其图像符号

吴友如从1884年开始在《点石斋画报》上为文学内容配图,[48] 首先是王韬的《淞隐漫录》在《点石斋画报》上作为附页连载。吴友如为文学内容所配的插图和普通的新闻插图有显著差异。新闻插图突出了事件情节,如图6.6中表现了一个妓家仆人把警察误认为骗子之后引起的一场骚动。另一幅图(图6.7)则体现了文学插图的传统,以气氛为主要的元素,没有提到什么特别的事件。一幅图突出了场景的戏剧性,但牺牲了妓女的形象;另一幅图则保持了妓女形象的高雅光环。

尽管风格和描绘内容不同,两幅图还是明白地反映了共同的背景——上海。图6.6中有"兰芳里"的名字,这是公共租界中妓馆云集之地,而

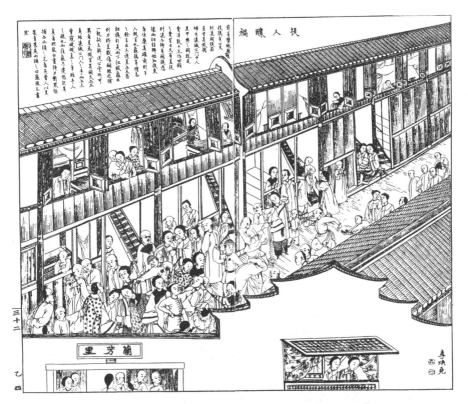

◆ 6.6 《提人酿祸》。石版画。李焕尧配图。这幅图配有一则新闻报道：一位来抓人的警察被妓院的仆人误认为是个骗子，结果被打了一顿。(《点石斋画报》，乙集，4 [1884]: 32)

且里弄独特的建筑结构也只有在租界才能见到。上海妓女被当作了一个群体来表现。图 6.7 只用很小的字体写出了里弄的名字，除此之外几乎看不出是什么地方，但是凭一件东西——路灯——就可以确定的确是上海，上面还有电线。(另一个不太显眼的道具是西式的玻璃格窗，可以从里面推开。)路灯可以证明，画家是有意道出故事的发生地点。吴友如在这个传统的场景中添上一点异国的多余的东西，强迫读者确认故事的发生地，而这在传统文学插图中并非是重要元素。

从构图安排来看，艺术家是有意为之。图 6.8 中，吴友如也运用了这种手法，在传统的场景中移入了城市的图像符号。将其与 17 世纪表现类

◆ 6.7 《眉绣二校书合传》。石版画，吴友如为王韬《淞隐漫录》配图。(《点石斋画报》，乙集，23[1884]：尾页）

◆ 6.8 《玉箫再世》。石版画。吴友如配图。王韬这本《淞隐漫录》讲的是一位深情而忠贞的妓女牺牲自己去拯救一位曾爱过、娶过她的病重的男子。(《点石斋画报》, 乙集, 23[1884]: 尾页)

◆ 6.9 《西湖二集》中的一幅插图。木版画。(周楫，《西湖二集》，1628—1644，聚金堂版；重印于周芜，《中国版画史图录》，第543页）

似主题的插图（图6.9）对比，创作者的意图清晰地显露出来。加进来的路灯和电线是为了突出上海的不同寻常，这一类特别的事物也包括上海的妓女。直接插入图中的路灯展示出传统和现代感觉的初次遭遇。在这里，这种遭遇还可以进一步具体化。关于城市和路灯的构图其来有自，在早期表现上海租界的照片中就可以找到，例如图6.10中就表现了1882年工部局设于苏州河畔的第一批路灯。在工部局建设上海的时候，《点石斋画报》

也帮着把路灯变成了上海的符号。此外,这些插图还在上海妓女的文学形象和城市之间建立了图像联系。

杂志上的新闻插图从一开始就是在城市空间环境中来表现名妓的,但同一杂志上、同一艺术家表现妓女的文学插图却不得不考虑到这一类型历史悠久的艺术传统:一般来说,传统背景都是花园、闺阁等私密的环境。文学插图的各级构成元素中没有城市的位置,把城市移入传统文学插图中已经够难了,要把名妓、甚或是良家妇女等人物移入城市风景中则更是难上加难。按传统的构图方式,女性要么如同深藏在花园或闺

◆ 6.10　上海第一批路灯,照片,1880年初期。(史梅定编,《追忆——近代上海图史》,第267页)

阁中的娇花一样躲在窗后、半掩的帘后，或者在自然环境中由男性相伴，这种传统对艺术家还是有很大的影响。女性人物处于这种私密的内闱，与女性的社会地位、文化地位有着丰富的联系，把她们由私密环境搬到公共的场景中，通常是直接走进街道，走入众目睽睽之下，不仅需要打破绘画的传统，也需要与所有与之相关的东西告别。

直到19世纪末，尽管小说背景经常是在城里，但几乎没有表现城市公共空间中女性人物的小说插图（图6.11）。如果女性人物要出现在城市环境中，会有一堵墙来隔开公众的目光（图6.12），或者让她身居高处，这样她可以看见别人，但没人能看见她（图6.13）。表现公共场合中的女性的插图非常罕见，要么她身处在公堂上（图6.14），要么她在划分"内""外"的模拟界线的内侧（图6.15）。在一幅17世纪的插图中，女性人物不但被限制在街道的一侧，还要用帘子遮掩起来（图6.16）。实际上，她根本不应该在屋门口被人看见，待在那儿往外看就意味着麻烦。她在文学作品的插图中合适的位置就是在花园里（图6.17），或是在花园旁边的房间里（图6.18）。烧香可以算正当的活动（图6.19），但通常是表现某种玩乐的图景，例如演奏乐器、跳舞、画画、织布、下棋，或者只是在等待、盼望（图6.20）。

历来插图中的男女都是处在自然环境中，或是在室内（图6.21，6.22）。如果表现男女一起身处公共场合，就意味着越礼和麻烦。图6.23中的女性人物暴露在公共目光之下，说明即将要展开一段不合礼法的感情。这幅图描写的是卓文君和年轻的司马相如（公元前179—前117）相遇的故事，后来他们私奔了。但即使在这一场景中，卓文君所在的位置还是在高于街道。一对男女若是如图6.24中的那样撩起门帘互相对望，则表明他们之间有奸情。文学插图经常把文字中的公共场所替换成私密的空间，用公园的背景代替城市环境。例如冯梦龙的《蒋兴哥重会珍珠衫》中，一个浪荡子碰巧看见了一个女人从自家楼上往外张望，而她家就位于城里最主要的大路上。路对面的当铺在整个故事的结局中扮演了重要的角色。[49]可是这幅图中一点也看不出城市环境的痕迹，整个故事被放

◆ 6.11 《绘图镜花缘》中的插图。石版画。谢叶梅画像。城墙说明这里是城市。(李汝珍,《绘图镜花缘》,1888,第 11 章)

◆ 6.12 《全像印石古城记》中的插图。木刻。围墙区分了内、外空间。(《全像印石古城记》,金陵文林阁版,明代;重印于周芜编,《中国版画史图录》,第664页)

◆ 6.13 《诗赋盟传奇》中的插图。项南洲木刻。(西湖居士,《诗赋盟传奇》,重印于周芜编,《中国版画史图录》,第853页)

◆ 6.14 《二刻拍案惊奇》中的插图。木刻。(凌濛初,《二刻拍案惊奇》,晚明时期,重印于周芜编,《中国版画史图录》,第 516 页)

◆ 6.15 《新刊出像音注商辂三元记》。木版画。划分内外区域的界限用砖阶突出了出来。(沈寿仙,《新刊出像音注商辂三元记》,万历年间 [1573—1619],金陵富春堂版,重印于周芜,《中国版画史图录》,第 618 页)

◆ 6.16 《二刻拍案惊奇》中的插图。木版画。互相对望的男女被一条街道隔开了。(凌濛初,《二刻拍案惊奇》,晚明时期,重印于周芜编,《中国版画史图录》,第517页)

◆ 6.17 《林黛玉》,《红楼梦图咏》中的插图。改琦 (1774—1829) 作图,木版画。(改琦,《红楼梦图咏》)

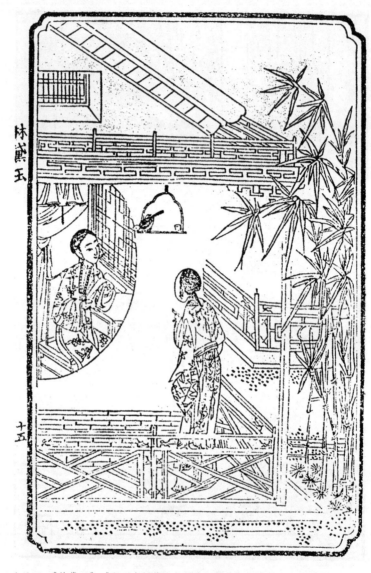

◆ 6.18 《林黛玉》,《程丙本新镌全部绣像红楼梦》中的插图。木版画。(《程丙本新镌全部绣像红楼梦》, 18世纪, 重印于周芜编,《中国版画史图录》, 第590页)

◆ 6.19 《柳氏对月烧香》。木版画。(《新刻出像音注薛仁贵跨海征东白袍记》,万历年间,[1573—1619];重印于周芜编,《中国版画史图录》,第 627 页)

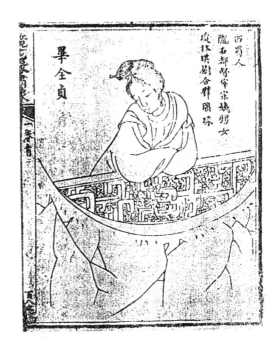

◆ 6.20 毕全贞是小说《镜花缘》的主人公。谢叶梅木刻。(李汝珍,《镜花缘》,1832 年;重印于周芜编,《中国版画史图录》,第 591 页)

晚清绣像小说中上海名妓的形象

◆6.21 《长亭送别》。《新刻出像音注花栏兰调西厢记》中的插图，木版画。(崔时佩、李晔，《新刻出像音注花栏兰调西厢记》，金陵富春堂版，明代；重印于周芜编，《中国版画史图录》，第619页)

◆ 6.22 《镜花缘》第十七回图。谢叶梅木刻。(李汝珍,《绘图镜花缘》,1888)

◆ 6.23 《文君当垆卖酒》,《新刻出像音注司马相如琴心记》的插图。木刻本。(孙柚,《新刻出像音注司马相如琴心记》,万历年间 [1573—1619],金陵富春堂版,重印于周芜,《中国版画史图录》,第 635 页)

◆ 6.24 《重校义侠记》的插图。木版画。(沈璟,《重校义侠记》,1607年,重印于周芜,《中国版画史图录》,第660页)

在了自然环境中重新诠释（图 6.25）。

晚清狭邪小说的插图作家必须解决象征手法的转换问题，要把莲花等比喻（图 6.26）转化成繁华的上海街道。这不仅是因为文学作品的场景设置在街道上，也因为城市本身在这些小说中就是非常关键的角色。1890 年代第一批上海绣像狭邪小说问世,其中的绣像可以说是革命性的（图 6.27）。最重大的突破在于，它刻画了城市公共空间中的女性人物。自然环境、私密内闱基本上被城市风光代替了。

《点石斋画报》的文学插图和各种上海图集早在十年前就迈出了关

◆ 6.25 《蒋兴哥重会珍珠衫》的插图。木版画。万历年间 [1573—1619]。(冯梦龙,《蒋兴哥重会珍珠衫》)

◆ 6.26 《西湖二集》的插图。木版画。(周楫,《西湖二集》,1628—1644;重印于周芜,《中国版画史图录》,第542页)

◆ 6.27 《海上花列传》的插图。石版画,1894年。客人和妓女、娘姨下了马车,准备进洋货店去。背景是上海风格的建筑和街道。(韩邦庆,《海上花列传》)

◆ 6.28 《华人乘马车脚踏车》。石版画，吴友如作。(点石斋，《申江胜景图》，1884,2:34)

键的几步。吴友如在《淞隐漫录》中为传统的封闭空间中的名妓形象添加了城市背景（见图 6.7），他迈出了革命的第一步，但决定性的转折来自于点石斋的大动作——在《申江胜景图》中，女性人物出现在了城市公共空间中（图 6.28）。在这本书里，仪态万方的名妓成了城市风景的一个组成部分。作为对西方物质文化的一种赞美，女性（名妓以及她的娘姨和恩客）也成了不同寻常的中国人物，能从容地面对这些了不起的玩意儿。在书场、戏园、赛马场、公园，她都不只是城市风景的一个装饰，而恰是其非凡之处最精彩的代表。

上海名妓的公共角色也可以有比较平凡的一面。《点石斋画报》几乎与华丽的《申江胜景图》同时推出，也表现妓女，但风格更为平实，较少浮夸阿谀。图画以轻松的笔调表现了围观者嘲弄妓女的场景，引得读者有样学样，把妓女变成了普通都市文化娱乐的一部分。

这样，《点石斋画报》和《申江胜景图》以其对城市和妓女的描述，预示了1890年代以后的绣像狭邪小说在文字和插图上的发展。

城市小说和其中的插图

尽管这些小说具有批判精神，其中的妓女还是被当作了上海之光。在《九尾狐》的一幅插图（图6.29）中，进入城市的她就像宽阔的街道、消防水龙、煤气灯、百叶窗、阳台、玻璃格窗、彩绘六角吊灯（妓院的标志）、日式人力车一样，是城市的荣光和舒适不可分割的一部分。停在电线上的两只鹦鹉温和地暗示出她们的职业。对上海背景和都市特性的强调，标志着文学插图的转折点。如同小说一样，文学插图不得不将自己移入城市环境之中，把城市当作故事情节不可或缺的一部分，在结局中为其赋予了一个积极的角色。

但还是有一个很明显的两难问题作家必须面对：既要把名妓从高高的文学圣坛上请下来，又不能让她变得过于平淡无奇，失去文学魅力。在把名妓形象融入城市环境的过程中，文学插图很留意保护和维持女性（或妓女）的文学形象。尽管这些小说聚焦于上海的矛盾个性，但文学插图还是致力于提高城市风景的地位，试图将其变成高雅艺术的正统主题。从吴友如《淞隐漫录》中的插图明显可见，城市环境，尤其是街道还缺乏文化高度，不能带来高雅生活的感觉。显然，仅仅把女性形象嵌入到城市风光中，既没能创造一个文化上合意的城市环境，也没能证明女性人物和这种环境相容。对于女性在街上接触陌生异性所造成的社会污染，一个补救的方法就是提升城市的地位，让所有的街道都变得空无一人，去掉所有的人群和熙熙攘攘的商业活动。这也是1910年代以前早期上海狭邪小说插图所用的策略。[50]例如，戏园通常总是挤满了观众，但图中的妓女明星几乎是孤单单一个人（图6.30）。小说中引人非议的上海名妓和城市的形象在这些插图中没有表现。

文学插图肯定有不同的风格和内容，对妓院里的名妓和城市风景中的名

◆ 6.29 《(胡宝玉)三马路重思兴旧业》。这幅《九尾狐》的插图画的是妓女坐着人力车在城市里穿行。石版画。(梦花馆主江阴香,《九尾狐》,1918,1991 年重印,第二卷第八回图)

◆ 6.30 《看夜戏十三旦登场》。《九尾狐》插图。此图中胡宝玉坐在戏园二楼上。石版画。(梦花馆主江阴香，《九尾狐》，1918，1991重印，第二卷第四回图)

妓表现方式会有所不同。例如，韩邦庆《海上花列传》总是在某个特定的章回中，以室内的名妓去描绘一个事件，但这些场景也没有明确体现出文字中常有的对妓女的嘲讽，仍保持了她的形象所具有的文化象征意义。拜名妓所赐，上海也魅力依旧。这个两难问题最后以一种出人意料的方式为小说服务：它凸显了城市和名妓形象的模糊，小说解构自己的插图，反之亦然。

鉴于上海妓女的文学和比喻潜力，她们在这些小说中扮演如此重要的角色并不奇怪，在文字和插图中，她走出了内部领域，成为上海公共空间的主宰，体现了欲望、金钱的所有暧昧之处。小说将她的性格和传统名妓的形象做了鲜明的对比，同时，上海和中国其他城市的区别也一目了然。

文学插图中新的都市感

作为早期的现代城市艺术形式，小说和其中的插图都反映了一种新型的都市感。文字表现出的疏离和距离，是文人在明确的、熟悉的价值观主导的世界日渐衰颓之后所作出的反应。小说吸引读者近距离地观看这个城市，这个曾经或将要属于他们的城市，但它要求读者看穿其浮华的外表。小说对城市非凡的一切巨细无遗地进行了现实主义的描写。小说依赖着城市的魅力，但又借助黑幕小说的技巧让读者保持安全的距离。这种技巧能否奏效，关键在于这座城市，包括它的过客是否还抱有传统的价值观。这个城市迷人、奇特、令人不安，最好是由态度暧昧的窥探者来远观。这种现代的疏离视角部分是受到了《点石斋画报》的影响，它率先把城市当作一个观看的客体来描绘。这些作品不是在和读者对话，而是在和城市对话。因此读者不是真正的对话对象，只是一个旁观者。

这种疏离感在有些插图中也可见一斑。插图中的景色和人物都被置于城市建筑中，而人物关系普遍有种错位感，彼此没有交流（图6.31—6.33）。各个人物常常处于不同的物理层面，被各种结构和心理障碍区隔开来。插图构图反映出了一种内外对立的感觉，里面的人似乎一定程度上在控制局

◆ 6.31 《海上花列传》插图。石版画。(韩邦庆,《海上花列传》,1894)

面。插图也展现了一种主要以个人和城市中非个人化的物理建筑之间的疏离关系为代表的新的空间观念。在城市中,个人既可以是主体也可以是客体,既可以是观察者也可以是被观察者。

随着都市文学插图艺术的不断发育,上海妓女的形象也渐渐发展起来。如同1930年代的插图(图6.34,6.35)所展示的那样,她仍是带来都市感的工具。尽管这些插图中的人物并没有身处豪华都市环境,和图6.36中的传统形象比较便知她的体态和凝望的眼神是如何内化城市环境的,仅凭她自

◆ 6.32 《海上花列传》插图。石版画。(韩邦庆,《海上花列传》,1894)

身又如何能让人联想到整个城市。图 6.35 中的女性以传统的姿势凭栏远眺,但她要收入眼底的不是远山、河流,而是看不见的城市风光——她的姿势已经透露了这个秘密。

晚清狭邪小说的兴起与当时黑幕小说盛行的大趋势紧密相关。这些小说大部分写于上海,写的也是上海名妓,书名里也有上海,这反映出故事发生地点的重要性,一定程度上也反映了文人在这座城市里的身份困境。在变迁中,文人们首先失去了传统地位,他们借着对上海和上海的宠儿——

◆ 6.33 《海上花列传》插图。石版画。(韩邦庆,《海上花列传》,1894)

名妓和商人的描写来表达自己的失落和幻灭。甚至过去需要他们保护和宣传的名妓也在租界的避风港里发达起来,靠自己的力量变成了自由的代理人和女商人。未来的城市知识分子们被城市诱惑,城市提供了工作和向大众发声的机会;但同时他们也被城市排斥,因为他们无法决定城市的价值和品位。因此,他们又重新回到了自己曾参与塑造的城市的形象,并着手去解构它。

这些小说的作者是记者。新闻写作对晚清小说的发展产生了非常重要的

◆ 6.34 《张书玉》。石版画。《九尾龟》插图。19世纪晚期的上海名妓张书玉是本书的主角之一。(张春帆,《九尾龟》,1930年代出版,1984年重印于台北,无页码)

◆ 6.35 《金小宝》。石版画。19世纪晚期的上海名妓金小宝是本书的主角之一。(张春帆,《九尾龟》,1930年代出版,1984年重印于台北,无页码)

影响。上海狭邪小说和当时的官场小说有很多共通之处,它们的作者常常是同一批人,他们很了解清代官场的腐败。两种小说都以"揭黑幕"为主要策略。这种亲缘关系在曾朴1903—1907年出版的《孽海花》和中原浪子连载于1908年的《京华艳史》等书中表现得最为明显,妓女和政客都是它们嘲讽的对象。[51]

作为一种文学类型,19世纪晚期的上海狭邪小说为城市小说开创了一个潮流,名妓在其中扮演了主要的角色。背景设于其他城市的狭邪小说也迅速跟进,例如汉上寓公出版于1909年的《新汉口》、天笑1910年出版的《新苏州初编》和1911年的《苏州繁华梦》,以及1915年出版的《扬州梦》。这些小说是城市小说和黑幕小说的混合体,既有对特定城市新鲜撩人的都市生活方式的渲染,也有对这种生活方式的批评。名妓当然还是主角,但

◆ 6.36 《种玉记》插图。木版画。图中的女性姿态放松,望着空中的一对鹦鹉。(汪廷讷,《玉茗堂批评种玉记》,1628—1644;重印于周芜,《中国版画史图录》,808)

书中也有很多一般性的社会政治批评。

尽管如此，一直到1920年代上海城市小说都是主流。城市作为一种灵感、资源和主体，在20世纪头十年的文学中占据着主导地位。当上海名妓的形象从晚清进化到民国，变成交际花、电影明星、舞女和普通妓女之后，仍然还是描绘摩登都市的主要文学人物。

上海指南
城市身份形成过程中的娱乐业 *

1860 年代,不断发展、初具雏形的上海成了整个中华帝国里被描写得最多的地方,记者、小说家和游记作家都在尝试讲述这个城市,阐释其核心精神。这可能是因为上海独特的背景,它是中国土地上的一个外来的存在,但更重要的是,因为上海接受各种定义,而上海的塑造者们也希望影响城市的发展。人们被这块飞地吸引的原因各不相同,对上海的未来也有不同的看法,因此他们对这座城市核心特点的理解也是各有千秋。但是,尽管存在这些差异,但从一开始,人们对上海租界的认识就是建立在几个相互矛盾的神话之上的。

写于 1870 年代和 20 世纪早期的上海城市指南,是有关城中各种名胜非常重要的文献资料,高度自觉地构筑了想象中的胜地。作者试图在指南书中讲述一个有关上海的故事,希望为它塑造一个独特的形象。这个形象取材于同一地方的其他影像。在这一点上,指南书并不受语言的局限。在它们对上海的描述中,看法和认识互相矛盾、回应,相辅相成。在勾勒这个独特形象的过程中,必须回答一系列复杂的问题,除了做抉择,还得做妥协。城市的中心是哪里?到底是县城衙门所在的老城厢,还是黄浦江边外国银行和大商行林立的公共租界？城市指南书里到底要写些什么，又要略去些什么？租界的部分究竟是单独处理，还是把整个城市写成由好些区域组成的一个整体？应该先介绍城市的哪一方面？它最主要的特点是什么？究竟是商业、工业、旅游和娱乐，还是教育？对上海来说，这些问题都是开放的。指南书反映出城市规划中的斗争。当局不仅试图在政治、经济上塑造它，也试图从物理上以建筑和街道建设形塑它，从文化上引介新的社会文化价值观打造它，但这个城市的未来仍是个未知数，谁说了算也是一个问题。这些指南书便是争夺城市定义权的持续斗争的反映和工具。[1]

虽然指南书可以是很个人化的，但它也受到体裁和功能的限制。这种体裁要求作者或书商对城市做公开、可靠、真实的描述。城市指南书暗中和花界指南、狭邪小说保持着距离，后者通过描述妓女厚脸皮的现代做派来表现城市的形象；它也不同于新闻记者批判、讽刺的立场，它为上海辩护，维护着它的价值、优点和潜力。尽管如此，上海指南书还是要在已有的体裁、它所描写的新型城市、上海游人过客对信息的特别需求之间做一个调和。它们也不得不面对以娱乐为中心的城市，尤其是无所不在的名妓。因此，这些指南书一开始就不得不处理在城市形象中的"游戏"角色的问题。

那还不是全部的。可能人们会以为这样一个日益繁荣的港口城市会炫耀它的地位，宣传它的形象，但上海的情况显然更复杂。外国插手建立了租界，但上海租界不是殖民地，它对华人和洋人都一样是个移民社区，没有本地人口。这个城市的独特性所带来的开放空间，也正是爆发城市定义权争夺战的地方。因此，上海城市指南在不断变化的主导叙述中呈现出复杂、矛盾的画面。

长期旅居上海和短暂停留的华人作者在谈到他们对这块飞地的印象时，喜欢用仙岛"蓬莱"来打比方——这里与俗世隔绝，是一块神奇而壮丽的土地。这种话语里的偷窥欲说明了人们接受了一个事实：这个地方有自己的规矩。这种规矩直到19世纪末才被打破，1895年中日战争结束、马关条约签订之后，城市的面貌发生了很大的改变。蓬莱仙岛的形象是在租界建立之初建构起来的。1850年代，躲避太平天国战火的中国文人搬进了租界，创造并发展了这一形象。自1870年代初开始，上海的报纸和出版业发展起来，进一步刺激了大量关于上海的作品诞生。

来自欧洲和北美的旅人是租界中的主导力量，他们也曾去过、或了解诸如巴黎、维也纳、伦敦、芝加哥、纽约等其他现代城市。租界并没有让他们看呆，但他们的确感到自己在塑造着租界，而究竟按照何种样板来塑造它引起了许多争议。法租界还是牢牢地控制在法国领馆的手里，而监管公共租界的各国领馆间的矛盾纷争却没能最终调和，因此上海人得以享受很大的自由空间。1860年代初，一种观点成了主流话语：上海作为模范租界，由上海人来建立和管理。自从1860年代到1900年，这些不同的认识、形象和神话，以及与之相关的暗喻和讲述、价值和权力的结构为一种集体的、独特的文化事业打下了基础。

因此，那些被注解的形象也充满了内在的张力和矛盾。当它们否定其他形象时，被拒绝的那些选择也在继续形塑着形象。而且随着历史的发展，其中有些模糊之处被放到了台面上来。藏匿在蓬莱仙岛这个比喻后面的是一种选择：上海也许是一种游乐园，或者后来的"大游戏场"，以及更后来的"大乐园"；这给后来嘲弄上海租界和租界文人的行为做了铺垫。接着，高举社会责任大旗的"模范租界"话语反驳了人们常说的"通商口岸的人都没有脑子、只知享乐"。[2]

各色各样的上海游记

最早的上海指南出自城里居民之手。这些指南书特别有意思，因为它与作者的自我认识密切相关。人们对城市的定义和他们对自己，以及自己在其中扮演的角色的定义紧密相连。最早由租界居民写成的指南书之一便是《沪游杂记》。[3] 该书作者葛元煦是一位专业医生，在太平之乱后旅居上海。这本刊行于1876年[4]的指南书在接下来的几十年里极受欢迎。两年之后，插图日译本也出版了；1887年葛元煦的朋友袁祖志又编辑出版了第二版。[5]

作者在序言里称,这本书是为了帮助那些到访上海的文人、官员和富商巨贾;上海已经成了一个商贸、观光胜地,但这些人不了解这个地方的新规矩。正如作者所说,"此邦自互市以来,繁华景象日盛一日,停车者踵相接,入市者目几眩,骎骎乎驾粤东、汉口诸名镇而上之。来游之人,中朝则十有八省,外洋则二十有四国"。[6]

作者认为,上海指南理所当然就只是租界指南,因为游客最搞不懂的就是租界的习俗和法律,"宦商往来咸喜寄迹于此"。而上海的老城厢,还有老的县衙,则与日新月异、经济繁荣的租界不啻天壤之别,因此在这本指南书里只是提了一下,[7] 放到了边缘位置。

尽管遭到外国强烈抗议,以前租界还是被称作"夷场",在这本指南书中则被礼貌地称之为"洋场",或者简单地称作"北市",与老城厢"南市"相对应。葛元煦的指南书展示了租界是如何一步步篡取"上海"这个名字的。

这本指南书的结构也与其他中国城市指南和西方的城市指南书不同;它相当随意地分为四个部分,除此之外看不出其他的篇章组织原则。全书就像字典一样,由三百多个条目组成,以一系列独立的片段来表现上海租界,它们合在一起便是上海辉煌的集锦。

这本指南书开篇便是三幅法租界、英租界和美租界各自的地图,地图后面是一个中文指南书的新项目,即对上海现存的所有列强的标记,也包括清政府的标志做一个描述。地图在其他早期中文指南书和地方志中也有,除此之外,这本指南书其他部分的顺序则完全没按照传统和等级制的规矩来安排。

"租界"的条目后面便是"马路"、"阴沟"、"阴井"、"大桥"、"道旁树木"、"租界例禁"、"兰花会"、"赛跑马"、"江海关"、"会审公堂"、"广方言馆"、"博物院"、"牛痘局"、"工部局"、"巡捕房"、"申报馆"、"西历"、"垃圾车"和令人惊喜的"洒水车"。

第一卷的内容可以视为对上海的制度方面的介绍,其余三卷则以租界生活为主,核心是娱乐和休闲。其中妓馆以及所谓的"青楼二十六则",包括一系列与客人互动的仪式,诸如"茶围"、"叫局"、"装干湿"等等。书中还

上海指南:城市身份形成过程中的娱乐业　　315

列举了许多餐馆和美食，包括"外国酒店"、"外国菜馆"，以及各个餐厅的招牌菜。戏园也是单列的一类，包括"外国戏园"、"外国马戏"、"外国戏术"、"外国影戏"和戏院上演的剧目名等等。此外，书里还提到了各色酒馆、书场、烟馆，对了，还列出了各种经营京货、洋广货物的店铺名录。

作为强调新奇的上海娱乐休闲的一部分，这个五花八门、无所不包的类目罗列了各色各样的西方技术发明、工业制品和租界的基础设施。它们令人好奇、钦羡，又逗人开心。例如"马车"、"脚踏车"、"大自鸣钟"、"煤气灯"、"自来风扇"、"洋水龙"，和"照相"、"兰花会"、"赛跑马"出现在同一个系列里。

葛元煦的上海没有外观或心理上的中心。你在书中感觉不到政治中心或政府的位置。上海的主管部门是"工部局"，它负责管理城市，维护公共秩序，而"工部局"的条目被插入在"放生甲鱼"和"旅馆"中间。据指南介绍，"放生甲鱼"它不但能吃池塘里的其他鱼类，还可以上岸殃及人类，而"旅馆"介绍的是岸边熙熙攘攘的小旅店，还提醒人们要小心扒手。

不管是贸易还是娱乐，没有哪一方面能完全支配这个城市。有关城市新面貌的知识以新名词的形式在条目中一一罗列，完美地体现了一种平等的风气。谁说会审公廨一定比消防水龙更吸引游客？通过术语的逐条记录，上海租界成了一个没有有形存在的地方。书里没提到任何建筑地标，也没有任何对街道及其建筑的介绍。而且，上海是一个没有过去的城市，它在鸦片战争中的起源从未被提及。这种对新奇魅惑的狂迷没有借鉴历史，也没有时光流逝之感。所有的一切都被装进了当下，城市就是分门别类、脱离情境的花边新闻、游戏、商品、商店、茶馆和煤气灯的一场实况演出。上海成了乌托邦主题公园，一个充满偷窥乐趣的中心。葛元煦的上海，是按照新奇、有趣的理想建构的。读者是漫无目的、到处偷窥的游客，徜徉在这个没有伤害、没有时间、闪闪发光的迷人游乐园里。

葛元煦坦承他是在模仿19世纪中期的一本北京指南书，杨静亭的《都门纪略》。这本书不讲历史，只讲当时的北京，并且首次包括了"时装"、"购物"、"娱乐"等类目，但《沪游杂记》还是和早年的城市指南书一样，花费了大量笔墨来铺陈城市的"繁华"。[8]但不管怎样,这些城市指南书都有自己的问题。李斗的《扬州画舫录》描绘了扬州历代繁华而没有聚焦于当下;孟元老的《东京梦华录》是在开封落入蒙古人手中之后写成的回忆录,其怀旧色彩和上海熙熙攘攘的实际情况不搭调;灌圃耐得翁写于1235年的《都城纪胜》介绍的是南宋首都杭州,这本书其他都很好,甚至还可以给上海提供一个都城作为模板,但它又引发了另一种批评的声音:杭州的一枝独秀都是以北方失地为代价的。考虑到这种批评,葛元煦认为在介绍上海租界时即使提到杭州回忆录都是非常不明智的。

因此,《沪游杂记》的叙述策略和文体结构都相当谨慎地考虑了内容、适应性和需要悄然排除的部分。葛元煦最后采取了北京指南书相对简洁、不带个人色彩的风格,但把其中的类目分得更细,他也参照了前辈对开封和杭州繁华胜景的描述,但对前者的怀旧情调和后者以妥协换来的荣耀保持着距离。因此葛元煦得以避免用线性或统一的叙述来描述上海,在他对城市的描绘中营造出更大的自由空间,读者更容易接受他的描述。所以,他笔下的城市没有一个统一的核心,看起来似乎是一个无中心、无等级的存在,这个城市没有历史包袱可背负,也没有设定的发展道路。

葛元煦没有掩饰自己对租界的赞美,在他的笔下,上海遍地都是繁华。在他的指南书中引用了一首流行的竹枝词,把租界比作奇幻的海市蜃楼。

> 北邙一片辟蒿莱,百万金钱海漾来。
> 尽把山丘作华屋,明明蜃市幻楼台。[9]

租界是在老城厢北边的平地上发展起来的,海外贸易的财富都聚集在此。气势傲人的上海西式建筑占领了荒芜的小山,作者以调笑的口气肯定地说,这一切都不是真的,肯定是海市蜃楼。

外国人没有被刻画成陌生人或者怀有敌意的外来者,在"奇"的类目之下,城市里西式生活的每个物件都受到热情洋溢的赞许。指南书刻画的城市里到处都是西方人,但其实当时租界里有130000名华人,西方人仅

2000名。[10] 作者夸大了外国人的存在，但对此没有丝毫忧虑；这与对上海第二大标志——妓女的态度形成了鲜明对比。葛元煦认为，妓女应该被写进书里。[11] 外国人和妓女一起成了城市繁华的标志。

租界的国际性没有被当作点缀，反被视为上海主题公园最核心的部分。中外生活的方方面面、商贸、娱乐似乎都以一种随意的方式混在一起，形成了一种浓郁的异国情调。来自中国各地、亚洲、乃至西方的形形色色的居民和游客可以去看西式戏剧、马戏、魔术、皮影戏，甚至东洋戏法，还有数不尽的来自中国各地、以各种方言进行的娱乐表演。所有这些乐子都成了上海国际化、都市化特征的一部分。指南书还附上了国内国际航船进出港时间表和中外轮船公司名录，上海作为国际商业中心的标志性形象从中悄然透射出来。

尽管如此，葛元煦对租界的态度还是相当难捉摸。他在书名中用了"游"字，在提到自己旅居上海的经历时称"余游沪上十五年矣"，没有什么感情色彩。"游"的概念让人联想起仙境般的上海，但没人可以声称自己是仙境的常住居民。

作为多种族社区的上海

1884年，美查的点石斋石印局刊印了《申江胜景图》。这是第一本有关上海的插图版介绍，它以中西文化传统为基础，提供了一个整合的、理想化的画面。铜板蚀刻法、石印术和照相术的引进为突出上海的胜景带来了新的可能，借助这些印刷方法，出版商得以用富有冲击力的图片来表现城市，与其他文字描述进行市场竞争。

《申江胜景图》一方面保留了中国游记突出"名胜"等元素，同时结合了19世纪欧洲插图出版物的特点，直接表现大城市中心或遥远异域的奇景。[12] 每幅插图都配有以不同字体书写的简短的文字说明。这本书把城市里包括老城厢在内的各个不同的部分都当作一个整体，从老城厢内外宏伟的庙宇、雅致的花园，到租界的街景和五花八门的西式娱乐项目都是它特别描写的胜景。本书插图作者是为《点石斋画报》作画的著名画家吴友如,序言中非常明确地说明,申报馆及主办点石斋石印局的美查直接参与了本书的策划工作。[13]

作为没有前例可以仿效的跨文化作品,这本书以自己的方式表达了一种独特的上海图景。这是一个多民族文化认同的城市,《申江胜景图》着重表现中西文化的结合以及华洋之道如何和平共处。美查不只是一个梦想者,还是一个行动者,他积极打造了这样的上海图景,成功地把不同的观念糅合起来,将上海的成就和辉煌融汇成一场视觉盛宴。即使不在语言上,也在观念上把欧洲模范租界的想法和中国繁盛的商业之都的概念结合了起来,而对后者来说,娱乐业从来都是不可或缺的。吴友如则以结合了中西画技的插图技法,尽力传达着这个新的都市理想。《申江胜景图》首次用建筑、公共空间和诸如救火队等公共机构来代表上海的繁华(图7.1)。

整部书中都充满了这种观点。《申报》上刊出的售书广告称,上海胜景足以上夺天工,因为这是人类的创造:"上海一隅,为各埠通商之冠,极人巧之所……有雄而奇者,有幽而秀者,有醉心迷目极奢华而极超逸者。虽屡经其地,而对客尘谈不可以。"[14]这本书高调地称上海是"中夏一大都会"。[15]

书中没有区分华人、洋人的贡献。本书旨在为上海之光代言,把上海的一切成就都当作中西合作互动的结果来展示。尽管《申江胜景图》希望表现一系列书名中所说的"胜景",但从它清晰、明确的结构安排可以看出,其实该书立论持中,将两种对上海的不同理解——作为仙境的上海和作为多民族城市的上海——融汇在了一起。

文化景观是最重要的。上海学宫、也是园、城隍庙后花园内园、四明公所、广肇山庄这些景点要么位于老城厢,要么在文化上和老城厢有关联。它不像葛元煦的《沪游杂记》那样简单地把老城厢略去,那里还保存着一些文化。以江南地区其他中国城市的标准来看,上海在这个领域简直算不上什么,但《申江胜景图》里着重描写这些特色景观表明,它要提供一种令所有城市居民都引以为豪的城市形象,大家都能看到自己的贡献。西方人对城市的贡献主要在于基础设施的精巧技术,例如煤气公司、自来水公司、电力、铁路、

◆ 7.1 《救火洋龙》。石版画。吴友如作。(点石斋,《申江胜景图》,1884,2:12)

进港的商轮等等(图7.2),还有非常低调的点石斋石印书局,这也是该书的出版商。为了突出西方强大的存在,书里着重描绘了高大恢宏的建筑,包括英国大使馆、德国俱乐部、法国商会、圣三一堂等等。书里看不到与西方的战火,恰恰相反,上海教场(图7.3)、吴淞要塞和江南兵工厂的图片突出的是中国的武力和革新精神。

图7.4中表现的是塞满了中国帆船和西式汽船的黄浦江,这是为通商口岸献上的赞美。图画前景表现的"模范租界"的主题,悠然自得的外国人和华人传递出租界中一派祥和平安的景象。把巨大的汽船和前景中的静美的风景并置,给了汽船一种新的定义。它代表的不是西方的威胁,而是开放通商给中外双方带来的好处。在美查自己看来,西方的扩张可以有不

同的形式，实行不同的功能。正如鲁道夫·瓦格纳的研究证明的那样，美查采取的是"苏格兰启蒙运动"的路线，他认为商人也有责任参与改善他所身处的社会。[16] 这也符合美查多民族文化的理想。他的这种观点与坚持维护英国利益的顽固派产生了分歧。[17]

《申江胜景图》把上海当作公共空间来展现，借此赞美和宣扬公共理想。公园、赛马场、黄浦滩（图7.5）、大马路、建筑、港口，甚至洋人的墓地都成了社区生活的象征。这些图像表现了城市生活公共性的一面，也包括了公共管理，例如运送囚犯的巡捕，还有一幅图表现的是中外官员共同执行审判的会审公廨。这些插图特别注意描绘街道和建筑里人们生活的生动场景，让洋人和华人一起出现在公共空间中。最引人深省的是，到处都看得到女性：她们在公园里漫步、去寺庙进香（图7.6）、乘敞篷马车出行、泡戏园和茶馆、参加教堂礼拜（图7.7），甚至还去会审公廨。

在构建理想社区崇高形象的同时，作为娱乐中心的城市也没有被遗忘，《申江胜景图》第二卷主要是娱乐上海的主题。这本书继承了19世纪的观点，承认娱乐是城市魅力的一部分，但没有注意到它的经济意义。第二卷描写了西式弹子房（图7.8）、妓院、女书场、鸦片烟馆、美国马戏团、设有艺妓的日式茶馆、参加滑稽的口袋赛跑（图7.9）和练习体操的（图7.10）天真的西方人，来代表城市必须提供的世界性的、有趣的、令人兴奋的消遣。中国人的娱乐的概念总是与奢侈和繁华相关，奇异和古怪都包括在内。外国人没有被刻画成强势的帝国主义者，而是引人好奇观望的天真、奇异的对象。这些欢乐而又文明的场景传达了一种无法抗拒的安逸、繁荣的感觉，小心地回避了这样一个商业城市里任何令人不快的地方。

在天堂的风景里，物品没有任何影响；很明显，这里的一切都不卖。这里没有任何物品消费的暗示，只有对风景的消费。买进卖出、汲汲求利并不是上海高雅的文化风景的组成部分。本书最后一幅精美插图，画的是美查另一个印刷企业，古今图书局。美查是当时出版上乘中文书籍的主要书商，从康熙字典第一版面向市场的版本，到准备科举考试所需的教材，从《古今图书集成》这样的皇皇巨著到沈复的《浮生六记》都

◆ 7.2 《商轮进口》。石版画,吴友如作。(点石斋,《申江胜景图》,1884,1:40)

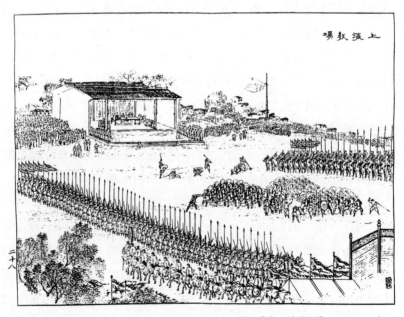

◆ 7.3 《上海教场》。石版画。吴友如作。(点石斋,《申江胜景图》,1884,1:29)

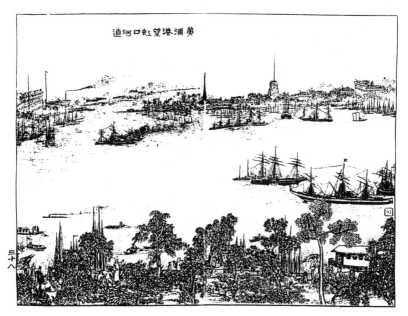

◆ 7.4 《黄浦港望虹口河道》。石版画。吴友如作。(点石斋,《申江胜景图》,1884,1:38)

◆ 7.5 《英界黄浦滩》。石版画。吴友如作。(点石斋,《申江胜景图》,1884,1:56)

◆ 7.6 《龙华进香》。石版画。吴友如作。(点石斋,《申江胜景图》,1884,1:34)

◆ 7.7 《礼拜堂讲书》。石版画。吴友如作。(点石斋,《申江胜景图》,1884,2:26)

◆ 7.8 《华人弹子房》。石版画。吴友如作。(点石斋,《申江胜景图》, 1884,1:40)

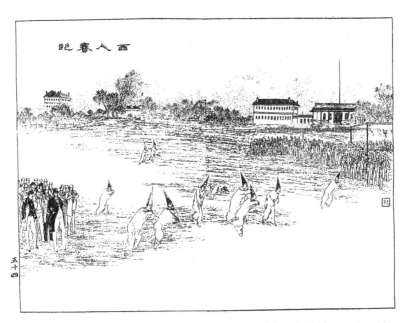

◆ 7.9 《西人赛跑》。石版画。吴友如作。(点石斋,《申江胜景图》, 1884,1:54)

◆ 7.10 《西人习艺》。石版画。吴友如作。(点石斋,《申江胜景图》,1884,2:58)

是他出版的。[18] 按照这种排序法,申报馆生产的不是商品,而是上海文化产品的重要组成部分。

这些展现富丽堂皇、精致讲究、新奇有趣的插图,使蓬莱仙岛般的上海显得栩栩如生。它把上海当成一系列景致来展示,在奇特和庄重之间保持着精妙的平衡。这不是葛元煦《沪游杂记》中供人消费的主题公园,而是一个充满欢乐、令人赞叹的天堂。在这些的城市空间里,在对上海居民及其为公共利益所做的贡献的刻画中,公众得到了赞美。不过,在这看似无尽的新鲜奇景、种族和睦、文化多元的背后,也许能感受到上海西方人在这个成功的管理故事中流露的自豪之情。

作为模范居住之地的上海:居家旅游手册

第一本由上海人以西文撰写的指南书印行于 1903 年,葛元煦的《沪游杂记》问世二十五年之后。自从 1860 年代以来,就不断有西语的上海租界介绍出现。[19] 这些指南书是为了向西方的生意人介绍这个即将开放的市场的潜力,这里也被视为西方势力范围。[20] 一般来说,这些早期指南书都是内容驳杂、开本巨大、图片丰富、装帧精美。在 20 世纪早期,上海作为旅游胜地逐渐吸引了全球的关注,大量宾馆、指南书也应运而生。[21] 但这些书采取旁观者视角,鲜有署名,而 1903 年出版的达尔温特教士的《上海旅游手册》(*Shanghai: A Handbook for Travellers and Residents to the Chief Objects of Interest in and around the Foreign Settlements and Native City*)显然与之不同。达尔温特的这本《手册》是第一本英文的上海指南,也的确是当时最有影响的。

根据不同版本中的作者前言来看,达尔温特是天安堂的一位牧师,至少从 1890 年代末到 1910 年代末都住在上海。这本书结构明确,分为五个部分:序言、主要景点路线(外国的、中国的、郊外远足)、公共机构、俱乐部和协会,以及附有照片的历史介绍与说明。

达尔温特的叙述分为不同的层次。第一层选取了十字交叉的街道中的一个小格子以及其中的建筑。租界生活就在这个小格子内展开。他从外滩开始,这里就算是小方格的第一条线。以下引述《手册》开篇阐明了一条主要的叙述脉络:

> 来上海的游人第一次散步可能就是在黄浦江边,这是世界上最有趣、最著名、最气派的大道之一。四十年前,这条路的另一头还没有人行道,也没有树木和草坪,而且宽度还不及现在的一半;涨潮的时候,江水都快漫过广东路和北京路上的楼群围墙了。以前这里也没有公园,除了有个别工人堆放的建筑材料之外,潮水退下后江滩上都是烂泥和垃圾。工部局通过不懈的努力把这里变成了如今的散步佳境,竭尽全

力与航运业在这里设立码头的企图做斗争。他们维护修缮了这个重要的城市绿肺和漫步长廊。[22]

达尔温特的城市有自己的定位——滨海区。他讲述的重点是修缮。从黄浦江、外滩开始讲述，非常符合讲西方城市故事的精神。在上海人的心理地图中，黄浦江便是他们存在的理由，它得到妥善保护的内陆深水和出海口，象征着租界美好的未来。这条河是贸易的生命线，它代表着租界的商业本质。在西方人绘制的上海地图中，这个观念表现得十分清楚。各种地图里的黄浦江都无一例外是租界重要的标志性特征。[23]

尽管有这样清楚的商业取向，达尔温特在介绍城市历史沿革时，讲的却是一个以工部局为代表的上海开拓者的公共利益与狭隘的商业目的不断斗争，并最终取胜的故事。上海开拓者秉持以公共利益为本的精神来建设这座城市，因此，开头就会有这样一番含蓄的争论，说什么游人眼前的城市是各种不同利益冲突斗争的结果，它完全可以是另一副面貌云云。公对私的问题如此重要，达尔温特在1920年修订版出版时有更为直接的表达：

> 新移民会注意到，在公共租界和法租界之间的河边地区有着非常惊人的差别。法租界的河边都被商业占领了：汽船一艘接一艘，到处是货物和苦力，在这里散步可不那么愉快。而公共租界的河边是风景优美的开放空间，只有几艘汽艇和货船在这里停泊。那令人心旷神怡的草坪和便道、开放水域的自由视野，还有炎热夏日里从海上吹来习习凉风，给我们的河边带来了千金难买的舒适、健康和美丽。要是任由商业大行其道，要是河边排满了汽船，我们就不能吹嘘我们的外滩是世上最美的街道之一了。[24]

谁将掌握现在，并塑造这个独特城市的未来，是商业利益还是整个公众的利益？对达尔温特来说，这个问题的答案决定了城市的外在面貌和精神气质。[25] 和法租界的对比说明这场竞争还远没有结束。整本《手册》都以公共利益为中心，达尔温特试图说服读者也接受这个观点。

达尔温特向游人介绍了外滩一系列的公共建筑和机构，当然还是以公共利益为出发点。这个集合充满了意义和符号。街道被当作开展公共生活的地方来介绍。这里有不收过桥费的外白渡桥，外白渡桥旁边的公园，还有各种由大家捐金修建的公共纪念物。按作者的讲法，这些建筑都是开拓者为维护租界公共利益而斗争的产物。这个城市的精神以上海运动事业基金董事会（Recreation Fund）为代表，这个创立于1863年的股份制组织目的是监管、支持公共福利事业。它后来成了几乎所有的上海公共娱乐机构的经济支柱。达尔温特讲每个机构历史的时候都细致地记录了其成立经过。他这本指南书前面几页已经勾勒出了一个有分量的上海，后面虽然稍为温和了一些，但基本保持了这种严肃的叙述基调。

统治租界的政治机构以及金融、贸易来往，以各种大厦呈现在了第一层级的上海之中，在葛元煦的《沪游杂记》里，这一层明显是缺失的。"抹着石灰的大厦都是古典样式，许多都是杰出的建筑……要说出外滩上所有商行的名字是不可能的，但北京路转角处的怡和洋行大楼不得不提。租界建立之初，这个地段可能价值五百块，但现在恐怕一百万也买不来。这座大楼建于1851年。"[26] 当达尔温特领着读者来到新的文化和金融机构面前时，指南书强调的是它们的建筑价值而非商务活动。

第一个街道和建筑组成的小格子的另一条线便是南京路。南京路和外滩呈一直角相交，形成了一个T字。南京路比任何其他街道更能反映商业利益的力量。但达尔温特的关注点却有所不同，他通过南京路上各种不同样式的建筑来描绘租界多彩的社会生活。首先是工部局及其公共责任，接着是工部局的建筑——市政厅（the Town Hall，图7.11）："市政厅（工部局召开会议之地）和菜场建于1896年，占地43000平方英尺。排演厅的主立面是点缀着宁波石的红砖，厚重的山墙赋予它庄严尊贵的气度。'老闸捕房'轮廓鲜明、结构协调，上有一个尖顶拱和中央塔楼，保持着整齐的方院子。"[27] 达尔温特带着读者走过了警察总局、消防总局、新卫生处办公室、市图书馆，

TOWN HALL, NANKING ROAD

◆ 7.11 《市政厅礼堂》。照片。(Darwent, *Shanghai: A Handbook for Travellers and Residents* [1903])

还有一些教堂,他自己所在的天安堂是早期英格兰风格的,还有经常被画到的圣三一堂(图 7.12, 7.13)。

老城厢(达尔温特称之为"上海老城区"[the Shanghai Native City])有自己独立的一章。和租界一样,也是从街道围成的小格子开始讲起。在这个小格子里,达尔温特将中国人街头生活讲述得更为完整,还对多彩的中国建筑表示赞赏(图 7.14, 7.15)。[28]

这种网格状的叙述结构在公共租界、法租界和老城厢之间穿梭往来,创造了一种特殊的效果:上海成为一个彼此关联的整体。所有的标志、建筑、机构和人们,都被放在彼此的关系中去表现。当作者的讲述在一个个街道、一个个地区逐步推进的时候,所有的介绍都不是孤立的;租界生活方方面面的信息,带着过去、现在所有细节和故事,都在这个网格中互相锁定、联

UNION CHURCH

◆ 7.12 《新天安堂》。照片。(Darwent, *Shanghai: A Handbook for Travellers and Residents* [1903])

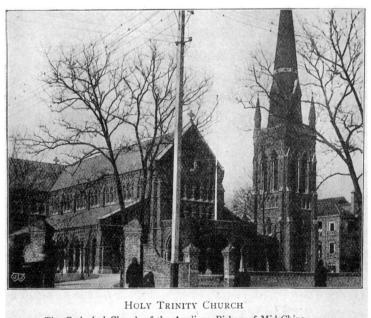

HOLY TRINITY CHURCH
The Cathedral Church of the Anglican Bishop of Mid-China

◆ 7.13 《圣三一堂：华中教区英国圣公会天主教堂》。照片。(Darwent, *Shanghai: A Handbook for Travellers and Residents* [1903])

◆ 7.14 《豫园》。照片。(Darwent, *Shanghai: A Handbook for Travellers and Residents* [1903])

◆ 7.15 《静安寺内的两个门神》。照片。(Darwent, *Shanghai: A Handbook for Travellers and Residents* [1903])

结在一起。

随着介绍的推进，城市的第二层也以"公共机构"、"俱乐部和协会"等社会单位的形式建构了起来。"公共机构"的部分包括教堂、学校、共济会旅馆、戏院和其他娱乐场所、公园和花园、公共图书馆、水龙公所、公共乐队等。"俱乐部和协会"涵盖了各种组织，全国的、本地的、文学类的、科技类的、行业的、商务的、慈善的、体育的诸多组织都包括在内。许多这类组织都在第一层的叙述中作为那些建筑的租户或业主出现过。如果说这些机构在第一层中是社区有形存在的标识符，那么在第二层中它们便被分为一个个群体，传达出租界中精神生活和休闲活动的具体画面。

于是便有了这斯文优雅、秩序井然的画面。外国人似乎在上海发展出了一种对有组织的休闲的强烈爱好。这类活动花样繁多，极为丰富。达尔温特的指南书列出了大约五十种社交类的机构,一百种各类会社和俱乐部,其中大约有三十个完全是休闲运动类的,而这只是为1903年租界中大约5000名外国人口而设的。[29] 如同书中所写的那样,这个外国人社区以最为典范的方式来打造自己的社交生活和消遣活动,他们在市政厅跳舞,在公共游乐场玩骑马和板球,去兰心大戏院(Lyceum Theater)看戏,去公园游玩,到华人生活的郊区南岛去旅行,去上海图书馆看书(据称这里的人均书籍拥有量甚至超过了伦敦市民的大英图书馆),或是去上海博物馆参观。

就中国人的娱乐来说,《手册》推荐去老城厢附近逛逛,参观一下租界的华人戏园,但同时提醒读者不要抱有太高的期望,"只有演员身上华美的丝绸戏服值得一看。表演风格很幼稚"。[30] 作者对张园(达尔温特根据花园主人之名称之为叔和园 [So Ho Garden])的介绍充满了爱怜;张园坐落在老城厢之外,公共租界的外围(图7.16,7.17)。

对休闲娱乐的描写是一个特别敏感的话题,在发展上海一体化形象的过程中这是争论的主要焦点。达尔温特对上海洋人健康的休闲活动的描述,包含了他对某些观点的拒斥,他的叙述为我们了解相反观点提供了一些线索。他为上海公共图书馆的创办及其意义写了一篇文采斐然的报告,接着解释说,写得这么细致是因为"我之所以提到(宏伟的图书馆),是因为它揭穿了所谓通商口岸的人都不长脑子,只知享乐的荒谬说法"。[31] 争论的中心问题是上海外国人群体的认同和道德立场,要不就是他们的娱乐与休闲,要不就是这个天然令人堕落之地体现了他们的精神气质。达尔温特的上海设法保持了模范社区的理想。

模范租界的概念起源于19世纪的欧洲,那时,"模范租界"指的是一个现代商业或工业聚集区,需要以一种模范的方式与现代设施相结合,还要有文明的政治机构保障其社会秩序。它意味着不同阶级(或种族)在同一块土地上和谐共处;公共机构承担着为所有人谋求福利的责任,这类社区中的公共图书馆是一个重要的标志。巴塞罗那哥特式老城区外面的模范地区便是一个著名的例子,它大约与公共租界同时建立起来。[32]

再看看达尔温特在《手册》中忽略的内容,这个本已相当明确的目

◆ 7.16 《张园,安垲第》。照片。(Darwent, *Shanghai: A Handbook for Travellers and Residents* [1903])

◆ 7.17 《张园》。照片。(Darwent, *Shanghai: A Handbook for Travellers and Residents* [1903])

上海指南:城市身份形成过程中的娱乐业

标变得更为明确了。尽管他在上海担任了二十年的牧师，但他从来没提到任何小酒吧或酒馆，这可是世界上酒吧最多的城市；他也从未提及一年两次的赛马会上的赌马或者弹子房里玩乐的人们。他几乎没有留意到法租界福州路附近的华人的娱乐中心，更没提到妓女。被当时的西方记者称为"上海的天堂'大道'"[33]的马路只寥寥写了几笔，鸦片商店只是因其建筑而被评论了两句。[34]但在"慈善团体"的小标题下，达尔温特评论说，"中国某些阶层的妇女和儿童都令人同情。由于各种原因，少女和妇女沦为娼妓：没人要的孩子，不称心的儿媳妇，迫于贫困卖儿鬻女，此外还有恶棍拐卖年轻女孩。而且鸦片也是一个原因。"[35]他没有像点石斋的《申江胜景图》那样试图去表现妓业背后的中国文化根基。

其他文献证明了赛马和打弹子时赌博的重要性，也证明了外国人的确作为客人和表演者参与了妓业。但当达尔温特描绘为公共利益而献身，而非"没有大脑、只知享乐"的上海人时，另一种特征却又被忽略了，换句话说，无论来自什么国家，那些精明、勤劳的商人消失了。根据达尔温特的观点，商业的力量对模范租界是一个威胁。如同葛元煦创造的上海一样，《手册》没有直接提到通商口岸的经济基础。[36]从历史来看，1903年的上海工业还不像贸易和金融那么发达，企业还非常罕见。1895年后日本才得到书面承诺，可以进口用于工业生产的重型机器设备，这时候上海的企业才发展起来。而在《手册》出版的年代，上海经济主要以商业、金融和娱乐为基础。

在小格子和群团组织后面，是坚硬的历史事实。达尔温特在第三层中介绍了城市的历史，提出了他的中心思想——上海本质上是独立的模范租界。"必须搞清楚，上海从一开始就是一个租界，不是殖民地。英国政府吞并了香港，它已经变成了英国的领土，实行英国的法律。反过来，上海用于建立租界的土地只是租借给英国政府的。有个事实可以证明这一点：所有的土地所有者还需要向中国政府支付地租。"[37]

点石斋的指南书里上海的形象是一体的，而达尔温特的上海看起来是一个有多个行政、社会中心的社区。这里有多个租界，包括公共租界、法租界和完全接受中国统治的老城厢；这里还有各种各样的俱乐部和协会，人们在这里见面、社交。上海仿佛不从属于任何政治实体或国家，它是自治的。为了说明这一点，达尔温特在全书中一直竭力强调，租界的统治机构是由居民建立和管理的，归根结底是他们自己在管事。上海工部局只是代表了外国纳税人会议，这是公共租界的最高管理机构，一定程度上法租界也是这样。

上海租界的独立性其实并不完全符合实情，因为至少在名义上清政府还对这个地区有管辖权；对租界独立性的强调反映出了欧洲人对城市权的理解。达尔温特对公共精神的强调，某种程度上是为了展示一个由社区自发建设起来的上海。代表租界公共精神的力量击退了只知享乐的堕落之路和商业利益带来的威胁。

三种上海脚本和三种未来

这些不同的关于上海的讲法——葛元煦《沪游杂记》中的主题公园、点石斋《申江胜景图》中的多民族社区、达尔温特《上海旅游手册》中的模范租界——有着不同的思想定位。这些讲述包含着一系列有关该地的发展、促进其发展的个人承诺和公共价值的设想。尽管他们都把上海当作一个成功故事来讲，但画出的蓝图却有所不同。华人和西方人社区在这个城市中扮演什么角色？他们应该扮演什么角色？或者简单地说，这是谁的城市？

葛元煦描写上海的条目结构表明，中国文人无力在这个成功的城市中担任组织、定义和领导的角色。而《申江胜景图》刻画了一种华洋携手共创的繁荣胜景供中国读者欣赏，试图抚慰这种不安。达尔温特书中则有种自以为是、自我辩护的骄傲腔调，流露着和葛元煦一样的不安。达尔温特关注的焦点是让品行良好、敬畏上帝的市民团体来掌管城市的形象和未来，一方面他认同点石斋为城市未来勾画的乐观的蓝图，相信在不同群体齐心协力之下上海会走向健康繁荣，另一方面他强调公众利益是度量良好社区的尺度。这里的"公众"也包括了旅居租界的中国人。在这方面，点石斋的《申江胜景图》让构筑文明社会的西方启蒙观念战胜了私利和狭隘的国家、

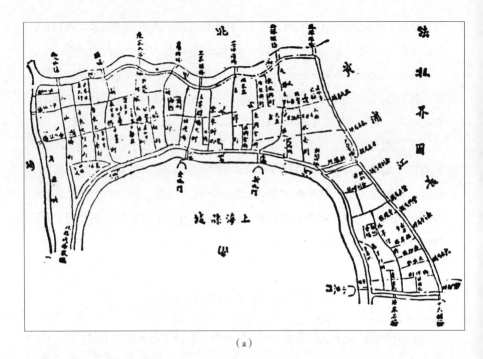

(a)

◆ 7.18a-c 上海各租界地图：(a) 法租界，(b) 英租界，(c) 美租界。(葛元煦，《沪游杂记》，1876)

民族问题，并把它传播给了中国读者。它描绘的城市未来不是由道德来指导，而是始终坚持文化包容对城市健康发展的重要意义。

　　三本指南书的地图直观地呈现了它们不同的立场。葛元煦用三幅局部地图来表现上海租界，法租界、英租界、美租界的地图分别印在了不同的书页上（图7.18a-c）。在达尔温特《手册》后附的地图中，上海老城厢的位置是一片空白（图7.19）。点石斋的上海地图和《申江胜景图》同年出版，把上海租界和老城厢当作一个整体的不同部分来表现（图7.20）。这些地图都是有意建构的文化产物。尽管它们都声称自己是真实可靠的，但是有所设计的地图还是会在画面中反映出特定的观点。这些各不相同的上海地图分别突出了真实记录的某个特定部分，它们是选择性表达的结果。把这些不同语言的指南书和地图放在一起比较，这一点便更加彰显出来。[38]

　　在城市的不同脚本中，娱乐都是极其敏感的话题。从指南书对娱乐业

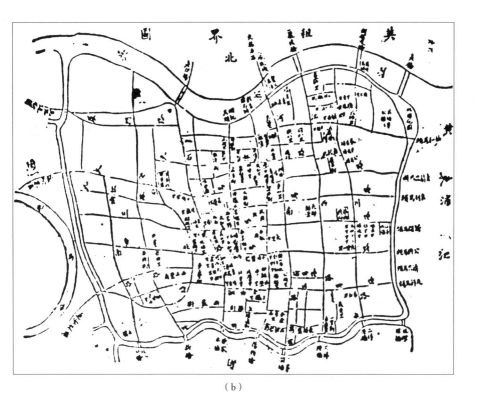

(b)

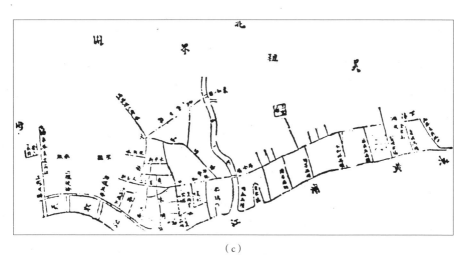

(c)

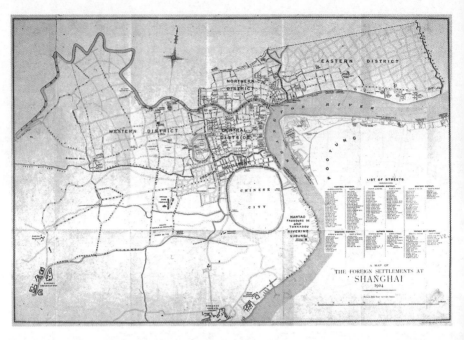

◆ 7.19 《上海租界地图》。(Darwent, *Shanghai: A Handbook for Travellers and Residents* [1903])

点点滴滴、方方面面的详细介绍可以看出,每本指南书都很清楚娱乐业潜在的符号价值,只是根据作者立场的不同,它可能被明显夸大,或是被有意轻描淡写,或者用来强调一个更大的特点。有关城市形象和社区认同的大量斗争都围绕着应赋予娱乐什么位置这个问题而展开。

这三本上海指南都指出了上海某些核心特征,其对这些特征的选择和表达直到 20 世纪初都极大地影响着对上海精神、文化的理解。葛元煦 1876 年的刻画基本上把上海租界当作了娱乐天堂,他的"主题公园"的概念几乎主导了 1880—1890 年代的所有中文指南书。1884 年点石斋出版的指南最为强调的是上海不同群体、种族之间的和睦相处与互动,尽管它插图极为漂亮,营销也做得很出色,但它引进的这个概念在当时的华人、西人社会中还太超前,未能引起半点微弱的回应;直到很久以后这种观点才结出了果实。西文的指南书在两种观点之间摇摆:美查把上海看作一个

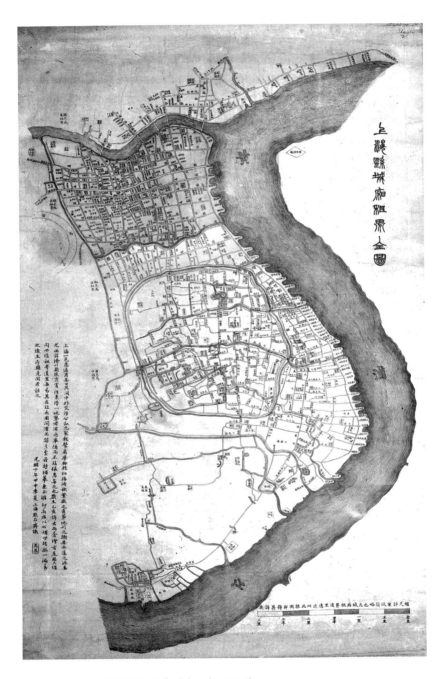

◆ 7.20 《上海县城厢租界全图》。（点石斋，1884）

上海指南：城市身份形成过程中的娱乐业

多文化平等相处的社区，而达尔温特的移居者们看到了和平共处，但对互动没有任何兴趣。

尽管同时还有其他指南书出版，但1909年才迎来了真正的转折点：这一年两本全新的中文指南书问世了，随着此后二十年乃至更长的时间里半年一次的更新，逐渐占据了市场主导。它们以自己的选择和拒绝，与上述的三种潮流形成了有力的互动，为有关城市的表达开启了新的层次，也让上海及上海人形象定义之争达到了一个新的高度。

作为国际商业都会的上海

上海商务印书馆1909年出版了《上海指南》，这个标题便说明商务印书馆决心来个新的策划。书名中用的是代表行政边界的城市官方名称"上海"，与此前用"海上"、"沪上"、"申江"来意指文化边界的指南书明确区分开来。《上海指南》第二个突破在于有了一套新的类目来组织、塑造和表现城市。这本指南结合了传统县志和西式字典的形式，对上海基本情况的介绍和导览很像达尔温特的讲述：首先是高度理性的对公、私利益的一个平衡，结构按照等级来展开，各个类目代表的是不同的利益。对上海行政机构的描述称得上是达尔温特的现代版，但写到各种商业企业时却有自己的分类方式，没有按属于华人还是西方人来界分。从标题可以看出，本书明确排斥从前的中文指南书中所谓租界是非凡仙境的说法。不过，这本书把租界和老城厢当作上海这个整体的不同部分，算得上是继承了点石斋的《申江胜景图》的路数。在这方面，它营造出了一个国际性的多民族都会的形象。在所有的中文指南书中，《上海指南》是一个分水岭，新鲜的处理手法使其看起来像是出自外国人之手。可能这也不算令人惊奇，因为早在1903年，日本最大的出版商金港堂就已经买下了商务出版社一半的股份，并出版了许多新式的现代教科书。[39]

这个新的国际大都会头等重要的是法治。在开篇介绍了上海的地理形貌、城市位置和其中各个区划之后，商务印书馆便按照新的类目来展现这个城市,第一个小标题是"官廨职掌及章程"。这个部分占了《上海指南》第一卷的绝大部分。从老城厢到租界,各种法律法规它都有细致的介绍,不给文化假设留任何余地。比起商业和工业,这个城市更看重公共利益,这本指南在接下来的题为"公益团体"的章节里传递的正是这个信息。这一章节包括了"公会"(社会、学术团体)、"学堂"、"藏书楼"(公共图书馆)、"博物院"、"善堂"、医院、监狱和宗教机构。就这样,与"私"相对的"公"的概念被放在了城市机构设置中加以表现,公共图书馆和博物馆也作为"公共"机构首次在中文指南书里进入了这个领域。接下来的一章是"工业和商业"。整本指南书的结构都是根据公、私对比的原则来安排的。在这种有主有次、不失平衡的城市图景中,"食宿游览"一章被放在最后也没什么奇怪的了。娱乐根本不属于这本指南,为了构建合理的城市形象它被完全删去了。剩下的就是自豪的、理性的城市。这种缺失反映出一种防御性的,甚至有点无助的态度。

上海"主题公园"的形象早已确立起来,而这本指南书完全对娱乐避而不谈,说明编者无法用与其他章节相协调的方式来处理这一方面。在达尔温特的指南书中,娱乐业的内容都隐藏在其他类目之下;而在这本书里只有诸如戏园、龙舟等纯洁的内容得以保留在"游览食宿"中。本着这种精神,就连洋人的娱乐也简略得只剩下了皮影戏和赛马。风月场毫无疑问是上海最吸引人的去处,但只是在介绍里模模糊糊地提了一下:"上海妓馆之多,甲于全国。本馆以其有关风化,故但记其眩惑之端,以资警醒。其详细事情,悉屏不录。"[40] 在"风俗:租界琐记"的标题下,指南书称上海的特色是"奢侈"。"上海自与外国互市以来,市面虽日见发达,风俗则日流于奢侈。嫖赌之风极盛。一若舍此外无第三种娱乐之事可言者。"[41] 说到娱乐,《上海指南》在提到上海妓女的生活时只有寥寥两行,主要是在提醒读者要小心陷阱。《上海指南》是对葛元煦《沪游杂记》的一个回答,后者把上海当作一个五彩缤纷的神奇乐园,每一幅美景都散发着繁华的气息。

在《上海指南》中,上海的繁华完美体现在它丰富多样的经济生活中。这本书三分之一的篇幅都是各种商业和金融企业的名录,这份名录的多样性说明了是什么样的人和企业在真正主宰这座城市，掌握它的财富。除了全书开头有几幅铜版画之外，这本书几乎对城市的有形存在没什么表现。在商号名录之外，另一个重点便是维持城市秩序的规章制度。这本书的前半部分分门别类、逐条介绍了统治和管理城市的各种规则，叙述不带任何感情色彩，也没有主观意见和解释。同样，在写公共机构和外地企业的章节中，除了"商号名录"列出了总经理的名字和商号地址之外，几乎没有别的信息。这本指南书和它所描绘的城市保持着距离，这个地方看来仿佛外国一样，这里治理良好，平安祥和，专用于传统商业。长长的政治、经济机构名录无声地透出一种权力和财富的感觉。

通过《上海指南》，商务印书馆为中国读者呈现了一个新的上海。它基本按着西方的城市的概念来结构全书，把上海变成了一个陌生的存在。

从前的指南书展现城市繁华的关键是对"奇"的描述，这本指南书用西方的制度和中西商界共享的实用知识取而代之，成了对"模范租界"式上海解读的第一个直接回应。模范租界式解读也曾主导达尔温特的指南书。尽管本书表现的上海在公共利益和私人利益间保持着健康的平衡，但主导性的画面还是商业贸易的模范租界。

1912年重版的《上海指南》回过头来，给娱乐专辟了一章。商务印书馆的编辑肯定是感到第一版清教徒式的严格走得太远了，让现实生活中的读者难以使用这本书。重版的指南写道："娱乐之事为旅客所必需，故各种娱乐事情，莫不详为记载。"[42]1912年版的《上海指南》在"妓馆"一栏下对上海的妓院，包括西方人和日本人的妓院都有详细的介绍。"戏园"一栏，包括"中国戏园"、"外国戏园"。此外在"各种游戏"的栏目下，列出了五花八门的上海游戏，这也是中文的上海指南书首次以单列类目的形式来承认城市生活这一部分。这里与《沪游杂记》的模式不同，娱乐并不是在定义城市，它被当作城市生活中必需的附属角色完好地容纳在一个章节之中，从而避免了再占主导。

上海游览指南

但《沪游杂记》的遗产并没有因为《上海指南》而终结。1919年，中华图书集成公司出版了《上海游览指南》，以现代的方式复兴了这个传统。堪称葛元煦指南书之标志的"主题公园"形象和集锦式的叙述结构，曾遭到商务印书馆的强烈排斥，在《上海游览指南》里又得以恢复。

这本书的集锦式结构以无中心、非线性、无等级的方式描写上海。位于中心的是默认的读者——游客，与《上海指南》的高傲专断不同，这里城市就是为了满足所有的需要。《上海游览指南》开篇的三个章节是根据不同类型的游客来安排的，例如，游人被分为"单客至申游览指南"、"约友至申游览指南"、"携眷至申游览指南"和"夫妇至申游览指南"几类，旅行的目的也分为"结婚"、"赌博"、"求学"、"购物"、"购办机器"、"求医"和"买煤铁"。对各种不同的人都有特殊而实用的建议。在列出的各类游人和吸引他们来上海的种种原因中，该书显露出一种自信：上海拥有广泛的吸引力。游人的需要被视为正当，值得加以记载。

处于这个叙事立场中心位置的是上海的主人，他像在家一样自在，完全掌控着关于上海的所有信息。与其说这位主人是对上海持有古怪看法的个人，还不如说他是上海骄傲而又悠闲的集体认同的象征。与点石斋《申江胜景图》的感觉很相似，这位主人家在带着客人游览自家地盘时既负责任，又很愉快。它的评论和葛元煦《沪游杂记》中那种"客"的立场明显不同。葛元煦饶有兴致地介绍着上海，但不愿为它负什么责任。而《上海游览指南》就透露着自信和骄傲。这本指南书以一个精明的局内人的视角，把读者纳入到城市的各种选择之中，偶尔对潜在的危险发出一两声警告。

在这种讲述之下，上海有了一个新的特点——历史。以往典型的指南书会忽略老城厢自宋代以来就是一个行政区的历史，厚颜无耻地从1841年租界建立起开始讲，即便提到老城厢，也是用它的落后来衬托租界。《上海游览指南》里妓业的位置很突出，而且讲述中带着历史。这种方法在中文指南书里很新鲜。我们从中看到的上海不止是现在的样子，还有过去的风貌。这座城市被当作改变的进程来描述，而这本指南书就是它的记忆。

对"过去"的需要从1910年代末开始被提起，这是形成上海独特的身份认同的标志。在这方面《申江胜景图》似乎是未卜先知。游客们占据了他们的城市。在对城市历史的讲述中，在对城市的外观进行评价的时候，间接地融进了一种赞美。上海没有其他城市指南中常见的"古迹"可写，不过，描写包括充满异域风情的各种"奇"事倒可以弥补这种遗憾。这本指南书的照片表现的不是古老的寺庙，而是以"六十年妇女服装之变迁"、"六十年之各类发式"为题的各种女性服饰。为了营造一种历史感，叙述者一副老上海腔调，在"老上海见闻录"中发表了精到的意见。甚至连"大游戏场"这个概念也带着一种历史的庄严感。"上海妓馆六十年变迁史"一节为这个概念提供了丰富的细节，记录了它的兴衰。

《上海游览指南》完全没有任何辩护的味道，和从前的指南书相比，它有了一个根本的转变。城市的身份认同无声地成长了起来。《上海游览指南》能成熟地处理城市的荣耀和阴暗，把它刻画成一个充满矛盾的地方，这本身反映出了一种能力。它在开头的概论就提出，上海代表了"文明"，但同时也给出了忠告。概论的作者说道，这地方的文明仿佛已至极点，上海之所以能成为全国游览胜地，一方面是道途康庄，但更内在的，是因为它有完备的法律和能干的巡捕。

但是，他提醒道，在大家所见到的平静表面之下，暗藏着罪恶和腐败。没有其他地方比风月场更能说明这种对比了。在一个准备为各种需要和欲望提供服务的城市里，风月场成了指南书的重点。不过，在把这些妓院的前世今生娓娓道来之际，《上海游览指南》也严肃地介绍了这种地方可能会发生的情况。在"妓女迷客之方法"一节中，专门提到了游人应当小心"软骗、硬敲和勾引"。[43]

商务印书馆重版的《上海指南》里重新介绍了上海的风月场，表明它受到了来自此前的指南书和读者方面的双重压力。而《上海游览指南》和再版的《上海指南》的叙述策略，是对此前的模板加以吸收和改造。但在这两者之间还是有一种观念上的分歧：一个描绘了上海现在和未来的工商业实力,另一个呈现的是一个商业、娱乐和文化中心。虽然如此,这个界限还是变得越来越模糊了。两者在一定程度上都围绕着商业这个核心,把"娱乐"的上海和作为"模范租界"的上海融成了一个均质的整体。

作为外国的上海

也许是出于对寓居上海的华人自信抬头和主人翁感的一种反应,黄人镜以中文写成的《沪人宝鉴》(*A Guide for Residents of Shanghai*)1913年由卫理公会出版社刊行出版。该书的作者为华人黄人镜,但他完全采用帝国主义的观点,全盘否认了美查提出的"多民族社区"的理想。[44]在对有关上海未来个性的城市身份和竞争的各种辩论声音之中,这本城市指南可以说是达尔温特的《上海旅游手册》的激进版。在达尔温特的书中,中国人和西方人在社会分层中占据了不同的位置,而这本书则向寓居上海的中国人介绍了上海租界所实行的、切实影响着他们的日常生活的种种"定章"。实际上本书的英文题目就叫做"上海华人须知"(What the Chinese in Shanghai Ought to Know)。这个开头真可谓是振聋发聩。通常介绍城市的指南书会以游客为读者,为他们提供一些本地玩家熟悉的知识,以免其到处打听之苦。但是就上海而言,即使到了20世纪,公共租界里也没有所谓的纯正的上海本地人,因此这些指南书的写作语气也就有了不同,它要面对的读者不仅包括到上海来短期公干和游玩的旅客,还有打算寓居此地的人。而卫理公会出版的这本《沪人宝鉴》走得更远,专门面对寓居于租界的中国读者。它试图驯化的对象不是游客,而是本地居民。在其英文版序言里,作者称这本书的目的是"使中国居民谙知上海实情与一切实行的规章,减少其法律上的麻烦与损失"。在中文序言中,他更开门见山,"入国问禁,慎者之天职也"。[45]如果说商务印书馆的《上海指南》把这座城市当作一个外国的城市来表现的话,那么黄人镜就是把它当作一个"中国土地上的外国飞地"来刻画的,他全书都在介绍租界所实行的西方法律和规矩。这本书还详细地介绍了如何在马路上行路、如何坐有轨电车、如何在番菜馆点菜吃菜，以及租界所实行的交通法规、开工建筑前需要向工部局申领执照、剧院需要有哪些安全措施等等。其中有一则游览公园的注意事项最具有启示性：

> 上海共有公园四处。其中三处为西公园，华人公园止一处。西人公园在黄埔滩者，每星期内有黑人（本书作者注：实为菲律宾人）之音乐。华人非随西人不准入内。狗与脚踏车则绝对不得入内。而华公园在北苏州路里白渡桥南（堍），中西人皆可入内，无有音乐，地积颇狭，范围不广。

下面引述的则是《游公园者指南》：

> 华人衣西装者，可自由入公园（本书作者注：指黄埔滩西人公园）游玩，或东洋装者亦可，否则不能。[46]

《沪人宝鉴》把上海当作一个外国城市，奉西人为圭臬。中国人的生活均由西方标准来评断，只有那些穿西装的才被视为充分同化了的西方人，才被赋予他们西方人的特权。这种文化上的分野在对中西娱乐生活的描述中表现得更为淋漓尽致：

> 游娱一端，中西显然不同，西人无妻者，大都以饮酒、打弹、观剧、跳舞、赛跑、骑马、散步为乐，至妓院则罕有问津者，间一有之，则必下等之徒，为人所不齿者；至有妻者，除饮酒赛跑外，往往夫妇或偕游花园，或同往观剧，其奔走妓院，为有妻者之所绝无也。此西人之游娱之大略也。
>
> 而吾人之游娱，恰与西人相反。除饮酒观剧外，人人莫不以渔色为惟一之乐境。号称富庶及文明者，又莫不广纳姬妾，挥霍自豪。稍可过活者，虽无纳妾之资，又必寻花问柳，寄迹妓院焉。此吾人游娱之大端也。[47]

《沪人宝鉴》对中国人这一缺乏廉耻挥霍无度的行为进行了严苛的批评。在作者看来，正是这种无廉耻无礼义的行为造成中国国势不振，江河日下。需要向租界所实行的外国制度与高尚道德看齐，这也是上海最值得称道之处；而寓居上海的中国人是其问题所在，需要把他们重新塑造成配得上这座城市的居民。这正是《沪人宝鉴》的目标所在。

尽管最早期的指南书只是含蓄地提到了上海的民族构成及其与城市认同的关系，这个例子说明，1910年代种族问题已经公开化了。《沪人宝鉴》反映了分治与和谐的观念，但将租界的规章制度说得好像是偏向给洋人提供便利似的。这本书是对种族平等观念和《申江胜景图》中表现的上海精彩华洋皆有份的观点的一种反映，它对商务印书馆在《上海指南》中勾勒的摩登都会的蓝图也是一种严厉的批评。

但卫理公会出版社的讲法并不是没人回应。1919年中华图书集成公司出版的《上海游览指南》肯定得从这个角度来看。它的叙述口吻明显带着主人翁的自豪，透出一种中国人的主权和责任感。尽管卫理公会的指南书从未主导过对城市的讲述，但这个例子表明，就上海的城市身份而言，仍然存在着矛盾的情感和挥之不去的张力。

上海的形象在不断混融中一直变化着。这个城市引发了各种竞争性的表述。上海对这些互相矛盾的形象的包容和承担，也表明它有能力把不同的利益吸收进来，变成自己的创造。这个城市整合性话语的缺失，表明缺乏一个统一的霸权结构，上海是多面的，而新的讲述也不需要穿越漫长的历史走廊。不过，后来的指南书中不断对早期城市叙事有所回应，体现出了早期城市叙事的影响。

最关键的核心议题是对城市核心特征的定义。由于对城市的基本特点——模范租界、多民族社区、主题公园——以及衡量它的道德标准存在争议，娱乐业一直是一个高度敏感的话题，显然它有成为城市标志性隐喻的潜力。例如，美查精心地安排了各种象征城市繁华的场景，但这些场景都无一例外围绕着风月场。中文指南书中妓业不稳定的地位也反映了这一点，商务印书馆一心要和批评上海蒙昧落后的老讲法撇清。当中国商界新势力积极投入到理想城市及其形象的定义中来之后，"作为游戏场的上海"又有问题了。上海仙境的比喻几乎完全被摩登都会的形象取代了。在这一点上，商务印书馆反驳了它视为错误的城市表述。

尽管这些不同的城市形象彼此竞争，但它们都有一个共同点：把上海写成了一个天堂，一个独一无二的地方。这个城市的独特性，以及它和平繁荣的景象激发了想象，就连商务印书馆严肃的指南书也在第三版中首次运用了 1870 年代的竹枝词，回过头来把上海写成了一个安享富贵荣华、偎红倚翠的温柔乡，这里如此令人迷醉，让人忘却了中国现实生活中的责任和约束。[48]

随着上海迅速成长为亚洲、乃至世界主要的金融商贸中心，上海作为经济巨头的形象逐渐将模范租界和游戏场的形象吸收了进来。到了 1920 年代，争议各方都接受了上海作为世界性大都会的概念。各方都主要将上海视为一个经济势力。达尔温特曾经提出过的公私利益之间的平衡、葛元煦那种置身事外渐渐淡出了历史视野。在后来的指南书中，工业、贸易产品和妓女都在同一类，它们既为上海的奢华增光添彩，也作为旅游业的一部分推动城市发展，为城市增添魅力。

有关城市的比喻意义改变了。点石斋和达尔温特书中曾代表着公共精神和商业利益良好平衡的西式纪念碑和建筑，在后来的中文指南书中再次出现，不过却被当成了异国风情的代表。[49] 梦幻上海的比喻再次浮出水面，成了推销上海和上海货的市场口号。

最后，1920 年代商业化的城市指南用描述现代商业模范租界的词汇给了上海一个"世界游戏场"的名头。[50] 在这里，中国人不用离开祖国就能体验西方和国外的感觉。在中华图书集成公司 1923 年出版的《上海游览指南》中，作者把上海当作自己的地盘来描写。[51] 他们表达了对城市的自豪，并且不用证明自己的真实性。他们的城市是在中国的土地上，由外国人和中国人一起建立起来的一个国际大都会。

> 试执途人而问之曰：中国通商之埠，以何者为最繁盛，则莫不公推上海，可知上海者为全国菁华之所萃，中西钜商之建设在乎此，达官显贵之退隐在乎此，名流雅士之啸咏在乎此，降而至采绿佳人，怡红游子，江湖术士亦莫不万壑赴海，殊途而同归。[52]

城市的新形象也有新的、更黑暗的一面。1920 年代上海已经成了一个世界性的工业、商业中心，有组织犯罪也伴随而来。报道上海这一阴暗面的指南书层出不穷，多数都和新式"黑幕"小说差不多。这类题目包括 1914 年出版的颠公的《上海骗术世界》，1923 年出版的上海老江湖的《三教九流秘密真相》，以及 1932 年印行的王定九的《上海门径》。这些指南书中，上海妓女和其他娱乐行业的身影随处可见。这座城市的特点就是有许多互不相同、乃至尖锐对立的层面，而中国今天对此最通用的说法便是源于这些指南书。上海被简化成了"冒险家的乐园"，这个形象源自于 1930 年代末一位西方作家的指南书标题。[53]

结束语

　　从更开阔的视角来看,对于强调传统的中国社会来说,上海妓女最重要的影响在于,她们让新的、甚至破坏成规的事物在都市环境中变得令人神往,甚至成了中国繁荣、现代的标志。在梁启超等维新派着手"新民"、创办《新小说》革新社会文化之前好几十年,这一切就已发生了。

　　我们对上海19世纪末20世纪初的娱乐文化的这一研究讨论了三个较为宽泛的主题。首先是娱乐无意中扮演的社会变迁和现代化的发动机的角色;第二个主题,是娱乐与这个国际商业中心,以及形成中的中国公共领域之间互相交织的关系;第三点,是名妓和通商口岸环境之间的关系,前者过去总是被按照性别来归类,而后者一直以来都被称作半殖民地。

　　说上海娱乐业在其自身以及整个中国文化、社会转型中扮演了关键角色是有历史依据的;我们分析了许多不寻常的历史文献,包括戏装和家具等物质文化资料,以及插图、照片、地图等视觉文化资料。这个过程中,主要有三方参与其间:上海租界为娱乐业和娱乐文化的发展提供了独特的条件;精明的上海名妓也很清楚租界特有的环境给她们带来了何种机会,并积极地利用这种条件来吸引关注,发展生意;而正在形成的都市知识分子历来就与名妓过从甚密,在上海出版市场上也有地位,在推动明星文化和娱乐刊物的过程中不经意间与名妓成了同盟。

这三方面的互动最令人瞩目的成果,便是新型都市文化的产生,女性从此可以扮演公共角色;因为名妓的关系,令人舒适的西式设施也和"蓬莱仙岛"的形象结合在了一起。同时,报纸成了协商上海都市现代性的平台,并为全国人民所接受和期盼。不过,只是把包装好的具有国际时尚诱惑力的现成的现代性和蓬勃发展的多文化贸易中心并置在一起,本身并不会产生都市现代性。生活方式和价值观的改变需要一定的条件、轨迹和主体。

上海名妓显然是十分出色的历史主体。这群拼命追求新奇、时髦和享受的女子,令西方设施成了最令人向往的奢侈品,她们不遗余力地自我标榜也为女性开启了公共空间。无论是名妓还是写名妓的记者,都不是有意识地在推进现代化。娱乐报纸通过追踪报道妓女明星的生活赢得了市场,却又和读者一起指称妓女们颠覆公序良俗、带坏良家妇女。对名妓来说,这件事无关解放,但是行动更自由、露面机会更多,肯定对生意是有好处的。而且,作为舞台上的表演者和戏园包厢里的观众,她们也为良家女子——首先是姨太太,然后是太太——打开了新的空间。正如其他对变迁的研究一样,要证明上海妓女和民国都市女性的行为之间有什么直接的、确定的联系是很难的,同样,在更广义的层面上,也很难证明上海妓女的表现和即将到来的中国的都市现代性之间有什么关联。不过,对当时的人来说,这一层联系却十分明显。无论别的地方采用了什么类似的习惯,报纸上肯定会说这不过是在模仿上海。

名妓们走出了局限而排外的妓院来发展自己新的公共角色,并得以重塑身份,提升地位,从公众对她们的看法中就可见一斑。她们的性感也是其中的一部分,这是她们吸引公众的重要手段。没有家族和家庭的干预,她们和客人以个人身份进行的交往有自己的规则。可以说这种交往促成了新型的公开的性文化,男女可以在公共空间中更自在地来往。因为顶尖名妓并不想在性交易市场占多大份额,她们只是努力通过拓展客人范围、模糊自己和主要恩客的关系来提升娱乐服务的文化社会地位,因此这种影响可能会更大。当她们成了公共的艺人之后，她们更加迅速地和客人脱离私人关系。这种新的关系便是后来以娱乐报纸为媒介的大众明星文化的雏形。而她们偏偏瞒着公众继续当名妓，被客人养也养情人，使得她们的公众形象更令人神魂颠倒。她们改变这个行当的私享传统并非是为了抛弃自己的客人，只不过是为了增强自己的经济基础。这可以给她们带来经济上、情感上更多的自由。而独占名妓的恩客则不得不容忍并学会欣赏这样一个事实：与他们相恋的女人的生活正为广大娱乐报纸读者所津津乐道。他们也得接受这一点：名妓的职责要求她们一晚上要转好几个局，而且她们最终可能会从北京来的俊俏戏子中选一个当情人。他们勉强地承认了自己作为客人已被边缘化的事实，并适应了一个新的角色——相当无力的都市知识分子。这些新型知识分子靠写名妓的八卦新闻为生，却为传播这些女子的艳名立下了功劳。他们逐渐发展了一种都市讽刺的腔调，一面叹惋这些女子的影响力如此之大，一面巨细无遗地描写她们的风流韵事。这些文章也使得上海名妓进一步影响了都市女性。

　　名妓很清楚走向公众的代价是什么。就像今天的电影明星一样，当媒体发现她们极具轰动效应，可以刺激报纸发行量的时候，她们就不再能选择隐居，甚至可能变成大家的笑柄。名妓露面机会增多，贴身新闻报道不断，最终成就了公共领域中著名的大胆、迷人的女性形象。名妓们社会地位升高、露面机会增加，使得她们的花销和风险也增大了，反过来也推动了新的生意，例如报上会对她们前往其他通商口岸城市的捞金之旅进行宣传造势。

　　这个发展引发了很多矛盾的情绪。中国受过教育的精英、传教士，以及部分工部局的成员都觉得上海的名誉受到了威胁。但是，他们有什么理由强行关闭这些妓院，或者禁止这些妓女在公共场合露面吗？整个欧洲的目光都注视着巴黎，这里独具魅力的娱乐业，尤其是妓业对全世界的富人展现出了如此强大的吸引力，把巴黎变成了法国经济上的"奶牛"。[1] 欧洲各大城市妓女都是合法的，她们被视为合法的娱乐业的一部分，也是吸引游客的热点。[2]

　　重要的社会变迁可能发生在最想不到的层面，由最不可能的人物来引领。对中国现代化历程中诸如严复、梁启超、章太炎等知识分子精英和政治领袖已经有了大量细致的研究。不过,尽管学者们喜欢从知识分子的激进思想中寻找社会变迁的起源,但社会变迁同时在许多不同的层面进行,我们没有理由厚此薄彼。实际上,这些投身政治的知识分子,标准的诉求不过是要改变现实——其实已经非常不同的现实。但在这种观念成为大家的共识和行动指南、获得文化地位之前,肯定有一个社会传播的过程,而我们对这个过程知之甚少。就真正的中国现代化的文化史研究来说,这些日常生活的改变和细节的意义当然同样值得重视:人们如何穿戴,异性在公共场合如何交往,私人空间如何装饰,休闲包括什么内容,女子在城市空间里怎么走路,上海城市人群中不同民族如何互动,西方的物质和习惯怎么逐渐在上海被接受并传播到遍及全国,等等。这些都是真实的过程,不是规范性的计划,但相比那些伟大的观念得到的认可却太少了。它们如何影响了现代性被接受的过程,还需要更多深入的研究。

上海的娱乐业绝不是一个规范化的现代化项目。正因为它从未把自己视为或装扮成现代化的代理人,它才是有效的。充满魔力的上海风月场释放出一串串变迁的诱饵。四个方面的"边缘性"定义了它:它在"正常"的生意之外;它是由"良家"视野之外的女性提供的,没有什么力量能约束她们;它依赖角色扮演这样的假装游戏,预示着最后还是要回到现实生活中;很显然客人手里的硬通货是大洋,而不是信仰、价值观或生活方式。客人可能短暂地、公开地坠入贾宝玉的角色而不承担任何后果,他们可以逃离传统的束缚,在上海这个都市现代性的大观园里,与自由奔放的美人们谈一场摩登的恋爱。他为这个恋爱体验埋单,把她变成市场上的一场商品交易,因此就获得了尝试、选择或拒绝的自由。这个娱乐业的独特商标成了上海最主要的吸引力之一,同时也是最重要的商业部门。今天这一切都太清楚了,娱乐业及其背后的娱乐经济真是成了形塑社会欲望和意识的最重要的力量。而早期的娱乐部门还没有任何形式的垄断,因此上海妓女这样的人物有可能扮演定义文化和娱乐界的重要角色。到19世纪末,这个部门变得如此巨大,堪称中国庞大、混乱而毫无规划的城市现代性实验场,包括旅居者、文人、游客以及不断增长的富裕的有闲阶层都参与其中。不需要任何战斗的号令,上海的风月场就成功地改变了现状,并且没有引起太大的不快。城市现代性被名妓嵌入了玩笑、舒适和愉悦的框架,的确显得更具诱惑力,也更容易接受。

对早期中文报纸的大部分研究,都以梁启超的《时务报》等鼓吹政治的报纸为中心。最近有一批重要的研究开始关注晚清上海"现代"的公共领域。这些研究逐渐拓展了我们的理解,它们聚焦于《申报》等所谓的严肃报纸,关注报纸在培育民族主义的过程中扮演了何种角色,在举国关注的问题上新闻社论如何发展成为国民意见的代表,以及专业记者的发展历程。我们这个研究里的公共领域范围更广,包含了许多不同的形式和层面,其中既有名妓们作为初期的明星自我推销的百变花招,也有她们在慈善和市政事业中承担的公民责任;还包括连载了许多最重要的晚清谴责小说的专业娱乐报纸。这些娱乐报纸和出版物,与严肃报纸、政治宣传报纸一样,都以西方为模板,也采用了许多国外引进的技术。这些娱乐报纸进入市场时带着明确的承诺——让读者享受名妓带来的迷人的高雅娱乐,而不用担心走得太近花销太多、风险太大。比起《申报》等商业报纸,它们受市场驱动更彻底,这也让它们在法律许可的公共领域中干得有声有色,有时候甚至超过了大报。它们不只是报道上海顶级名妓在公共场合的举止,为她们宣扬艳名,还在连载小说中讽刺腐败的清廷和无能的官僚。他们为娱乐报纸打下了一个和商业报纸差不多的牢固基础,并给公民责任实践提供了一个轻松的版本,评选花榜便是一例。上海妓女和报道她们的娱乐报纸,创造出了一个非凡的新社会结构。尽管这可能不符合"公共领域"的经典定义,但就影响公共意见而言,他们的确是发挥了作用。

在他们发展起来的三角关系中——名妓将生意做到了更广大的顾客群体中,娱乐报纸满足了公共性的不断增长,市场迅速地做出反应,增加接近这种娱乐的机会——出现了一种新的以市场为基础的娱乐的"民主化"。这不是政治民主,但很接近大众化(popularization)的概念。这种三角关系形成、推动了两股潮流,第一个潮流可以被称作"娱乐的扩散",从前只有精英男性才能狎妓,而现在她们面向了更广大的都市人群。第二,在这个过程中,原来狎妓可以亲睹芳容、一亲芳泽,但现在是一群读者看娱乐小报,只能和明星有一种抽象的亲昵。娱乐的民主化和它的公共营销是分不开的。

本研究不认为性别是与历史无关的、承载着价值的抽象分析性概念,而是把它放到特殊的社会历史变迁的情境中去。社会性别方法会预设男性女性之间的问题,而核心的问题就是在社会文化变迁过程中的权力与控制关系。尽管也可以在对上海妓业的分析中采用这一路径,但以此作为分析框架则未免太傲慢和生硬了。似乎阐释学的方法更为有效,这种方法让材料自己揭示出了最重要的两个问题:在新兴的现代文化和政治领域中,娱乐是如何上升为一个重要的部门的;它和市场的关系又是怎样的。

同样,本研究也关注上海实际的权力机制,而不是将其概念化为殖民或半殖民等字眼,用这个框架来解读材料。这些概念已经太具体了,它们今天的议题都足以让历史文献沉渐无语,这无助于我们理解历史主体的行动、动机,乃至他们真实的历史环境。帝国主义、殖民主义,或者更无用的"半殖民主义"都只能提供一个平面的分析框架,而上海的法律地位、内部机制,以及整体影响却极为复杂。这个城市是一个悖论,由许多不同的层面组成。这里由外国人管理,但由多民族人口构成,最大的一个群体是把自己视为"外国人"对立面的"中国人"。它本是给外国人建造的一个通商口岸,但很快就聚集了多个民族。上海租界不是殖民地,清政府一直保持着主权,但日渐失去了管理的实权。这里也不是汉萨同盟式(汉萨同盟是德意志北部城市之间形成的商业、政治联盟。汉萨[Hanse]一词,德文意为"公所"或者"会馆"。13世纪逐渐形成,14世纪达到兴盛,加盟城市最多达到160个。——译注)的独立城市,因为外国政府,尤其是法租界里的法国人仍有很大的权力。[3] 不同群体和民族的影响也是多方面的。在租界的地方规章制度之下,中国商人协力将上海变成了一个国际商业中心,他们成功地积聚了大量的财富,以至在19世纪末,大多数主要地产都掌握在了中国人手里。用殖民主义来概括上海会错失其真正的动力机制,误解其文化认同。此外,还有一种观点宣称,正是上海(或中国)不是殖民地这一点,事实上完美地证明了"文化帝国主义"的力量。这种观点模糊了上海真正的动力所在，其激进主义色彩也是自毁长城。[4] 实际上，作为典型的多民族移民社区，不同的文化传统在这里进行了大量的混合交融。

本研究展示了西方对上海娱乐文化的巨大影响，不过，对于跟日本相关的内容仍有很大一部分空缺，尽管在1870—1880年代，在绘画等领域这一影响已经非常明显。[5] 日本艺妓和妓女在租界发展的初期就来到了上海，但能证明其影响的证据不多。直到20世纪初，这种影响才开始显现出来。日本艺妓和上海名妓的生意模式完全不同，直到明治时期，日本艺妓的活动都仅限于在封闭的室内，或城市郊外，最著名的例子就是江户的吉原区。与之相比，租界内的上海名妓活动自由得多，经济上也享有更大的自主权。

外国人管理租界，无意间使得女子有了更多的机会接触公共生活，尽管其初衷是通过加强女子教育来实现这一点。租界活跃的经济文化生活是政治霸权缺失和一套严格的都市行为规范相结合的产物。比起高度统一、价值先行的"殖民主义"概念，20世纪初的上海更适于用霍比·巴巴的"混合"概念来解释。

霍比·巴巴描绘了无法用既定的国籍、文化等因素来描绘的混合社区。"理论上有启发意义，而且政治上更重要的是超越本地、本土人的叙述，关注表达文化差异的那些瞬间和过程。"文化的位置就在于相互的关联之中。"就在这种新生的缝隙中——在不同领域的重叠、变换中——不同主体间的各种民族的集体体验、社区利益、文化价值不断进行着沟通协商。"[6] 上海和上海娱乐文化被描述成在互相交织、替代的主体间性和集体经验间可随意协商的早期产品。无论开放上海的各种力量的初衷是怎样的，无论行政管理背后的原则是怎样的，无论不同群体的人们搬到上海来目的为何，结果就是：在不同地区和民族文化价值混融、商业实践和市民意识的基础上，上海形成了一个独特的、强大的身份认同。从政治上说，它成了中国土地上最开放、最具包容力的城市；上海的市民文化正是在这种大融合与霸权结构缺失的环境下发育起来的。

注 释

【导 言】

1. 《靓装照眼》,《游戏报》,1899 年 5 月 4 日,2。
2. Corbin, *LAvenement des loisirs*. 有关巴黎的研究以及休闲文化的兴起,参见 Csergo, "Extension et mutation de loisir citadin", 12,1-68。
3. Skinner, *City in Late Imperial China*.
4. 关于上海是变革的发动机,参见 Murphey, *Shanghai*;上海是帝国主义的桥头堡,参见 Murphey, *The Outsiders*;上海是工人运动之城,参见 *Le Shanghai ouvrier des annees trente*;上海是中国资本主义的摇篮,参见 S. A. Smith, *Like Cattle and Horses*。
5. 有关上海与行政、贸易、商业的关系,参见 Cochran, *Inventing Nanjing Road*;有关移民社会,参见 Wakeman and Yeh, *Shanghai Sojourners*; Honig, *Creating Chinese Ethnicity*;以及 Goodman, *Native Place, City, and Nation*;关于上海是蓬勃的市场中心,参见 Johnson, *Shanghai*。
6. Lu Hanchao, *Beyond the Neon Lights*.
7. 安克强的书基于他 1993 年的论文 "La Prostitution a Shanghai aux 19e-200 si é'cles (1849-1958)"。
8. Corbin, *Women for Hire*.
9. 与此相反,安克强的奠基性的论文 "Chinese Courtesans in Late Qing and Early Republican Shanghai" 强调了名妓娱乐宾客的文化氛围,对我们理解娱乐文化有很大的帮助。
10. Hershatter, *Dangerous Pleasures*, 7.
11. 同上书,8。
12. David Der-wei Wang, *Fin-de-Siecle Splendor*, 7.
13. 同上书,59。
14. 同上书,89。
15. 同上书,72。
16. 自 1860 年代初起,在《北华捷报》(*North China Herald*)、城市指南等有关上海的书中,"模范租界"(model settlement)一词就被用来描述上海。
17. Wright and Cartwright, *Twentieth Century Impressions*, 368.

18. 刘晨和阮超在搜求仙草的时候迷路了，正饥肠辘辘时他们找到了一种美味的仙桃，又遇见了两位绝世美女，为他们准备了奢华无比的住处。等他们终于克服了这些诱惑回到家里的时候，才发现已经恍然过去了十世。完整的故事请参见刘义庆，《幽明录》，引自《太平御览》，ch.41,313-314。这首诗原有一条注："轮船进吴淞，已见地火密布。顷刻抵岸，则到处洋房，绝非凡境矣。"这个注释引自更早的文本《春江花史》，作者邹弢，笔名为"潇湘馆侍者"。这首诗是辰桥赞颂上海租界的《申江百咏》中的第一首。辰桥，《申江百咏》，第 79 页。

19. 斯卡利（Eileen Scully）认为，上海尝试禁娼和查禁鸦片之后，造成犯罪率急剧上升。参见 Scully, "Wandering Whores"。

20. 参见 Wagner, "The *Shenbao* in Crisis", 509-520；有关为把上海塑造成"自由之城"所做的工作，请参见 Pat, *Short History*, 64-66。

21. 这没有把中国居民的集体行动排除在外。行会、会馆和个人常常向城市管理者表达其不平和要求。有些案例中，商人也会采取独立行动，为自己的要求向管理者施加压力。比如，曾经有一座桥只向中国人收取过桥费，从而激起了民愤，骚动的抗议者要求取消过桥费（参见《申报》1872 年 10 月的报道）。华人社会也参加了 1893 年维多利亚女王的生日庆典活动，但同时也加入了自己的活动。参见 Goodman, "Improvisations on a Semicolonial Theme", 889-926。

22. 参见霍比·巴巴（Bhabha），*Location of Culture*。

23. 此处"法律保护"这个说法，指的是上海租界内对商业的一般性的保护；并没有特别保护娼妓业及卖淫活动的法律。法租界自 1877 年开始，公共租界自 1898 年开始，妓女寓所和妓女必须申领执照并上税，因此妓女也就有了一定的法律权利。她们可以去法庭为一切事情打官司，可见其职业是合法的。清代有关卖淫的法律参见马建石编，《大清律例通考校注》，352-353。有关晚明时期南京娼妓业的地方情况，参见 Levy, "The Gay Quarters at Nanking", 5-32。有关 19 世纪汉口的烟花柳巷，参见 Rowe, *Hankow*, 594-595。有关此一时期妓女寓所和卖淫的研究，参见 Henriot, *Prostitution and Sexuality in Shanghai*, 273-283。

24. 张仲礼编，《近代上海城市研究》，219-236。

25. 同上书，53-58。

26. 清代有关服饰的规制最为细密烦琐。在服饰等级上，无论名妓还是妓女，都与奴仆是一类，只准服用原色生丝、粗毛、褐色葛布、梭布、貂皮、羊皮，除此之外各种缎纱绫罗及细毛俱不能服用。参见《钦定礼部则例》，卷 34：4。有关清代的冠服制度，参见赵尔巽，《清史稿》，卷 77，3013-3098。

27. 老上海，《胡宝玉》，79-80。

28. Wagner, "Role of the Foreign Community"。

29. "洋场才子"的字面意思就是"外国贸易中心的天才学者"，这个词是模拟其原来的称呼"江南才子"（长江南面江南地区的天才学者）而来。当时的中文将租界称为"洋场"。

30. 参见 Chang, *The Late-Ming Poet Ch'en Tzu-lung*; Ropp, "Ambiguous Images of Courtesan Culture"; 以及 Wei-Yee Li, "Late Ming Courtesan"。

31. Henriot, *Prostitution and Sexuality in Shanghai*, 75; Hershatter, *Dangerous Pleasures*, 70.

【第 1 章 秀摩登：19 世纪末上海名妓的时尚、家具和举止】

1. 严明,《中国名妓艺术史》；郑志敏,《细说唐妓》；廖美云,《唐妓研究》。
2. 参见王书奴,《中国娼妓史》, 264。
3. 有关 18-19 世纪长江下游南京、苏州、扬州等繁华城市关停妓院的综述, 参见缪荃孙,《秦淮广纪》,《序》, 1-2；李斗,《扬州画舫录》, 189。全国的相关情况, 参见王书奴,《中国娼妓史》, 201-298。
4. 1860—1870 年代期间, 上海的报纸报道了清政府颁布的关停老城厢以及租界内妓院的新规定。参见《北华捷报》1867 年 1 月 5 日关于 "Chinese Theaters" 的报道, 2-3;《论禁娼新法》,《申报》, 1875 年 12 月 31 日。在上海游客的日记中也提到了禁娼和禁止卖淫。类似的个人叙述可以参看无名氏,《绛云馆日记》, 309。
5. 邹弢,《海上灯市录》, 1:17-18；辰桥,《申江百咏》, 86。
6. 上海老城厢里街道的状况可参见张仲礼,《近代上海城市研究》, 221, 233。也有小说写到了禁止马车进入老城厢的禁令, 可参见孙玉声,《海上繁华梦》(1988), 274。
7. 这个年代议论上海租界的文章中, 常会写到明亮的煤油灯和电灯。可参见点石斋,《上海胜景图》, 2:57。
8. Timothy J. Clark, *Painting of Modern Life*, 79.
9. 有关北京、苏州、南京的名妓的内容, 可参见《点石斋画报》, 元集, 11, no. 86, 1897。后来《图画日报》也以连载图片报道了上海的名妓如何娱乐宾客 (nos. 327-340,1910)。关于上海的住宅, 可参看《点石斋画报》, 戊 4, no. 28 (1885)。
10. 王韬,《海陬冶游录》, 5649。
11. 同上书, 5694。
12. 葛元煦,《沪游杂记》, 28。
13. 很多晚清小说都描写了妓女和恩客一起逛亨达利的场景。例如韩邦庆的《海上花列传》, 43-45；以及孙玉声的《海上繁华梦》(1988), 78。
14. 商务印书馆,《上海指南》(1909), 1:7。
15. 葛元煦,《沪游杂记》(1989), 28；袁祖志,《重修沪游杂记》, 2:9；韩邦庆,《海上花列传》, 43-45。
16. 袁祖志,《重修沪游杂记》, 2:9；孙玉声的《海上繁华梦》(254) 又重申了一遍。
17. 孙玉声,《海上繁华梦》, 244。
18. 参见《服妖论》,《申报》1888 年 3 月 9 日, 1;《论上海市面之害在于奢》,《申报》, 1888 年 1 月 21 日, 1; 无名氏,《绛云馆日记》。

19. 浪游子,《海上烟花琐记》,卷4:5-6。

20. 这种扇子是最新的时尚,但并非西方进口,而是来自北京,价格极为昂贵,因名妓的使用开始流行;参见葛元煦,《沪游杂记》1989, 37-38。浪游子在《海上烟花琐记》卷4:5也提到了这种扇子。

21. 浪游子,《海上烟花琐记》,卷4:6。

22. 这三种高级妓女之间的界限不是很清晰。不过,一般认为书寓和长三主要是受过各种专门训练的艺人。要进一步和她们发生性关系的客人先得在妓院里办很多次宴席,这也是名妓挣钱的主要手段,否则名妓根本不会考虑这种要求。尽管如此,这些头等名妓在一个时期内一般只把一位恩客视为情人。希望前往名妓香闺会见的客人必须得有熟人引荐。这些妓院的规矩十分细密烦琐。1860年代到1920年代间出现了很多冶游指南,租界里妓院的新规矩和高级妓女的等级早在1877年就有了记载。参见浪游子,《海上烟花琐记》;邹弢,《海上灯市录》;王韬,《淞滨琐话》(1937), 75-92。有关这类冶游指南和笔记的讨论见第二章。当代人的研究参见平襟亚,《旧上海的娼妓》; Hershatter, "Hierarchy of Shanghai Prostitution", 463-498; Henriot, "From a Throne of Glory", 132-163;以及 Henriot, Prostitution and Sexuality in Shanghai, 22-33。

23. 花雨小筑主人,《海上青楼图记》,卷6:3(1895年新刊版)。

24. 池志澂,《沪游梦影》,163。

25. 有关上海妓院地点沿革的历史,参见汪了翁,《上海妓院地点之沿革》,2。

26. 沪上游戏主,《海上游戏图说》,1-4。

27. 《更正调头》,《游戏报》,1897年8月26日, 2。

28. 同上书。

29. 浪游子,《海上烟花琐记》,卷4:9。

30. 王韬在《海陬冶游录》(5694)里有关于时装、家具和公共场合举止的大段描述。也可参看韩邦庆,《海上花列传》,150。

31. 小蓝田忏情侍者,《海上群芳谱》,卷4:19。

32. 韩邦庆,《海上花列传》,301-302。

33. 黄式权,《淞南梦影录》,507。

34. 小蓝田忏情侍者,《海上群芳谱》,卷4:19;韩邦庆,《海上花列传》149。

35. 《图画日报》, no. 54, 1909, 7。

36. 孙玉声,《海上繁华梦》,254。

37. 上海商铺和家具的照片参见 Wright and Cartwright, *Twentieth Century Impressions*, 525-572。

38. 浪游子,《海上烟花琐记》,卷3:16。

39. 于醒民,《上海,1862年》,424。

40. 参见张泌,《妆楼记》,卷3:11。

41. 王韬,《海陬冶游录》,5649。

42. 小蓝田忏情侍者,《海上群芳谱》,卷4: 18。

43. 蒋瑞藻,《小说考证》。这本书1908—1910年间首先由社会小说出版社出版。上海交通图书馆1918年发行了插图版。后来在《海上花列传》中,屠明珠这个人物似乎就是以胡宝玉为原型的。参见韩邦庆,《海上花列传》,149,以及David Der-wei Wang, *Fin-de-Sikle Splendor*, 59-61。

44. 这个题名为《胡宝玉》的长篇传记出版于1897年,作者署名"老上海"。胡宝玉的其他传记请参看邹弢,《春江花史》,卷13-14;徐珂,《清稗类钞》,卷10,娼妓类,123-126。

45. 老上海,《胡宝玉》,131。

46. 同上书,127。

47. 同上书,127-128。有关粤妓与外国人之间的关系,请参看邹弢,《春江花史》,卷1:13。大部分当代学者都认为只有粤妓接待外国客人,我在研究中发现,越界也时常发生,胡宝玉的故事就是一个例子。《游戏报》有时会报道日本客人去长三妓院的新闻,可参看《东西洋参》,《游戏报》,1899年3月11日,2。

48. 邹弢说胡宝玉有一位出手大方的外国客人,给了她很多钱。参见邹弢,《春江花史》,卷13。

49. 马相伯,《航海汇丰银行开办时的大股东》,1155。

50. 参看韩邦庆,《海上花列传》,549。

51. 小蓝田忏情侍者,《海上群芳谱》,卷4: 19。

52. 例如,有一位去上海的年轻人想去妓院看看,他的妻子最后允许他去了,只有一个条件——他得把他看到的写下来,这样她也能体会一切。参见平江引年,《海上评花宝鉴》。

53. 女子着男装去妓院的图片可参见《挟妓同嫖》和《挈妾寻芳》。

54. 给女客人提供服务的妓女有时被称为"人妖",这个说法常用来指易装癖者。参见老上海,《胡宝玉》,108-109;也可参见 Hershatter, *Dangerous Pleasures*, 118。

55. 《游青楼妓女待承欢》,《游戏报》,1897年9月19日,2。

56. 孙玉声,《海上繁华梦》,263。

57. 汪了翁,《上海六十年花界史》,549。

58. 整个1890年代,娱乐小报和类似《海上花列传》和《海上尘天影》等小说讲到名妓结婚的时候都很正常,不需要更多的解释。同样,名妓的传记也常常提到她们曾经结过婚,后来又自己单过了。从《游戏报》等娱乐小报1890年代的报道来看,婚姻失败后重回上海的名妓不在少数。有关她们年龄的数据来自于四本冶游指南:《海上群芳谱》(1884)、《镜影箫声贰集》(1889)、《海上青楼图记》(1892)和《海上花影录》(1915)。这些资料里记录的名妓年龄很有意思。安克强和王韬的材料中,1850—1870年代时名妓中人数最多的是十五岁(38名里面有24名)。从租界的资料来看,名妓年龄相对较大。1884年,37名妓女中有24名在十八到二十岁之间,只有5名十六岁或小于十六岁。这

第1章注释 363

些指南书里提到的大部分名妓也都上了1880年代的花榜。但这些数据也不太可靠。根据1889年的数据,大多数名妓是十六七岁。1892年,十六岁、十八岁、二十岁的居多。1890年代名妓的平均年龄肯定比安克强给出的1860年的年龄要大 (*Prostitution and Sexuality in Shanghai*, 28)。可以假设数据中显示出来的年龄增长是因为不少人离婚后回来重操旧业。有两个问题相当重要。第一,诸如林黛玉和其他三位早已名声在外的妓女虽然一直在做生意,但只有早期的指南书里有收录,后面的书里没有记载。这样列出来的妓女年龄就人为地降低了。第二,名妓们常常改名字,因此顶尖名妓这个群体貌似不断更新,其实部分是因为同一个人用了不同的花名。这群女人更年长,经验更丰富,名头更响亮,对公众有更大的影响力,也更能掌控自己的生意。她们可以顺利地重操旧业,这足以说明她们掌握自己命运的能力增加了。

59.《镜影箫声初集》。

60. 参见 Alfieri, *Il gioco dell'amore*; Hibbett, *Floating World in Japanese Fiction*; 以及 Briais, *Grandes Courtisanes du Second Empire*。

61. 有关吉原的历史,可参见 Longstreet and Longstreet, *Yoshiwara*;现代学者对于日本艺妓娱乐文化的研究可参看 Dalby, *Geisha*;有关日本娼妓史的内容,可参见 Nishiyama, *Yūjo*。

62. 很感谢 Ted Huters 和 Craig Clunas 在一次相关讨论中给我提出的问题,这些问题启发了我关于都市"注视文化"的论述。

63.《论近今男女服饰之异》,《指南报》,1897年6月17日,1-2。

64. 浪游子,《海上烟花琐记》,卷4: 6;邹弢,《海上灯市录》,1:24。

65. 浪游子,《海上烟花琐记》,卷4: 6。

66. 上海通社,《上海掌故丛书》,1:6。叶梦珠17世纪写就的关于上海生活和风俗的手稿1935年才首次出版。

67. 同上书。

68.《林黛玉衣裳出色》,《游戏报》,1897年10月11日,2。

69. 陈无我,《老上海三十年见闻录》,152。这种珠花衣服究竟是什么样子,可以参见上海市戏曲学校中国服装史研究组编,《中国历代服饰》,310。

70.《大金刚择期戴帽》,《游戏报》,1897年10月18日,2。

71.《舆服炫奇》,《游戏报》,1897年11月2日,2。

72. 徐珂,《清稗类钞》,卷12,《衣饰类》,53-54。《世界繁华报》上也介绍了这股服装潮流:"现在北里衣服,最时者腰身不过五寸半,出手一尺七寸袖口,四寸长短。虽视其人之身,然至长不过二尺七寸,以视从前又寖寖乎以短为贵矣。"《世界繁华报》,1901年12月26日,4。

73.《花样一新》,《点石斋画报》,寅集,3(1888),图23。

74.《女扮男装》,《游戏报》,1897年9月20日,2。

75.《图画日报》,no. 133, 1909年,7。Dorothy Ko 研究过缠足女性穿的鞋子,参见 *Every Step a Lotus*。

76. 《论海上妇女衣服》,《游戏报》1897年11月7日, 1。

77. 同上书。张爱玲在其1930年代写下的有关中国服饰变革的一篇文章中认为,服装越来越紧身与当时的政治变革和社会变迁有关。她将这一服装风格和意大利文艺复兴时期的服装相类比,当时的衣服非常紧,不得不在侧面开点小口子以方便行动,参见《更衣记》,载张爱玲,《张爱玲全集》, 3:70-71。

78. 梅花盦主,《申江时下胜景图说》2:5。

79. 王韬,《海陬冶游录》, 5649;上海城市指南里也列出了这些铺子,可参见商务印书馆,《上海指南》(1909): 7。

80. 王韬,《海陬冶游录》, 5649。更多细节可参见韩邦庆,《海上花列传》, 469;尽管这是本小说,但还是有很多材料支持其中的说法,上海名妓经常拖欠裁缝工钱。

81. 不少书中都记载了上海服装对全国的影响,例如 Mottle, *New China and Old*, 101;徐珂,《清稗类钞》,卷12,《衣饰类》, 53-54;还可参看中华图书集成公司的《上海游览指南》, 1919,3。

82. Secker, *Schen*, 64 (我的译文)。

83. 正规报纸的例子可以参看《服妖论》,《申报》1888年3月9日, 1。娱乐小报的例子可参看《论沪上妇女服饰之奇》,《游戏报》, 1899年1月1日, 1-2。

84. 《论沪上妇女服饰之奇》,《游戏报》, 1899年1月1日, 1。

85. 《论近今男女服饰之异》,《指南报》, 1897年6月17日, 1-2。

86. 《跑快马车之出风头》,《图画日报》, 25:7 (1909)。

87. 《论近今男女服饰之异》,《指南报》, 1897年6月17日, 1。

88. 陈伯熙,《老上海》, 101-102。

89. 卫泳,《悦容编》, 1:69, 73。

90. J. D. Clark, *Sketches in and around Shanghai*, 49.

91. Sacker, *Schen*, 21.

92. 例子可参看葛元煦,《沪游杂记》(5989), 17, 52; 黄式权,《淞南梦影录》, 98。

93. 池志澂,《沪游梦影》, 160。

94. 后来《申报》发表了很多这样的竹枝词,都是游览上海的游客写下的印象。顾炳权的《上海洋场竹枝词》收录了一部分这种竹枝词。上海1880年代的交通工具到底有哪些,可参见池志澂,《沪游梦影》, 160;1890年代的交通工具可参见梅花盦主,《沪游纪略》,载《申江时下胜景图说》, 1:3。

95. 王韬,《海陬冶游附录》, 5694。

96. 《狎妓忘亲》,《点石斋画报》,乙集, 9 (1884)。

97. 梅花盦主,《申江时下胜景图说》, 1:14。

98. 名妓的公开出行常常和某类事件联系在一起,也许是名妓的马车因为超速而被警察拿下了,也许是偶遇恩客,恩客下车把自己的马车让给名妓,参见《恩客下车》,《游戏报》, 1899年2月20日, 2。《世界繁华报》上专设了一个名为《海上看花日记》的栏目追踪报道名花的行动，点评相关新闻。可参见《陈玉收心》，《世界繁华报》，1901年12月18日，2；以及《何如玉兜圈子》，《世界繁华报》，1901年12月23日，2。

99. "校书"是对上海高级妓女的尊称。原本"校书"指的是图书编辑或校对者，这个字眼可能从校对时大声朗读的传统演化而来。因为名妓也唱歌，这可能是她们被称作"校书"的由来。参见薛理勇，《明清时期的上海娼妓》，151。

100. 《各张艳帜》，《游戏报》，1898年10月10日，2。

101. 上海娱乐业的各种丰富文献中有大量的名妓行踪的记录。可参见葛元煦，《沪游杂记》；《申江名胜图说》；梅花盦主，《申江时下胜景图说》，以及《游戏报》、《世界繁华报》等1890年代的娱乐小报。

102. 《中国难于变法》，《游戏报》1899年2月18日，1-2。

103. 小蓝田忏情侍者，《重订〈海上群芳谱〉》，1:2-3。

104. 徐珂《清稗类钞》的"舟车类"(52)收录了一则材料，详细记录这条游行路线。

105. 20世纪初期，福州路东段发展成了"文化街"，上海的主要出版商和书店都在这里。参见胡根喜，《四马路》。

106. 对1890年的福州路的详细描述可参看 J. D. Clark, *Sketches in and around Shanghai*, 49-63。

107. 葛元煦，《沪游杂记》(1989), 53。

108. 点石斋，《申江胜景图》, 2:56。

109. 有关张园的细节请参看上海通社编，《上海研究资料续集》, 569-574。

110. 张园是公共空间的一部分，可参看熊月之，《张园:晚清上海一个公共空间研究》。

111. 曾朴，《孽海花》, 10；翻译采用了 Crespigny 和 Liu 的版本，"Flower in a Sinful Sea"。

112. 对南京路和上海商业文化的研究，可参见 Cochran, *Inventing Nanjing Road*。

113. 徐珂，《清稗类钞》, 卷12, 舟车类, 52。

114. 细节请参见 Coates, *China Races*, 3-138。

115. 老上海，《胡宝玉》, 60。也可参看蒋瑞藻，《小说考证》, 169-170。

116. 晚清娱乐小报和倡优小说常常写这种事。可参见《赛马说》，《游戏报》, 1899年5月1日。《靓装照眼》，《游戏报》1899年5月4日, 2；蒋瑞藻，《小说考证》, 413。

117. 这类车祸的报道可参见《跑快车之出风头》，《图画日报》, no. 25, 7 (1910)。

118. 《论坐夜马车之盛》，《游戏报》, 1899年7月9日, 1。

119. 北京市艺术研究所、上海艺术研究所编，《中国京剧史》, 185-187。

120. 北京女子去戏院看戏的情况参见前书。1911年一位去往北京的上海游客吃惊地发现，在北京的戏院里男女是分开坐的，他还说男女参观公园的日子也不同。参见陆费达，《京津两月记》，《小说月报》2.9(1911):1。感谢 Denise Gimpel 提示我注意这篇文章。

121. 《妇女看戏竹枝词》。

122. 《申报》有不少文章写到禁演剧目，还列出了被禁演的剧目目录。可参见《第一藩司禁演淫戏告示》，《申报》, 1890年4月27日, 3；《沪地论禁女伶》，《申报》，

1890年1月7日，3。关于上海工部局发布的妓馆、戏院、酒馆禁用未成年人的规定，参见 Henriot, *Prostitution and Sexuality in Shanghai*, 275。

123. 可参见《观剧小记》，《申报》，1889年3月18日，3。

124. 《花园演剧》，《申报》，1886年11月20日，3；《花园演剧细述》，《申报》，1886年11月21日，3。

125. 可参见《西报纪女优演剧助赈事》，《申报》，1906年9月24日，17。

126. 黄式权，《淞南梦影录》，116。

127. 《散戏馆之挤轧》，《图画日报》，no. 29(1909),7。

128. 考虑到1890年一个宴席要花费12块，80块就显得相当多了。可以与《申报》记者当时的月薪作个比较，当时他们的薪水大约是10块到40块不等，参见雷夫，《申报馆之过去状况》。

129. 《请客匪易》，《游戏报》，1899年1月7日，3。

130. 有关花船的内容，参见李斗，《扬州画舫录》，240-242；曾朴，《孽海花》，58-59；邗上蒙人，《风月梦》，33-34。

131. 1860年代到1870年代间，上海的报纸报道了清政府关停老城厢和租界妓院的新规定。参见 "Chinese Theaters", *North China Herald*, Jan. 5, 1867, 2-3；以及《论禁娼新法》，《申报》，1875年12月31日，1。

132. 邹弢，《海上灯市录》，1:18b。王韬，《海陬冶游录》，5675, 5680。清代禁娼的规定可参看缪荃孙，《秦淮广纪》，序，1-2。对于清代禁娼的研究，可参见 Henriot, *Prostitution and Sexuality in Shanghai*, 271-333；薛理勇，《明清时期的上海娼妓》，152；《上海妓女史》，347, 356。

133. 参看老上海，《胡宝玉》，131-132。

134. 陆费达，《京津两月记》，《小说月报》2.9(1911):1；中原浪子，《京华艳史》，《新小说》(1908)，7。

135. 当时《申报》报道胡宝玉和十三旦绯闻的头条新闻没有点出胡宝玉的名字，但还是对这种关系表示了强烈的批评。参见十万金铃馆主，《名花失品》，《申报》，1873年2月8日，2。浪游子，《海上烟花琐记》，3:8。

136. 老上海，《胡宝玉》，128。

137. 小蓝田忏情侍者，《重订海上群芳谱》，4:11。

138. 王韬，《海陬冶游录》，5750；小蓝田忏情侍者，《重订海上群芳谱》，4:18；邹弢，《春江花史》，1:13。

139. 《泼妇抢物》，《申报》，1878年11月11日，2。

140. 官员帽子上的顶珠代表他们的品级，蓝宝石为三品，水晶石为五品。细节可参看上海市戏曲学校中国服装史研究组编，《中国历代服饰》，208。

141. 《妓院公务》，《游戏报》，1897年10月15日，1。

142. 参见 "Chinese Theaters", 3。

143. Henriot, *Prostitution and Sexuality in Shanghai*, 284-285.

144. 1876 年地税是 20568.92 两，在总数 96321.19 两中，一般地税收入是外国 27266.92 两，华人 48885.35 两。租界的综合税收是 251166.01 两。参见 Municipal Council of Shanghai, *Report for the Year Ended 31st December 1876*, 201。

145. 王韬，《海陬冶游附录》，5694。

146. 评估难度可参看 Henriot, *Prostitution and Sexuality in Shanghai*, 257-258。

147. 邹弢，《春江花史》，卷 5: 13。

148. 汪了翁，《上海六十年花界史》，35。

149. 沪上游戏主，《海上游戏图说》，1:1-14。

150. 大家都知道有些名妓给他人代笔写信。参见《可怜名姝》，《游戏报》，1899 年 4 月 17 日，2。

151. 沪上游戏主，《海上游戏图说》，1:4。

152. 林黛玉去天津的时候正是义和团起事，八国联军入侵的阶段。她躲在乡下的难民中，当土匪劫掠难民时，她献上珠宝才死里逃生。林黛玉，《被难始末记》，1065-1084。

153. 王书奴，《中国娼妓史》，288。

154. 有很多关于名妓和照相的图画和文字报道。最早的记录见于葛元煦，《沪游杂记》，57。在王韬早期写上海名妓的文章中也提到妓女中流行照相，参见王韬，《海陬冶游录》，5720。对中国早期照相的研究可参看 Thiriez, "Photography and Portraiture"。

155. 浪游子，《海上烟花琐记》，卷 3 : 11。

156. Catherine Yeh, "Creating the Urban Beauty", 419-420.

157. 《阅金小宝乔迁诗以贺之》，《游戏报》，1897 年 9 月 21 日，2。

158. Timothy J. Clark, *Painting of Modern Life*, 79-146.

159. 可参看《游戏报》1898 年 9 月 13 日的报道。

160. 《论女子照相之便》，《世界繁华报》，1905 年 3 月 8 日，2。

161. 上海摄影家协会、上海大学文学院编，《上海摄影史》，7。

162. 《耀华照像说》，《游戏报》，1898 年 10 月 4 日，2。

163. 上海摄影家协会、上海大学文学院编，《上海摄影史》，7。

164. 《东西耀华，倌人半价》，《世界繁华报》，1905 年 3 月 8 日，2。

165. 参见唐振常编，《近代上海繁华录》，253。

166. 安克强专门讨论了淫业的消亡，参见 Henriot, *Prostitution and Sexuality in Shanghai*, 44-45。

167. 刘惠吾，《上海近代史》，406-412。

168. 老上海，《胡宝玉》，122。

169. 詹垲，《花史》序言。有关詹垲及其作品的研究可参看 Ellen Widmer, "Inflecting Gender"。

【第 2 章　上海·爱：新的游戏规则】

*本章部分材料曾经发表于 Catherine Yeh, "Reinventing Ritual: Late Qing Handbooks for Proper Customer Behaviour in Shanghai Courtesan Houses", *Late Imperial China* 19, no. 2 (Dec. 1998): 1-63. 感谢《清史问题》杂志惠允我再次引用这些材料。

1. Hershatter, *Dangerous Pleasures*, 70.
2. 王韬的详细介绍，可参见 Cohen, *Between Tradition and Modernity*; Catherine Yeh, "Life-Style of Four *Wenren*", 419-470。
3. 参见 Henriot, *Prostitution and Sexuality in Shanghai*, 76-77。
4. 王韬，《海陬冶游录》, 5647-5648。
5. 同上书，5678。有部晚清小说曾写过类似的情节，扬州的一名妓女因为"不礼貌"被地痞流氓教训，其实他们是想敲她竹杠。参见邗上蒙人，《风月梦》，第八章。
6. 王韬，《海陬冶游录》, 5678。
7. 同上书，5671, 5675。
8. 毛祥骐，《墨余录》, 2887。
9. 《苦海航乐府》的手稿藏于苏州大学图书馆。这部书从未刊印过，因此除了袁进和 Alexander Des Forges 曾经在书中引用过，很多学者都未曾留意。复旦大学的袁进教授帮我找了一份手抄本，非常感谢。
10. 王韬在《海陬冶游录》中提到过这本书，该书的序言作者蒋剑人是王韬好友，王韬还曾大段引用过他的序言，参见王韬，《海陬冶游录》, 5669-5670。蒋剑人和王韬是最早旅居上海租界与外国人打交道的一批人，有关他俩的研究可参见熊月之，《西学东渐与晚清社会》, 以及 Catherine Yeh, "Life-Style of Four *Wenren*", 428-434。
11. 《申江夷场竹枝词》详细介绍了租界妓女新的分类以及她们的行为和规矩。
12. 邹弢，《海上灯市录》, 卷 2: 17-18。
13. 第 5 章会有详细讨论。
14. 王韬，《海陬冶游录》, 5689, 5696。没有证据表明这些新的分类（包括书寓在内）和等级制度是从老城厢学过来的，尽管有学者持这一观点。虽然老城厢也有高级的歌妓，但王韬只是记下了她们的名字和妓院所在，描写了她们各自的艺术特长。参见王韬《海陬冶游录》, 5671, 5675; 以及毛祥骐，《墨余录》, 2887。考察租界中的"书寓"的由来，可参看熊月之，《上海妓女史》, 第 165-173 页。王韬在《海陬冶游录余录》中也引用了苕溪醉墨生（也即苕溪墨庄主人）的竹枝词，称这些竹枝词全面地描写了租界风月场的新规矩。苕溪墨庄主人的《沪北竹枝词》1877 年 2 月 14 日发表于《申报》,《青楼竹枝词》1877 年 3 月 11 日发表于《申报》。有关租界建立前后妓女等级制度的发展，可参见熊月之，《上海妓女史》, 第 105-170 页; 以及 Henriot, *Prostitution and Sexuality in Shanghai*, 22-25。
15. 袁祖志，《沪北竹枝词》, 第 10 页。

16. 顾炳权,《上海洋场竹枝词》,第 10 页。

17. 薛理勇,《上海妓女史》,第 155 页。

18. 辰桥,《申江百咏》,卷 2:7。晚清的报纸如《申报》和后来的《游戏报》上一般都称长三为"书寓"或"校书"。

19. 袁祖志,《续〈沪北竹枝词〉》,第 12-14 页。

20. 池志澂,《沪游梦影》,157。清末时这些在书场表演的妓女明星成了上海的一个卖点。参见《世界繁华报》1902 年 2 月间的广告以及熊月之《上海妓女史》,168-171。

21. 王韬在《海陬冶游录》里提到过这些富商,可能他们住在老城厢,有时候他们会叫妓女陪他们去西园(后来名叫豫园)的戏院看戏。这个惯例叫做戏局,王韬指出官方曾多次禁止这类活动,从他的描述中可以看出戏剧很少见,参见《海陬冶游录》,5680。此外还有唱局——叫歌妓来表演,以及茶围——下午去妓院。这两种活动在二石生写宁波妓女的书里都提到过,见《十洲春雨》,4:4255。这位作者是上海有名的花界恩客。王韬在书中曾写到二石生和一位上海名妓轰轰烈烈的恋爱,参见《海陬冶游录》,5672-5673。这样说来,出局和茶围的规矩可能是从江南带过来的。

22. 自唐代起,娼妓就成了重要的文学主题,她们出现在古今各种体裁的文学作品里,包括短篇小说、诗歌、戏剧、都市指南等等都有她们的身影,可参见孟元老的《东京梦华录》。从明代初年开始有了关于妓院的各种指南书,但为数不多,也没有介绍妓院的规矩和仪式。可参见朱元亮、张梦征编,《青楼韵语》。

23. 例如《牧令书辑要》(1870?),这套书分门别类地列出了官员的职责,并从早先的文献中辑录出官员的行为规范。Pierre-Etienne Will 2003 年 7 月在海德堡谈到这类书的结构,感谢他提醒我注意这种可能性。

24. 把这些指南书和日本 18 世纪江户吉原的嫖界指南作一番比较很有意思。《吉原出世鉴》(1754)列出了吉原最高级的妓女"太夫"(只有一位,名叫花紫),以及许多次一级的"格子","评判"的部分对每位名妓都作了评价。这部书的第二部分逐个介绍了吉原的妓馆,还附上了插画和地图。另一本指南书是石川流宣写的《吉原七福神》(1713),介绍了以花紫为首的三名太夫和八名格子。这本书对这几名高级妓女作了详细的介绍,其他普通妓女的故事则较为简略。书中所附的插图主要是表现妓院内景。静轩居士的《江户繁昌记》(1832)描写了江户妓院里学者、武士和僧人的腐朽淫乱的生活,从 1832 年到 1836 年间被列为禁书。它从个人角度描述了江户和它的娼妓业。《大江户美人诺月雪花娘评判》记录了当时的一次花界选美。而最著名的嫖界指南《吉原细见》(1803)有多个版本,对各位名妓有详细的评点,对吉原生活的诸方面也都有仔细的观察。这本书还附有地图,标出了各个妓馆的位置和招牌;详尽的妓馆目录甚至还列出了妓女的名字;有的版本还附有不少表现吉原风情的插图。这些指南书都以私人的、主观的口吻写成,目的就是提供有关吉原的实用知识,它们关注的核心都是名妓个人和她们所在的妓馆。上海的指南书有所不同,它更关注整个嫖界的仪式和规矩。上海指南书与日本18世纪的"洒落本"也有所不同。所谓"洒落本",是一种描写江户时期花界生活的半虚构的文学样式,其中的故事多以妓院生活为背景,叙述者的种种评论有助于读者了解这个隐秘世界的运作机制。可参见 Schamoni, *Die "Sharebon" Santō Kyōdens und ihre literaturgeschichtliche Stellung*; 以及 Scott Miller, "Hybrid Narrative of Kyōdens *Sharebon*"。

25. 这本书的作者署名不统一。序言中作者署名是"指引迷途生",正文开始时又署名为"浪游子"。

26. 花雨小筑主人,《海上青楼图记》,卷1:1-2(1892)。

27. 王韬,《海陬冶游附录》,5695;蘧园(欧阳钜源)《负曝闲谈》,17:3b。

28. 贺萧也对这些规矩有所讨论,但她没有把上海妓女的等级制和服务当作与租界环境互动的产物来研究。参见 *Dangerous Pleasures*, 88-99。

29. 邹弢,《海上灯市录》,卷2:17。

30. 孟元老,《东京梦华录》,第5页;王书奴,《中国娼妓史》,第75-76页。

31. 韩邦庆,《海上花列传》,第38-45页。

32. 有关妓院的多层经济机构,参见 Henriot, *Prostitution and Sexuality in Shanghai*, 248-269。

33. 参见 Dalby, *Geisha*, 173-175。

34. 有很多对妓客恋爱关系的记录和研究,例如,可参见张春帆(漱六山房),《海上青楼沿革记》,以及 Hershatter, *Dangerous Pleasures*, 503-516。

35. 尽管晚清的嫖界指南没有什么特别的建议,但后来1920年代的指南书中提出,客人没有这种义务。参见王后哲,《上海宝鉴》,第3页。

36. "转局"这个词出现在姚燮的笔下,但姚指的是妓女跟着客人去好几个饭局。

37. Hershatter, *Dangerous Pleasures*, chapter 2; Catherine Yeh, "Urban Love Goes Private"。

38. 关于上海名妓生活与生意中《红楼梦》的核心位置,请参见第5章。

39. 1890年代末,名妓会在《游戏报》等娱乐小报的第一版刊登广告,公布她们自立门户的消息。

40. 有关晚清上海妓院的财务安排,请参见 Henriot, *Prostitution and Sexuality in Shanghai*, chapter 10; 以及 Hershatter, *Dangerous Pleasures*, 73-76。

41. Henriot, *Prostitution and Sexuality in Shanghai*, 233-234。

42. Wolfe 的 *Daily Life of a Chinese Courtesan* 详细地记录了现代妓院,包括简单的小妓馆中鸨母和妓女的复杂关系。

43. 有关细节请参见孙玉声(海上觉悟生),《妓女的生活》,第18-19页。

44. 《论沪妓积习太甚》,《游戏报》,1899年7月20日,1;《论近今男女服饰之异》,《指南报》,1897年6月17日,1-2;《论坐夜马车之盛》,《游戏报》,1899年7月9日,1;《论沪滨书寓应酬当以陆兰芬为第一》,《游戏报》,1897年9月18日,1。

45. 这种广告里,妓女自己花钱买自由称作"自赎身",这类广告一般放在《调头告白》这一栏目标题之下,例如,可参见《游戏报》1898年10月10日,1。

46. 王韬,《海陬冶游录》,5633-5684。

47. 黄式权认为西班牙妓女最漂亮，参见《淞南梦影录》，第124页。

48. 《申江名胜图说》，1:16。

49. 小蓝田忏情侍者（田春杭），《海上群芳谱》，4:52-53。

50. 《申江名胜图说》，1:16。

51. 邹弢，《海上灯市录》，2:29-30；梁溪池莲居士，《沪江艳谱》，第22页。上海各种货币都通行，兑换汇率也不稳定。相关参考内容，参见 Eduard Kann, *The Currencies of China*. Shanghai: Kelly and Walsh, 1926。

52. 梁溪池莲居士，《沪江艳谱》，第39页。

53. 黄式权，《淞南梦影录》，第128页。

54. 《申江名胜图说》，1：17-18。

55. 小蓝田忏情侍者（田春杭），《海上群芳谱》，4:20-22。

56. 邹弢，《海上灯市录》，2:30。

57. 同上书。

58. 黄式权描写了一位喜欢向中国文人学习唐诗的日本妓女三三(或姗姗)，参见《淞南梦影录》，第128页。

59. 小蓝田忏情侍者（田春杭），《海上群芳谱》，4:21。根据 Eileen Scully 的研究，上海租界早期的西方妓女主要是美国人，她们被称作"美国女孩"，生意很好，参见 "Taking the Low Road" 和 "Wandering Whores"。

60. 小蓝田忏情侍者（田春杭），《海上群芳谱》，4:21-22。

61. 同上书，21-24。

62. 曹雪芹，《红楼梦》，第12章。

63. 近期有关这些小说的研究，参见 David Der-wei Wang, *Fin-de-Siecle Splendor*, 53-116; Keith McMahon, "Fleecing the Male Customer"；以及 Des Forges, *Street Talk and Alley Stories*, 116-193。

64. 例如，可参见《冶游当知择地说》，《申报》1879年3月21日，1。

65. 参见薛理勇，《上海妓女史》，第155页。

66. 本研究参考的对妓业有所介绍的上海城市指南书包括：葛元煦，《沪游杂记》；商务印书馆，《上海指南》(1909, 1912, 1922)；黄人镜，《沪人宝鉴》；中华图书集成公司，《上海游览指南》，王后哲，《上海宝鉴》；沈伯经、陈怀圃编，《上海市指南》，以及《大上海指南》(1933,1947)。

67. 《图画日报》1909年7月1日创办于上海，发行了一年多，这是面向广大读者的最早的画报。这家报纸重视社会新闻，连载了许多描写上海各个生活侧面的文章。我们引用的连载文章《上海曲院之现象》每天都见报，1910年共连载了75期。这些连载文章也包括描写上海妓女的《上海社会之现象》。尽管上海妓女和妓院经常被当作画报描写的对象，但唯有《图画日报》的连载文章系统、细致地描写了妓业的各种规制。由于该报纸同时也注重报道的历史性，它为我们了解20世纪初期这些仪式的变化和发展提供了一个很好的视角。

68. 有关日本艺妓艺术和训练的历史及其现代发展，参见 Dalby, *Geisha*, 97-117。

69. 薛理勇，《上海妓女史》，第 339-344 页。

70. 参见《海上名花尺牍》，第 5 页。

71. 林黛玉，《上海林黛玉眉史东杭州绿琴女史》，载沪上游戏主，《海上游戏图说》。

72. 参见汪了翁，《上海六十年花界史》，《传略》章，第 51 页；陈无我，《老上海三十年见闻录》，第 149 页；陈伯熙，《上海轶事大观》，第 416 页，以及 Hershatter, *Dangerous Pleasures*, 145-152。

73. 《汪珊宝寄周月卿书》。

74. 《陈玉卿复李佩兰》，第 8-9 页。

75. 《朱文卿寄何笠夫》。

76. 《李巧仙复孙少江》。

77. 《寄吴春意》。

78. 《与周文香》。

79. 《上海朱墨卿寄姑苏马笑拈书》。

80. 《上海陆小红寄钱韵生书》。

81. 对名妓通信这一主题的讨论详见第 5 章。

82. 葛元煦，《沪游杂记》，第 7。

83. 有关怡庙的内容，参见黄式权，《淞南梦影录》，第 141 页。

84. "宣卷"中的"卷"可能指的是"宝卷"。有关这些文献的介绍，参见 Daniel L. Overmyer, *Precious Volumes: An Introduction to Chinese Sectarian Scriptures from the Sixteenth and Seventeenth Centuries* (Cambridge: Harvard University Press, 1999)。

85. 《申江夷场竹枝词》，第 2 页。

86. 后来华亭闻野鹤在其《概论》中对这一趋势有所总结。

87. 参见 Henriot, *Prostitution and Sexuality in Shanghai*, 22-25。

88. 同上书，第 9 章、第 10 章。

89. 梅花盦主，《西俗杂记》，见《申江时下胜景图说》，2：附录 1b。

90. Natascha Vittinghoff 在其 *Freier Fluss* 的第三章中证明了记者作为一个新兴的阶层是受职业而非地域限制的。

91. 卢汉超在其"Away from Nanking Road"一文中称，尽管像南京路那样漂亮的商业街可能在历史的想象中具有迷人的异国风情，但上海里弄的生活却没有什么洋派、迷人的。当然，移民原有的生活方式也会被带到上海来并持续发挥着影响，但这篇文章忽略了城市对居住其间的人们的行为方式所产生的影响。例如，当租界建立的时候，他们采用了西式钟表、钟楼，以及七天为一周的日历，这和中国其他地方的计时结构完全不同。这种新的时间安排本身就对上海生活各个方面都有影响。有关 19 世纪巴黎各省移民的地方时间表如何最终融合的过程，参见 Csergo, "Extension et mutation de loisir

citadin",127。

92. 有关明代的青楼指南,请参见朱元亮、张梦征编,《青楼韵语》,以及李云翔,《金陵百媚》。

93. 清代绝大多数有关妓女和妓业的笔记都是模仿余怀的《板桥杂记》。这类书包括捧花生的《秦淮画舫录》、西溪山人《吴门画舫录》、许豫《白门新柳记》、芬利它行者的《竹西花事小录》、余蛟的《潮嘉风月记》以及蜀西樵也,《燕台花事录》。

【第3章 海上游戏场:重演《红楼梦》】

1. 抱玉生编,《花间楹帖》,第1、2章。
2. 王韬,《海陬冶游附录》,5709-5785。有关胡宝玉的内容出处同上书,5750。
3. 王韬,《海陬冶游录余录》,5787-5810。
4. 小蓝田忏情侍者(田春杭),《海上群芳谱》,1:1-4(目录)。
5. 花雨小筑主人,《海上青楼图记》,第1-5页。
6. 王韬,《海陬冶游录》。
7. 有关19世纪的北京,参见蜀西樵也的《燕台花事录》。广东的情况参见余蛟的《潮嘉风月记》和支机生的《珠江名花小传》。南京的介绍见缪荃孙的《秦淮广纪》。苏州参见西溪山人的《吴门画舫录》以及个中生手的《吴门画舫续录》。扬州的介绍参见芬利它行者的《竹西花事小录》。宁波参见二石生,《十洲春雨》。
8. 西山松之助,《游女》,第164-165页。
9. 王韬,《海陬冶游附录》,第5758页。
10. 邹弢,《海上灯市录》,2:28。
11. 有关《红楼梦》续作的研究可参看 Widmer, "Honglou Meng Ying" 以及 "Honglou Meng Sequels";有关租界的出版市场,参见 Wagner, "Ernest Major's Shenbaoguan";有关太平天国起义之后上海印刷市场的发展,请参见 Wagner, "Making of Shanghai"。
12. 邹弢,《海上尘天影》,第432-455页。
13. 参见清水贤一郎(Shimizu Kenichith)对于1920年代中国中学生阅读兴趣的研究,"What Books Young People Loved Best"。
14. 有关《红楼梦》在女性中如何受欢迎的内容,参见 Giles, *Chinese Sketches*, 14;以及 Widmer, "Honglou Meng Sequels"。
15. 竹枝词证明了上海的名气和名妓对游人的吸引力。例如,可参看1889年出版的刘梦音的《江沪杂咏》。他在为这种专写上海的诗歌写的序言中称"我去上海看我的叔父,逗留了三个月。上海堪称天下最繁华迷人的地方"(455-456)。
16. 参见 McMahon, "Fleecing the Male Customer"。
17. 参见苕溪墨庄主人,《湖北竹枝词》。
18. 同上书。

19. 有关胡宝玉女扮男装去汉口的故事，参见汪了翁，《上海六十年花界史》，第35页。

20. 秦绿枝，《会乐里》，《新民晚报》，1996年3月3日。

21. 王韬，《海陬冶游附录》，5758-5759.

22. 同上书，5753-5758；《本馆重开花榜启》，《游戏报》，1898年7月16日，1；《金词史忽投自荐书》，《游戏报》，1897年11月6日，2；以及黄式权，《淞南梦录》，第138页。有关花榜的内容，参见陈无我，《老上海三十年见闻录》，第139-229页。

23. 陈定山，《春申旧闻续集》，第105页。

24. 王韬，《海陬冶游附录》，5720。有关黄月山、李巧玲以及大观园戏园的报道，参见《泼妇抢物》，《申报》，1878年11月11日，2。

25. 黄式权，《淞南梦影录》，第133-134页。

26. 《李巧仙复孙少江》。

27. 邹弢，《海上尘天影》，第439-442页。

28. 邗上蒙人，《风月梦》，第32页。

29. 有关红楼梦的戏曲和小说，参见阿英，《红楼梦书录》，第320-403页。

30. 《论近今男女服饰之异》，《指南报》，1897年6月17日，1-2；《妇女竞穿马甲耀眼》，《图画日报》，no. 93(1909),7。这两篇文章都指出是妓女掀起了着戏装的潮流。也可参见《花影集选》。

31. 《妇女冬令亦穿靴子之矫健》，《图画日报》no. 133(1909), 7。这一时尚潮流是模仿早前妓女的风格。晚清妓女穿男靴的样子可参见《花影集选》。

32. 有关上海妓女公共场合着男装的报道，参见《愿效雄飞》，以及《女扮男装》，《游戏报》，1897年9月20日，2。妓女着男装的样子可见于《花影集选》，也可参见 Catherine Yeh, "A Taste of the Exotic West"。

33. 黄式权，《淞南梦影录》，第105页。

34. 1578年7月14日，威尼斯通过了一项禁止妓女穿男装的法令。据称当时威尼斯最红的妓女中特别流行穿男装。参见 Poli, "La Cortigiane e la Moda", 100。

35. 李伯元，《本馆迁居四马路说》，《游戏报》，1897年10月2日，1。

36. 文学和绘画作品经常以妓女香闺为描写对象。例如，可参见《镜影箫声初集》，第3, 7, 27, 34, 47页；吴友如，《海上百艳图》，卷3a：4, 8, 14, 15以及3b：14, 17, 20, 22；吴友如，《风俗志图说》，10b：9；以及花雨小筑主人，《海上青楼图记》，3:2。

37. 《林黛玉重帘语鹦鹉》，《游戏报》，1899年6月23日，2。

38. 影楼拍摄的照片一定程度上是由可选择的道具决定的。但从照片中来看，几乎没有重复的布景，大概名妓对道具的选择也有一定的发言权。

39. 曹雪芹，《红楼梦》，第12章。毫无疑问，没有妓女用王熙凤作为花名。

40. 同上书，第572-573页。

41. 有关妓院里的镜子的描写和插图，参见浪游子，《海上烟花琐记》，卷4：7；

花雨小筑主人,《海上青楼图记》,3:21,5:8;《镜影箫声初集》,第 27 页;梅花盦主,《申江时下胜景图说》,2:12。

42. 小蓝田忏情侍者,《海上群芳谱》,4:19。

43. 对于《红楼梦》插图的研究,参见阿英,《红楼梦版画集》。

44. 对这些插图的研究,参见 Catherine Yeh, "Creating the Urban Beauty"。

45. 参见抱玉生编,《花间楹帖》,以及邗上蒙人,《风月梦》,第 77-85 页。

46. 邗上蒙人,《风月梦》,第 49 页。

47. 有关细节可参看《照录来稿》,《游戏报》,1903 年 2 月 10 日,2;以及黄式权,《淞南梦影录》,第 146 页。有关这些选集可参见《海上名花尺牍》,第 2-3 页,以及《李萍香出诗集》,《世界繁华报》,1901 年 5 月 5 日,1。

48. 黄式权,《淞南梦影录》,第 146 页。

49. 同上书,第 146-147 页。

50. 黄式权,《淞南梦影录》,第 108 页。

51. 梁谿半痴生,《沪上评花续录》,第 5 页。

52. 冬郎是一位著名的唐朝诗人(韩偓——译注),他以描写名妓与情人命中注定的离别而闻名。

53. 沪上游戏主,《海上游戏图说》,1:2b。

54. 楼霞、澹如编,《海上花影录》,二集,"琴寓"条目之后。

55. 竹枝词作者通常都署笔名,而笔名常常与"贾宝玉"谐音。例如,1870 年 3 月 31 日的《上海新报》上有一首很长的竹枝词比较了上海和《红楼梦》中的景色,作者署名为宝玉。

56. 邹弢,《马齿录》,第 1 页。

57. 黄式权,《淞南梦影录》,第 133-134 页。

58. 邹弢,《马齿录》,第 1 页。

59. 这里提到的"谢女"不清楚是谁,但可能是像谢道韫这样的谢家沦落风尘的受过教育的女子。引自徐渭,载于诸桥辙次,《大和汉辞典》(东京:大修馆,1955-1960),13 卷,35827,172。

60. 詹垲,《苏韵兰、谢三宝合传》。

61. 黄式权,《淞南梦影录》,第 133-134 页。

62. 邹弢,《马齿录》,第 3 页。

63. 云水散人,《谢添香小传》。

64. 有关文化资本的概念,可参 Bourdieu, *Field of Cultural Production*, 29-144。

65. 许多晚清的狭邪小说都有类似的场景。例如,邹弢的《海上尘天影》中也模仿《红楼梦》写起诗歌来(407),也玩起了《红楼梦》中的纸牌游戏(547)。还有以《红楼梦》为主题的火花(430)。

66. 邹弢,《海上尘天影》,第 433-440 页。

67. 参见《"红楼"叶戏谱》，5641；邹弢，《海上尘天影》，第548-562页；王韬，《海陬冶游附录》，5753, 5756。

68. 王树村编，《民间珍品图说〈红楼梦〉》，第102-103页。

69. 同上书。

70. 《"红楼梦"觥史》，16b。

71. 参见《痴说四种》。

72. 关于来到上海"如入梦境"的说法，参见《申江胜景图说》的序。上海好比世界游戏场的说法则可参见沪上游戏主的《海上游戏图说》的序（无署名）。

73. Walter Benjamin, "Paris, Capital of the Nineteenth Century", 146-147.

74. 邹弢，《海上尘天影》，第707页。对于晚清小说中氢气球及其他科学发明的早期图像的研究，参见王德威，《重读〈荡寇志〉》，第430-434页。

75. 葛元煦，《沪游杂记》；点石斋，《申江胜景图》；梅花盦主，《申江时下胜景图说》。

76. 例如黄式权《淞南梦影录》，池志澂（海天烟瘴曼恨生）《沪游梦影》，以及孙玉声《海上繁华梦》等等。

77. 邹弢，《海上尘天影》，第361-401页。

78. 同上书，第340页。

79. 参见 Widmer, "Honglou Meng Sequels"。

80. 俞达（慕真山人），《青楼梦》，第263页。

81. 王树村编，《民间珍品图说〈红楼梦〉》，第36-37, 40-41页。

82. 韩邦庆，《例言》，《海上花列传》，第3页。

83. 吴趼人，《新石头记》。这部小说先是1905年在《南方报》上连载，后来1908年出了单行本。有关吴趼人和这本小说的研究，参见 David Derwei Wang, *Fin-de-Siecle Splendor*, 271-274。

84. 参见 Wagner, "Life as a Quote", 463-476, 以及 "Die Biographie als Lebensprogramm", 133-142。

85. 有关《点石斋画报》的社会史资料价值，可参看王尔民《点石斋画报所展现之近代历史脉络》和《中国近代知识普及化传播之图说形式——以点石斋画报为例》；李孝悌，《近代上海城市文化中的传统与现代，1880-1930》；以及陈平原、夏晓虹，《点石斋图像晚清》。

【第4章 形象打造者：洋场才子和上海的娱乐出版业】

*本章中使用的部分材料以前曾以 Cathy Yeh, "The Life-Style of Four *Wenren* in Late Qing Shanghai", 发表于 *Harvard Journal of Asiatic Studies* 57, no.2（Dec. 1997），419-470。在此感谢《哈佛亚洲研究杂志》(*Harvard Journal of Asiatic Studies*) 惠允我重新使用这些资料。

1. 外国纳税人会议及工部局制定了公共租界的规章，而法租界则由法国租界工部局管理。

2. Wagner, "Role of the Foreign Community".

3. 熊月之，《西学东渐与晚清社会》，第350-391页。

4. 一位去北京的上海人吃惊地发现，北京没有"准时"的观念，参见陆费达，《京津两月记》。

5. 珠泉居士，《续〈板桥杂记〉》，4919；Levy, "Feast of Mist and Flowers", 9-18。

6. 关于追怀晚明名妓的研究，可参见Wei-Yee Li, "The Late Ming Courtesan"；叶凯蒂，《文化记忆的负担——晚清上海文人对晚明理想的建构》。

7. 余怀的书印行于1654年，已是明朝陷落之后。有关的研究和翻译作品可参见Levy, "Feast of Mist and Flowers"; Catherine Yeh, "Creating a Shanghai Identity", 106-110; Ropp, "Ambiguous Images of Courtesan Culture", 27-28；以及Wei-Yee Li, "Late Ming Courtesan", 47-73。

8. 有关扬州的内容，可参见捧花生的《秦淮画舫录》和芬利它行者，《竹西花事小录》。有关太平战后南京的情况，参见许豫，《白门新柳记》。潮州的相关情况可参见余蛟，《潮嘉风月记》。

9. 叶凯蒂，《文化记忆的负担——晚清上海文人对晚明理想的建构》。

10. 旅游者数量很少，但各种指南书都宣称1880年代上海与国内外频繁的交通往来足以证明其吸引力。例如，葛元煦1873年写道，上海"驾粤东、汉口诸名镇而上之。来游之人，中朝则十有八省，外洋则二十有四国"（《沪游杂记》，第7页）。葛元煦还给出了上海发往各地的汽船的时刻表，去天津和烟台的汽船一周两班，去牛庄一月一班，去广东、香港、福州和厦门至少一周两班，外国轮船公司的船发得还要勤；去宁波的船则是除了周日每天都有；每周三有船去大阪、长崎和神户；去往汉口和长江沿岸各城的船也是每天都发。从目的地来看，游客应该大多都是商务人士。而轮船公司保持通航的长江内陆城市包括镇江、南京、芜湖、大通、安庆、九江、武穴，最后到达汉口，从这点来看，可能这条航线也会给上海带来大量的游客。葛元煦分别列出了英国、中国、法国轮船公司的运行时刻表（第76-77页）。根据袁祖志1888年重修的《沪游杂记》记载，各轮船公司的通航点又增加了不少。现在包括了通州、江阴、仪征、安庆、黄石岗、黄州、梧州、厦门和汕头，轮船的数量也增加了。参见袁祖志，《重修沪游杂记》，4：7-10。上海的第一条铁路自1898年开始兴建，与北部的交通变得更为便捷。到了20世纪初，根据商务印书馆1909年的指南书记载，来上海的游客数量大约每天有一两万人之多，该书开列的各种交通工具的名单相当长（6:1-14）。至于外国游客，C. E. Darwent神父1903年在指南书中写道："早就有必要编一本上海指南了。自1900年的义和团事件之后，新搬来的人们和刚到上海的游客大量增加，他们有各种需求。从香港直接前往日本的日子已经一去不复返了，而且最近暂停运行的西伯利亚铁路越来越受欢迎，因此很多人可能在规划他们欧洲的路线时会选择上海作为远东的出发地。"（*Shanghai*, 1）。通过西伯利亚铁路、日本邮船会社（自1909年开始跑横滨到上海一线），以及欧洲到远东的各种远洋班轮，来到上海的游客肯定大幅增加了。其他有关上海旅游的日记和笔记也记录了游人到上海的各种活动。关于上海的移民，可参见邹依仁，《旧上海人口变迁的研究》。

11. 黄式权，《淞南梦影录》，第126页。

12. 安克强（Henriot）在他的"Chinese Courtesans"，(36-49) 以及 *Prostitution and Sexuality in Shanghai*（21-82）中详细探讨了王韬对上海妓女的大量描写，也可参见 Catherine Yeh, "Life-style of Four Wenren," 428-434。

13. Cohen, *Between Tradition and Modernity*, 22-23；忻平，《王韬评传》，第30页。

14. McAleavy, Wang Tao, 5.

15. 同上书。

16. 李善兰(1810-1882)是一位著名的数学家，他与墨海书馆（London Missionary Society Press）的教士们通力合作，翻译了大量介绍西方科学的著作。当时王韬的朋友还有翻译西方医学著作的管嗣复（?-1860）。参见熊月之，《西学东渐与晚清社会》，266-270。

17. 于醒民，《上海，1862年》，第409, 416-419页。

18. 王韬，《瀛壖杂志》，第3页。

19. 王韬，《海陬冶游录》，5637-5640。有关王韬的生平，参见《王韬事迹考略》，上海通社，《上海研究资料》，679-689页。

20. 有关早期老城厢妓女生活以及后来租界的妓女生活，参见 Henriot, "Chinese Courtesans"。

21. 详细分析可参见 Catherine Yeh, "Creating a Shanghai Identity"。

22. 王韬，《海陬冶游录》，5633-5684，《海陬冶游附录》，5685-5785，《海陬冶游余录》，5787-5810。

23. 王韬，《海陬冶游录》，5639。

24. 有关王韬及其描写老城厢妓女的作品的研究，参见 Henriot, *Prostitution and Sexuality in Shanghai*, 21-61.

25. 王韬，《附廖宝儿小记》，5667。

26. 参见王韬，《瀛壖杂志》，第97页。

27. 王韬，《眉绣二校书合传》，第15页。

28. 同上书，第16页。

29. 同上书。

30. 有关邹弢生平、作品的文献资料很少。我找到的大多数他的作品都来自于吴晓铃教授的私人收藏，他慷慨地允许我使用这些资料。在上海图书馆可以找到邹弢自费出版的自传《马齿录》的藏本，这本书为我们提供了新的信息。同一时代的人对他的记述可参见王韬为他的《海上尘天影》作的《海上尘天影序》。邹弢小传可见于谈汻人编，《无锡县志》，5036-5037。

31.《上海品艳百花图》是一系列有关上海名妓和娱乐的丛书中的译本,参见上海通社,《上海研究资料》,第583页。这本书对娼女的等级分类以及姓名排序都与邹弢的另一作品《吴门百艳图》保持一致。尽管在这本书1880年版中作者署名是花下解人和司香旧尉(这已被证明是邹弢的笔名),但在序言中邹弢用自己著名的笔名"三借庐"来称呼这本书的作者,并介绍说他是一名来自苏州的才子,根据自身经验写作了本书。根据陈汝衡的介绍,俞达才是《吴门百艳图》和《青楼梦》真正的作者,参见陈汝衡,《学苑珍闻》,第89页。我没有找到《上海研究资料》第591页上列出的《游沪笔记》这本书。邹弢写妓女的作品大多用的是笔名,诸如梁溪潇湘馆侍者、瘦鹤、瘦鹤此人、花下解人、司香旧尉和三借庐主人。邹弢曾为梁溪池莲居士的《沪上评花录》和《沪江艳谱》作序。此外,他的作品还包括《三借庐笔谈》和《(绘图)浇愁记》以及小说《海上尘天影》。他也写政论文章,例如《万国近政考略》以及《洋务罪言》;参见《马齿录》,第3页以及《海上尘天影》,第3页。

32.《春江花史》,第1页。

33. 有关《益闻录》(1879-1899)的历史,请参见马光仁,《上海新闻史》,第54-55页。

34. 谈泸人编,《无锡县志》,第1037页。

35. 要考证阿英的说法很难,因为所有为《瀛寰琐记》写稿的作者都用的是笔名。有关阿英的说法,参见他的《晚清文艺报刊述略》,第7页;有关《瀛寰琐记》的研究,参见 Wagner, "Ernest Major", 34-37。

36. 黄式权和《益闻录》的关系可参见马光仁,《上海新闻史》,第56页。有关黄式权的研究,参见 Janku, *Nur leere Reden*, 33-43。

37. 邹弢,《读书之难》,载《三借庐笔谈》11:2(6031)。

38. 邹弢,《马齿录》,第1页。

39. 王韬,《海上尘天影序》,第1-3页。其他朋友的独立描述,可参见詹垲,《苏韵兰、谢三宝合传》。

40. 王韬,《海陬冶游录余录》,5807-5808。

41. 黄式权,《淞南梦影录》,第136页。

42. 同上书,第126, 133-134, 136, 147页。

43. 我没能找到这本《章台祭酒前事》。

44. 邹弢,《春江花史》1:3-4。很多材料中都记录了邹弢写给上海名妓的诗。例如,《海上繁华图》记载了他写给名妓李三三的诗(李三三:2),他的《三借庐笔记》几乎整本都是诗集。

45. 邹弢,《春江花史》,第14-15页。

46. 民国早期,邹弢在文学领域仍很活跃,他的《瘦鹤笔记》出版于1918年,又在《小说月报》上以庋天楼为名发表了《庋天楼胜谈》,参见陈玉堂编,《中国近现代人物名号大辞典》,第394页。

47. 有关竹枝词的总体介绍,可参见雷梦水等编,《中华竹枝词》,第1-5页。

48. 杨静亭，《〈杂咏〉序》。

49. 关于上海认同以及竹枝词的研究，可参见 Mittler, *A Newspaper for China*, 322-330。

50. 《申报》从第二期（1872年4月30日）开始刊载诗歌，这一传统一直延续到1890年3月21日才由于版面紧张不得不取消。关于《申报》在推动文学方面的作用，可参见 Wagner, "China's First Literary Journals"，以及陈平原、夏晓虹，《上海近代文学史》，第118-120页。

51. 例如，"Ten Views of the Foreign Settlements of Shanghai", *The Shanghai Evening Courier*, August 31, 5874。

52. 从1870年代起，"洋场"就被广泛用于称呼上海的租界。例如，可参见葛元煦，《沪游杂记》，第7页。顾炳权的《上海洋场竹枝词》收集了近千首这类竹枝词。

53. 云间逸士，《洋场竹枝词》。

54. 《沪上青楼竹枝词》，第431-432页。

55. 黄式权，《淞南梦影录》，第131页。

56. 有关这个问题有两种不同的说法。薛理勇认为袁祖志在小刀会起义之后仍然住在租界里，参见《上海妓女史》，第139-140页。不过，根据徐恭时的说法，袁祖志1881年在福州路建房之前都住在老城厢，参见徐恭时，《序》，第5页。

57. 袁祖志晚年时期，约1893-1896年间，在上海另一家报纸美国人福开森（Calvin Ferguson, 1866-1945）主办的《新闻报》担任编辑。那时候年逾七旬的袁祖志忙于编纂自己的文集《随园全集》，因此在他的社论中多有谬误，弄得报社常常要撤稿。后来上海最著名的记者、小说家孙玉声回忆说，他经常得重写袁祖志的稿子，参见孙玉声，《苍山旧主轶事》。

58. 邹弢，《三借庐笔谈》，1:10。按孙玉声的说法，这个名字源于屋前漂亮的柳树。参见《退醒庐笔记》，第30-31页。

59. 陈无我，《杨柳楼台》。

60. 陈无我，《老上海三十年见闻录》，第162页。

61. 袁祖志绝大多数的竹枝词和楹联都收入了1888年出版的《重修沪游杂记》。

62. 同一时期也有一位名叫三三或姗姗的日本艺妓住在上海，袁祖志也为她写了诗词。参见黄式权，《淞南梦影录》，第128页。

63. 邹弢，《春江花史》，第6页。

64. 小蓝田忏情侍者（田春杭），《海上群芳谱》，1:6-9。

65. 黄式权，《淞南梦影录》，第128页；小蓝田忏情侍者（田春杭），《重订海上群芳谱》，5:7；邹弢，《春江花史》，1:6。

66. 梁溪池莲居士，《沪江艳谱》附录，1；薛理勇，《上海妓女史》，第139页。根据汪了翁的记载，一个没读过什么书的来自商人家庭的年轻人十分迷恋李三三，为了跟她共度第一个良宵不惜花费重金。她后来还教过他文学。这位年轻的情人后来被另一

第4章注释

个嫉妒的商人之子用手枪打死了，此后李三三开始绝食，最终悬梁自尽。参见汪了翁，《上海六十年花界史》，第 35-39 页。

67. 袁祖志，无题《竹枝词》，载小蓝田忏情侍者，《重订海上群芳谱》，5:7-8。
68. 黄式权，《淞南梦影录》，第 126 页。
69. 陈无我，《老上海三十年见闻录》，第 204-206 页。
70. 袁祖志，《上海感事诗》；袁祖志在这里第一次署上了自己的字号。
71. 有关乐府的研究，可参见 Kiyohide Masuda, *Gakitfu no rekishiteki kenkyû*。
72. 顾炳权，《上海洋场竹枝词》，第 461 页。
73. 参见 Catherine Yeh, "Creating the Urban Beauty"。
74. Wagner, "Role of the Foreign Community"; Kim, "New Wine in Old Bottles"。
75. 了解中国画报发展简史，可参见阿英，《中国画报发展之经过》。关于点石斋画报以及吴友如对中国画报发展的巨大影响，参见余月亭，《我国画报的始祖——点石斋画报的初探》；瓦格纳，《进入全球想象图景：上海的点石斋画报》。关于《点石斋画报》反映的社会生活，可参见 Ye Xiaoqing, *Dianshizhai Pictorial*。
76. 瓦格纳，《进入全球想象图景：上海的点石斋画报》。
77. 例如，《申报》详细报道了名妓胡宝玉和李巧玲如何在人前争斗，参见《泼妇抢物》，《申报》，1878 年 12 月 4 日，2。有关妓女的报道内容广泛，既有热情的赞美诗词、感伤的身世故事、对其不幸命运充满同情的报道，也有表现她们傲慢、冷漠和背信弃义的报道。
78. 《游戏报》发行于 1897-1910 年间，《世界繁华报》则发行于 1901-1910 年。有关李伯元和小报的研究可参见阿英，《晚清文艺报刊述略》，第 55-61 页；魏绍昌编，《李伯元研究资料》，第 450-459 页；祝均宙，《上海小报的历史沿革》。
79. 程蕙英的《凤双飞》写于 18 世纪末 19 世纪初，李伯元将这部一直未刊刻的手稿以附送单页的形式连载在《游戏报》上，参见李伯元，《本报附送〈凤双飞〉唱本缘起》。
80. 这类小说还包括 1903 年刻印的《官场现形记》，以及 1905 年付梓印刷的《庚子国变弹词》。李伯元也刊印他同事的小说，例如 1906 年印行的吴趼人的《糊涂世界》。
81. 《指南报》创办于 1896 年 6 月 6 日，一直发行到 1897 年秋季。有关细节可参见祝均宙，《上海小报的历史沿革》，42（1988）：163-167，以及《李伯元与指南报》。
82. 李伯元，《创刊词》，《指南报》，1896 年 6 月 6 日，1。
83. 李伯元，《论游戏报之本意》，《游戏报》，1897 年 4 月 25 日，1。
84. 李伯元，《记本报开创以来情形》，《游戏报》，1898 年 1 月 16 日。有些文章报道了李伯元和西方、日本友人交游往来的情况，例如《论沪滨书寓应酬当以陆兰芬为第一》，《游戏报》，1897 年 9 月 18 日，1；以及《勉知守旧》，《游戏报》，1899 年 6 月 22 日，2。
85. 例如，可参见《正名》，《游戏报》，1898 年 9 月 21 日，3；以及《更正芳名》，《游戏报》，1898 年 10 月 11 日，3。前者是更正一位已幸福出嫁的名妓的信息；后者是对写错的名妓名字加以更正。

86. 有关李伯元住址的信息来自于李锡奇,《南亭回忆录》,1.59。但是,张乙庐和魏绍昌认为李伯元的办公室在大马路,参见魏绍昌,《李伯元研究资料》,第 15 页。

87. 李锡奇,《南亭回忆录》,第 64 页;澄碧,《小说家李伯元》,第 41 页。

88. 澄碧,《小说家李伯元》,第 41 页。

89. 李伯元曾登广告征召记者加入设在城里的英文部,参见李伯元,《招寻访事人》。

90. 有关艺文社及其报纸的内容参见《游戏报》11 月 10、11 日,1;亦可参见张乙庐,《李伯元逸事》,第 14-15 页。

91. 1903-1906 年间李伯元也担任商务印书馆主办的文学杂志《绣像小说》的编辑,并在上面连载了自己的政治小说。

92. 李伯元,《游戏主人告白》,《游戏报》,1899 年 3 月 19 日,1。

93. 郑逸梅,《南亭亭长》。

94. 魏绍昌,《李伯元研究资料》,第 7-8 页。

95. 同上书,第 490-491 页。

96. 同上书,第 91 页。

97. 魏绍昌第一个对李伯元是否为《海天鸿雪记》的作者提出了质疑。最近对这个问题的研究,可参见祝均宙,《李伯元重要逸文——证实〈海天鸿雪记〉非李之作》。

98. 参见魏绍昌,《李伯元研究资料》,第 491-492 页。

99. 参见李伯元,《本馆迁居四马路说》,《游戏报》,1897 年 10 月 2 日,1;以及《布告访友》,《游戏报》,1897 年 10 月 31 日。

100. 庞树柏(独笑),《红脂识小录》,第 522 页。李萍香回到上海之后也有一些诗词发表,可参见《世界繁华报》,1906 年 9 月 5 日。

101. 《本馆特开花丛经济科告白》,《世界繁华报》,1901 年 6 月 30 日,1。花榜评选结果于三个月后刊出,参见《特开花丛经济特科榜》,《世界繁华报》,1901 年 9 月 27 日,2。

102. 参见魏绍昌,《李伯元研究资料》,第 522 页。有关李萍香的故事可参见陈伯熙,《老上海》,第 509-510 页,以及楼霞、澹如编,《海上花影录》,第二卷;亦可参见 Hershatter, *Dangerous Pleasures*, 153-157。

103. 贺萧(Hershatter)用的是这本书的 1920 年版,但从《世界繁华报》上的广告来看,这本诗集初版于 1906 年。这些诗的翻译可参看 *Dangerous Pleasures*, 154-155。

104. 《论李萍香被拘事》,《世界繁华报》,1901 年 12 月 7 日,1。

105. 《李萍香被拘及过堂详志》,《世界繁华报》,1901 年 12 月 7 日,2-3;《李萍香案结》,《世界繁华报》,1901 年 12 月 8 日,1。

106. 《送李萍香归嘉禾序》,《世界繁华报》,1901 年 12 月 9 日。

107. Catherine Yeh, "A Public Love Affair", 32-36.

108. 《李萍香案结》,《世界繁华报》,1901 年 12 月 8 日,1。

109. 《李萍香阿潘结怨》,《世界繁华报》,1901 年 12 月 10 日,2。

110. 关于李萍香的生平有很多不同的版本。最近的研究可参见 Hershatter,

Dangerous Pleasures, 153-157。

111. 鲁迅,《中国小说史略》,第 236-268 页; David Der-wei Wang, Fin-de-Siecle Splendor, chapter 2; Alexander Des Forges, Street Talk and Alley Stories。

112. 参见 Bernheimer, Figures of Ill Repute。

113.《海上繁华梦》印行时孙玉声用的是笔名"古沪警梦痴仙"。后来他最著名的笔名是"海上漱石生"。他的真名是孙家振。

114. 孙玉声的《报海前尘录》提供了很多有关早期中文报纸的历史信息。

115. 孙玉声,《李伯元》。

116. 王韬的《淞隐漫录》连载于《点石斋画报》第 6-122 期(1884 年 6 月末到 1887 年 10 月中),参见 Wagner, "Joining the Global Imaginaire"。

117. 这部小说最初从 1898 年 7 月 27 日起在《采风报》上开始连载,后来 1901-1902 年间在《笑林报》上接着连载。1903 年由笑林报馆出了第一本单行本,署名是笔名"古沪警梦痴仙"。孙玉声接着又写了《海上繁华续梦》,1909-1910 年间在《图画日报》上连载。

118. Patrick Hanan 找到了这部小说的英文原版,参见 "The First Novel Translated into Chinese", 85-86。

119. 参见 Catherine Yeh, "Zeng Pu's Niehaihua", 195-199; Bernal, Chinese Socialism to 1907, 24; Nakamura, "Shinmatsu tantei shōsetsu shikō", 4:390。从 1870 年代早期开始,在报纸杂志上连载非小说类的散文也很常见。

120. David Der-wei Wang 将这批小说称为现代性的先锋,参见 Fin-de-Siecle Splendor, 23-27。

121. 傅湘源,《"大世界"史话》,第 4 页。

122. 有关《大世界报》的初步研究可参看 Catherine Yeh, "Deciphering the Entertainment Press 1896-1920"。

123. 这方面的发展可见 Wagner, "The Making of Shanghai"。应该补充一句,上海也是各种教育革新的实验和发展基地,这给文人提供了更重要的工作机会。

【第 5 章 城市的大众之花和媒体明星】

1. 根据阿英的统计,约有 32 种报纸可算作小报,但按照李伯元的说法大约有 60 种小报,参见阿英,《晚清文艺报刊述略》,第 51-52 页。祝均宙估计大约有 40 种,参见《上海小报的历史沿革》, 42(1988):164。

2. 小报包括有《笑报》, 1897;《消闲报》, 1897;《采风报》, 1898;《趣报》, 1898;《春江花月报》, 1901-1904;《及时行乐报》, 1901;《笑林报》, 1901;《花天日报》, 1902;《花世界》, 1903。大多数这种小报都是由重要大报主办的,例如,《笑林报》属于《中西沪报》和《字林沪报》。大多数小报都寿命不长,只有少数能维持较长时间,李伯元的两家报纸就是其中的佼佼者。这些成功的小报也是保存得最好的,而其他报纸仅仅留下了名字而已。

3. 有关《游戏报》的发行量，参见《游戏报》，1897年10月4日，1。

4. 1897年11月10日、11日的《游戏报》上，刊登了两篇同样名为《添设经售报处》的文章，报道该报销量增加。

5. 参见李伯元，《本馆迁居四马路说》，《游戏报》1897年10月2日，1；以及《录〈天南新报〉论上海四大金刚》，《游戏报》，1899年5月28日，1。

6. 《都の花》(Kyoto Flower) 最早发行于明治30年（1898年），作为《都新闻》(Miyako shinbun) 的副刊，《都の花》以妓女和演员为主要人物，专门报道娱乐界，包括新闻、绯闻以及有关时尚的各种文章。

7. 晚清上海花界指南中有很多关于胡宝玉、李三三的报道。例如，有关胡宝玉的报道可参看王韬，《海陬冶游附录》，5750；有关李三三的内容参看黄式权，《淞南梦影录》，第128页。这些内容也都被写进了各种晚清小说，例如老上海，《胡宝玉》，以及蒋瑞藻，《小说考证》。李三三是抽丝主人《海上四大金刚传奇书》中的一个人物。

8. 《游张园四大金刚》，《游戏报》1897年10月12日，2。

9. 后来有关四大金刚的历史故事对于金小宝是否是四大金刚之一还有疑问。据说她太年轻了，不可能属于这个德高望重的团体。但从《游戏报》来看，毫无疑问她是四大金刚之一。晚清以来有无数关于四大金刚的传记、轶闻、传说和新闻报道，例如，汪了翁，《上海六十年花界史》，第56-57页；陈无我，《老上海三十年见闻录》，第28页；以及孙玉声，《退醒庐笔记》，第148-149页。有关四大金刚的研究，可参见上海市文史馆编，《旧上海的烟赌娼》，第167-168页；Hershatter, *Dangerous Pleasures*, 169-171。

10. 《悬额待补》，《游戏报》，1899年6月18日，2。上海图书馆所藏的这份旧报纸缺最早的几期，包本段引文中提到的第一篇文章所在的那一期也找不到。

11. 《拟举上海嫖客四大金刚说》，《游戏报》，1899年7月15日，1。

12. 同上。

13. 参见 Janku, *Nur leere Reden*, 147-203。

14. 这出戏名为《四大金刚》，1898年曾在上海公共租界的满庭芳戏院排演，但最终上海县的官员宣布禁演此戏，参见《海上繁华》，《游戏报》，1898年9月21日，2。这里说的小说是抽丝主人的《海上名妓四大金刚传奇书》。

15. 《赛马说》，《游戏报》，1899年5月1日，1-2。

16. 《靓装照眼》，《游戏报》，1899年5月4日，2。

17. 《西历一千八百九十九年上海春赛第三志》，《游戏报》，1899年5月5日，2。

18. 《赛相好》，《游戏报》，1899年5月5日，2。

19. 有证据表明李伯元、欧阳钜源和四大金刚关系不错。例如，他们都参加了筹建花冢的会议，参见陈无我，《老上海三十年见闻录》，106-108。1900年李伯元也曾告诫过林黛玉不要去天津，参见林黛玉，《被难始末记》，1b-2a。从《游戏报》1898年末到1899年初对金小宝建花冢一事的报道中也可以明显地看到李伯元的钦佩之情。最后，同样重要的是,据说欧阳和林黛玉曾有一段感情,参见雾里看花客,《真正老林黛玉》,转引自魏绍昌,《李伯元研究资料》,第519页。

20. 例如,可参见《游园杂记》,《世界繁华报》,1901年10月17日,2。

21. 抽丝主人,《海上名妓四大金刚传奇书》,卷4:3,第17-18页。"名妓"是称呼著名高级妓女的旧语,但在这里使用意义有些不同。从前她们只是在很小的圈子里享有盛名,但现在其名气随着报纸远播到了各个读者大众心中。借用"星星"之比喻的"明星"一词,二十年后才随着好莱坞电影明星的概念传入中国。为了表明她们广为大众认可,这部小说的标题采用了"时下"一词。

22. 《老变相》,《游戏报》,1899年3月7日,3。

23. "进门"一词含义丰富,很有意思。同是这个词,既可以表示嫁入某家,也可以表示妓女加入某个妓院。

24. "住家"指的是仅供贵客私享的高级妓院,一般在门口没有招牌,参见浪游子,《海上烟花琐记》,卷1:1。

25. 《海上看花日记》,《世界繁华报》,1901年10月1日,2。

26. 祝如椿在青楼中一直很活跃,民国成立后她与林黛玉等其他妓女明星一起成立了"青楼进化团",为年轻的妓女提供教育。参见汪了翁,《上海六十年花界史》,第556-557页。

27. 李伯元,《游戏主人拟举行遴芳会议》,《游戏报》,1897年10月4日,1。

28. 1910年代的上海花榜采用民国时期的政治术语,如"总统"、"总理"等等为竞选分类。参见陈无我,《老上海三十年见闻录》,第410页,以及Hershatter, *Dangerous Pleasures*, 171-174。

29. 李伯元,《游戏主人拟举行遴芳会议》,《游戏报》,1897年10月4日,1。

30. 早在1656年,清代一位胆大的苏州学者就用科举考试的名目来选花榜,给优胜者冠以"状元"、"榜眼"等头衔,但他被公开鞭挞至死,参见王书奴,《中国娼妓史》,第311页。

31. 明代选花榜的例子可参见李云翔,《金陵百媚》;对清代花选的简单描述可参考王书奴,《中国娼妓史》,第311-312页。

32. 例如,可参考梁溪池莲居士,《沪上评花录》。

33. 例如,可参见邹弢,《吴门百艳图》。

34. 有些最近的研究使用了有误或未经证实的材料。例如,平襟亚在《旧上海的娼妓》中称1897年花榜中的胜者是林、陆、张、金这四位最著名的妓女(第166页),其实《游戏报》上公布的上榜者名单是张四宝、金小宝、祝如椿。薛理勇关于上海花榜的研究也引用了平襟亚这个不准确的说法,他自己也有些说法不确,例如在提到1877年花榜的胜者时,将李佩兰误为朱佩兰,参见《上海妓女史》,第150-158,133-136,149页。贺萧(Gail Hershatter)也错误地将1897年的花选和之前的花选等同起来,但其实当年的花选采用了读者投票的制度,不同于往年。参见 *Dangerous Pleasures*, 165。

35. 王韬,《淞滨琐话》,第87页,以及《海陬冶游附录》,第5753-5763页;亦可参见花蕚楼主,《花底沧桑录》,《新声》2 (1921):1。

36. 王韬,《海陬冶游附录》,第 5719-5720 页。亦可参见汪了翁,《上海六十年花界史》,第 77-79 页;以及 Henriot, *Prostitution and Sexuality in Shanghai*, 65。

37. 王韬,《海陬冶游附录》,第 5753-5758 页。

38. 同上书,第 5753 页。更多有关李佩兰的细节,可参见黄式权,《淞南梦影录》,第 107-108 页。

39. 有关更早的花榜的记录可参见万历十九年(即 1591 年)的《金陵莲花台仙会》,参见王书奴,《中国娼妓史》,第 199 页;李云翔,《金陵百媚》,以及《吴姬百媚》。用"花朝"一词来代表花界选美,可参见王书奴,《中国娼妓史》,第 199 页。

40. 王韬的《海陬冶游余录》中有公之放的小传,第 5753-5754 页。

41. 薛理勇指出,朱霞是朱霞仙姑,道教神仙泰山帝君的女儿。从这里的上下文来看,云中白鹤的形象表明了她的性格、样貌和气质,而且说明她精通讲故事和音乐。参见薛理勇,《上海妓女史》,第 135 页。

42. 王韬,《海陬冶游附录》,第 5754-5755 页。

43. 参见王书奴对花选中不断变换的审美取向的讨论,《中国娼妓史》,第 241-252 页。

44. 细节请参见王韬,《海陬冶游附录》,第 5753, 5756-5757 页。

45. 1880-1882 年的花选可参见《庚辰春季申江花榜奖联》《辛巳春季沪滨花榜》《辛巳秋季沪滨花榜》、《壬午沪滨花朝艳榜》、《壬午夏季花榜》。1883 年痴情醉眼生所定的冬季花榜,可参见小蓝田忏情侍者,《海上群芳谱》,2:5。1888、1889 年的花选,可参见花雨小筑主人,《海上青楼图记》,1:11,2:4,27,其中提到扬州来的王金凤夺得了 1888 年和 1889 年冬季花榜的一甲一名。

46. 例如,可参见抽丝主人,《海上名妓四大金刚传》,张春帆,《九尾龟》,以及梦花馆主江阴香,《九尾狐》。

47. 薛理勇的《上海妓女史》对两者做了简单对比,第 137-141 页。

48. 《辛巳春季沪滨花榜》。

49. 参见楼霞、澹如编,《海上花影录》金小宝、林黛玉条目下的内容。

50. 其他例子包括 1884 年小蓝田忏情侍者的《海上群芳谱》,以及 1892 年刊印的花雨小筑主人的《海上青楼图记》。

51. 上海通社,《上海研究资料》,第 584-585 页。这里的文本可能跟出自同一个作者之手的《吴门百艳图》相同。

52. 《镜影箫声初集》成了晚清绣像花界指南的主要图片来源,花雨小筑主人著名的《海上青楼图记》便是一例。这本书从吴友如的《海上百艳图》中选取图片,在题目上稍作改动,于 1890-1893 年间印行。参见 Catherine Yeh, "Creating the Urban Beauty", 419-420。

53. 王韬,《海陬冶游附录》,第 5709 页。

54. 文人一般在品花宝鉴和花界指南的序言中抒发这种感情,参见花雨小筑主人,《海上青楼图记》。

55.《申报》、《游戏报》等报纸经常刊登有关上海妓女的新书广告。

56. 李伯元（游戏主人），《凡例六条》，重印于陈无我，《老上海三十年见闻录》，第 205 页。

57. 陈无我，《老上海三十年见闻录》，第 206 页。

58. 陈伯熙，《小报志略》(1919)，第 137 页。

59. 由于上海图书馆所藏的《游戏报》期数不全，有关花榜的记录也不完整。我在本研究中比对了多种材料，对于《游戏报》缺失的日期主要依靠陈无我的《老上海三十年见闻录》，他引用了许多原文。遗憾的是，陈无我书中这些引用文章时间顺序常常是错误的，而且陈无我也经常自拟题目来替换原来的标题。李伯元在1898、1899、1900年评定了三次花榜，参见魏绍昌，《李伯元研究资料》，第518-519页，除了这些花榜之外，他还在1898、1899、1900年主持了三次"花选"，评选结果也曾以单行本出版，参见游戏主人，《庚子花选录》。

60. 李伯元，《游戏主人告白》，《游戏报》，1899 年 3 月 19 日，1。

61. 例如，可见《金词史忽投自荐书》，《游戏报》，1897 年 11 月 6 日，2。《金宝仙不愿登榜》，第 202-203 页。

62. 参见袁祖志，《仓山旧主撰春江丁酉年夏季花榜序》，第 204-205 页，由于报纸缺损，花榜举行的具体日期不确。

63.《美人雅脱致游戏主人书》，第 203 页。

64. 李伯元，《游戏主答客论开花榜之不易》，第 194-195 页。

65. 袁祖志，《仓山旧主撰春江丁酉年夏季花榜序》，第 204-205 页。

66. 同上书。

67.《游戏主人答客论开花榜之不易》，载陈无我，《老上海三十年见闻录》，第 194-195 页。

68. 陈无我，《花榜揭晓讹言》。

69. 陈无我，《状元误报》，第 43 页。

70.《游戏报》称，1897年花榜上榜的十名妓女中，有七位1898年便嫁人了，参见《难除绮障》，《游戏报》，1898 年 10 月 8 日，2。报上也会报道花榜胜者找到结婚对象的新闻，例如《名花有主，词史从良》，《游戏报》，1897 年 9 月 19 日，2; 以及《好月常圆》，《游戏报》，1897 年 9 月 21 日，2。

71. 参见李伯元，《游戏主人拟举行邂芳会议》，《游戏报》，1897 年 10 月 4 日，1。

72. 据1898年《游戏报》报道，贴着花榜前三名照片的《游戏报》特刊一面世，报社外的街道就挤满了人。当天上午一万份报纸便销售一空，后来几天报社和耀华影楼不得不加印了几千份报纸来满足大家的需要。参见《游戏报》，1898 年 10 月 1 日，1。

73. 同上书。

74. 李伯元，《凡例六条》。陈无我，《老上海三十年见闻录》，第 218-221 页;《世界繁华报》，1901 年 6 月 24 日。

75. 李伯元,《丁酉夏季春江武榜弁言》。

76. 比如,可参见《听小如意弹琵琶因考而论》,《游戏报》,1897年10月10日,1;《顾曲闲谈》,《游戏报》,1897年10月14日,2。有关李伯元努力寻找歌唱天才的文章,可参见《顾曲闲谈》,《游戏报》,1897年10月14日,2;以及《当筵顾曲林宝珠青睐时承》,《游戏报》,1897年10月24日,2。

77. 《本馆特开花丛经济科告白》,《世界繁华报》,1901年6月30日,1。本次花榜的结果三个月后也刊登了出来,见《特开花丛经济特科榜》,《世界繁华报》,1901年9月27日,2。

78. 《游戏报》有好几篇文章报道了有文才的上海名妓,但也遗憾地承认,这不是客人们寻找的;上海喜欢别的东西,可参见《可怜名妹》,《游戏报》,1899年4月17日,2。关于上海妓女的识字率的问题有过很多讨论,参见 Henriot, "Chinese Courtesans", 47。从当时报纸上的报道来看,上海顶级名妓的识字率可能比 Henriot 认为的要高,参见 *Prostitution and Sexuality in Shanghai*, 29-32。这个判断基于对四种花界指南的研究,包括小蓝田忏情侍者1884年出版的《海上群芳谱》、1887年出版的《镜影箫声》、1892年问世的花雨小筑主人的《海上青楼图记》,以及楼霞、澹如1915年编纂的《海上花影录》。数据显示 (Henriot, *Prostitution and Sexuality in Shanghai*, 27),正如王韬所说,高级妓女中绝大部分来自苏州或苏州周边地区,或者就是生于苏州。一般来说,在苏州训练后来到上海的高级妓女似乎都是自立门户,识字率也相对较高。也有来自常熟(秦川)的。尽管在上海的青楼中广东妓女已经成了很重要的组成部分,但这个群体显然在数据中被低估了。同样,上海的日本妓女和西方妓女的数字也被低估了。在《海上群芳谱》所载的98名高级妓女中,据说有12个都非常精通文学。《海上青楼图记》的100位名妓中,有5位的小传中提到了她们精通文学,这里的"精通文学"意思是她们会写诗。精通文学的妓女的数字意味着其他妓女中有一定文化水平的比例可能更多。从13%和5%的精通文学的比例来看,应该说具有实用读写能力、能看书读报的比例应该还要高几倍,明显高于江南地区普通女性的识字率。Henriot 根据王韬的说法也得出了相似的比例,但他认为这个识字水平还比较低。我相信是他误读了王韬的信息。王韬提到了一些名妓出众的文采,但他并没有弄一张社会学问卷到处调查,还在"有文化"一项上打钩。尽管如此,正如 Henriot 所指出的,绝大多数女孩还是出身贫苦人家,读写能力肯定不高。指南书的作者也许只是按照明末知书达理的名妓套路在写作。当时妓院都是官办的,也许意味着妓女的教育水平会更高。不过,上海风月场的生意已经由文人(科场士子)与名妓间的文化娱乐变成了更为实际的寻欢作乐,多是音乐表演和侑酒侍宴。而且,从前文人与名妓享受的那份文学游戏的安逸已经被上海都市的疯狂吞噬了。上海独特的"叫局"、"转局"的系统生动地体现了这一点,妓女们不断有人叫局,一个晚上之内就要在好几位客人之间转局。上海对妓女提出了看书读报,甚至懂财务等其他文化要求,狎妓的性质也随之发生了变化。

79. 《苏台走马共盼花榜》,《游戏报》,1899年5月14日,2。

80. 参与投票者要在推荐信开头注明自己的姓名、妓馆,或者在自我介绍中提供这些信息。

81. 云水洗眼人,《致游戏主人论林黛玉书》,《游戏报》,1897年11月22日。

82. 按照陈伯熙的说法,客人要为花选付钱。尽管1917年大世界举办的花选中投票者的确要花钱买选票,但没有确凿的证据证明《游戏报》举办的花选也要花钱买选票。参见陈伯熙,《老上海》,1:137-138。

83. 有关妓女明星们为照片摆拍的报道,可参见《北里花容》,《游戏报》,1899年5月29日,2。

84. 关于后来其他娱乐小报主办的花榜,可参见 Henriot, *Prostitution and Sexuality in Shanghai*, 65-66。

85.《游戏报》报道了很多戏子和他人姬妾偷情引起的讼案,其中最著名的是高彩云案,从1899年3月到7月一直有报道。

86.《葬花初议》,《游戏报》,1898年10月5日,2。

87. 同上书。

88. 陈无我,《群芳义冢始末》。

89. 李伯元,《拟建花冢募捐小启》,《游戏报》,1898年10月8日,1。他在更早的一篇文章中也提出了这个观点,参见李伯元,《募捐购置花冢议》,《游戏报》,1898年10月6日,1-2。

90.《代校书林黛玉等拟募捐购置花冢小启》,《游戏报》,1898年10月9日,1。

91. 同上书。

92.《代林黛玉校书致陆兰芬、金小宝、张书玉诸校书劝捐花冢笺》,《游戏报》,1898年10月7日,参见陈无我,《老上海三十年见闻录》,100-109。

93.《捐建义冢丛谈》,《游戏报》,1898年11月14日,2;意花室主人,《纪金小宝校书论花冢捐事》,《游戏报》,1899年1月30日,1-2。

94.《人愿力》,《游戏报》,1898年10月9日,2。

95. 1890年代高级妓女的数量大约有两三千人,分发出1600本捐册应该是合理的,因为不是所有人都愿意参加。

96. 陈无我,《群芳义冢始末》,第106-107页。

97.《人愿力》,《游戏报》,1898年10月9日,2;《捐建义冢丛谈》,《游戏报》,1898年11月14日,2。

98.《捐建义冢丛谈》,《游戏报》,1898年11月14日,2。

99. 同上。

100. 参见《录〈天南新报〉论上海四大金刚》,《游戏报》,1899年5月28日,1。

101. 比如《赋得四大金刚创建花冢》,《游戏报》,1899年1月1日,3;为此事而作的诗词可参见《玉钩集》。

102.《新诗又见》,《游戏报》,1899年1月1日,2。

103.《冢志碑文诔词汇录》。

104. 意花室主人,《纪金小宝校书论花冢捐事》,《游戏报》,1899年1月30日,1-2。

105. 同上书。

106. 《筹捐入己》,《游戏报》(日期不详,约在1899年1月间)。林黛玉在其《林黛玉自述苦衷函》中引用了这篇文章。

107. 林黛玉,《林黛玉自述苦衷函》。

108. 林黛玉的债务总是会带给她婚姻,未婚夫会替她还清所有欠债。不过这些婚姻都很短命,这个惯例被人称作"洗澡"。参见陈伯熙,《林黛玉小史》。

109. 《薛宝钗林黛玉相率冒名》,《游戏报》,1899年3月19日,2。

110. 同上书。

111. 陈无我,《群芳义冢始末》,第107页。

112. 《金小宝词史花冢地购成募捐扩充基址建修祠宇启》,《游戏报》,1899年3月13日,1-2。

113. 《录〈天南新报〉论上海四大金刚》。

114. 陈无我,《群芳义冢始末》。

115. 《新百花冢》,《图画日报》12(1909):6,这里有个印刷错误,12被印成了13。

116. 病红山人(庞树柏)、惜秋生,《玉钩痕传奇》,第119-120页。

117. 有关晚清妓女从事的慈善活动,可参黄式权,《淞南梦影录》,第107-108页;詹垲,《蓝桥别墅传》,第2页;《李金桂传》,第3页。

118. 林黛玉,《林黛玉自述苦衷函》。

119. 意花室主人,《纪金小宝校书论花冢捐事》,《游戏报》,1899年1月30日,1-2。

120. 安克强根据娱乐小报登载的点名欠费告白推断,这份报纸肯定只是在很小的一个恩客圈子里流行 (*Prostitution and Sexuality in Shanghai*, 68);这个论断没有考虑到该报每天800份的发行量,这说明对这个圈子感兴趣的人要多得多。

121. 《调头告白》,《游戏报》,1898年10月9日,1。

122. 《世界繁华报》,1901年6月24日,1。

123. 刊登小如意告白的那一期《游戏报》已经佚失了。李伯元曾提到过这一篇文章,见《书小如意登本报追讨漂账告白后》,《游戏报》,1897年9月28日,1。

124. 《听小如意弹琵琶因考而论》,《游戏报》,1897年10月10日,1。

125. 《书玉峰渔隐金含香两登本报告白后》,《游戏报》,1897年10月4日,1。登载这些告白的几期《游戏报》已经佚失了。

126. 《书馆蜚声》,《游戏报》,1899年8月27日,3。

127. 《海上移情》,《游戏报》1899年8月28日,2。

128. 齐国官妓的历史可参看王书奴,《中国娼妓史》,第31页;Henriot, *Prostitution and Sexuality in Shanghai*, 第1、2章。

129. 《书场续志》,《游戏报》,1899年8月30日,2。

130. 参见薛理勇,《上海妓女史》,第348页。

131. 点石斋编,《申江胜景图》,卷2,30。

132. 池志澂,《沪游梦影》,第157页。

133. 老上海，《胡宝玉》，第94页。

134. 对戏园的报道是《游戏报》和其他娱乐报纸的常设栏目。

135. 关于她如何生意失败，又如何回到上海的内容，可参见《林黛玉》，《世界繁华报》，1904年5月20日，2。有另一个说法是，汉口的军管当局害怕丑闻，把她驱逐了出来，可参见《潇湘馆主之今昔谈》，《新声》9（1922）：12。

136. 直到1909年其他报纸上还有林黛玉演出的广告，例如《民立报》第91期(1911)第2版上还有群仙茶园的广告。

137. 感谢Joshua Fogel告诉我这个史实，有关细节请参见Fogel, "Japanese Travelogues of China", 31。

138. 有关名妓的慈善捐款活动，可参见黄式权，《淞南梦影录》，第107-108页；詹垲，《蓝桥别墅传》，第2页；《李金桂传》，第3页。

【第6章 晚清绣像小说中上海名妓的形象】

1. "此一时期的小说和绘画中，妓女是非常普遍的主题，不仅因为她是惹眼的社会现象，更重要的是，妓女形象能刺激艺术家用艺术手法来控制和发泄她对男性统治构成的假想的威胁"。不过，我相信，巴黎和上海这样的城市培育了这种特殊的妓女，它们也是这幅图景中不可忽视的一部分。要想理解19世纪巴黎和上海的妓女或名妓给男性气质施加的这种"威胁"，必须把城市自身也当作一个主要的参与者来考量。

2. 有关苏小小的传说，参见古吴墨浪子，《西泠韵迹》，第79-106页。关于理想化的名妓，可参见 Idema, "Shih Chün-pao's and Chu Yu-tun's Ch'ü-chiang-ch'ih", 217-265。

3. 蒋防，《霍小玉传》，第64-76页。

4. 冯梦龙，《杜十娘怒沉百宝箱》，第485-500页。有关冯梦龙和明末白话小说的研究，参见 Hanan, The Chinese Vernacular Story。

5. 冯梦龙，《杜十娘怒沉百宝箱》，第499页。

6. 参看《水浒传》中的阎婆惜，施耐庵，《水浒传》，第381-399页。另可参见《金瓶梅》中的李桂姐；笑笑生，《金瓶梅词话》，第486-492页。

7. 对这部小说的分析可参见 Hanan, "Fengyue Meng and the Courtesan Novel"。

8. 王德威（David Derwei Wang）在对《海上花列传》的分析中指出了上海这座城市的重要性。参见 Fin-de-Siècle Splendor, 89。

9. 例如，可参见韩邦庆的《海上花列传》、邹弢的《海上尘天影》、二春居士的《海天鸿雪记》、抽丝主人的《海上名妓四大金刚传》、梦花馆主江阴香的《九尾狐》、张春帆的《九尾龟》，以及平江引年的《海上品花宝鉴》。

10. 鲁迅，《中国小说史略》，第263-264页。鲁迅提出，以下表现妓客关系的小说都继承了《红楼梦》的遗产：陈森的《品花宝鉴》、魏子安（魏秀仁）的《花月痕》以及余达的《青楼梦》。这些作品是上海狭邪小说的鼻祖。

11. David Der-wei Wang, *Fin-de-Siècle Splendor*, 58.
12. 同上书，72。
13. 有关西方城市小说的研究可参见 Wirth-Nesher, *City Codes*。
14. 鲁迅讨论晚清狭邪小说时涉及了过去记述名妓生活的作品和传记，但没有划分出明确的界限。参见鲁迅，《中国小说史略》，第256页。
15. 唐代都城长安的情况可见于崔令钦的《教坊记笺订》以及孙棨的《北里志》；明代都城南京可见于李云翔的《金陵百媚》。清代有关妓女的文学大部分都和富裕的商业城市有关，例如捧花生的《秦淮画舫录》、西溪山人的《吴门画舫录》和芬利它行者的《竹西花事小录》。
16. 李云翔，《金陵百媚》；余怀，《板桥杂记》。
17. 王韬的《海陬冶游录》序言注明该书写于1860年，这本书以笔记体的形式提供了上海成为国际通商口岸以来最早的文字描写。整个1870-1880年代，王韬一直致力于描写上海的青楼，他的青楼笔记和传记突出了上海作为娱乐中心富贵迷人的一面。
18. 黄式权，《淞南梦影录》，第107, 146, 548页。
19. 同上书，第107页。
20. 有关16世纪的威尼斯及其妓女和妓女文学，可参见 Alfieri, *Il gioco dell'amore*; 18世纪的江户可参见 Hibbett, *Floating World in Japanese Fiction*；19世纪的巴黎可参见 Bernheimer, *Figures of Ill Repute*。
21. 阿英，《晚清戏曲小说目》，第89页；David Der-wei Wang, *Fin-de Siecle Splendor*, 89。
22. 孙玉声，《海上繁华梦》，第1页。
23. 同上书。
24. 倚虹，《人间地狱》，第5页。
25. 鲁迅，《中国小说史略》，第264页。
26. 梦花馆主江阴香，《九尾狐》，第176页。
27. 平江引年，《海上品花宝鉴》，第22-23页。
28. 我很感谢 Laura Wu 提醒我注意到这一点。据我所知，这两个部分写作时间稍有间隔。
29. 抽丝主人，《海上名妓四大金刚传奇书》，卷3:1。
30. 这部小说提到了这个特殊事件，以证明报纸有能力提高上海名妓的地位，参见抽丝主人，《海上名妓四大金刚传奇书》，卷2:13。
31. McMahon, "Fleecing the Male Customer".
32. 梦花馆主江阴香，《九尾狐》，第28-29页。
33. 老上海，《胡宝玉》，第72-73页。
34. 梦花馆主江阴香，《九尾狐》，第54页。
35. 《海上花列传》中就写到一名妓女被恩客的夫人请去上海最著名的番菜馆一品香，参见韩邦庆，《海上花列传》，第57章。

36. 梦花馆主江阴香,《九尾狐》,第 169-170 页。
37. Pott, *A Short History of Shanghai*, 18.
38. 梦花馆主江阴香,《九尾狐》,第 170 页。
39. 孙玉声,《海上繁华梦》,第 218 页。
40. 同上书,第 54 页。
41. 二春居士,《海天鸿雪记》,第 3-7 页。
42. 有关"真诚的名妓"可参见 Rosenthal, *The Honest Courtesan*。
43. 王韬认识《九尾龟》的作者张春帆,他称该书主人公韩秋鹤的故事是以作者与一位上海名妓的爱情故事为蓝本的。至于《海上尘天影》的主人公张秋谷,虽然没有直接的证据,但我们有理由认为这个人物就是邹弢自我的翻版。参见 David Der-wei Wang, *Fin-de-Siècle Splendor*, 81。
44. 1870、1880 年代的作品一般都把上海描写成富贵温柔乡,而名妓则是其中最耀眼的光芒,例如王韬的《海陬冶游余录》对公共租界的描写,邹弢的《海上灯市录》,以及 1880 年代无数表现上海的绘画作品。稍晚些的作品视角有所不同,例如点石斋的《申江胜景图》,《申江名胜图说》,以及梅花盦主的《申江时下胜景图说》和沪上游戏主的《海上游戏图说》等一些 1880 年代出现的作品。
45. 例如,胡宝玉去戏园看十三旦表演的故事,最早就是《申报》报道的,参见第 1 章注 135。
46. 例如冯梦龙的《卖油郎独占花魁》,第 32-73 页;《杜十娘怒沉百宝箱》,第 485-500 页。
47. 有关文学插图的研究可参见阿英,《清末石印精图小说戏曲目》,以及 Hegel, *Reading Illustrated Fiction*, 164-289。
48. 对吴友如和《点石斋画报》的介绍,可参见 Wagner, "Joining the Global Imaginaire";以及 Kim, "New Wine in Old Bottles"。
49. 冯梦龙,《蒋兴哥重会珍珠衫》,第 5 页。
50. 我所见到的《九尾狐》和《九尾龟》最早的绣像单行本是上海书局 1917 年印行的版本。
51. Zhang Yingjin 在比较了《孽海花》和《京华艳史》两本小说之后提出,"从两部小说的相似之处可以推出这个假设:19 世纪初的中文小说中,北京和上海并没有很大的不同,后来几十年这一情况才逐渐有了变化"(*The City in Modern Chinese Literature and Film*, 120)。但我相信,两部小说真实的文本并不支持这个结论。《京华艳史》一开篇就很明显是一部政治小说,有明确的思想框架作为主导原则,目的是支持政治改革。尽管它的确围绕北京的妓女在展开描写,但最终并没有把它变得与《孽海花》相似。《京华艳史》三章之后就结束了,从楔子部分和三章正文来看,很难明确无疑地判断出这本书将如何发展,而且材料也不足以支持 Zhang Yingjin 所谓的小说中的北京和上海没有明显差别的判断。

【第7章　上海指南：城市身份形成过程中的娱乐业】

* 感谢纽约的罗南熙（Nancy Norton Tomasko）博士和海德堡的瓦格纳（Lothar Wagner）博士为我提供了他们私人收藏的西文指南书。蒋经国国际学术交流基金会欧洲汉学学会提供的"图书馆旅费补助"让我得以前往伦敦和莱顿查询更多文献，谨在这里一并表示诚挚的谢意。

1. 这个上海城市指南书的研究从属于一项更大的研究，西方和日文的上海指南书也包括在内。

2. Charles E. Darwent, *Shanghai*, 156.

3. 本书书名有个更文学化的翻译：*Miscellanea by/for (Someone) Taking a Trip to Shanghai*。上海早期的文献，许多都包含了很有历史价值的信息，但本研究关注的是有正式的城市指南书特征的作品，因此笔记、日记、游记等都不包含在内。西语的指南书也有同样的限制条件。

4. 葛元煦，《沪游杂记》，1876。

5. 《沪游杂记》的日语书名叫做 *Shanghai hanji ki*（《上海繁昌记》）。参见郑祖安《题记》，第5页。

6. 葛元煦，《沪游杂记》，1989，第7页。

7. 同上书，第8页。

8. 《都门纪略》第一版印行于1864年。很感谢Susan Naquin跟我分享她对这本指南书的研究笔记。这本指南书的文学类型在中国有悠久的历史。这是写给"故都"，纪念逝去的繁华都市的书。杨衒之写于6世纪中叶的《洛阳伽蓝记》和1147年孟元老献给开封的《东京梦华录》都属于这一类。

9. 葛元煦，《沪游杂记》，第52页。

10. 参见邹依仁，《旧上海人口变迁的研究》，第90, 141页。

11. 葛元煦在《沪游杂记》序言中提到，孔子编《诗经》曾将许多情诗包括在内，因此他的指南书写到妓业也是无可厚非的。他说妓业已成上海重要特色，"不载则嫌其缺略"。尽管葛元煦书中包含了大量有关妓院的细节，但他主要是引用相关的诗歌和竹枝词来间接介绍的。

12. 参见18、19世纪的此类主题的铜版画和石版画。这类作品可能是类似美国Currier and Ives公司以及法国厄比纳尔的石印书商出版的那种单独的画册，也可能是有关克里米亚战争的书籍做插图。后一种作品可以参见Bouvet, *Le Grand Livre des images d'Epinal*。

13. 点石斋，《申江胜景图》，第1页。

14. 点石斋主人，《石印申江胜景图出售》。

15. 点石斋，《申江胜景图》，第1页。

16. Wagner, "Ernest Major", 45.

17. 参见 Wagner, "The *Shenbao* in Crisis", 127。

18. 有关美查和其印刷企业，请参见 Wagner, "The Making of Shanghai"。

19. 这些早期指南书中有一本很有名，就是他的 *The Treaty Ports of China and Japan: A Complete Guide to the Open Ports of Those Countries, Together With Beijing, Edo, Hong Kong, and Macao: Guide Book and Vade Mecum; For Travellers, Merchants, and Residents in General*。本书 1867 年在伦敦和香港两地出版。

20. 最能代表上海西文指南书的"势力范围"观点的书，莫过于日本帝国政府铁路于 1913-1917 年间出版的 *Twentieth Century Impressions of Hong Kong, Shanghai, and Other Treaty Ports of China: Their History, People, Commerce, Industries, and Resources and Japan, An official guide to eastern Asia; trans-continental connections between Europe and Asia*。

21. 这类指南书的例子包括 Hotel Metropole 的 *Guide to Shanghai (complimentary)* (1903)、Palace Hotel 的 *Guide to Shanghai* (1907) 和 *Shang-hai: and the Valley of the Blue River, Madrolle's Handbooks* (1912)，以及 Carl Crow 的 *Handbook for China* (1913)。

22. Darwent, *Shanghai* (1903), 1.

23. 参见 Catherine Yeh, "Representing the City"。

24. Darwent, *Shanghai* (1920), 1.

25. 达尔温特为了突出公共利益战胜商业利益、并且只有在上海这种城市环境中才有可能发生，特意在他 1920 年的修订版中提到了财产权的问题，"江边风景究竟属于谁？是公众，更确切地说，是工部局代表公众拥有它。"（同上书，第 1 页。）

26. 同上书，第 5-6 页。

27. 同上书，第 15-16 页。

28. 同上书，第 113-114 页。

29. 参见邹依仁，《旧上海人口变迁的研究》，第 141 页。

30. Darwent, *Shanghai* (1903), 19.

31. 同上书，第 155-156 页。

32. 参见 Hughes, *Barcelona*。

33. J. D. Clark, *Sketches in and around Shanghai, etc.*, 49.

34. 在 1920 年的版本中，达尔温特坦率地提到这条大道是滋生罪恶的温床，这里他指的是鸦片烟馆。"为什么罪恶总是比德行有更多利益呢？"

35. Darwent, *Shanghai* (1903), 149.

36. 要充分了解达尔温特写作指南书之前上海的商界是什么规模，可以参看 *The China Directory*。

37. Darwent, *Shanghai*（1903），203.

38. 参见 Yeh, "Representing the City"。

39. 1903 年商务印书馆曾有部分股权属于日资（投资结束于 1914 年）。在投资合作期间，日本方面曾派遣顾问来到商务印书馆，这可能对《上海指南》的形式和视角有所影响。有关这个问题可参见高翰卿,《本馆创业史》。有关日本与商务印书馆的关系,参见樽本照雄,《初期商务印书馆研究》,第79-300页。

40. 商务印书馆,《上海指南》(1909),第1页。
41. 同上书,卷9:7。
42. 商务印书馆,《上海指南》(1912),第1页。
43. 华亭闻野鹤,《概论》。
44. 笔名黄人镜的作者也以英文署名为 Wong Tsao-ling (Huang Zaoling),参见黄人镜,《沪人宝鉴》。
45. 同上书,英文序言及中文序言无页码,第1页。
46. 同上书,第124-125页。
47. 同上书,第105-106页。
48. 商务印书馆,《上海指南》(1922),第1页。
49. 中华图书集成公司,《上海游览指南》(1923),书前插图页。
50. 同上书,第1页。
51. 同上书,第1-2页。
52. 华亭闻野鹤,《概论》,第1页。
53. G. E. Miller, *Shanghai-The Paradise of Adventurers*(中译本为密勒,《上海冒险家的乐园》)。

【结束语】

1. L. S. Mercier, *Nouveau Paris*, 1799, 3:56,引自 Csergo, "Extension et mutation du loisir citadin", 123。
2. 对普通妓女来说也是一样,不过,尤其是在巴黎,当局会强行要求妓女进行健康检查,后来上海法租界也这样实行了。安克强曾使用过法租界卫生处的档案,参见 Henriot, "La Prostitution a Shanghai" and "Prostitution et 'police des moeurs' a Shanghai"。
3. 1862年曾经有人讨论,考虑到上海在政治和商业上具有很强的独立性,可否按中世纪汉萨联盟城市的路子来变革上海的城市身份。外国领事们平息了这一争论。
4. Rey Chow, *Writing Diaspora*, 8。
5. 赖毓芝,《伏流潜借:1870年代上海的日本网络与任伯年作品中的日本养分》。
6. Homi Bhabha, *The Location of Culture*, I, 2。

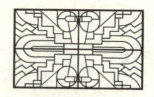

参考书目

【中文部分】

阿英,《红楼梦版画集》,上海:上海出版公司,1955。
阿英,《红楼梦书录》,上海:上海古籍出版社,1981。
阿英,《清末石印精图小说戏曲目》,载《小说闲谈四种》,上海:上海古籍出版社,1985, pt.4, 126-141。
阿英,《晚清文艺报刊述略》,北京:中华书局,1959。
阿英,《晚清戏曲小说目》,上海:上海文艺联合出版社,1954。
阿英,《中国画报发展之经过——为〈良友〉一百五十期几年号作》,载《阿英美术论文集》,75-83,北京:人民美术出版社,1982。
阿英编,《庚子事变文学集》,北京:中华书局,1959。
包天笑,《钏影楼回忆录》,香港:大华出版社,1971。也参见"天笑"。
抱玉生编,《花间楹帖》,上海:击钵庵,1861。
北京市艺术研究所、上海艺术研究所编,《中国京剧史》,北京:中国戏剧出版社,1990。
《北里花容》,《游戏报》,1899年5月29日,2。
《北里妆饰志》,《世界繁华报》,1901年12月26日,4。
《本报告白》,《新新小说》3(1904)封二。
《本馆重开花榜启》,《游戏报》,1898年7月16日,1。
《本馆特开花丛经济科告白》,《世界繁华报》,1901年6月30日,1。
卞玉清编,《上海历史明信片》,上海:同济大学出版社,1993。
《笔记小说大观》,台北:新新书局,1988。
病红山人(庞树柏)、惜秋生,《玉钩痕传奇》,载陈无我,《老上海三十年见闻录》,119-120。
《布告访友》,《游戏报》,1897年10月31日,1。
《采风报》,1898年5月-1910(?),孙玉声主编。
《曹孟兰被逼关门》,《游戏报》,1897年10月5日,2。
《曹孟兰重堕风尘》,《游戏报》,1897年11月12日,2。
曹雪芹,《红楼梦》,北京:人民文学出版社,1982。

曹禺，《日出》，成都：四川人民出版社，1985。

陈伯海、袁进，《上海近代文学史》，上海：上海人民出版社，1993。

陈伯熙，《老上海》，上海：上海泰东图书局，1919。重印名为《上海轶事大观》，上海：上海书店，2000。

陈伯熙，《林黛玉小史》，载《老上海》，102。

陈伯熙，《小报志略》，载《老上海》，137-138。

陈超南、冯懿有，《老广告》，上海：上海人民出版社，1998。

陈从周、章明编，《上海近代建筑史稿》，上海：上海三联书店，1990。

陈定山，《春申旧闻续集》，台北：晨光月刊出版社，1955。

陈平原，《20世纪中国小说史》，北京：北京大学出版社，1989。

陈平原、夏晓虹，《点石斋图像晚清》，天津：百花文艺出版社，2001。

陈平原、王德威、商伟编，《晚明与晚清：历史传承与文化创新》，武汉：湖北教育出版社，2002。

辰桥，《申江百咏》，又名《申江竹枝词》，木刻本。上海，1887。重印于顾炳权编，《上海洋场竹枝词》，79-92。

陈汝衡，《学苑珍闻》，上海：上海古籍出版社，1982。

陈森，《品花宝鉴》，1849。重印于林健毓编，《晚清小说大系》。

陈无我，《花榜揭晓讹言》，载《老上海三十年见闻录》，203。

陈无我，《老上海三十年见闻录》，1928；上海：上海书店，1997。

陈无我，《群芳义冢始末》，载《老上海三十年见闻录》，106-107。

陈无我，《杨柳楼台》，载《老上海三十年见闻录》，3。

陈无我，《冢志碑文诔词汇录》，载《老上海三十年见闻录》，124-128。

陈无我，《状元误报》，载《老上海三十年见闻录》，43。

《陈玉收心》，《世界繁华报》，1901年12月18日，2。

《陈玉卿复李佩兰》，载沪上游戏主，《海上游戏图说》，1:8-9。

陈玉堂编，《中国近现代人物名号大辞典》，杭州：浙江古籍出版社，1992。

晨报。

澄碧《小说家李伯元》，载魏绍昌编，《李伯元研究资料》，41。

《程丙本新镌全部绣像红楼梦》，载《红楼梦丛书》，台北：广文书局。

程蕙英，《凤双飞》，清嘉庆年间手稿，自1897年11月12日起连载于《游戏报》。

池志澂（海天烟瘴曼恨生），《沪游梦影》，原稿年代约为1893年，上海：上海古籍出版社，1989。

《痴说四种》，上海：申报馆，1877。

《虫天子》，参见张廷华。

《筹捐入己》，《游戏报》（日期不详，约在1899年1月间）。重印于陈无我，《老上海三十年见闻录》，128。

抽丝主人（吴趼人），《海上名妓四大金刚传奇书》，木刻本，100回4卷本。上海，1898。

《春江花月报》，1901-1904。

崔令钦，《教坊记笺订》，台北：红叶书局，1973。

《大金刚择期戴帽》，《游戏报》，1897年10月18日，2。

《大上海指南》，上海：光明书局，1933，1947。

《大世界》，1917-1931。

《代校书林黛玉等拟募捐购置花冢小启》，《游戏报》，1898年10月9日，1。

《代林黛玉校书致陆兰芬金小宝张书玉诸校书劝捐花冢笺》，《游戏报》，约1898年10月7日，重印于陈无我，《老上海三十年见闻录》，108-109。

《代某校书致皮条客人书》，《游戏报》，1899年4月27日，1-2。

《当筵顾曲林宝珠青睐时承》，《游戏报》，1897年10月24日，2。

邓志谟，《洒洒编》。Naikaku文库晚明版。

颠公，《上海骗术世界》，上海：扫叶山房，1914。

点石斋编，《上海县城厢租界全图》，上海：点石斋，1884。

点石斋，《申江胜景图》。上海：点石斋，1884.

《点石斋画报》，上海，1884-1898。

点石斋主人，《石印申江胜景图出售》，《申报》，1884年12月28日，1。

《调头告白》，《游戏报》1898年10月9日，1。

《第一藩司禁演淫戏告示》，《申报》，1890年4月27日，3。

《东西耀华，倌人半价》，《世界繁华报》，1905年3月8日，2。

《东西洋掺》，《游戏报》，1899年3月11日，2。

《都会摩登：月份牌1910-1930》，香港：三联书店，1994。

《恩客下车》，《游戏报》，1899年2月20日，2。

二春居士（欧阳钜源，1883-1907），《海天鸿雪记》，上海：世界繁华报馆，1904。

《20世纪大舞台》，1904。

二石生，《十洲春雨》，重印于张廷华，《香艳丛书》，15，4:4199-4278。

方行、汤志钧编，《王韬日记》，北京：中华书局，1987。

费成康，《中国租界史》，上海：上海社会科学院出版社，1991。

《飞影阁画报》，1890年10月-1893年4月，1893年4月-1894年5月间又名《飞影阁记士画报》，1894年6月-1895年10月又名《飞影阁记士画册》，吴友如编。

冯梦龙，《杜十娘怒沉百宝箱》，载《警世通言》，485-500。

冯梦龙，《蒋兴哥重会珍珠衫》，载《古今小说》。

冯梦龙，《警世通言》，北京：作家出版社，1956。

冯梦龙，《卖油郎独占花魁》，载《醒世恒言》，32-73。

冯梦龙，《醒世恒言》，北京：作家出版社，1956。

冯梦龙编，《古今小说》，万历年间（1573-1619）；福州：福建人民出版社，1980。
《风俗志》，《世界繁华报》，1902年10月25日。
芬利它行者，《竹西花事小录》，年代不详（1869），重印于张廷华，《香艳丛书》，12，3:3343-3364。
傅湘源，《"大世界"史话》，上海：上海大学出版社，1999。
《服妖论》，《申报》1888年3月9日，1。
《赋得四大金刚创建花冢》，《游戏报》，1899年1月1日，3。
《妇女冬令亦穿靴子之矫健》，《图画日报》no. 133(1909)，7。
《妇女竟穿马甲耀眼》，《图画日报》，no. 93(1909)，7。
《妇女看戏竹枝词》，载《续刊上海竹枝词》，21-26。
《妇女时报》，1911-1917。
《妇女杂志》，1915-1931。
改琦，《红楼梦图咏》，木刻本，上海，1879；台北：艺文印书馆，1974。
高翰卿，《本馆创业史》，载商务印书馆，1897-1992，《商务印书馆九十五年》，8-9。
葛元煦，《沪游杂记》，上海，1876；上海：上海古籍出版社，1989。
《各张艳帜》，《游戏报》，1898年10月10日，2。
《庚辰春季申江花榜奖联》，载《续刊上海竹枝词》。
《更正调头》，《游戏报》，1897年8月26日，2。
《更正芳名》，《游戏报》，1898年10月11日，3。
个中生手，《吴门画舫续录》。载张廷华，《香艳丛书》，17，5:4823-4846。
公益书社编，《沪江色艺指南》，上海：公益书社，1908。
顾炳权编，《上海洋场竹枝词》，上海：上海书店出版社，1996。
《观剧小记》，《申报》，1889年3月18日，3。
管园耐德翁，《都城纪胜》，1235；北京：中国商务出版社，1982。
归锄子，《红楼梦补》，上海：申报馆，1879。
《国立北京大学中国民俗学会民俗丛书》；台北，1973。
《顾曲闲谈》，《游戏报》，1897年10月14日，2。
古吴墨浪子，《西湖佳话》，17世纪；上海：上海古籍，1980。
古吴墨浪子，《西泠韵迹》，载《西湖佳话》，79-106。
《海上繁华》，《游戏报》，1898年9月21日，2。
《海上繁华图》，木刻本，上海，1885。
《海上惊鸿影》，上海：有正书局，1913，无页码。
《海上看花日记》，《世界繁华报》，1901年10月1日，2。
《海上名花尺牍》，载沪上游戏主，《海上游戏图说》，1-14。
《海上青楼乐景图》，石版画，上海，1892。
《海上奇书》，1892。韩邦庆创刊。

《海上移情》，《游戏报》1899年8月28日，2。

韩邦庆（韩子云，笔名"花也怜侬"），《海上花列传》，上海，1892-1894；原石版画插图版重印于台北：皇冠杂志社，1987，无页码；无插图版重印于北京：人民文学出版社，1985。

邗上蒙人，《风月梦》，前言时间1848年。初版于上海：申报馆，1883；重印于济南：齐鲁书社，1991。

汉上寓公，《新汉口》，无出版地：六一书局，1909。

《好月常圆》，《游戏报》，1897年9月21日，2。

《何如玉兜圈子》，《世界繁华报》，1901年12月23日，2。

《红楼复梦》，上海：申报馆，1876。

《"红楼梦"觥史》，载《痴说四种》。

《"红楼"叶戏谱》，晚清时期。重印于张廷华，《香艳丛书》，5，ch. 20。

胡根喜，《四马路》，上海：学林出版社，2001。

胡适，《海上花列传序》，载《胡适文存》，集2，3:1-3。

胡适，《胡适文存》，1928。重印于台北：远东图书公司，1953。

胡适，《十七年的回顾》，载《胡适文存》，集2，3:1-3。

《花世界》，1903-？。

《花样一新》，《点石斋画报》，寅集，3(1888)，图23。

花萼楼主，《花底沧桑录》，《新声》1，2，4，5，8，9(1921)，无页码。

黄人镜，《沪人宝鉴》，上海：卫理公会出版社，1913。

黄式权，《淞南梦影录》，上海，1883。重印于上海：上海古籍出版社，1989。

话石主人，《"红楼梦"精义》，载《痴说四种》。

《花天日报》，1902-？。

华亭闻野鹤，《概论》，载中华图书集成公司，《上海游览指南》(1919)，1。

《花影集选》，上海，1928。无页码。

花雨小筑主人，《海上青楼图记》，4卷本石版画，上海，1892。同作者有另一6卷本版本，刊行于1895年。

《花园演剧》，《申报》，1886年11月20日，3。

《花园演剧细述》，《申报》，1886年11月21日，3。

《沪地论禁女伶》，《申报》，1890年1月7日，3。

《沪江艳谱》，参看梁溪池莲居士。

《沪江色艺指南》，参看公益书社。

《沪江月》。

《沪上青楼竹枝词》，载顾炳权，《上海洋场竹枝词》，431-432。

沪上游戏主，《海上游戏图说》，石版画，4卷，上海，1898。

《纪金小宝校书论花冢捐事》，《游戏报》，1899年1月13日，1-2。

《寄吴春意》，载沪上游戏主，《海上游戏图说》，1:12。

蒋防，《霍小玉传》，载鲁迅编，《唐宋传奇集》，64-76。

蒋瑞藻，《小说考证》，上海：上海古籍出版社，1984。

江苏古籍出版社编，《苏州桃花坞木板年哈》，南京：江苏古籍出版社，1991。

《金宝仙不愿登榜》，载陈无我，《老上海三十年见闻录》，202-203。

《金词史忽投自荐书》，《游戏报》，1897年11月6日，2。

《金小宝词史花冢地购成募捐扩充基址建修祠宇启》，《游戏报》，1899年3月13日，1-2。

《金小宝祝如椿相骂》，《世界繁华报》，1901年10月1日，3。

《镜影箫声初集》，东京：1887。

《镜影箫声贰集》，未出版手稿，1889年，藏于上海市图书馆。

《靓装照眼》，《游戏报》，1899年5月4日，2。

《捐建义冢丛谈》，《游戏报》，1898年11月14日，2。

菊园，《启民社始末记》，载周剑云编，《菊部丛刊·歌台新史》，上海：1918。重印于民国丛书，第二辑，卷1，69:25-37。上海，1990。

《开果盘》，《图画日报》，no. 177(1909)，7。

《可怜名姝》，《游戏报》，1899年4月17日，2。

孔尚任，《桃花扇》，北京：人民出版社，1956。

赖毓芝，《伏流潜借：1870年代上海的日本网络与任伯年作品中的日本养分》，《美术史研究集刊》14（2003）：159-242。

浪游子（指引迷途人），《海上烟花琐记》，4卷，上海，1877。也参见指迷生，《海上冶游备览》。

《老变相》，《游戏报》，1899年3月7日，3。

老上海（吴趼人？），《胡宝玉》，1907。

雷夫，《申报馆之过去状况》，载申报馆，《最近之五十年》，28b。

李伯元，《本报附送凤双飞唱本缘起》，《游戏报》，1897年11月12日，1。

李伯元，《本馆迁居四马路说》，《游戏报》，1897年10月2日，1。

李伯元，《布告访友》，《游戏报》，1897年10月31日。

李伯元，《创刊词》，《指南报》，1896年6月6日，1。

李伯元，《丁酉夏季春江武榜弁言》，载陈无我，《老上海三十年见闻录》，218。

李伯元（游戏主人），《凡例六条》，《游戏报》。重印于陈无我，《老上海三十年见闻录》，205。

李伯元，《庚子国变弹词》，连载于《世界繁华报》，1901年10月-1902年10月。

（游戏主人），《庚子花选录》。

李伯元，《观美国影戏记》，《游戏报》，1897年9月5日，1。

李伯元，《官场现形记》，连载于《世界繁华报》，1902年4月-1905年6月。

李伯元，《记本报开创以来情形》，《游戏报》，1898年1月16日。重印于魏绍昌，《李伯元研究资料》，455-456。

参考书目

李伯元,《论游戏报之本意》,《游戏报》,1897年4月25日,1。重印于魏绍昌,《李伯元研究资料》,453-454。

李伯元,《募捐购置花冢议》,《游戏报》,1898年10月6日,1-2。

李伯元,《拟建花冢募捐小启》,《游戏报》,1898年10月8日,1。

(游戏主人),《书小如意登本报追讨漂账告白后》,《游戏报》,1897年9月28日,1。

李伯元,《文明小史》,台北:广雅出版有限公司,1984。

李伯元,《游戏主答客论开花榜之不易》,载陈无我,《老上海三十年见闻录》,194-195。

李伯元,《游戏主人告白》,《游戏报》,1899年3月19日,1。重印于陈无我,《老上海三十年见闻录》,193。

李伯元,《游戏主人拟举行遣芳会议》,《游戏报》,1897年10月4日,1。重印于陈无我,《老上海三十年见闻录》,214。

李伯元,《招寻访事人》,《游戏报》,1897年10月6日。

李斗,《扬州画舫录》,扬州:江苏广陵古籍刻印社,1984。

李昉等编,《太平御览》,台北:新兴书局,1959。

李格非,《洛阳名园记》,在《丛书集成》,初编。

李静山,《杂咏》,载杨静亭,《增补都门纪略》,1879,6:2。

《李萍香阿潘结怨》,《世界繁华报》,1901年12月10日,2。

《李萍香案结》,《世界繁华报》,1901年12月8日,1。

《李萍香被拘及过堂详志》,《世界繁华报》,1901年12月7日,2-3。

《李萍香出诗集》,《世界繁华报》,1901年5月5日,1。

《李巧仙复孙少江》,载沪上游戏主,《海上游戏图说》,1:7。

李汝珍,《绘图镜花缘》,上海:点石斋,1888。

李孝悌,《近代上海城市文化中的传统与现代,1880-1930》,载刘翠溶、石守谦编,《第三届国际汉学会议论文集》。

李锡奇,《南亭回忆录》,2卷,油印手稿。

李云翔,《金陵百媚》,前言1618年。藏于Naikaku书库。

梁豁半痴生,《沪上评花续录》,木刻本,上海,1881。

梁溪池莲居士,《沪江艳谱》,木刻本,上海,1883。

《良友画报》,1926-1941。

廖美云,《唐妓研究》,台北:学生书局,1995。

《聊存公评》,《游戏报》,1903年2月10日。

《礼拜六》,1914-1923。重印于扬州:江苏广陵古籍刻印社,1987。

林黛玉,《被难始末记》,欧阳钜源(?)序,1901。重印于阿英,《庚子事变文学集》,1065-1084。

林黛玉,《林黛玉自述苦衷函》,载陈无我,《老上海三十年见闻录》,128。

林黛玉,《上海林黛玉眉史东杭州绿琴女史》,载沪上游戏主,《海上游戏图说》,1:1。

《林黛玉》,《世界繁华报》, 1904 年 5 月 20 日, 2。

《林黛玉重帘语鹦鹉》,《游戏报》, 1899 年 6 月 23 日, 2。

《林黛玉衣裳出色》,《游戏报》, 1897 年 10 月 11 日, 2。

林健毓编,《晚清小说大系》, 台北: 广雅出版有限公司, 1984。

刘翠溶、石守谦编,《第三届国际汉学会议论文集: 经济史, 都市文化与物质生活》, 台北: "中央研究院"历史语言研究所, 2002。

刘惠吾,《上海近代史》, 上海: 华东师范大学出版社, 1985。

刘梦音,《江沪杂咏》, 1889。重印题名为《上海竹枝词》, 载顾炳权,《上海洋场竹枝词》, 417-418。

刘义庆,《幽明录》, 引自《太平御览》, ch.41, 313-314。

《梨园公报》, 1928-1931。

陆费达,《京津两月记》,《小说月报》2.9(1911):1。

《录天南新报论上海四大金刚》,《游戏报》, 1899 年 5 月 28 日, 1。

鲁迅编,《唐宋传奇集》, 上海: 北新书局, 1929。

鲁迅,《狭邪小说》, 载《中国小说史略》, 156-168。

鲁迅,《中国小说史略》, 北京: 人民文学出版社, 1989。

《论曹孟兰被逼关门》,《游戏报》, 1897 年 10 月 7 日, 1。

《论上海妇女衣服》,《游戏报》1897 年 11 月 7 日, 1。

《论沪妓积习太甚》,《游戏报》1899 年 7 月 20 日, 1。

《论沪滨书寓应酬当以陆兰芬为第一》,《游戏报》, 1897 年 9 月 18 日, 1。

《论沪上妇女服饰之奇》,《游戏报》, 1899 年 1 月 1 日, 1-2。

《论禁娼新法》,《申报》, 1875 年 12 月 31 日。

《论近今男女服饰之异》,《指南报》, 1897 年 6 月 17 日, 1-2。

《论妓院与商务相维系》,《采风报》, 1898 年 11 月 18 日, 1。

《论李萍香被拘》,《世界繁华报》, 1901 年 12 月 7 日, 1。

《论女子照像之便》,《世界繁华报》, 1905 年 3 月 8 日, 2。

《论上海校书歌唱》,《游戏报》, 1897 年 10 月 8 日, 2。

《论上海市面之害在于奢》,《申报》, 1888 年 1 月 21 日, 1。

《论坐夜马车之盛》,《游戏报》, 1899 年 7 月 9 日, 1。

罗苏文,《近代上海教育、科学、文化事业的拓展与推进》,《史林》3(1992): 55-62。

罗苏文,《石库门: 寻常人家》, 上海: 上海人民出版社, 1991。

马光仁,《上海新闻史（1850-1949）》, 上海: 复旦大学出版社, 1996。

马建石编,《大清律例通考校注》, 北京: 中国政法大学出版社, 1991。

马俊良编,《龙威秘书》, 重印于严一萍,《百部丛书集成》。

马良春、李富田编,《中国文学大词典》, 天津: 天津人民出版社, 1991。

马相伯,《上海汇丰银行开办时的大股东》, 载《一日一谈》。重印于朱维铮编,《马相伯集》。

马相伯,《一日一谈》。重印于朱维铮编,《马相伯集》。
马相伯,请参见朱维铮。
毛祥骐,《墨余录》,载《笔记小说大观》,3：2843-2910。
梅禹生,《青泥莲花记》,重印于台北：广文书局,1980。
梅花盦主编,《申江时下胜景图说》,2卷,上海,1894。重印于《国立北京大学中国民俗学会民俗丛书》。
《美人雅脱致游戏主人书》,载陈无我,《老上海三十年见闻录》,203。
《梦显宦公子受惊》,《游戏报》,1897年10月6日,2。
孟元老,《东京梦华录》。北京：中国商业出版社,1982。
梦花馆主江阴香,6卷插图版。上海：上海交通图书馆,1918。重印于《中国近代小说大系》第1卷。
《勉知守旧》,《游戏报》,1899年6月22日,2。
缪荃孙,《秦淮广纪》,上海：商务印书馆,1914。
密勒,《上海冒险家的乐园》,Axue译,1937；上海：上海文化出版社,1956。
《名花有主,词史从良》,《游戏报》,1897年9月19日,2。
《名校书聪慧绝伦》,《游戏报》,1897年12月7日,2。
《民呼日报》,上海：1909年5-8月。
《民立报》,1910-1912。
《难除绮障》,《游戏报》,1898年10月8日。
《拟举上海嫖客四大金刚说》,《游戏报》,1899年7月15日,1。
《女扮男装》,《游戏报》,1897年9月20日,2。
欧阳钜源,参见蘧园、二春居士及惜秋生（病红山人条目下）。
《跑快马车之出风头》,《图画日报》,25:7 (1909)。
庞树柏（独笑）,《红脂识小录》,上海：国学书市,1925。重印于魏绍昌,《李伯元研究资料》,522。
捧花生,《画舫余谈》,1818。重印于张廷华,《香艳丛书》,13,4:4943-4980。
捧花生,《秦淮画舫录》,1817。重印于张廷华,《香艳丛书》,14,3901-3970。
平襟亚,《旧上海的娼妓》,载上海市文史馆,《旧上海的烟赌娼》,159-171。
平湖黄金台鹤楼,《〈红楼梦〉杂咏》。载《痴说四种》。
平江引年,《海上评花宝鉴》,2卷。上海：最精通书庄,1911。
《泼妇抢物》,《申报》,1878年11月11日,2。
《孥妾寻芳》,《点石斋画报》,1880年代。重印于 Henriot, *Chinese Courtesans*, 43。
秦绿枝,《会乐里》,《新民晚报》,1996年3月3日。
《钦定礼部则例》,台北：成文出版社,1966。
《青青电影》,1934。
《请客匪易》,《游戏报》,1899年1月7日,3。

楼霞、澹如编,《海上花影录》, 2 卷, 上海: 商务印书馆, 1915。无页码。

蘧园(欧阳钜源),《负曝闲谈》,连载于《绣像小说》1903-1905 年 6-10, 12-41 期。

《趣报》, 1898。

《人愿力》,《游戏报》, 1898 年 10 月 9 日, 2。

《壬午沪滨花朝艳榜》, 载梁溪池莲居士,《沪江艳谱》, 1-2。

《壬午夏季花榜》, 载梁溪池莲居士,《沪江艳谱》, 2-3。

《赛相好》,《游戏报》, 1899 年 5 月 5 日, 2。

《赛马说》,《游戏报》, 1899 年 5 月 1 日, 1-2。

《散戏馆之挤轧》,《图画日报》, no. 29(1909), 7。

上海老江湖,《三教九流秘密真相》, 上海: 南洋图书公司, 1923。

《上海陆小红寄钱韵生书》, 在沪上游戏主,《海上游戏图说》, 1:3-4。

《上海曲院之现象》,《图画日报》, no. 229-304(1909-1910)。

上海摄影家协会、上海大学文学院编,《上海摄影史》, 上海: 上海人民美术出版社, 1992。

上海史资料丛刊编,《清代日记丛抄》, 上海: 上海人民出版社, 1982。

《上海新报》, 1862-1872。

《上海朱墨卿寄姑苏马笑拈书》, 载沪上游戏主,《海上游戏图说》, 1:8。

上海市文史馆编,《旧上海的烟赌娼》, 上海: 百家出版社, 1988。

上海市戏曲学校中国服装史研究组编,《中国历代服饰》, 上海: 学林出版社, 1994。

上海通社编,《上海研究资料》, 1935。上海: 上海书店, 1985。

上海通社编,《上海研究资料续集》, 1937。上海: 上海书店, 1984。

上海通社编,《上海掌故丛书》, 上海: 上海通社, 1935。

《尚时画报》, 1911。

商务印书馆,《上海指南》, 上海: 商务印书馆, 1909, 1912, 1922。

商务印书馆,《1897-1992 商务印书馆就是五年——我与商务印书馆》, 北京: 商务印书馆, 1992。

苕溪墨庄主人(苕溪醉墨生),《沪北竹枝词》,《申报》, 1877 年 2 月 14 日, 3。

苕溪醉墨生(苕溪墨庄主人),《青楼竹枝词》,《申报》, 1877 年 3 月 11 日, 3。

沈伯经、陈怀圃编,《上海市指南》, 上海: 中华书局, 1933。

沈云龙编,《近代中国史料丛刊》, 100 集。台北: 文海出版社, 1966。

《申报》, 1872-1949。

申报馆,《西事类编》, 上海: 申报馆, 1885。

申报馆编,《最近之五十年》, 1922。上海: 上海书店, 1987。

《申报馆书目》, 上海: 申报馆, 1877。

《申报馆续书目》, 上海: 申报馆, 1879。

《申江名胜图说》, 木刻本, 2 卷。上海: 管可寿斋, 1884。

《申江夷场竹枝词》,北京中国科学院图书馆馆藏1860年代手稿。

《申江竹枝词》,1860年代。手稿。载《申江夷场竹枝词》。

史梅定编,《追忆——近代上海图史》,上海:上海古籍出版社,1996。

施耐庵,《水浒传》,北京:人民文学出版社,1981。

《世界繁华报》,1901年5月7日-1910年4月22日。

《史林》。

《时事画报》,1907。

十万金铃馆主,《名花失品》,《申报》,1873年2月8日,2。

《书陆兰芬金小宝争殴事》,《游戏报》,1899年5月17日,1。

《书玉峰渔隐金含香两登本报告白后》,《游戏报》,1897年10月4日,1。

《书场续志》,《游戏报》,1899年8月30日,2。

《书馆蜚声》,《游戏报》,1899年8月27日,3。

蜀西樵也,《燕台花事录》。重印于张廷华,《香艳丛书》12, 3:3365-3394。

《送李萍香归嘉禾序》,《世界繁华报》,1901年12月9日。

孙国群,《旧上海娼妓秘史》,河南:河南人民出版社,1988。

孙荣,《北里志》,载杨家骆编,《中国学术名著》,155:25-42。

孙玉声,《报海前尘录》,连载于《申报》,1931-1932。

孙玉声,《苍山旧主轶事》,载《报海前尘录》。

孙玉声(孙家振,笔名"海上漱石生"),《海上繁华梦》,最初自1898年7月27日连载于《采风报》,后来1901-1902年间连载于《笑林报》。单行本发行于上海:笑林报馆,1903(作者笔名为"古沪警梦痴仙")。上海:商务印书馆,1923。南昌:江西人民出版社,1988。页码索引见1988年版。

孙玉声,《海上花列传》,载《退醒庐笔记》,113-114。

孙玉声,《黑幕中之黑幕》,载《大世界》,1917年7月1日-19(?)。

孙玉声("海上觉悟生"),《妓女的生活》,上海:上海春明书店,1939。

孙玉声,《李伯元》,载《退醒庐笔记》,109。

孙玉声,《退醒庐笔记》,上海,1925。太原:山西古籍出版社,1995。

《苏台走马共盼花榜》,《游戏报》,1899年5月14日,2。

谈汚人编,《无锡县志》,上海:上海社会科学院出版社,1994。

汤显祖(1550-1617),《牡丹亭》,载《汤显祖集》,北京:中华书局,1962,4卷。

唐振常编,《近代上海繁录》,上海:商务印书馆,1994。

唐振常,《上海史》,上海:上海人民出版社,1989。

陶慕宁,《青楼文学与中国文化》,北京:东方出版社,1993。

樽本照雄,《初期商务印书馆研究》。大阪:清末小说研究社,2000(Osaka: Shinmatsu Shōsetsu Kenkyūsha)。

《特开花丛经济特科榜》,《世界繁华报》,1901年9月27日,2。

《添设经售报处》,《游戏报》,1897年11月10日,1。

天笑(包天笑),《苏州繁华梦》,上海:改良小说社,1911。

天笑,《新苏州初编》,上海:上海改良小说社,1910。

《听小如意弹琵琶因考而论》,《游戏报》,1897年10月10日,1。

《图画日报》,1909年8月16日-1910年8月。

《图画旬报》,1909。

瓦格纳,《进入全球想象图景:上海的点石斋画报》,《中国学术》8(2001年4月):1-96。

瓦格纳,《申报馆早期的书籍出版(1872-1875)》,载陈平原、王德威、商伟编,《晚明与晚清:历史传承与文化创新》,169-178。

王德威,《重读荡寇志》,载陈平原、王德威、商伟编,《晚明与晚清:历史传承与文化创新》,423-440。

王德威,《小说中国:晚清到当代的中文小说》,台北:麦田出版公司,1993。

王定九,《上海门径》,上海:上海中央书店,1932。

王尔民,《点石斋画报所展现之近代历史脉络》,载《近代文化生态及其变迁》。

王尔民,《近代文化生态及其变迁》,南昌:百花出版社,2002。

王尔民,《中国近代知识普及化传播之图说形式——以点石斋画报为例》,《"中央研究院"近代研究所集刊》,no.19,1990。

王后哲,《上海宝鉴》,上海:上海世界书局,1925。

汪了翁,《上海妓院地点之沿革》,载《上海六十年花界史》,1-2。

汪了翁,《上海六十年花界史》,上海:世新书局,1922。

《汪珊宝寄周月卿书》,载沪上游戏主,《海上游戏图说》,1:1-2。

王树村编,《民间珍品图说〈红楼梦〉》,台北:大东图书,1996。

王书奴,《中国娼妓史》,1933。上海:三联书店,1988。

王韬,《附廖宝儿小记》,载《海陬冶游录》,5663-5668。

王韬,《海上尘天影叙》,载邹弢,《海上尘天影》,1-3。

王韬,《海陬冶游附录》,前言1873年。香港,1883。重印于张廷华,《香艳丛书》,20,5:5685-5786。

王韬,《海陬冶游录》,前言1860年。重印于张廷华,《香艳丛书》,20,5:5633-5684。

王韬,《海陬冶游录余录》,前言1878年。重印于张廷华,《香艳丛书》,20,5:5787-5810。

王韬,《漫游随录》,载王锡祺,《小方壶斋舆地丛钞》。

王韬,《眉绣二校书合传》,载《淞隐漫录》。载《点石斋画报》,乙:no.23,1884年10月15日,16。

王韬,《淞滨琐话》,1887。重印于徐复初编,《香艳趣语》,75-92。

王韬,《淞隐漫录》,连载于《点石斋画报》第6期(1884年6月甲6)至(1887年10月子2)。

王韬,《谈艳》,载《淞滨琐话》。重印于徐复初,《香艳趣语》,75-92。

王韬,《弢园尺牍》,1876。重印于《近代中国史料丛刊续辑》,vol. 100, ch.4. 台北：文海出版社,1983。

王韬,《弢园文录外编》,1883,重印于上海：中华书局,1958。

王韬,《瀛壖杂志》,1870,重印于上海：古籍出版社,1989。

王锡祺,《小方壶斋舆地丛钞》,重印于杭州：杭州古籍书店,1985。

《万国公报》,1874-1907。

魏绍昌编,《李伯元研究资料》,上海：上海古籍出版社,1980。

魏绍昌,《晚清四大小说家》。台北：台湾商务印书馆,1993。

魏绍昌,《吴趼人研究资料》,上海：上海古籍出版社,1980。

卫泳,《悦容编》,17世纪,4卷本,重印于张廷华,《香艳丛书》,1, ch.2, 67-78。

魏子安（魏秀仁）,《花月痕》,1859,重印于台北：广雅出版有限公司,1984。

《闵金小宝乔迁诗以贺之》,《游戏报》,1897年9月21日,2。

吴趼人,《沪上百多谈》,1914。重印于魏绍昌,《晚清四大小说家》,107-108。

吴趼人,《糊涂世界》,1906年连载于《世界繁华报》,重印于林健毓,《晚清小说大系》。

吴趼人,《新〈石头记〉》,1905年连载于《南方报》,1908年上海改良小说社发行单行本。重印于南昌：江西人民出版社,1988。

吴友如,《风俗志图说》,载《吴友如画宝》,卷3,10a、10b、11a、11b。

吴友如,《海上百艳图》,载《吴友如画宝》,卷1,3a、3b。

吴友如,《吴友如画宝》,石版画。上海,1908。13集。另有3卷本,上海：上海书店,1983。

吴圳,《清末上海租界社会》,台北：文史哲出版社,1978。

雾里看花客（钱昕伯）,《真正老林黛玉》,上海：上海民国图书馆,1919。重印于魏绍昌,《李伯元研究资料》,519-520。

无名氏,《绛云馆日记》,重印于上海史资料丛刊,《清代日记丛钞》。

夏晓虹,《晚清文人妇女观》,北京：作家出版社,1996。

《香巢未定》,《游戏报》,1897年10月15日,2。

《小顾兰荪》,载花雨小筑主人,《海上青楼图记》,2:18。

《笑报》,1897。

小蓝田忏情侍者（田春杭）,《沧海遗珠录》,木刻本,上海,1886。

小蓝田忏情侍者（田春杭）,《重订海上群芳谱》,石版画,4卷本。上海,1886。

小蓝田忏情侍者（田春杭）,《海上群芳谱》,石版画,4卷本,上海：申报馆,1886。

《笑林报》,1901-1910,孙玉声主编。

《小说画报》,1917-1920。

《小说林》,1907-1908,曾朴主编。

《小说时报》,1909-1917。

《小说月报》,1909-1931。

《消闲报》，1897-1903年后。

《潇湘馆主之今昔谈》，《新声》9（1922）：12。

笑笑生，《明万历本金瓶梅词话》，东京：大安株式会社，1963。

《挟妾同嫖》，《点石斋画报》，重印于 Cohn, *Vignettes from the Chinese*, 101。

《西报纪女优演剧助赈事》，《申报》，1906年9月24日，17。

《谢燕燕词史小传》，《图画日报》，no. 47，1910年8月1日。

《西历一千八百九十九年上海春赛第三志》，《游戏报》，1899年5月5日，2。

《新百花冢》，《图画日报》12(1909):6。

忻平，《王韬评传》，上海：华东师范大学出版社，1990。

新世界报社编，《花国百美图》，上海：生生美术公司，1918。

《新小说》，1902-1906，梁启超创办。

《新声》，1921-1922。

《新诗又见》，《游戏报》，1899年1月1日，2。

《新闻报》，1893-1949。

《新闻大学》。

《新闻研究资料》。

《新新小说》，1904-1907，可能是陈景韩主编。

《辛巳春季沪滨花榜》，载梁溪池莲居士，《沪上评花录》，1-2。

《辛巳秋季沪滨花榜》，载梁溪池莲居士，《沪上评花录》，2-3。

熊月之编，《上海通史》，15卷本，上海：上海人民出版社，1999。

熊月之，《西学东渐与晚清社会》，上海：上海人民出版社，1994。

熊月之，《张园：晚清上海一个公共空间研究》，载张仲礼，《中国近代城市企业、社会、空间》，334-359。

稀奇古怪，《老上海见闻录》，上海：上海国光书店，1936。

《绣像小说》，1903-1906，李伯元主编。

西溪山人，《吴门画舫录》，1806，重印于张廷华，《香艳丛书》，17, 5:4763-4809。

《西厢记》，王实甫著，13世纪。吴晓玲校注，北京，1954。

徐复初编，《香艳趣语》，上海：上海仿古书店，1937。

徐恭时，《序》，载顾炳权，《上海洋场竹枝词》，1-8。

《续刊〈上海竹枝词〉》，木刻本，上海，1880。

徐珂，《清稗类钞》，12卷本，台北：台湾商务印书馆，1983。

许敏，《士，娼，优——晚清上海社会一瞥》，《上海研究》9(1993)：37-48.

徐庆治，《〈红楼梦〉排律》，载《痴说四种》。

许豫，《白门新柳记》，木刻本，1872。上海，1875。

徐载平、徐瑞芳，《清末四十年〈申报〉史料》，北京：新华出版社，1988。

《悬额待补》，《游戏报》，1899年6月18日，2。

《薛宝钗林黛玉相率冒名》,《游戏报》, 1899 年 3 月 19 日, 2。

薛理勇,《明清时期的上海娼妓》, 载上海市文史馆,《旧上海的烟赌娼》, 150-158。

薛理勇,《上海妓女史》, 香港: 海峰出版社, 1996。

《学人》。

严明,《中国名妓艺术史》, 台北: 文津出版社, 1992。

严一萍编,《百部丛书集成》, 台北: 艺文印书馆, 1967。

杨家骆编,《中国学术名著》, 台北: 世界书局, 1956-1961。

杨静亭,《都门杂咏》, 载杨静亭,《增补都门纪略》, 卷 6。

杨静亭,《〈杂咏〉序》, 载《增补都门纪略》, 1897, 6:1。

杨静亭编, 徐永年增辑,《都门纪略——徐永年增辑》, 北京: 荣禄堂, 1864。沈云龙,《近代中国史料丛刊》, 第 72 辑, 716 卷据 1907 年版重印。

杨静亭编,《增补都门纪略》, 8 卷本, 北京: 京都堂, 1879。纽约, 哥伦比亚大学东亚图书馆复本。

杨衒之,《洛阳伽蓝记》, 重印于周祖谟编,《洛阳伽蓝记校释》。

《扬州梦》, 上海: 上海国学维持社, 1915。

姚燮,《苦海航乐府》, 1850 年代。手稿藏于苏州大学图书馆善本室。

《耀华照像说》,《游戏报》, 1898 年 10 月 4 日, 2。

叶梦珠,《阅世编》, 手稿, 17 世纪。初版刊行于上海通社,《上海掌故丛书》, 第一辑, 第 11 卷。

叶凯蒂,《从 19 世纪上海地图看对城市未来定义的争夺战》,《中国学术》1.3(2000):88-121。

叶凯蒂,《清末上海妓女服饰, 家具与西洋物质文明的引进》,《学人》9 (1996): 381-438。

叶凯蒂,《上海:"世界游戏场"——晚清妓女生意经》, 载张仲礼,《中国近代城市企业, 社会, 空间》, 308-335。

叶凯蒂,《文化记忆的负担——晚清上海文人对晚明理想的建构》, 载陈平原、王德威、商伟主编,《晚明与晚清: 历史传承与文化创新》, 53-63。

《冶游当知择地说》,《申报》1879 年 3 月 21 日, 1。

倚虹,《人间地狱》, 1923。上海: 上海古籍出版社, 1991。

意花室主人,《纪金小宝校书论花冢捐事》,《游戏报》, 1899 年 1 月 30 日, 1-2。

《瀛环琐记》, 1872-1875。

《益闻录》, 1879-1899。

庸伶,《梨园公报出版感言》,《梨园公报》, 1928 年 9 月 5 日, 1。

《游戏报》, 1897-1910(?), 李伯元主编。

《游青楼妓女待承欢》,《游戏报》, 1897 年 9 月 19 日, 2。

游戏主人, 参见李伯元。

《游园杂记》,《世界繁华报》, 1901 年 10 月 17 日, 2。

《游张园四大金刚》,《游戏报》,1897年10月12日,2。

俞达(慕真山人),《青楼梦》,上海:申报馆,1878。长沙:岳麓书社,1988。

余淡心,珠泉居士等,《秦淮香艳丛书》,重印于台北:广文书局,1991。

余怀,《板桥杂记》,1654。重印于张廷华,《香艳丛书》第13辑,4:3637-3672。

余蛟,《潮嘉风月记》,1875。重印于张廷华,《香艳丛书》第1辑,1:241-274。

于醒民,《上海,1862年》,上海:上海人民出版社,1991。

余月亭,《我国画报的始祖——点石斋画报的初探》,载《新闻研究资料》,1981.5,149-181。

《与周文香》,载沪上游戏主,《海上游戏图说》,1:12。

袁祖志(仓山旧主),《仓山旧主书申江陋习》,载沪上游戏主,《海上游戏图说》,2:12b-14a。

袁祖志,《仓山旧主撰春江丁酉年夏季花榜序》,载陈无我,《老上海三十年见闻录》,204-205。

袁祖志,《重修沪游杂记》,4卷本。上海:申报馆,1888。

袁祖志,《沪北竹枝词》,《申报》,1872年9月9日,重印于顾炳权,《上海洋场竹枝词》,10。

袁祖志(海昌太憨生),《沪上竹枝词》,载《重修沪游杂记》,卷3:20a-22a。

袁祖志,《上海感事诗》,载《重修沪游杂记》,卷3:7a。首发时署名为忏情生,载葛元煦,《沪游杂记》,49-50。

袁祖志(忏情生),《续沪北竹枝词》,《申报》,1872年5月18日,重印于顾炳权,《上海洋场竹枝词》,12-14。

《愿效雄飞》,《点石斋画报》,乐,1894,95。

《阅报载谢桂香递冤书一则因书其后》,《游戏报》,1898年6月29日,1。

《阅本报所纪避债无台一则有感而书》,《游戏报》,1897年10月24日,1。

《月月小说》,1906-1908,吴趼人主编。

《舆服炫奇》,《游戏报》,1897年11月2日,2。

《玉钩集题辞》,重印于陈无我,《老上海三十年见闻录》,113-117。

云间逸士,《洋场竹枝词》,载顾炳权,《上海洋场竹枝词》,383-387。

云水散人,《谢添香小传》,《游戏报》1896年10月27日,1。

云水洗眼人,《致游戏主人论林黛玉书》,《游戏报》,1897年11月22日。

《葬花初议》,《游戏报》1898年10月5日,2。

曾朴,《孽海花》,重印于上海:上海古籍出版社,1979。

詹垲,《花史》,上海:铸新社,1906。

詹垲,《蓝桥别墅传》,载《柔乡韵史》,2。

詹垲,《李金桂传》,载《柔乡韵史》,3。

詹垲,《柔乡韵史》,上海:文艺消遣所,1907。

参考书目

詹垲,《苏韵兰、谢三宝合传》, 载《柔乡韵史》, 1:30-33。
张爱玲,《张爱玲全集》, 16 卷本, 台北: 皇冠杂志社, 1968。
张爱玲,《张爱玲注译海上花》, 台北: 皇冠杂志社, 1983。
张春帆(漱六山房),《海上青楼沿革记》,《万岁杂志》, 1.2-9。1932 年 8 月 16 日-12 月 1 日。
张春帆,《九尾龟》, 1907-1910。重印于中国近代小说大系。
张弓长,《中国的妓女与文学》, 台北: 常春树书坊, 1975。
张泌,《妆楼记》, 唐代。重印于严一萍,《百部丛书集成》。
张廷华(虫天子)编,《香艳丛书》, 5 卷本, 1908。北京: 人民文学出版社, 1992。
张乙庐,《李伯元逸事》, 载魏绍昌,《李伯元研究资料》, 14-15。
张仲礼编,《近代上海城市研究》, 上海: 上海人民出版社, 1990。
张仲礼,《中国近代城市企业、社会、空间》, 上海: 上海社会科学院出版社, 1998。
赵尔巽编,《清史稿》, 北京: 中华书局, 1976。
《照录来稿》,《游戏报》, 1903 年 2 月 10 日, 2。
郑逸梅,《南亭亭长》, 重印于魏绍昌,《李伯元研究资料》, 22-23。
郑逸梅,《孙玉声珍藏李伯元遗印》, 载《郑逸梅选集》, 2:169-170。
郑逸梅,《郑逸梅小品续集》, 1933。重印于魏绍昌,《李伯元研究资料》, 22-23。
郑逸梅,《郑逸梅选集》, 3 卷本。哈尔滨: 黑龙江人民出版社, 1991。
郑志敏,《细说唐妓》, 台北: 文津出版社, 1997。
郑祖安,《题记》, 载葛元煦,《沪游杂记》, 1-5。
《妓院公务》,《游戏报》, 1897 年 10 月 15 日, 1。
《正名》,《游戏报》, 1898 年 9 月 21 日, 3。
支机生,《珠江名花小传》, 载张廷华,《香艳丛书》, 第 8 辑, 2:2003-2031。
指迷生,《海上冶游备览》, 上海, 1883。台北"中研院"史语所藏副本。上海 1891 年重印这一版本, 初版可能更早。1877 年刊行的浪游子《海上烟花琐记》包含了本书绝大部分条目, 还有更多内容, 表明该书应该是指迷生这一作品的增广版。
《指南报》, 1896-1897。李伯元主编。
《中国难于变法》,《游戏报》1899 年 2 月 18 日, 1-2。
《中国学术》。
《中国近代小说大系》, 南昌: 百花洲文艺出版社, 1991。
中华图书集成公司,《上海游览指南》。上海: 中华图书集成公司, 1919, 1923。
《中华文学史料》。
《中西沪报》。
中原浪子,《京华艳史》, 连载于《新新小说》, 1908 年 5-7 卷。
《冢志碑文诔词汇录》, 重印于陈无我,《老上海三十年见闻录》, 124-128。
周剑云编,《菊部丛刊》, 上海: 交通图书馆, 1918。重印于《民国丛书》第二辑, 第 69 卷。上海, 1990。

周密,《武林旧事》,1280。重印于北京:商务印书馆,1982。

周芜编,《中国版画史图录》,上海:上海人民美术出版社,1988。

周祖谟编,《洛阳伽蓝记校释》,北京:中华书局,1963。

祝均宙,《李伯元与指南报》,《新闻大学》(1990年冬):48-50。

祝均宙,《李伯元重要逸文——证实〈海天鸿雪记〉非李之作》,《中华文学史料》1(1990年6月):59-65。

祝均宙,《上海小报的历史沿革》,《新闻研究资料》42(1988年):163-179;43(1988年):137-153;44(1988年):211-220。

朱维铮编,《马相伯集》,上海:复旦大学出版社,1996。

《朱文卿寄何笠夫》,载沪上游戏主,《海上游戏图说》,1:4-5。

朱元亮、张梦征编,《青楼韵语》,1616年木刻本。张梦征插图,黄一彬、黄端甫、黄桂芳刻板。藏于中国国家图书馆。重印于《中国古代板画丛刊二编》,卷4。上海:上海古籍出版社,1994。

珠泉居士,《续"板桥杂记"》,1785。重印于张廷华,《香艳丛书》,第18辑,5:4909-4942。

《字林沪报》,1882-1899。

邹弢([梁溪]潇湘馆侍者),《春江花史》,木刻本,2卷。上海,1884。

邹弢,《海上尘天影》,上海,1896。重印于南昌:江西人民出版社,1988。

邹弢,《海上灯市录》,木刻本,2卷。上海,1884。又名《春江灯市录》。

邹弢,《[绘图]浇愁集》,前言1877年。上海:大声图书局,1914。

邹弢,《马齿录》,私人出版,上海,1908。

邹弢,《三借庐笔谈》,载《笔记小说大观》,卷28。

邹弢,《上海品艳百花图》,上海,1880。

邹弢,《瘦鹤随笔》,载《沪江月》2,no.5(1918年)。

邹弢(花下解人)编,《吴门百艳图》,司香旧尉(邹弢笔名)序,木刻本,出版地不详,1880。

邹依仁,《旧上海人口变迁的研究》,上海:上海人民出版社,1980。

樽本照雄,《新编增补清末民初小说目录》,济南:齐鲁书社,2002。

【外文部分】

Alfieri, Bruno, ed. *Il gioco dell'amore*: *Le cortigiane de Venezia dal Trecento al Settecento* (The game of love: Venetian courtesans from the fourteenth to the eighteenth century). Milan: Berenice, 1990.

All About Shanghai: A Standard Guidebook. Shanghai: University Press, 1934. Reprint, Hong Kong: Oxford University Press, 1983.

Bakhtin, Mikhail Mikhailovich. *The Dialogic Imagination: Four Essays by M. M. Bakhtin*. Edited by Michael Holquist, Translated by Caryl Emerson and Michael Holquist. Austin: University of Texas Press, 1985.

Bastid-Bruguière, Marianne, ed. *European Thought in Chinese Literati Culture*. In press.

Benjamin, Walter. "Paris, Capital of the Nineteenth Century." In Demetz, *Walter Benjamin*,146-162.

Bernal, Martin. *Chinese Socialism to 1907*. Ithaca, N. Y.: Cornell University Press, 1976.

Bernheimer,Charles. *Figures of Ill Repute:Representing Prostitution in Nineteenth-Century France*. Cambridge, Mass.: Harvard University Press, 1989.

Bhabha, Homi K. *The Location of Culture*. London and New York: Routledge, 1994.

Bickers, Robert A., and Christian Henriot, eds. *New Frontiers:Imperialism's New Communities in East Asia,1842-1953*. Manchester, U. K.: Manchester University Press, 2000.

Bickers, Robert A., and Jeffrey Wasserstrom. "Shanghai's 'Dogs and Chinese Not Admitted' Sign: Legend, History, and Contemporary Symbol." *The China Quarterly* 142 (June 1995): 444-466.

Bierwisch, W., ed. *Die Rolle der Arbeit in verschiedenen Epochen und Kulturen* (The role of labor in different epochs and cultures). Berlin: Akademie Verlag, 2003.

Bourdieu, Pierre. *The Field of Cultural Production: Essays on Art and literature*. New York: Columbia University Press, 1993.

Bouvet, Mireille-Bénédicte. *Le Grand Livre des images d'Épinal* (The grand book of images from Épinal). Paris: Solar, 1996.

Briais, Bernard. *Grandes Courtisanes du Second Empire* (Grand courtesans of the second Empire). Paris: Librairie Jules Tallandier,1981.

Cahill, James. "The Emperor's Erotica (Ching Yüan Chai so-shih II)." *Kaikodo* (1999): 24-43.

Cahill, James. "The Shanghai School in Later Chinese Painting." In Mayching Kao, ed. *Twentieth-Century Chinese Painting, 54-77*. New York: Oxford University Press, 1988.

Cahill, James. "Three Zhangs."*Orientations*, October 1996, 59-68.

Chang, Kang-i Sun. *The Late-Ming Poet Ch'en Tzu-lung: Crises of Love and Loyalism*. New Haven, Conn.: Yale University Press, 1991.

Chartier, Roger. *The Cultural Origins of the French Revolution*. Translated by Lydia G. Cochrane. Durham, N. C.: Duke University Press, 1991.

The China Directory, for the year 1875. Hong Kong: China Mail, 1875.

"Chinese Theaters." *North China Herald,* January 5, 1867, 2-3.

Chow, Rey. *Writing Diaspora: Tactics of Intervention in Contemporary Cultural Studies.* Bloomington: Indiana University Press, 1993.

Clark, J.D.(John D.), ed. *Sketches in and around Shanghai, etc.* Shanghai: Shanghai Mercury and Celestial Empire, 1894.

Clark, Timothy J. *The Painting of Modern Life: Paris in the Art of Manet and His Followers.* Princeton, N. J.: Princeton University Press, 1984.

Claypool, Lisa. *The Social Body: "Beautiful Women" Imagery in Late Imperial China.* Master's thesis, Department of Art History, University of Oregon, 1994.

Coates, Austin. *China Races.* Hong Kong: Oxford University Press, 1984.

Cochran, Sherman, ed. *Inventing Nanjing Road: Commercial Culture in Shanghai, 1900-1945.* Ithaca, N. Y.: East Asia Program, Cornell University, 1999.

Cohen, Paul. *Between Tradition and Modernity: Wang T'ao and Reform in Late Ch'ing China.* Cambridge, Mass.: Council on East Asian Studies, Harvard University, 1987.

Cohn, Don J., comp. and trans. *Vignettes from the Chinese: Lithographs from Shanghai in the Late Nineteenth Century.* Hong Kong: The Chinese University of Hong Kong Press, 1990.

Corbin, Alain. *Women for Hire: Prostitution and Sexuality in France after 1850.* Cambridge, Mass.: Harvard University Press, 1990.

Corbin Alain, ed. *L'Avènement des loisirs, 1850-1960* (The coming of leisure). Paris: Aubier, 1995. Crespigny, Rafe de, and Liu Ts'un-yuan. "A Flower in a Sinful Sea." *Renditions 17 and 18* (Autumn 1982): 137-192.

Crespigny, Rafe de, and Liu Ts'un-yuan. "A Flower in a Sinful Sea." Renditions 17 and 18 (Autumn 1982): 137-192.

Crow, Carl. *Handbook for China.* Shanghai: Hwa-mei Book Concern, 1913. Reprint, Taipei: Chengwen Chuban Gongsi, 1973.

Csergo, Julia. "Extension et mutation du loisir citadin, Paris 19e siècle-début 20e siècle" (The expansion and shifts in urban leisure of Paris during the nineteenth century). In Corbin, *L'Avènement des loisirs,* 1850-1960, 121-168.

Dalby, Liza. *Geisha.* Reprint, New York: Vintage Books, 1985.

Darwent, Charles Ewart. *Shanghai: A Handbook for Travellers and Residents to the Chief Objects of Interest in and around the Foreign Settlements and Native City.* Shanghai: Kelly and Walsh, 1903.

Darwent, Charles Ewart. *Shanghai: A Handbook for Travellers and Residents to the Chief Objects of Interest in and around the Foreign Settlements and Native City.* Revised edition, Shanghai: Kelly and Walsh, 1920. Reprint, Taipei: Ch'eng Wen Publishing, 1973.

Demetz, Peter, ed. *Walter Benjamin: Reflections, Essays, Aphorisms, Autobiographical Writing.* New York: Schocken Books, 1978.

Des Forges, Alexander Townsend. "Street Talk and Alley Stories: Tangled Narratives of Shanghai from 'Lives of Shanghai Flowers' (1892) to 'Midnights' (1933). "Ph. D. diss., Princeton University , 1998.

Dolezelova-Velingerova, Milena, ed. *The Chinese Novel at the Turn of the Century.* Toronto: University of Toronto Press, 1980.

Dyce, Charles M. *The Model Settlement: Personal Reminiscences of Thirty Years' Residence in the Model Settlement Shanghai 1870—1900.* London: Chapman and Hall, 1906.

Edgren, Søren. "The *Ching-ying Hsiao-sheng* and Traditional Illustrated Biographies of Women." *The Gest Library Journal 5* (November 2, 1992):161-173.

Elvin, Mark. "The Administration of Shanghai, 1905—1914. "In Mark Elvin and G. William Skinner, *The Chinese City between Two Worlds,* 131-159.

Elvin, Mark, and G. William Skinner, eds. *The Chinese City between Two Worlds.* Stanford, Calif.: Stanford University Press, 1963.

European Settlements in the Far East: China, Japan, Corea, Indo-China, Straits Settlements, Malay States, Siam, Netherlands, India, Borneo, The Philippines, Etc. New York: Charles Scribner's Sons, 1900.

Faure, David, ed. *Town and Country in China: Identity and Perception.* Oxford: Palgrave in association with St. Antony's College, 2002.

Feng Menglong, *Stories Old and New: A Ming Dynasty Collection.* Translated by Shuhui Yang and Yunqin Yang. Seattle: University of Washington Press, 2000.

Feng Menglong. *Stories to Caution the World: A Ming Dynasty Collection, Volume 2.* Translated by Shuhui Yang and Yunqin Yang. Seattle: University of Washington Press. 2005.

Fischer-Lichte, Erika. *The Semiotics of Theater.* Translated by Geremie Gaines and Doris L. Jones. Bloomington: University of Indiana Press, 1992.

Fogel, Joshua A., ed. "Japanese Travelogues of China in the 1920s: The Accounts of Akutagawa Ryūnosuke and Tanizaki Jun'ichirō. " *Chinese Studies in History* 30. 4 (summer 1997): 3-103.

Geertz. Clifford. *The Interpretation of Cultures: Selected Essays.* New York: Basic Books, 1973.

Giles, Herbert A. *Chinese Sketches.* London: Trübner & Co., Ludgate Hill; Shanghai: Kelly & Co., 1876.

Ginzburg, Carlo. *The Cheese and the Worms: The Cosmos of a Sixteenth-Century Miller.* Translated by John and Anne Tedeschi. Middlesex, U. K.: Penguin Books, 1980.

Goodman, Bryna. "Improvisations on a Semicolonial Theme, or, How to Read a Celebration of Transnational Urban Community. "*The Journal of Asian Studies* 59.4 (November 2000):

889-926.

Goodman, Bryna. *Native Place, City, and Nation: Regional Networks and Identities in Shanghai, 1853-1937.* Berkeley: University of California Press, 1995.

The Great Qing Code. Translated by William C. Jones, with the assistance of Tianquan Cheng and Yongling Zhang. Oxford, U.K.: Clarendon Press, 1994.

Green, Owen Mortimer. "Introduction." In *Shanghai of To-day, I.*

Green, Owen Mortimer, ed. *Shanghai of To-day: A Souvenir Album of Fifty Vandyck Prints of "The Model Settlement."* Shanghai: Kelly and Walsh, 1927.

Gronewold, Sue. *Beautiful Merchandise: Prostitution in China 1860-1936.* New York: Harrington Park Press, 1985.

The Guide to Shanghai. Shanghai: Oriental Advertising Co., 1914.

Haan, J. H. *Thalia and Terpsichore on the Yangtze: Foreign Theatre and Music in Shanghai 1859-1865. A Survey and a Calendar of Performances.* Vol. I of *The Sino-Western Miscellany, being Historical Notes about Foreign Life in China.* Amsterdam, private printing, 1988.

Hanan, Patrick. *The Chinese Vernacular Story.* Cambridge, Mass.: Harvard University Press, 1981.

Hanan, Patrick. "Fengyue Meng and the Courtesan Novel." *Harvard Journal of Asiatic Studies* 58.2 (December 1998): 345-372.

Hanan, Partrick. "The First Novel Translated into Chinese." In *Chinese Fiction of the Nineteenth and Early Twentieth Centuries,* 85-109. New York: Columbia University Press, 2004.

Hegel, Robert E. *Reading Illustrated Fiction in Late Imperial China.* Stanford, Calif.: Stanford University Press, 1998.

Henriot, Christian. *Belles de Shanghai: Prostitution et sexualité en Chine aux 19e-20e siècle* (Shanghai beauties: Prostitution and sexuality in China during the nineteenth and twentieth centuries). Paris: CNRS-éditions, 1997.

Hentiot, Christian. "Chinese Courtesans in Late Qing and Early Republican Shanghai (1849-1925)." *East Asian History* 8(1994): 33-52.

Hentiot, Christian. "Courtship, Sex, and Money: The Economics of Courtesan Houses in Nineteenth and Twentieth-Century Shanghai." Paper presented at the Association for Asian Studies Annual Conference, Honolulu, April 1996.

Hentiot, Christian. "'From a Throne of Glory to a Seat of Ignominy,' Shanghai Prostitution Revisited (1849-1949)." *Modern China* 22(1996): 132-163.

Hentiot, Christian. "La Prostitution à Shanghai aux 19e-20e siècles (1849-1958)" (Prostitution in Shanghai during the nineteenth and twentieth centuries [1849-1958]). 3 vols. Doctorat d'ètat, Paris, 1992.

Hentiot, Christian. *Prostitution and Sexuality in Shanghai: A Social History, 1849-1949.*

Cambridge: Cambridge University Press, 2001.

Hentiot, Christian. "Prostitution et 'police des moeurs' à Shanghai aux 19e-20e siècle" (Prostitution and the "vice squad" in Shanghai during the nineteenth and twentieth centuries). In *La Femme en Asie Orientale*. Lyon: Université de Lyon, 1988, 64-93.

Hershatter, Gail. *Dangerous Pleasures: Prostitution and Modernity in Twentieth-Century Shanghai*. Berkeley: University of California Press, 1997.

Hershatter, Gail. "The Hierarchy of Shanghai Prostitution 1870-1949. "*Modern China* 10 (1989): 463-498.

Hibbett, Howard. *The Floating World in Japanese Fiction*. Tokyo: Charles E. Tuttle, 1996.

Holoch, Donald. "A Novel of Setting: *The Bureaucrats*. "In Dolezelova-Velingerova, *The Chinese Novel at the Turn of the Century,*76-115.

Honig, Emily. *Creating Chinese Ethnicity: Subei People in Shanghai 1850-1980*. New Haven, Conn.: Yale University Press, 1992.

Hotel Metropole. *Guide to Shanghai (complimentary)*. Shanghai: Hotel Metropole, 1903.

Huebner, Jon W. "Architecture and History in Shanghai Central District." *Journal of Oriental Studies* 26.2 (1988): 209-269.

Huebner, Jon W. "Architecture on the Shanghai Bund. "*Papers on Far Eastern History* 39(1989) : 127-165. Hughes, Robert. *Barcelona*. New York: Vintage, 1993.

Idema, Wilt. "Shih Chün-pao's and Chu Yu-tun's *Ch'ü-chiang-ch'ih*: The Variety of Mode within Form. " *T'oung Pao* 66.4-5 (1980): 217-265.

Jameson, David, Andrew J. Nathan, and Evelyn S. Rawski, eds. *Popular Culture in Late Imperial China*. Berkeley: University of California Press, 1985.

Janku, Andrea. *Nur leere Reden: Politischer Diskurs und die Shanghaier Presse im China des späten 19. Jahrhunderts*. (Just empty talk: Political discourse and the Shanghai press during the late nineteenth century). Wiesbaden, Germany: Harrassowitz, 2003.

Japan. Tetsudōin. *An official guide to eastern Asia: trans-continental connections between Europe and Asia*. 5 vols. Tokyo: Imperial Japanese Government Railways, 1913-1917.

"A Japanese Guide-book for Eastern Asia. " *The Times,* March 3, 1914, 3.

Johnson, Linda Cooke. *Shanghai: From Market Town to Treaty Port, 1074-1858*. Stanford, Calif.: Stanford University Press, 1995.

Johnston, William Crane. *The Shanghai Problem*. Westport, Conn.: Hyperion Press, 1937.

Kim, Nanny. " New Wine in Old Bottles? Making and Reading an Illustrated Magazine from Late Nineteenth Century Shanghai." In Wagner, *Joining the Global Public*.

Ko, Dorothy. *Every Step a Lotus: Shoes for Bound Feet*. Berkeley: University of California Press, 2001.

Laing, Ellen Johnston. "Erotic Themes and Romantic Heroines Depicted by Ch'iu Ying."

Archives of Asian Art 49 (1996): 68-91.

Lee, Leo Ou-fan. *Shanghai Modern: The Flowering of a New Urban Culture in China 1930-1945*. Cambridge, Mass.: Harvard University Press, 1999.

Levy, Howard S. "A Feast of Mist and Flowers: The Gay Quarters of Nanking at the End of the Ming." Typescript. Tokyo, 1966.

Levy, Howard. "The Gay Quarters at Nanking." In "A Feast of Mist and Flowers," 1-32.

Levy, Howard. "The Gay quarters of Ch'ang-an." *Orient/West* 7.10 (1962): 121-128; 8.6 (1963): 115-122; 11.1 (1964): 103-110.

Li, Wei-Yee. "The Late Ming Courtesan: Invention of a Cultural Ideal." In Widmer and Chang, *Writing Women in Late Imperial China*, 47-73.

Liu, Tao Tao, and David Faure, eds. *Unity and Diversity: Local Cultures and Identities in China*. Hong Kong: Hong Kong University Press, 1996.

Longstreet, Stephen, and Ethel Longstreet. *Yoshiwara, the Pleasure Quarters of Old Tōkyō*. Tokyo: Yehbooks, 1988.

Lu Hanchao. "Away from Nanking Road: Small Stores and Neighborhood Life in Modern Shanghai." *Journal of Asian Studies* 54.1 (1995): 93-123

Lu Hanchao. *Beyond the Neon Lights: Everyday Shanghai in the Early Twentieth Century*. Berkeley: University of California Press, 1999.

Masuda, Kiyohide 曾田清秀. *Gakufu no rekishi teki kenkyū* 樂府の歷史的研究 (Studies in the history of *yuefu* poetry). Tokyo, 1969.

McAleavy, Henry. *Wang Tao: The Life and Writings of a Displaced Person*. London: The China Society, 1953.

McMahon, Robert Keith. *Causality and Containment in Seventeenth-Century Chinese Fiction*. Leiden, Netherlands: Brill, 1988.

McMahon, Robert Keith. "Fleecing the male customer in Shanghai brothels of the 1890s." *Late Imperial China* 23.2 (2002):1-28.

Miller, G. E. *Shanghai-The Paradise of Adventurers*. New York: Orsay Publishers, 1937. Chinese translation under Mile.

Miller, Scott. "The Hybrid Narrative of Kyōden's *Sharebon*." *Monumenta Nipponica* 43.2 (summer 1988): 133-152.

Mittler, Barbara. *A Newspaper for China? Power, Identity and China in China's News Media*. Cambridge, Mass.: Harvard Asia Council, 2004.

Montalto de Jesus, Carlos A. *Historic Shanghai*. Shanghai: The Shanghai Mercury, 1909.

Moule, Ven. Arthur E., B.D. *New China and Old, Personal Recollections and Observations of Thirty Years*. London, 1902. Reprint, Taipei: Ch'eng Wen Publishing, 1972.

Municipal Council of Shanghai. *Report for the Year Ended 31st December 1876*. Shanghai:

Carvalho & Co. , 1877.

Municipal Council of Shanghai. *Report for the Year Ended 31st December 1892.* Shanghai: Kelly and Walsh, 1893.

Murphey, Rhoads. *The Outsiders: The Western Experience in India and China.* Ann Arbor: Michigan University Press, 1977.

Murphey, Rhoads. *Shanghai: Key to Modern China.* Cambridge, Mass.: Harvard University Press, 1953.

Nagasawa, Kikuya 長澤規矩也. *Mindai sōzuhon zuroku* 明代插圖本圖錄 (Illustrated anthology of Ming dynasty book illustrations). Tokyo: Yamamoto Shoten,1962.

Nakamura, Tadayuki 中村忠行. "Shinmatsu tantei shōsetsu shikō—hanitsu wo chū shin to shite" 清末探偵小説史稿—翻訳を中心として (Draft history of the late Qing detective novel—with a focus on the translations). *Shinmatsu shōsetsu kenkyū* 2 (1978): 121-154; 3 (1979): 236-286; 4 (1980): 372-428.

Nathan, Andrew, and Leo Lee. "The Beginning of Mass Culture." In Jameson, Nathan, and Rawski, *Popular Culture in Late Imperial China,* 360-398.

Nienhauser, William H. , ed. *The Indiana Companion to Traditional Chinese Literature.* Revised edition. Bloomington: Indiana University Press, 1986.

Nishiyama, Matsunosuke 西山松の助. *Yūjo* 遊女 (Ladies of pleasure). Tokyo: Tōkyōdō, 1980.

North China Herald. 1850-1941.

An Official Guide to Eastern Asia; Trans-continental Connections Between Europe and Asia. Vol. 4, *China.* Tokyo: The Imperial Japanese Government Railways, 1913.

Oriental Advertising Company Limited. *The Guide to Shanghai.* Shanghai: The Oriental Press, 1914.

Owen, Stephen. *The Great Age of Chinese Poetry: The High T'ang.* New Haven, Conn.: Yale University Press, 1981.

Owen, Stephen. *Remembrances: The Experience of the Past in Classical Chinese Literature.* Cambridge, Mass. : Harvard University Press, 1986.

Palace Hotel. *Guide to Shanghai.* Shanghai: Palace Hotel, 1907.

Plaks, Andrew. *Four Masterworks of the Ming Novel: Ssu ta ch'i-shu.* Princeton, N.J.: Princeton University Press, 1987.

Poli, Doretta Davanzo. "La Cortigiane e la Moda" (The courtesan and fashion). In Alfieri, *Il gioco dell'amore,* 99-103.

Pott, Hawks. *A Short History of Shanghai.* Shanghai: Kelly and Walsh, 1928.

Ropp, Paul S. "Ambiguous Images of Courtesan Culture in Late Imperial China. "In Widmer and Chang. *Writing Women in Late Imperial China,* 27-28.

Rosenthal. Margaret F. *The Honest Courtesan: Veronica Franco, Citizen and Writer in Sixteenth-*

Century Venice. Chicago: University of Chicago Press, 1992.

Roux, Alain. *Le Shanghai ouvrier des années trente: Coolies, gangsters et syndicalistes.* Paris: L'Harmattan, 1993.

Rowe, William. *Hankow: Conflict and Community in a Chinese City, 1796-1895.* Stanford, Calif.: Stanford University Press, 1989.

Schafer, Edward H. *The Golden Peaches of Samarkand: A Study of T'ang Exotics.* Berkeley: University of California Press, 1963.

Schamoni, Wolfgang. *Die"Sharebon" Santō Kyōden und ihre literaturgeschichtliche Stellung* (The *Sharebon* by Santō Kyōden and their position in the history of literature). Ph. D. diss., Bonn University, 1970.

Schorske, Carl E. *Fin-de-Siècle Vienna: Politics and Culture.* New York: Vintage Books, 1981.

Scully, Eileen P. "Taking the Low Road to Sino-American Relations: 'Open Door' Expansionists and the Two China Markets." *Journal of American History* 82. 1 (June 1995): 62-83.

Scully, Eileen. "Wandering Whores: American Prostitutes on the Pacific Frontier." Paper presented at the conference "Foreign Communities in East Asia (19th-20th Centuries)," MRASH, Lyon, France, Institut d'Asie Orientale, March 20-21, 1997.

Secker, Fritz. *Schen: Studien aus einer Chinesischen Weltstadt* (Shanghai: Studies from a Chinese metropolis). Tsingtau: Adolf Haupt, 1913.

Shang-hai: and the Valley of the Blue River, Madrolle's Handbooks. Paris and London: Hachette and Company, 1912.

The Shanghai Evening Courier. 1874-?.

Shanghai Mercury, ed. *Shanghai by Night and Day.* Shanghai: Shanghai Mercury, ca. 1900.

Shanghai Mercury, ed. *1843 Shanghai 1893. The Model Settlement. Its Birth, its Youth, its Jubilee.* Shanghai: Shanghai Mercury Office, 1893.

Shanghai of to-day: A Souvenir Album of Fifty Vandyck Prints of "The Model Settlement." Shanghai: Kelly and Walsh,1927.

Shimizu, Kenichirō 清水賢一郎. "What Books Young People Loved Best in 1920s Beijing: Space and Structure of the Readership of *Jingbao Fukan*." Paper presented at the conference "From the Late Ch'ing Era to the 1940s: Cultural Field and Educational Vista," held at Taiwan National University, October 2002.

Shinmatsu shōsetsu kara 清末小説から (The late Qing fiction newsletter).

Shinmatsu shōsetsu kenkyū 清末小説研究 (Studies in late Qing fiction).

Skinner, William G., ed. *The City in Late Imperial China.* Stanford, Calif.: Stanford University Press, 1977.

Smith, D. Warres. *European Settlements in the Far East: China, Japan, Corea, Indo-China, Straits*

Settlements. *Malay States, Siam, Netherlands, India, Borneo, The Philippines, Etc.* New York: Charles Scribner's Sons, 1900.

Smith, S. A. *Like Cattle and Horses: Nationalism and Labor in Shanghai, 1895-1927.* Durham, N. C.: Duke University Press,2002.

Summer, Matthew H. *Sex, Law, and Society in Late Imperial China.* Stanford, Calif.: Stanford University Press, 2000.

Tai Edo bijin taku tsuki-yuki-hana jōhyōban 大江戶美人諾月雪花娘評判 (Ranking of the beautiful women in Great Edo). Tokyo: Kyōan Dō , 1859.

Tarumoto, Teruo 樽本照雄. Shoki Shōmu in shokan kenkyū (Study on the early period of Shangwu publishing house). Osaka: Shinmatsu Shōsetsu Kenkyūsha, 2000.

"Ten Views of the Foreign Settlements of Shanghai." *The Shanghai Evening Courier.* August 31, 1874.

Thiriez, Regine. "Photography and Portraiture in Nineteenth-Century China." *East Asian History 17/18* (June/December 1999): 77-102.

The Treaty Ports of China and Japan: A complete guide to the Open Ports of Those Countries, Together with Peking, Kedo [Tokyo] Hong Kong and Macao. London and Hong Kong: Mayers, Dennys and Kind. 1867.

Twentieth Century Impressions of Hong Kong, Shanghai, and Other Treaty Ports of China: Their History, People, Commerce, Industries, and Resources. London: Lloyd's Greater Britain Publishing Company, 1908.

Vittinghoff, Natascha. *Freier Fluss: Die Anfänge des Journalismus in China (1860-1911)* (Free flow: The beginnings of journalism in China,1860-1911). Wiesbaden, Germany: Harassowitz, Opera Sinologica 9, 2002.

Vittinghoff, Natascha. "Readers, Publishers and Officials in the Contest for a Public Voice and the Rise of a Modern Press in Late Qing China (1860-1880)." *T'oung Pao* 37 (1999): 393-455.

Vittinghoff, Natascha. "Useful Knowledge and Appropriate Communication: The Field of Journalistic Production in Late Nineteenth Century China." In Wagner, *Joining the Global Public.*

Wagner, Rudolf G. "China's First Literary Journals." Paper presented at conference on early Chinese periodicals, Prague, 1998.

Wagner, Rudolf G. "The Concept of Work/Labor/Arbeit in the Chinese World: First Explorations." In Bierwisch, *Die Rolle der Arbeit,* 103-136.

Wagner, Rudolf G. "Die Biographie als Lebensprogramm: Zur didaktischen Funktion der chinesischen Biographik" (Biography as a life-program: The didactic functions of Chinese biographical writing). In Walter Berschin and Wolfgang Schamoni, eds., *Biographie: "So der Westen wie der Osten?" Zwölf Studien* (Biography: "The same in the

West as in the East?), 133-142. Heidelberg, Germany: Mattes Verlag, 2003.

Wagner, Rudolf G. "Ernest Major. A Life." In *The Making of the Chinese Media Capital*.

Wagner, Rudolf G. "Ernest Major's Shenbaoguan and the Formation of Late Qing Print Culture." Paper prepared for the conference "The Formation of a Multiethnic Urban Culture: The Shanghai Concessions 1850-1910," Heidelberg, Germany, 1998.

Wagner, Rudolf G. "Joining the Global Imaginaire: The Shanghai Illustrated Newspaper *Dianshizhai huabao*." In Wagner, *Joining the Global Public*.

Wagner, Rudolf G. "Life as a Quote from a Foreign Book: Love, Pavel, and Rita." In H. Schmidt-Glintzer, ed., *Das andere China: Festschrift für Wolfgang Bauer zum 65.Geburtstag* (The other China: Festschrift for Wolfgang Bauer on the occasion of his sixty-fifth birthday), 463-476. Wolfenbütteler Forschungen, vol.62.Wiesbaden, Germany: Harrassowitz, 1995.

Wagner, Rudolf G. "The Making of Shanghai into the Chinese Media Capital: The Role of the Shenbaoguan Publishing House 1872-1895." Paper presented at the Conference on Shanghai Urban History, Shanghai Academy of Social Sciences,1997.

Wagner, Rudolf G. *The Making of the Chinese Media Capital: Ernest Major and Shanghai*. In preparation.

Wagner, Rudolf G. "The Role of the Foreign Community in the Chinese Public Sphere." *China Quarterly* 152.6 (1995): 423-43.

Wagner, Rudolf G. "*The Shenbao* in Crisis: The International Environment and the Conflict between Guo Songtao and the Shenbao." *Late Imperial China* 20.1 (1999): 107-138.

Wagner, Rudolf G. ed. *Joining the Global Public: Word, Image, and City in the Early Chinese Newspapers, 1870-1910*. In press.

Wakeman, Frederic E., Jr., and Wen-hsin Yeh, eds. *Shanghai Sojourners*. Berkeley, Calif.: Institute of East Asian Studies, 1992.

Wang, David Der-wei. *Fin-de-Siècle Splendor: Repressed Modernities of Late Qing Fiction, 1848-1911*. Stanford, Calif.: Stanford University Press, 1997.

Widmer, Ellen. "*Honglou Meng* sequels and the Female Reading Public." Unpublished paper.

Widmer, Ellen. "*Honglou Meng Ying* and Its Publisher, Juzhen Tang of Beijing." *Late Imperial China* 23, no. 2 (December 2002): 33-52.

Widmer, Ellen. "Inflecting Gender: Zhan Kai/Siqi Zhai's 'New Novels' and Courtesan Sketches." *Nannü* 6. 1:136-168.

Widmer, Ellen, and Kang-i Sun Chang, eds. *Writing Women in Late Imperial China*. Stanford, Calif.: Stanford University Press, 1997.

Wirth-Nesher, Hana. *City Codes: Reading the Modern Urban Novel*. Cambridge: Cambridge University Press, 1996.

Wolfe, Barnard. *The Daily Life of a Chinese Courtesan. Climbing up a Tricky Ladder: With a Chinese Courtesan's Dictionary.* Hong Kong: Learner's Bookstore, 1980.

Wright, Arnold, and H. A. Cartwright, eds. *Twentieth Century Impressions of Hong Kong, Shanghai, and Other Treaty Ports of China: Their History, People, Commerce, Industries, and Resources.* London: Lloyds Greater Britain Publishing Company, 1908.

Wu ji baimei 吴姬百媚 (Hundred beauties of Suzhou). 1617 edition in Hōsa Bunko, Nagoya, Japan.

Ye Xiaoqing. *The Dianshizhai Pictorial: Shanghai Urban Life, 1884-1898.* Ann Arbor: University of Michigan Press, 2003.

Yeh, Catherine V. "Creating a Shanghai Identity—Late Qing Courtesan Handbooks and the Formation of the New Citizen." In Liu and Faure, *Unity and Diversity*, 107-123.

Yeh, Catherine V. "Creating the Urban Beauty: The Shanghai Courtesan in Late Qing Illustrations." In Zeitlin and Liu, *Writing and Materiality in China*, 397-447.

Yeh, Catherine V. "Deciphering the Entertainment Press 1896-1920: The Youxi bao, the Shijiie fanhua bao and their Descendants." In Wagner, *Joining the Global Public*.

Yeh, Catherine V. "The Intellectual as the Courtesan: A Trope in Twentieth Century Chinese Literature." Conference paper presented at Harvard University, 1990.

Yeh, Catherine V. "Li Boyuan and His Shanghai Entertainment Newspaper *Youxi bao*." In Wagner, *Joining the Global Public*.

Yeh, Catherine V. "The Life-style of Four *Wenren* in Late Qing Shanghai." *Harvard Journal of Asiatic Studies* 57.2 (December 1997): 419-470.

Yeh, Catherine V. "A Public Love Affair or a Nasty Game? The Chinese Tabloid Newspaper and the Rise of the Opera Singer as Star." *European Journal of Asian Studies* 3 (2003):13-51.

Yeh, Catherine V. "Reinventing Ritual: Late Qing Handbooks for Proper Customer Behavior in Shanghai Courtesan Houses." *Late Imperial China* 19.2 (December 1998): 1-63.

Yeh, Catherine V. "Representing the City: Shanghai and Its Maps." In Faure, *Town and Country in China*, 166-202.

Yeh, Catherine V. "Shanghai as Entertainment: The Cultural Construction and Marketing of Leisure, 1850-1910." Paper presented at conference The Formation of a Multiethnic Urban Culture: The Shanghai Concessions 1850-1910. Heidelberg, Germany, 1998.

Yeh, Catherine V. "A Taste of the Exotic West: Fashion and Furniture in Shanghai Courtesan Houses at the Turn of the Century." In Bastid-Bruguière, *European Thought in Chinese Literati Culture*.

Yeh, Catherine V. "Playing with the Public: Late Qing Courtesans and Their Opera Singer Lovers." In Bryna Goodman and Wendy Larson, eds., *Gender in Motion: Divisions of Labor and Cultural Change in Late Imperial and Moden China*. Lanham, MD: Rowman and Littlefield,145-168.

Yeh, Catherine V. "Zeng Pu's *Niehai hua* as a Political Novel: A World Genre in a Chinese Form. " Ph. D. diss., Harvard University, 1990.

Yeh, Catherine V. ,and Christian Henriot, eds. *Chinese Urban Studies Workshop: A Reader (1850-1990)*. Compiled for a workshop on Chinese urban studies, Lyon, France, 1996.

Yeh, Catherine V., and Rudolf G. Wagner, eds. *The Formation of a Multiethnic Urban Culture: The Shanghai Concessions,* 1850-1910. In press.

Yeh, Wen-Hsin. "Corporate Space, Communal Time: Everyday Life in Shanghai's Bank of China. "*The American Historical Review* 100, no. 1 (February 1995): 97-122.

Yoshiwara saiken 吉原細見 (A detailed guide to Yoshiwara). Tokyo, 1803.

Yoshiwara shusse kan 吉原出世鑒 (A guide to the eminent [courtesans of] Yoshiwara). Tokyo, 1754.

Yūjo hyōban ki 遊女評判記（A record of judgments on courtesans).Tokyo, 1765.

Zeitlin, Judith T., and Lydia H. Liu, eds. *Writing and Materiality in China.* Cambridge, Mass.: Harvard University Asia Center, 2003.

Zhang, Yingjin. *The City in Modern Chinese Literature and Film.* Stanford, Calif.: Stanford University Press, 1996.